2025 PATENT ATTORNEY

10개년 기출문제집

변리사 1차
산업재산권법

SD에듀
(주)시대고시기획

2025 PATENT ATTORNEY

10개년 기출문제집

변리사 1차
산업재산권법

머리말

변리사는 지식재산전문가로서 산업재산권에 관한 상담, 권리취득 및 분쟁해결 등에 관련된 제반 업무를 수행합니다. 첨단기술의 발달과 함께 변리사의 역할과 중요성은 나날이 커지고 있으며 그 수요 역시 꾸준히 증가하고 있으나, 고도로 기술적인 전문분야의 업무를 수행하는 만큼, 변리사가 되기 위해서는 관련 법규는 물론 특허 대상 분야에 대한 이해와 전문지식까지 요구되므로, 치열한 경쟁 속 수험생들의 부담감 역시 상당한 것이 현실입니다.

「SD에듀 변리사 1차 산업재산권법 10개년 기출문제집」은 이러한 현실 속에서 변리사 1차 시험을 준비하는 수험생들에게 가장 기본적인 방향을 제시하기 위해 출간되었습니다. 이 과목에서 다루는 특허법, 상표법, 디자인보호법 등 다양한 지식재산의 법적 보호 체계를 학습하고, 기출문제를 분석하여 실력을 향상시키는 것이 시험에 합격하는 가장 확실한 지름길이기 때문입니다.

이 책에서는 과거 시험에서 출제되었던 실제 문제들을 통해 출제경향을 파악하고, 중요한 법령ㆍ판례의 적용을 배울 수 있습니다. 또한, 각 문제에 대한 상세한 해설을 통해 오답의 원인을 분석하고, 다회독을 하며 학습 방향을 설정하는 데 도움을 줄 것입니다.

Always with you

사람의 인연은 길에서 우연하게 만나거나 함께 살아가는 것만을 의미하지는 않습니다.
책을 펴내는 출판사와 그 책을 읽는 독자의 만남도 소중한 인연입니다.
SD에듀는 항상 독자의 마음을 헤아리기 위해 노력하고 있습니다. 늘 독자와 함께하겠습니다.

이 책의 특징은 다음과 같습니다.

첫째 문제편과 해설편을 분리하고, 2024년 포함 변리사 산업재산권법 10개년(2024~2015년) 기출문제를 수록하여 출제경향을 파악할 수 있도록 하였습니다.

둘째 최신 개정법령 및 판례, 심사기준을 반영하여 2025년 시험에 대비할 수 있도록 하였습니다.

셋째 복수정답 또는 개정법령 반영으로 인해 기출문제의 변형이 필요한 경우, 문제편에 기출 변형 표시를 하였습니다.

넷째 보다 깊이 있는 학습을 원하는 수험생들은 SD에듀 동영상 강의(유료)를 통해 검증된 수준의 변리사 1차 강의를 지원받을 수 있습니다.

기출문제집에 제시된 다양한 법령과 판례를 학습하고, 회독을 통해 정확한 해석과 이해에 중점을 두십시오. 기출문제의 반복학습을 통해 자신의 이해도를 점검하여 실전감각을 키우시길 바랍니다. 본서가 변리사 시험에 도전하는 수험생 여러분에게 합격의 길잡이가 될 것을 확신하며, 학습하는 모든 수험생 여러분이 뜻하는 목표를 이루기를 진심으로 기원합니다.

편저자 올림

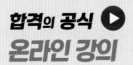

혼자 공부하기 힘드시다면 방법이 있습니다.
SD에듀의 동영상 강의를 이용하시면 됩니다.
www.sdedu.co.kr ➜ 회원가입(로그인) ➜ 강의 살펴보기

자격시험안내

변리사란?

산업재산권에 관한 상담 및 권리취득이나 분쟁해결에 관련된 제반 업무를 수행하는 산업재산권에 관한 전문자격사로서, 산업재산권의 출원에서 등록까지의 모든 절차를 대리하는 역할을 하는 사람

수행직무

- 산업재산권 분쟁사건 대리[무효심판 · 취소심판 · 권리범위확인심판 · 정정심판 · 통상실시권 허여심판 · 거절(취소)결정불복심판 등]
- 심판의 심결에 대해 특허법원 및 대법원에 소 제기하는 경우 그 대리
- 권리의 이전 · 명의변경 · 실시권 · 사용권 설정 대리
- 기업 등에 대한 산업재산권 자문 또는 관리업무 등 담당

시행처

한국산업인력공단

2024년 시험일정

구 분	원서접수	시험일자	합격자 발표
1차 시험	2024.01.15 ~ 2024.01.19	2024.02.24	2024.03.27
2차 시험	2024.04.22 ~ 2024.04.26	2024.07.26 ~ 2024.07.27	2024.10.30

※ 2025년 시험일정은 미발표
※ 2025년 시험일정은 반드시 한국산업인력공단 홈페이지(http://www.q-net.or.kr/)를 다시 확인하시기 바랍니다.

합격기준

구 분	합격결정기준(변리사법 시행령 제4조)
1차 시험	영어능력검정시험의 기준점수 이상을 받고 영어과목을 제외한 나머지 과목에서 과목당 100점을 만점으로 하여 각 과목의 40점 이상, 전과목 평균 60점 이상을 받은 사람 중에서 시험성적과 응시자 수를 고려하여 전과목 총점이 높은 사람 순으로 합격자 결정
2차 시험	과목당 100점을 만점으로 하여 선택과목에서 50점 이상을 받고, 필수과목의 각 과목 40점 이상, 필수과목 평균 60점 이상을 받은 사람을 합격자로 결정

시험과목

구 분	교시	시험과목	문항수	시험시간	시험방법
제1차 시험	1교시	산업재산권법	과목당 40문항	09:30~10:40(70분)	객관식 5지택일형
	2교시	민법개론		11:10~12:20(70분)	
	3교시	자연과학개론		13:40~14:40(60분)	
제2차 시험	1일차	특허법	과목당 4문항	09:30~11:30(120분)	논술형
		상표법		13:30~15:30(120분)	
	2일차	민사소송법		09:30~11:30(120분)	
		선택과목 택1 ① 디자인보호법(조약포함) ② 저작권법(조약포함) ③ 산업디자인 ④ 기계설계 ⑤ 열역학 ⑥ 금속재료 ⑦ 유기화학 ⑧ 화학반응공학 ⑨ 전기자기학 ⑩ 회로이론 ⑪ 반도체공학 ⑫ 제어공학 ⑬ 데이터구조론 ⑭ 발효공학 ⑮ 분자생물학 ⑯ 약제학 ⑰ 약품제조화학 ⑱ 섬유재료학 ⑲ 콘크리트 및 철근 콘크리트공학		13:30~15:30(120분)	

공인어학성적 기준점수

시험명	TOEFL		TOEIC	TEPS	G-TELP	FLEX	IELTS
	PBT	IBT					
일반 응시자	560	83	775	385	77(level-2)	700	5
청각 장애인	373	41	387	245	51(level-2)	350	-

통계자료

구 분	제1차 시험				제2차 시험			
	대상	응시	합격	합격률	대상	응시	합격	합격률
2024년도	3,465	3,071	607	19.76%	-	-	-	-
2023년도	3,640	3,312	665	20.07%	1,184	1,116	209	18.72%
2022년도	3,713	3,349	602	17.97%	1,160	1,093	210	19.21%
2021년도	3,380	3,305	613	20.20%	1,193	1,111	201	18.09%
2020년도	3,055	2,724	647	23.75%	1,209	1,157	210	18.15%

이 책의 구성과 특징

STEP 01　문제편

문제편

2024년 제61회 기출문제

**2024년 포함
10개년 기출문제 수록**

문제편과 해설편을 분리하고, 변리사 산업재산권법 10개년(2024~2015년) 기출문제를 수록하여 출제경향을 파악할 수 있도록 하였습니다.

⏱ Time　　분 | 해설편 205p

01 특허와 실용신안등록에 관한 설명으로 옳지 <u>않은</u> 것은? (다툼이 있으면 판례에 따름)

① 공공의 질서 또는 선량한 풍속에 어긋나거나 공중의 위생을 해칠 우려가 있는 발명 또는 고안은 특허 또는 실용신안등록을 받을 수 없다.

② 고안은 기술적 진보 또는 발명의 고도성 기준에 달하지 못한 작은 발명이다. 이 점과 관련하여 실용신안법은 실용신안권을 침해한 자에 대하여 특허권을 침해한 자보다 낮은 형량을 규정하고 있다.

③ 특허법과 실용신안법은 각 침해죄를 동일하게 반의사불벌죄로 규정하고 있다.

④ 실용신안등록을 받으려는 자는 출원시 도면을 첨부하여야 하지만, 특허를 받으려는 자는 도면을 제출하지 아니할 수도 있다.

⑤ 특허협력조약(PCT)에 의한 국제출원시 특허출원에 따른 도면의 설명부분에 대한 국어번역문을 제출하지 아니한 경우 도면의 설명부분에 대한 기재가 없었던 것으로 보지만, 실용신안등록출원시 도면을 포함하지 아니한 경우 출원인은 기준일까지 이를 제출하여야 하고 기준일까지 도면을 제출하지 아니한 때에는 특허청장이 정한 기간 내에 도면을 제출할 수 있다.

09 특허료에 관한 설명으로 옳은 것은? `기출 변형`

① 추가납부기간에 특허료를 납부하지 않은 경우에는 특허권의 설정등록을 받으려는 자의 특허출원은 취하한 것으로 본다.

② 특허권의 설정등록을 받으려는 자 또는 특허권자가 책임질 수 없는 사유로 추가납부기간에 특허료를 내지 아니하였거나 보전기간에 보전하지 아니한 경우에는 그 사유가 소멸한 날부터 30일 이내에 그 특허료를 내거나 보전할 수 있다.

③ 특허권의 존속기간의 연장등록을 무효로 한다는 심결이 확정된 경우에 심결이 확정된 해부터의 특허료는 납부한 자의 청구에 의하여 반환한다.

④ 특허청장은 특허료가 잘못 납부된 경우에는 그 사실을 납부한 자에게 통지하여야 하며, 특허료의 반환청구는 이 통지를 받은 날로부터 5년이 지나면 할 수 없다.

⑤ 특허청장은 특허료의 감면을 거짓이나 그 밖에 부정한 방법으로 받은 자에 대하여는 산업통상자원부령으로 정하는 바에 따라 감면받은 특허료의 3배액을 징수할 수 있다.

기출 변형 표시

복수정답 또는 개정법령 반영으로 인해 기출문제의 변형이 필요한 경우, 문제편에 기출 변형 표시를 하였습니다.

STEP 02 해설편

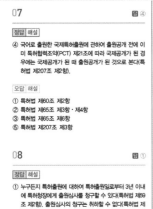

상세한 해설

정답에 대한 해설뿐만 아니라 오답에 대한 해설도 수록하여, 기출에 대한 완벽한 분석을 시도하였습니다.

다양한 보충자료

기출지문의 완벽한 학습을 위해 법령·판례, 이해를 돕기 위한 보충자료를 해설편에 수록하였습니다.

온라인 CBT 모의고사

도서 구매자를 위한 특별 혜택

이벤트 쿠폰 입력하고 모의고사 응시권 받으세요. SD에듀 도서를 구매하신 분들께 모의고사를 응시할 수 있는 기회를 드립니다.

이 책의 목차

문제편

해설편

문제편
변리사 1차 산업재산권법

※ 복수정답 또는 개정법령 반영으로 인해 기출문제를 변형한 경우 기출 변형 표시를 하였습니다.

변리사 1차 국가자격시험

교 시	문제형별	시험시간	시 험 과 목
1교시	A	70분	산업재산권법

수험번호		성 명	

【 수 험 자 유 의 사 항 】

1. **시험문제지 표지와 시험문제지 내 문제형별**의 동일여부 및 시험문제지의 **총면수, 문제번호 일련순서, 인쇄상태** 등을 확인하시고, 문제지 표지에 수험번호와 성명을 기재하시기 바랍니다.

2. 답은 각 문제마다 요구하는 **가장 적합하거나 가까운 답 1개**만 선택하고, 답안카드 작성 시 시험문제지 **형별누락, 마킹착오**로 인한 불이익은 전적으로 **수험자에게 책임**이 있음을 알려드립니다.

3. 답안카드는 국가전문자격 공통 표준형으로 문제번호가 1번부터 125번까지 인쇄되어 있습니다. 답안 마킹 시에는 반드시 **시험문제지의 문제번호와 동일한 번호**에 마킹하여야 합니다.

4. **감독위원의 지시에 불응하거나 시험시간 종료 후 답안카드를 제출하지 않을 경우** 불이익이 발생할 수 있음을 알려 드립니다.

5. 시험문제지는 시험 종료 후 가져가시기 바랍니다.

안내사항

1. 수험자는 **QR코드**를 통해 가답안을 확인하시기 바랍니다.
   (※ 사전 설문조사 필수)

2. 시험 합격자에게 '**합격축하 SMS(알림톡) 알림 서비스**'를 제공하고 있습니다.

   − 수험자 여러분의 합격을 기원합니다 −

자신의 능력을 믿어야 한다.
그리고 끝까지 굳게 밀고 나가라.

- 로잘린 카터 -

2024년 제61회 기출문제

✔ Time   분 | 해설편 205p

01 특허와 실용신안등록에 관한 설명으로 옳지 <u>않은</u> 것은? (다툼이 있으면 판례에 따름)

① 공공의 질서 또는 선량한 풍속에 어긋나거나 공중의 위생을 해칠 우려가 있는 발명 또는 고안은 특허 또는 실용신안등록을 받을 수 없다.

② 고안은 기술적 진보 또는 발명의 고도성 기준에 달하지 못한 작은 발명이다. 이 점과 관련하여 실용신안 법은 실용신안권을 침해한 자에 대하여 특허권을 침해한 자보다 낮은 형량을 규정하고 있다.

③ 특허법과 실용신안법은 각 침해죄를 동일하게 반의사불벌죄로 규정하고 있다.

④ 실용신안등록을 받으려는 자는 출원시 도면을 첨부하여야 하지만, 특허를 받으려는 자는 도면을 제출하 지 아니할 수도 있다.

⑤ 특허협력조약(PCT)에 의한 국제출원시 특허출원에 따른 도면의 설명부분에 대한 국어번역문을 제출하 지 아니한 경우 도면의 설명부분에 대한 기재가 없었던 것으로 보지만, 실용신안등록출원시 도면을 포함하지 아니한 경우 출원인은 기준일까지 이를 제출하여야 하고 기준일까지 도면을 제출하지 아니한 때에는 특허청장이 정한 기간 내에 도면을 제출할 수 있다.

02 특허를 받을 수 있는 권리에 관한 설명으로 옳지 <u>않은</u> 것은? (다툼이 있으면 판례에 따름)

① 특허청 직원은 발명자라 할지라도 상속 또는 유증의 경우를 제외하고는 재직 중 특허를 받을 수 없으나, 특허권자로 권리를 행사하는 데 아무런 문제가 없다.

② 인공지능(AI)이 생성한 결과물에 대한 보호 여부와 관련하여 AI가 자연인이 아니라는 점에 따라 발명자 가 될 수 없다.

③ 법인이라 할지라도 특허를 받을 수 있는 권리를 승계할 수 있지만, 이 권리는 질권의 목적으로 할 수 없다.

④ 발명이 정신적 창작활동의 결과로 얻어지는 것이라는 점에서 피성년후견인은 특허를 받을 수 있는 권리 를 가지지 못한다.

⑤ 2명 이상이 공동으로 발명한 경우에는 특허를 받을 수 있는 권리를 공유한다.

03 무권리자의 특허출원 등에 관한 설명으로 옳은 것은? (다툼이 있으면 판례에 따름)

① 연구자의 지시에 따라 데이터를 수집하고 실험을 행한 A가 자기 이름으로 특허출원을 하였으나 특허를 받을 수 있는 권리를 가지지 아니한 사유로 A가 특허를 받지 못한 경우에 정당한 권리자 B가 A의 특허출원 후 특허를 출원하였다 하더라도 B의 특허출원은 A의 출원 시로 소급하지 못한다.

② 특허를 받을 수 있는 권리를 가지지 아니한 C가 특허출원하여 특허 등록되었을 경우에 정당한 권리자 D는 특허의 정정심판청구로 특허 등록할 수 있다.

③ 특허권의 이전청구에 따라 공유인 특허권의 지분을 이전하는 경우에 특허법의 규정에 따라 다른 공유자의 동의를 받아야 그 지분을 이전할 수 있다.

④ 특허권의 이전청구에 기초하여 특허권이 이전등록된 경우에, 제65조(출원공개의 효과) 제2항에 따른 보상금지급청구권은 특허권이 이전등록된 날부터 이전등록을 받은 자에게 있는 것으로 본다.

⑤ 이전등록된 특허권에 대하여 이전등록 당시에 전용실시권을 취득하고 등록을 받은 자가 특허권의 이전청구에 따른 특허권의 이전등록이 있기 전에 해당 특허가 무효심판 대상임을 알지 못하고 국내에서 해당 발명의 실시사업을 준비하고 있는 경우에 그 준비를 하고 있는 발명 및 사업목적의 범위에서 그 특허권에 대하여 통상실시권을 가진다.

04 특허요건 중 신규성에 관한 설명으로 옳지 <u>않은</u> 것은? (다툼이 있으면 판례에 따름)

① 다수인이 발명의 내용을 알고 있거나 알 수 있는 상태에 있다 하더라도 그들이 모두 비밀유지의무를 지는 경우라면 그 발명은 공지되었다고 볼 수 없다.

② 제29조(특허요건) 제1항 제1호에 규정한 '특허출원 전'의 의미는 발명의 공지 또는 공연 실시된 시점이 특허출원 전이라는 의미이고, 그 공지 또는 공연 실시된 사실을 인정하기 위한 증거가 특허출원 전에 작성된 것을 의미한다.

③ 전기통신회선을 통하여 공개되었다 하더라도 암호를 부여하여 불특정 다수인의 접근이 불가능한 경우에는 공중의 이용가능성이 없다.

④ 카탈로그는 제작되었으면 배부, 반포되는 것이 사회통념이라 하겠으며 제작한 카탈로그를 배부, 반포하지 아니하고 사장하고 있다는 것은 경험칙상 수긍할 수 없는 것이어서 카탈로그의 배부범위, 비치장소 등에 관하여 구체적인 증거가 없다고 하더라도 그 카탈로그의 배부, 반포되었음을 부인할 수는 없다.

⑤ 공지기술이 상위개념으로 기재되어 있고 청구항에 기재된 발명이 하위개념으로 기재되어 있으면 동일성이 없어 통상적으로 청구항에 기재된 발명은 신규성이 있다.

05 특허요건 중 진보성에 관한 설명으로 옳지 <u>않은</u> 것은? (다툼이 있으면 판례에 따름)

① 그 발명이 속하는 기술분야에서 통상의 지식을 가진 사람이란 특허법에 규정한 상상의 인물을 말한다 할지라도 실제 심사단계에서 심사관, 심판단계에서 심판관 합의체의 입장에서 판단한다. 이에 법원은 문제된 사안에서 법관의 판단을 배제하고 심사관·심판관 합의체가 어떻게 진보성을 적용하였는지를 판단한다.

② 발명품의 판매가 상업적 성공을 거두었다 하더라도 일응 진보성이 있는 것으로 볼 자료가 될 수 있지만 그 자체로 진보성이 있다고 단정할 수 없다. 진보성에 대한 판단은 명세서에 기재된 내용을 토대로 판단되어야 한다.

③ 통상의 기술자가 특허출원 당시의 기술수준에 비추어 진보성 판단의 대상이 된 발명이 선행기술과 차이가 있음에도 그러한 차이를 극복하고 선행기술로부터 그 발명을 용이하게 발명할 수 있는지를 살펴보아야 한다.

④ 신규성과 진보성은 별개의 거절이유로서 진보성 판단에 앞서 신규성 판단이 선행되어야 하고, 특허청구범위가 여러 개의 항이 있는 경우에는 그 하나의 항이라도 거절이유가 있다면 그 출원은 전부가 거절되어야 한다.

⑤ 발명의 진보성 여부 판단에 있어서 그 출원 당시의 기술수준, 대비되는 발명의 유무 등에 따라 국가마다 사정을 달리할 수 있으므로 외국에서 특허등록되었다 하더라도 국내에서 그 발명의 진보성이 부정될 수 있다.

06 특허료 및 수수료에 관한 설명으로 옳지 <u>않은</u> 것은?

① 특허권의 설정등록을 받으려는 자는 설정등록을 받으려는 날부터 3년분의 특허료를 내야 하고, 특허권자는 그 다음 해부터의 특허료를 해당 권리의 설정등록일에 해당하는 날을 기준으로 매년 1년분씩 내야 한다.

② 이해관계인은 특허료를 내야 할 자의 의사와 관계없이 특허료를 낼 수 있으며, 이 경우 이해관계인은 내야 할 자가 현재 이익을 얻는 한도에서 그 비용의 상환을 청구할 수 있다.

③ 특허권의 설정등록을 받으려는 자는 특허료 납부기간이 지난 후에도 1년 이내에 특허료를 추가로 낼 수 있으며, 이 경우 내야 할 특허료의 2배의 범위에서 산업통상자원부령으로 정하는 금액을 납부하여야 한다.

④ 특허권의 설정등록을 받으려는 자가 정당한 사유로 추가납부기간에 특허료를 내지 아니하였거나 보전기간에 보전하지 아니한 경우에는 그 사유가 소멸한 날부터 2개월 이내에 그 특허료를 내거나 보전할 수 있다. 다만, 추가납부기간의 만료일 또는 보전기간의 만료일 중 늦은 날부터 1년이 지난 때에는 그러하지 아니하다.

⑤ 특허출원인이 아닌 자가 출원심사의 청구를 한 후 그 특허출원서에 첨부한 명세서를 보정하여 청구범위에 적은 청구항의 수가 증가한 경우에는 그 증가한 청구항에 관하여 내야 할 심사청구료는 특허출원인이 내야 한다.

07 특허법상 출원공개에 관한 설명으로 옳지 <u>않은</u> 것은?

① 특허청장은 출원공개 전에 출원심사의 청구가 있으면 출원공개 시에, 출원공개 후에 출원심사의 청구가 있으면 지체 없이 그 취지를 특허공보에 게재하여야 한다.

② 특허출원인의 제65조(출원공개의 효과) 제2항에 따른 청구권은 그 특허출원된 발명에 대한 특허권이 설정등록된 후에만 행사할 수 있으며, 그 청구권의 행사는 특허권의 행사에 영향을 미치지 아니한다.

③ 출원공개 후 특허출원이 포기·무효 또는 취하된 경우 제65조(출원공개의 효과) 제2항에 따른 청구권은 처음부터 발생하지 아니한 것으로 본다.

④ 국어로 출원한 국제특허출원에 관하여 출원공개 전에 이미 특허협력조약(PCT) 제21조에 따라 국제공개가 된 경우에는 우선일부터 1년 6개월이 되는 날에 출원공개가 된 것으로 본다.

⑤ 국제특허출원의 출원인은 출원공개된 발명임을 알고도 그 국제특허출원된 발명을 업으로서 실시한 자에게 출원공개된 발명임을 안 때부터 특허권의 설정등록 시까지의 기간 동안 그 특허발명의 실시에 대하여 합리적으로 받을 수 있는 금액에 상당하는 보상금의 지급을 청구할 수 있다. 다만, 그 청구권은 해당 특허출원이 특허권의 설정 등록된 후에만 행사할 수 있다.

08 특허출원에 관한 설명으로 옳지 <u>않은</u> 것은? (다툼이 있으면 판례에 따름)

① 누구든지 특허출원에 대하여 특허출원일부터 3년 이내에 특허청장에게 출원심사의 청구를 할 수 있다. 다만, 공동발명자 중 1인이 특허출원을 한 경우 출원심사의 청구를 취하할 수 있다.

② 공동출원인에 대하여 제219조(공시송달) 제1항에 의한 공시송달을 실시하기 위해서는 '공동출원인 전원의 주소 또는 영업소가 불분명하여 송달받을 수 없는 때'에 해당하여야 한다.

③ 심사관은 제54조(조약에 의한 우선권 주장)에 따른 우선권 주장을 수반한 특허출원의 심사에 필요한 경우에는 기간을 정하여 그 우선권 주장의 기초가 되는 출원을 한 국가의 심사결과에 대한 자료를 산업통상자원부령으로 정하는 방법에 따라 제출할 것을 특허출원인에게 명할 수 있다.

④ 특허를 받을 수 있는 권리가 공유인 경우에는 공유자 모두가 공동으로 특허출원을 하여야 한다.

⑤ 특허를 받을 수 있는 권리를 이전하기로 하는 계약에 따라 특허등록을 공동출원한 경우에 출원인이 발명자가 아니라도 등록된 특허권의 공유지분을 가진다.

09 특허법상 서류제출 등에 관한 설명으로 옳지 <u>않은</u> 것은?

① 제28조의3(전자문서에 의한 특허에 관한 절차의 수행) 제1항에 따라 정보통신망을 이용하여 제출된 전자문서는 그 문서의 제출인이 정보통신망을 통하여 접수번호를 확인할 수 있는 때에 특허청 또는 특허심판원에서 사용하는 접수용 전산정보처리조직의 파일에 기록된 내용으로 접수된 것으로 본다.

② 심사관은 제28조의4(전자문서 이용신고 및 전자서명) 제1항에 따라 전자문서 이용신고를 한 자에게 서류의 통지 및 송달을 하려는 경우에는 정보통신망을 이용하여 통지 등을 할 수 있고, 위 서류의 통지 등은 서면으로 한 것과 같은 효력을 가진다.

③ 특허법에 따른 명령에 따라 특허청장 또는 특허심판원장에게 제출하는 출원서, 청구서, 그 밖의 서류는 특허청장 또는 특허심판원장에게 도달한 날부터 제출의 효력이 발생한다.

④ 특허권 및 특허에 관한 권리의 등록신청서류와 특허협력조약(PCT) 제2조(vii)에 따른 국제출원에 관한 서류를 우편으로 제출하는 경우에는 그 서류가 특허청장 또는 특허심판원장에게 도달한 날부터 효력이 발생한다.

⑤ 제28조의5(정보통신망을 이용한 통지 등의 수행) 제1항에 따른 서류의 통지 등은 그 통지 등을 받을 자가 자신이 사용하는 전산정보처리조직을 통하여 그 서류를 수신한 때에 특허청 또는 특허심판원에서 사용하는 발송용 전산정보처리조직의 파일에 기록된 내용으로 도달한 것으로 본다.

10 특허권에 관한 설명으로 옳은 것은?

① 특허권의 상속이 개시된 때 상속인이 없는 경우에는 그 특허권은 국가에 귀속된다.

② 특허권이 공유인 경우 각 공유자는 계약으로 특별히 약정한 경우를 제외하고는 다른 공유자의 동의를 받지 아니하고 그 특허발명을 자신이 실시할 수 없다.

③ 청산절차가 진행 중인 법인의 특허권은 법인의 청산종결등기일(청산종결등기가 되었더라도 청산사무가 사실상 끝나지 아니한 경우에는 청산사무가 사실상 끝난 날과 청산종결등기일부터 6개월이 지난 날 중 빠른 날로 한다)까지 그 특허권의 이전등록을 하지 아니한 경우에는 청산종결등기일에 소멸한다.

④ 특허법에 따라 특허청장이 정한 대가와 보상금액에 관하여 확정된 결정은 집행력 있는 집행권원(執行權原)과 같은 효력을 가진다. 이 경우 집행력 있는 정본은 법원 소속공무원이 부여한다.

⑤ 특허권을 포기한 때에는 특허권은 그때부터 소멸된다.

11 특허법상 보정 및 보정각하에 관한 설명으로 옳지 <u>않은</u> 것은? (다툼이 있으면 판례에 따름)

① 제47조(특허출원의 보정) 제2항에 규정된 '최초로 첨부된 명세서 또는 도면에 기재된 사항'이란 최초 명세서 등에 명시적으로 기재되어 있는 사항이거나 또는 명시적인 기재가 없더라도 그 발명이 속하는 기술분야에서 통상의 지식을 가진 자라면 출원시의 기술상식에 비추어 보아 보정된 사항이 최초 명세서 등에 기재되어 있는 것과 마찬가지라고 이해할 수 있는 사항이어야 한다.

② 제51조(보정각하) 제1항이 '청구항을 삭제하는 보정'의 경우를 대상에서 제외하고 있는 취지는, 보정의 반복에 의하여 심사관의 새로운 심사에 따른 업무량 가중 및 심사절차의 지연의 문제가 생기지 아니하므로 그에 대하여 거절이유를 통지하여 보정의 기회를 다시 부여함으로써 출원인을 보호하려는 데 있다.

③ 국제특허출원의 출원인이 제203조(서면의 제출) 제3항에 따른 보정명령을 받고 지정된 기간에 보정을 하지 아니하면 특허청장은 해당 국제특허출원을 무효로 하여야 한다.

④ 외국어특허출원에 대한 명세서 또는 도면의 보정은 특허출원서에 최초로 첨부한 명세서 또는 도면에 기재된 사항의 범위에서 하여야 한다. 또한 보정은 최종 국어번역문 또는 특허출원서에 최초로 첨부한 도면(도면 중 설명부분은 제외한다)에 기재된 사항의 범위에서도 하여야 한다.

⑤ 청구항을 삭제하는 보정을 하였더라도 삭제된 청구항과 관련이 없는 부분에서 새롭게 발생한 거절이유는 심사관에게 새로운 심사에 따른 업무량을 가중시키고, 심사절차가 지연되는 결과를 가져오게 하는 등 달리 취급하여야 할 필요가 없으므로 제51조(보정각하) 제1항 본문이 규정하는 청구항을 삭제하는 보정에 따라 발생한 새로운 거절이유에 포함된다고 할 수 없다.

12 특허취소신청에 관한 설명으로 옳은 것은?

① 누구든지 특허권의 설정등록일부터 등록공고일 후 1년이 되는 날까지 동일한 발명에 대하여 다른 날에 둘 이상의 특허출원이 있었던 경우 나중에 특허출원한 자의 발명에 대하여 특허를 부여한 경우 특허심판원장에게 특허취소신청을 할 수 있다.

② 특허권에 관하여 이해관계를 가진 자는 특허취소신청에 대한 결정이 있을 때까지 특허권자를 보조하기 위하여 그 심리에 참가할 수 없다.

③ 특허취소결정이 확정된 때에는 그 특허권은 확정된 날로부터 효력을 상실한다.

④ 심판관은 특허취소신청에 관하여 특허취소신청인, 특허권자 또는 참가인이 제출하지 아니한 이유에 대해서도 심리할 수 있다.

⑤ 공유인 특허권의 특허권자 중 1인에게 특허취소신청절차의 중단 또는 중지의 원인이 있으면 그 1인에게만 그 효력이 발생한다.

13 특허심판에 관한 설명으로 옳지 <u>않은</u> 것은? (다툼이 있으면 판례에 따름)

① 특허법에 따른 심판의 심결이 확정되었을 때에는 그 사건에 대해서는 누구든지 동일사실 및 동일 증거에 의하여 다시 심판을 청구할 수 없다. 다만, 확정된 심결이 각하심결인 경우에는 그러하지 아니하다.

② 심판청구는 심결이 확정될 때까지 취하할 수 있고, 상대방의 답변서가 제출된 후에도 상대방의 동의 없이 취하할 수 있다.

③ 거절결정불복심판청구 기각 심결의 취소소송절차에서도 특허청장은 심사 또는 심판단계에서 의견제출의 기회를 부여한 바 없는 새로운 거절이유를 주장할 수 없다고 보아야 한다. 다만 거절결정불복심판청구 기각 심결의 취소소송절차에서 특허청장이 비로소 주장하는 사유라고 하더라도 심사 또는 심판 단계에서 의견제출의 기회를 부여한 거절이유와 주요한 취지가 부합하여 이미 통지된 거절이유를 보충하는 데 지나지 아니하는 것이면 이를 심결의 당부를 판단하는 근거로 할 수 있다.

④ 특허출원에 대한 심사 단계에서 거절결정을 하려면 그에 앞서 출원인에게 거절이유를 통지하여 의견제출의 기회를 주어야 하고, 거절결정에 대한 특허심판원의 심판절차에서 그와 다른 사유로 거절결정이 정당하다고 하려면 먼저 그 사유에 대해 의견제출의 기회를 주어야만 이를 심결의 이유로 할 수 있다.

⑤ 특허발명의 도면에 대한 정정을 한다는 심결이 있는 경우 특허심판원장은 그 내용을 특허청장에게 알려야 하며 특허청장은 정정심결 통보가 있으면 이를 특허공보에 게재하여야 한다.

14 특허법상 재심에 관한 설명으로 옳지 <u>않은</u> 것은?

① 심판에 관여한 심판관이 그 사건에 관하여 직무에 관한 죄를 범한 경우에는 처벌받을 행위에 대하여 유죄의 판결이나 과태료부과의 재판이 확정된 때 또는 증거부족 외의 이유로 유죄의 확정판결이나 과태료부과의 확정재판을 할 수 없을 때에만 재심의 소를 제기할 수 있다.

② 당사자는 확정된 특허취소결정 또는 확정된 심결에 대하여 재심을 청구할 수 있다.

③ 재심사유가 특허취소결정 후에 생겼을 경우 특허취소결정 후 3년의 기간은 그 사유가 발생한 날로부터 기산한다.

④ 특허취소결정에 대한 재심의 절차에 관하여는 그 성질에 반하지 아니하는 범위에서 특허취소신청에 관한 규정을 준용한다.

⑤ 대리권의 흠을 이유로 재심을 청구하는 경우에 재심청구 기간은 청구인 또는 법정대리인이 특허취소결정등본 또는 심결등본의 송달에 의하여 특허취소결정 또는 심결이 있는 것을 안 날의 다음 날부터 기산한다.

15 특허법상 특허소송에 관한 설명으로 옳지 <u>않은</u> 것은? (다툼이 있으면 판례에 따름)

① 특허취소결정 또는 심결에 대한 소 및 특허취소신청서·심판청구서·재심청구서의 각하결정에 대한 소는 특허법원의 전속관할로 한다.

② 법원은 소송절차에서 필요하면 직권 또는 당사자의 신청에 따라 특허취소신청에 대한 결정이나 특허에 관한 심결이 확정될 때까지 그 소송절차를 중지할 수 있다.

③ 법원은 특허권침해소송에서 당사자의 신청에 의하여 상대방 당사자에게 해당 침해의 증명 또는 침해로 인한 손해액의 산정에 필요한 자료의 제출을 명할 수 있다. 다만, 그 자료의 소지자가 그 자료의 제출을 거절할 정당한 이유가 있으면 그러하지 아니하다.

④ 법원은 특허취소결정 또는 심결에 대한 소 및 각하결정에 대한 소가 제기된 경우에 그 청구가 이유 있다고 인정할 때에는 판결로써 해당 심결 또는 결정을 취소하여야 한다.

⑤ 특허출원된 발명이 국방상 필요하여 정부가 특허하지 아니하고 보상금 지급을 결정하여 이 결정을 받은 자가 보상금에 불복할 때에는 법원에 소를 제기할 수 있고 소는 결정의 등본을 송달받은 날로부터 2개월 이내에 제기하여야 한다.

16 특허법상 벌칙에 관한 설명으로 옳지 <u>않은</u> 것은?

① 국내외에서 정당한 사유 없이 비밀유지명령을 위반한 자는 5년 이하의 징역 또는 5천만원 이하의 벌금에 처하며, 이때 비밀유지명령을 신청한 자의 고소가 없어도 공소를 제기할 수 있다.

② 특허심판원으로부터 증인으로 소환된 자로서 정당한 이유 없이 소환에 따르지 아니하거나 선서를 거부한 자에게는 50만원 이하의 과태료를 부과한다.

③ 거짓이나 그 밖의 부정한 행위로 특허권의 존속기간의 연장등록을 받은 자는 3년 이하의 징역 또는 3천만원 이하의 벌금에 처한다.

④ 특허청 소속 직원이거나 직원이었던 사람이 특허출원 중인 발명에 관하여 직무상 알게 된 비밀을 누설하거나 도용한 경우에는 5년 이하의 징역 또는 5천만원 이하의 벌금에 처한다.

⑤ 특허법에 따라 선서한 증인, 감정인 또는 통역인이 특허심판원에 대하여 거짓으로 진술·감정 또는 통역을 한 경우에는 5년 이하의 징역 또는 5천만원 이하의 벌금에 처한다.

17 특허법상 심결취소소송에 관한 설명으로 옳지 <u>않은</u> 것은? (다툼이 있는 경우 판례에 의함)

① 특허를 무효로 한 심결에 대한 심결취소소송에서 원고의 청구가 기각되어 상고심에 계속 중, 제3자가 제기한 특허무효심판에서 특허를 무효로 하는 심결이 확정된 때에는 그 특허권은 처음부터 없었던 것으로 보게 되므로, 특허가 무효로 확정된 이상 심결의 취소를 구할 법률상 이익도 없어졌다.

② 거절결정에 대한 심결취소소송에서 특허청이 보정각하결정에서와 다른 이유를 들어 보정의 부적법을 주장하더라도 출원인으로서는 이에 대응하여 소송절차에서 보정의 적법 여부에 관하여 다툴 수 있으므로 출원인의 방어권 또는 절차적 이익이 침해된다고 할 수 없다.

③ 주지관용의 기술이 소송상 공지 또는 현저한 사실이라고 볼 수 있을 만큼 일반적으로 알려져 있지 아니한 경우에도 그 주지관용의 기술은 심결취소소송에 있어서 증명을 필요로 하지 아니하므로, 법원은 자유로운 심증에 의하여 증거 등 기록에 나타난 자료를 주지관용의 기술로서 인정할 수 없다.

④ 행정소송의 일종인 심결취소소송에 직권주의가 가미되어 있다고 하더라도 여전히 변론주의를 기본 구조로 하는 이상, 심결의 위법을 들어 그 취소를 청구할 때에는 직권조사사항을 제외하고는 그 취소를 구하는 자가 위법사유에 해당하는 구체적 사실을 먼저 주장하여야 하고, 법원이 당사자가 주장하지도 않은 법률요건에 관하여 판단하는 것은 변론주의 원칙에 위배된다.

⑤ 심결취소소송은 항고소송에 해당하여 그 소송물은 심결의 실체적, 절차적 위법성 여부라 할 것이므로 당사자는 심결에서 판단되지 않은 처분의 위법사유도 심결취소소송 단계에서 주장·입증할 수 있고 심결취소소송의 법원은 특별한 사정이 없는 한 제한없이 이를 심리·판단하여 판결의 기초로 삼을 수 있다.

18 특허관련 국제조약에 관한 설명으로 옳은 것은?

① WTO/TRIPs 협정은 지식재산권의 보호에 관하여 최소한의 기준을 정하고 있으므로 국내입법이 이보다 더 강력하게 보호할 경우 WTO/TRIPS 협정 위반이 된다.

② 세계지식재산권기구(WIPO)의 특허법조약(PLT)은 특허실체법의 통일화를 꾀하기 위한 국제조약이다.

③ 부다페스트 조약에 따른 국제기탁기관은 정부, 지방자치단체, 정부투자기관 중 하나에 해당해야 한다.

④ WTO/TRIPs 협정은 파리협약과 달리 그 기본원칙 중 하나로서 최혜국대우원칙을 천명하고 있다.

⑤ 특허협력조약(PCT)에 의하여 세계 모든 국가에 효력이 미치는 단일의 국제특허를 취득하는 것이 가능하게 되었다.

19 특허소송에 관한 설명으로 옳은 것은? (다툼이 있으면 판례에 따름)

① 판결에 당사자가 주장한 사항에 대한 구체적·직접적인 판단이 표시되어 있지 않더라도 판결이유의 전반적인 취지에 비추어 그 주장을 인용하거나 배척하였음을 알 수 있는 정도라면 설령 실제로 판단을 하지 아니하였다고 하더라도 그 주장이 배척될 경우임이 분명한 때로서 판단누락의 위법이 있다.

② 특허출원인으로부터 특허를 받을 수 있는 권리를 양수한 특정승계인은 특허출원인변경신고를 하지 않은 상태에서는 그 양수의 효력이 발생하지 않아서 특허심판원의 거절결정불복심판심결에 대하여 취소의 소를 제기할 수 있는 당사자 등에 해당하지 아니하므로 그가 제기한 취소의 소는 부적법하다.

③ 고유필수적 공동소송이 아닌 사건에서 소송 도중에 당사자를 추가하는 것은 허용될 수 없으나, 동일한 특허권에 관하여 2명 이상의 자가 공동으로 특허의 무효심판을 청구하여 승소한 경우 그 특허권자가 제기할 심결취소소송은 심판청구인 모두를 상대로 제기하여야만 하는 고유필수적 공동소송이라고 할 수 있으므로 해당 소송에서 당사자의 변경을 가져오는 당사자 추가신청은 예외적으로 허용될 수 있다.

④ 특허침해소송이 계속 중이어서 그 소송에서 특허권의 효력이 미치는 범위를 확정할 수 있으므로 침해소송과 별개로 청구된 권리범위확인심판의 심판청구의 이익은 부정된다.

⑤ 특허청이 출원발명에 대한 최초의 거절이유 통지부터 출원거절의 심결을 내릴 때까지 출원발명의 진보성을 문제삼았을 뿐이고 출원인에게 출원발명의 신규성이 없다는 이유로 의견서 제출통지를 하여 그로 하여금 명세서를 보정할 기회를 부여하지 않았더라도 법원이 출원발명의 요지가 신규성이 없다는 이유로 심결을 유지할 수 있다.

20 특허에 관한 설명으로 옳지 <u>않은</u> 것은? (다툼이 있으면 판례에 따름)

① 심판장은 심판에서 필요하면 직권 또는 당사자의 신청에 따라 그 심판사건과 관련되는 특허취소신청에 대한 결정 또는 다른 심판의 심결이 확정되거나 소송절차가 완결될 때까지 그 절차를 중지할 수 있다.

② 특허권의 존속기간 연장등록결정이 있는 경우 특허청장은 특허권 존속기간의 연장을 특허원부에 등록하여야 한다.

③ 특허권자는 고의 또는 과실로 자기의 특허권을 침해당한 경우 그 침해로 인하여 입은 손해의 배상을 청구할 수 있으며, 이때 특허권을 침해한 자가 그 침해행위로 인하여 얻은 이익액을 특허권자가 입은 손해액으로 추정할 수 있다.

④ 법원은 제187조(피고적격) 단서에 따른 소에 관하여 소송절차가 완결되었을 때에는 지체 없이 그 사건에 대한 각 심급(審級)의 재판서 정본을 특허심판원장에게 보내야 한다.

⑤ 무효심판의 심결 후에 청구범위가 정정되었다고 하더라도 심결취소소송에서 특허법원이 정정된 청구범위를 심결의 기초로 하여 특허발명에 무효사유가 존재하는지 여부를 판단할 수 있고 청구항이 정정으로 삭제되었더라도 심결의 취소를 구할 법률상의 이익은 여전히 존재한다고 봄이 타당하다.

21 상표법 제34조(상표등록을 받을 수 없는 상표)에 관한 설명으로 옳지 <u>않은</u> 것은?

① 저명한 연예인 이름, 연예인 그룹 명칭, 스포츠선수 이름, 기타 국내외 유명 인사 등의 이름이나 이들의 약칭을 포함하는 상표를 출원한 경우에는 지정 상품과 관계없이 제34조 제1항 제6호를 적용한다.

② 제34조 제1항 제2호는 저명한 고인과의 관계를 거짓으로 표시하거나 비방 또는 모욕하거나 평판을 나쁘게 할 우려가 있는 경우에 적용한다.

③ 저명한 고인과의 관계를 거짓으로 표시하는 것이 아니라도 지정상품과의 관계를 고려할 때 저명한 고인과 관련 있는 것으로 오인·혼동을 일으킬 염려가 있는 경우에는 제34조 제1항 제12호를 적용한다.

④ 현존하는 저명한 공익법인의 명칭 또는 약칭이나 이를 포함하는 상표에 대해서는 제34조 제1항 제6호를 적용한다.

⑤ 저명한 고인의 성명을 정당한 권리자의 동의없이 출원하여 그 명성에 편승하려는 경우 제34조 제1항 제2호가 적용된다.

22 부분거절제도에 관한 설명으로 옳은 것을 모두 고른 것은?

> ㄱ. 부분거절제도란 상표등록출원의 지정상품 중 일부에 거절이유가 있는 경우 해당 거절이유가 있는 지정상품에 대하여만 상표등록거절결정을 하여 나머지 지정상품에 대하여는 상표등록을 받을 수 있도록 하는 것으로, 이 제도의 도입으로 인하여 해당 상품을 분할출원하지 않더라도 거절이유 없는 지정상품에 대한 조기등록이 가능하다.
> ㄴ. 상표등록출원의 일부 지정상품에 대하여만 상표등록거절결정을 받은 경우에는 그 일부 지정상품에 대하여 재심사청구가 가능하다.
> ㄷ. 일부 지정상품에 거절이유가 있는 경우 거절이유가 없는 지정상품에 대하여 먼저 출원공고결정을 거쳐 상표등록결정을 할 수 있다.
> ㄹ. 부분거절제도는 국제상표등록출원에도 그 적용이 있다.

① ㄱ, ㄴ

② ㄱ, ㄷ

③ ㄱ, ㄹ

④ ㄴ, ㄷ

⑤ ㄴ, ㄹ

23 마드리드 의정서에 관한 설명으로 옳지 않은 것은?

① 마드리드 의정서에 의한 국제출원(지리적 표시 단체표장을 포함)은 기초출원이나 기초등록된 상표견본을 기초로 출원을 해야 하고, 상표의 부기적(附記的)인 부분의 삭제에 해당되는 경우에는 지정국에서 상표 견본의 보정이 허용된다.

② 국제상표등록출원에 대해서는 업무표장에 관한 규정을 적용하지 아니한다.

③ 마드리드 의정서에 의한 국제상표등록출원을 통해 지리적 표시 단체표장 및 지리적 표시 증명표장의 등록을 받고자 하는 자는 국제등록일(사후지정의 경우에는 사후지정일) 또는 보정통지를 받은 날로부터 3개월 이내에 그 취지를 기재한 서류와 지리적 표시의 정의에 합치함을 입증할 수 있는 서류를 정관 또는 규약과 함께 제출하여야 한다.

④ 국제출원서와 그 출원에 필요한 서류는 특허청장에게 도달한 날부터 그 효력이 발생하며, 우편으로 제출된 경우에도 예외 없이 동일하다.

⑤ 국제등록의 명의인은 국제등록된 지정국을 추가로 지정하려는 경우에는 산업통상자원부령으로 정하는 바에 따라 특허청장에게 사후지정을 신청할 수 있다.

24 상표의 유사판단에 관한 설명으로 옳지 않은 것은? (다툼이 있으면 판례에 따름)

① 상표의 유사여부는 반드시 상품출처의 오인·혼동 가능성이 있는지 여부를 고려하여 판단하여야 한다.

② 상표의 유사여부의 관찰방법은 전체적, 객관적, 이격적 관찰을 원칙으로 하되 상표 구성 중 인상적인 부분(요부)이 있는 경우 이에 대하여 중점적으로 비교하는 것으로 하며, 이 경우 소리·냄새 등은 같은 유형의 상표 간에 시각적 표현을 기준으로 유사여부를 비교하여 판단한다.

③ 두 개의 상표를 직접 놓고 대비할 때에는 구성요소가 다른 점이 있다고 하더라도, 때와 장소를 달리하여 관찰했을 때 경험칙상 서로 출처의 오인·혼동이 일어나는 경우에는 유사한 상표로 보아야 한다.

④ 상표의 유사여부는 그 상표가 사용될 지정상품의 주된 수요계층과 기타 그 상품의 거래실정을 고려하여 일반수요자의 주의력을 기준으로 판단하여야 한다.

⑤ 등록상표의 구성 중 식별력 없는 일부분이 등록 전 사용에 의한 식별력을 취득한 경우에는 그 부분은 사용상품과 유사한 상품에 관하여 상표유사 판단의 요부가 될 수 있다.

25 상표의 식별력에 관한 설명으로 옳지 <u>않은</u> 것은?

① 일반적으로 상표법 제33조(상표등록의 요건) 제1항 제1호·제2호·제3호는「상품과 관련」하여 식별력 유무를 판단하여야 한다.

② 보통명칭에 다른 식별력 있는 문자나 도형 등이 결합되어 있어 전체적으로 식별력을 인정한 경우에도 당해 지정상품과 관련하여 상품에 대한 오인·혼동의 우려가 있을 때에는 지정상품의 범위를 그 보통명칭과 관련된 것에 한정하도록 제34조(상표등록을 받을 수 없는 상표) 제1항 제12호를 적용한다.

③ 상표법 제33조(상표등록의 요건) 제1항 제1호 내지 제3호를 이유로 거절결정을 하는 경우에는 지정상품 전부에 대하여 거절결정을 하여야 한다.

④ 출원 상표가 상표법 제33조(상표등록의 요건) 제1항 각 호의 식별력 요건을 갖추고 있는지 여부에 대한 판단의 기준시점은 원칙적으로 상표등록여부결정을 할 때이다.

⑤ 홀로그램상표의 경우 제출된 상표견본과 상표에 대한 설명을 통하여 특정되는 전체적인 외관이 지정상품의 품질, 원재료, 용도 등의 성질을 직접적으로 나타낸다고 인정되는 경우 상표법 제33조(상표등록의 요건) 제1항 제3호를 적용한다.

26 상표권의 침해 및 그 구제에 관한 설명으로 옳지 <u>않은</u> 것은? (다툼이 있으면 판례에 따름)

① 고의적으로 상표권자 또는 전용사용권자의 등록상표와 동일·유사한 상표를 그 지정상품과 동일·유사한 상품에 사용하여 상표권 또는 전용사용권을 침해한 자에 대하여 상표법 제110조(손해액의 추정 등) 제1항부터 제6항까지의 규정에 따라 손해로 인정된 금액의 3배를 넘지 아니하는 범위에서 배상액을 정할 수 있도록 법원에 권한을 부여하고 있다.

② 상표권의 침해가 계속적으로 행하여지는 결과 손해도 역시 계속적으로 발생하는 경우에 그 침해로 인한 손해배상청구권의 소멸시효는 정책적인 이유에 의하여 최초로 손해가 발생한 때부터 일괄적으로 진행되는 것으로 본다.

③ 상표권자가 상표법 제109조(손해배상의 청구)에 따른 손해배상을 청구하는 대신에 상표법 제111조(법정손해배상의 청구)에 따른 손해배상을 청구하는 경우에 법원은 변론 전체의 취지와 증거조사의 결과를 고려하여 상당한 손해액을 인정할 수 있다.

④ 상표법은 제222조(등록상표의 표시)에 따라 등록상표임을 표시한 타인의 상표권을 침해한 자는 그 침해행위에 대하여 그 상표가 이미 등록된 사실을 알았던 것으로 추정한다.

⑤ 상표권자가 상표권을 목적으로 하는 질권설정 이전에 지정상품에 관하여 그 등록상표를 사용하고 있는 경우에는 그 상표권이 경매에 의하여 이전되더라도 지정상품 중 사용하고 있는 상품에 한정하여 사용하는 경우에는 상표권 침해가 되지 않는다.

27 상표법 제119조(상표등록의 취소심판)에 관한 설명으로 옳은 것은? (다툼이 있으면 판례에 따름)

① 통상사용권자가 지정상품 또는 이와 유사한 상품에 등록상표 또는 이와 유사한 상표를 사용함으로써 수요자에게 상품의 품질을 오인하게 한 경우에 상표등록취소심판을 청구하려면 통상사용권자의 고의가 필요하다.

② 전용사용권자가 등록상표를 변형하여 실제로 사용한 경우에만 제119조 제1항 제2호에 따른 상표등록취소심판이 가능하다.

③ 지리적 표시 단체표장 등록출원의 경우에 그 소속 단체원의 가입에 관하여 정관에 의하여 단체의 가입을 금지하였지만, 상표등록취소심판의 청구 이후에 정관을 변경하여 그 소속 단체원의 가입을 허용하였다면 취소사유에 영향을 미친다.

④ 증명표장권자가 사용을 허락받은 자에 대한 감독에 상당한 주의를 하지 않아 증명표장의 사용허락을 받은 자가 정관을 위반하여 타인에게 사용하게 한 경우에는 누구든지 증명표장의 상표등록취소심판을 청구할 수 있다.

⑤ 특허청장은 상표등록취소심판이 청구된 경우에는 그 취지를 해당 상표권의 전용사용권자와 그 밖에 상표에 관한 권리를 등록한 자에게 통지하여야 한다.

28 상표법에 관한 설명으로 옳은 것은? (다툼이 있으면 판례에 따름)

① 상표법 제92조(타인의 디자인권 등과의 관계)에서 등록상표가 그 상표등록출원일 전에 발생한 타인의 저작권과 저촉되는 경우에 지정상품 중 저촉되는 지정상품에 대한 상표의 사용은 저작권자의 동의없이 그 등록상표를 사용할 수 없기 때문에 저작권자와 관계없는 제3자가 등록된 상표를 무단으로 사용하는 경우에 상표권자는 그 사용금지를 청구할 수 없다.

② 상표법 제47조(출원 시의 특례)에 따라 상표등록을 받을 수 있는 자가 조약당사국이 가입된 국제기구가 개최하는 국제박람회에 출품한 상품에 사용한 상표를 그 출품을 한 때에 그 상표등록 출원한 것으로 하기 위해서는 그 취지를 적은 상표등록출원서와 이를 증명할 수 있는 서류를 상표등록출원일부터 3개월 이내에 특허청장에게 제출하여야 한다.

③ 확정된 심결에 대하여 재심을 청구하는 경우에 당사자는 심결 확정 후 재심 사유를 안 날부터 90일 이내에 재심을 청구하여야 한다.

④ 상표권에 관하여 전용사용권이 설정된 경우 이로 인하여 상표권자의 상표의 사용권이 제한받게 되지만, 제3자가 그 상표를 정당한 법적 권한 없이 사용하는 경우에는 그 상표권자는 그 상표권에 기하여 제3자의 상표의 사용에 대한 금지를 청구할 수 있다.

⑤ 상표법상 손실보상청구권은 출원인의 서면경고가 필수이고, 상대방인 제3자에게 이익이 발생한 경우에만 손실에 상당하는 보상금의 지급을 받을 수 있다.

29 상표권의 존속기간갱신에 관한 설명으로 옳은 것은?

① 상표법 제84조(존속기간갱신등록신청) 제2항에 따른 기간에 존속기간갱신등록신청을 하면 갱신등록이 되기 전이라고 하더라도 상표권의 존속기간이 갱신된 것으로 본다.

② 상표권의 공유자 중 일부가 그 지분권을 포기하였으나 그 포기가 등록되지 않은 경우에, 나머지 상표권의 공유자들이 존속기간갱신등록신청을 하여 상표권이 갱신된 경우에는 존속기간갱신등록무효심판의 대상이 된다.

③ 상표권의 전용사용권자는 상표권의 이해관계자로 상표권자가 존속기간갱신등록신청을 하지 않는 경우에 상표권자 대신에 상표권의 존속기간갱신등록신청을 할 수 있다.

④ 상표권 존속기간갱신등록이 상표법 제84조(존속기간갱신등록신청) 제2항에 따른 존속기간갱신등록 신청서를 제출해야 하는 기간에 제출하지 않은 경우에 상표권 존속기간 갱신등록이 되면 당연무효에 해당하므로 이해관계인은 제척기간에 관계없이 존속기간갱신등록의 무효심판을 청구할 수 있다.

⑤ 존속기간갱신등록은 원등록(原登錄)의 효력이 끝나는 날부터 효력이 발생한다.

30 상표법 제99조(선사용에 따른 상표를 계속 사용할 권리)에 관한 설명으로 옳지 <u>않은</u> 것은? (다툼이 있으면 판례에 따름)

① 제1항에 따른 선사용권은 엄격한 선출원주의 운영에 따른 문제점을 보완하여 사용주의와 선출원주의를 조화시킴으로써 상표의 정당한 선사용자를 보호하기 위한 것이다.

② 상표권자는 제1항에 따라 상표를 사용할 권리를 가지는 자에게 그 자의 상품과 자기의 상품 간에 출처의 오인이나 혼동을 방지하는 데 필요한 표시를 할 것을 청구할 수 있지만, 제2항에 따라 상표를 사용할 권리를 가지는 자에게는 이러한 표시를 할 것을 청구할 수 없다.

③ 제1항에 따른 선사용권은 법정통상사용권이므로 상속과 같은 일반승계 또는 영업양도에 의하여 타인에게 이전되지 않는다.

④ 제2항에 따른 선사용권은 부정경쟁의 목적 없이 타인의 상표등록출원 전부터 국내에서 계속하여 사용하고 있어야 한다.

⑤ 제1항에 따른 선사용권은 상표를 사용한 결과 타인의 상표설정등록 시가 아니라, 상표등록출원 시에 국내 수요자 간에 그 상표가 특정인의 상품을 표시하는 것이라는 인식이 필요하다.

31 디자인보호법에 관한 설명으로 옳은 것은?

① 피성년후견인의 법정대리인은 후견감독인의 동의 없이 상대방이 청구한 디자인일부심사등록 이의신청에 대한 절차를 밟을 수 있다.

② 조약에 의한 우선권주장을 위해서는 우선권 주장의 기초가 되는 최초의 출원일로부터 6개월 이내에 대한민국에 출원해야 하며, 정당한 사유로 그 기간을 지키지 못한 경우에는 그 사유의 종료일부터 2개월 이내에 출원해야 한다.

③ 이해관계인의 디자인등록무효심판청구에 대응하기 위하여 디자인권자는 정정심판제도를 활용할 수 있다.

④ 제43조(비밀디자인)에 따른 비밀디자인 청구를 한 후 출원공개신청을 하였다면 그 비밀청구는 철회된 것으로 추정한다.

⑤ 디자인권이 국가에 속하여 등록료가 면제된 경우, 비밀디자인 청구는 디자인등록출원을 한 날부터 디자인등록결정의 등본을 받는 날까지 할 수 있다.

32 디자인보호법령상 관련디자인제도에 관한 설명으로 옳은 것을 모두 고른 것은?

ㄱ. 기본디자인의 디자인등록출원일로부터 3년 이내에 디자인등록출원된 경우에 한하여 관련디자인으로 디자인등록을 받을 수 있다.

ㄴ. 관련디자인의 등록요건을 규정한 법 제35조(관련디자인) 제1항에 위반하면 디자인등록거절사유 및 정보제공사유에 해당되며, 착오로 등록된 경우에는 무효심판청구사유에 해당된다.

ㄷ. 기본디자인과 유사하지 않은 디자인을 관련디자인으로 디자인등록출원한 경우 변경출원제도를 이용하여 단독의 디자인등록출원으로 그 형식을 변경할 수 있다.

ㄹ. 기본디자인의 디자인권에 전용실시권이 설정되어 있는 경우에도 그 기본디자인에 관한 관련디자인에 대하여 디자인등록을 받을 수 있다.

ㅁ. 기본디자인의 디자인권이 취소, 포기 또는 무효심결 등으로 소멸하였다면 그 기본디자인에 관한 2 이상의 관련디자인의 디자인권은 각기 다른 자에게 이전될 수 있다.

① ㄱ, ㄴ

② ㄷ, ㅁ

③ ㄴ, ㄷ, ㄹ

④ ㄱ, ㄴ, ㄷ, ㅁ

⑤ ㄴ, ㄷ, ㄹ, ㅁ

33 디자인보호법 제61조(우선심사) 제1항 제2호에서 규정하는 긴급하게 처리할 필요가 있다고 인정되는 경우에 우선심사대상이 되는 출원이 <u>아닌</u> 것은?

① 방위산업 분야의 디자인등록출원

② 4차 산업혁명과 관련된 기술을 활용한 디자인등록출원

③ 조약 당사국에의 디자인등록출원을 기초로 우리나라에 우선권주장 출원을 한 디자인등록출원

④ 특허청장이 외국 특허청장과 우선심사하기로 합의한 디자인등록출원

⑤ 디자인등록출원인이 디자인의 실시를 준비 중인 디자인등록출원

34 디자인에 관한 판례의 설명으로 옳지 <u>않은</u> 것은?

① 대비되는 디자인의 대상 물품들이 다 같이 그 기능 내지 속성상 사용에 의하여 당연히 형태의 변화가 일어나는 경우에 그 디자인의 유사 여부는 형태의 변화 전후에 따라 서로 같은 상태에서 각각 대비한 다음 이를 전체적으로 판단한다.

② 글자체 디자인은 다른 디자인의 유사성 판단과 달리 출원디자인이 비교대상디자인과 지배적인 특징이 유사하더라도 세부적인 점에 다소 차이가 있다면 유사하지 않다고 판단한다.

③ 등록디자인 A와 비교대상디자인 B가 보는 방향에 따라 느껴지는 미감이 같기도 하고 다르기도 할 경우에는 그 미감이 같게 느껴지는 방향으로 두고 이를 대비하여 유사여부를 판단한다.

④ 양 디자인이 상·하부 원호 형상의 기울기의 정도, 좌우 양측 면의 폭의 넓이 등의 세부적인 점에 있어서 서로 차이가 있다고 하더라도, 이러한 차이점은 당해 물품을 자세히 볼 때에만 비로소 인식할 수 있는 미세한 차이에 불과하여 전체적인 심미감에 큰 영향을 미칠 수 없다.

⑤ 등록디자인에 대한 등록무효심결이 확정되기 전이라고 하더라도 등록디자인이 공지디자인 등에 의하여 용이하게 창작될 수 있어 그 디자인등록이 무효심판에 의하여 무효로 될 것임이 명백한 경우에는 디자인권에 기초한 침해금지 또는 손해배상 등의 청구는 특별한 사정이 없는 한 권리남용에 해당하여 허용되지 아니한다.

35 로카르노 협정에 따른 물품류 중 디자인일부심사등록출원으로만 출원해야 하는 것으로 묶인 것은?

① 제1류(식품), 제4류(브러시 제품)

② 제2류(의류 및 패션잡화 용품), 제6류(가구 및 침구류)

③ 제5류(섬유제품, 인조 및 천연 시트직물류), 제26류(조명기기)

④ 제9류(물품 운송·처리용 포장 및 용기), 제17류(악기)

⑤ 제11류(장식용품), 제19류(문방구, 사무용품, 미술재료, 교재)

36 디자인등록출원 심사절차에 관한 설명으로 옳은 것은?

① 심사관은 국제디자인등록출원서에 적힌 사항이 명백한 오기인 경우 직권보정할 수 있다.

② 출원인이 직권보정의 전부 또는 일부를 받아들일 수 없다는 의견서를 제출한 경우에는 직권보정은 처음부터 없었던 것으로 보아 디자인등록결정이 확정된다.

③ 디자인등록이 결정된 물품이 산업통상자원부령에 따라 디자인일부심사등록출원을 할 수 없는 물품이 명백한 경우, 심사관은 직권으로 등록결정을 취소하고 다시 심사할 수 있다.

④ 등록결정 이전에 통지했던 거절이유로 직권재심사를 통해 재차 거절통지하고자 할 경우에도 거절이유를 다시 통지하여 의견서 제출기회를 주어야 한다.

⑤ 디자인일부심사등록 이의신청 시, 심사관은 이의신청인이 주장하지 아니한 이유나, 신청하지 아니한 등록디자인에 대해서도 필요한 경우 직권으로 심사할 수 있다.

37 디자인 A가 디자인보호법 제36조(신규성 상실의 예외)에 해당하지 <u>않는</u> 경우는? (다툼이 있으면 판례에 따름)

① 甲은 스스로 자신의 디자인 a와 디자인 b를 순차적으로 공지한 이후에, 디자인 a의 공지일로부터 12개월 이내에 디자인 a와 디자인 b를 결합한 디자인 A를 출원하면서, 디자인 a와 디자인 b에 대하여 각각 신규성 상실의 예외를 주장하였다.

② 甲의 디자인 A 출원 전에, 유사한 디자인이 적용된 물품이 제3자에 의하여 SNS상에 소개되자, 甲은 그로부터 3개월 후 디자인 A를 출원하면서, 해당 영상에 대하여 자신이 창작자라는 객관적 증거제시 등을 하면서 신규성 상실의 예외를 주장하였다.

③ 甲은 2020.1.5. 자신의 디자인 A를 최초 공지하고 2020.3.6. 디자인 A와 동일성이 인정되는 범위 내에 있는 디자인 A1과 디자인 A2를 동시에 공개하였다. 甲은 2020.8.10. 디자인 A를 출원하면서, 가장 먼저 공지된 디자인에 대해서만 신규성 상실의 예외를 주장하였고 출원된 디자인 A는 등록되었다. 이후 乙은 甲을 상대로 디자인 A2에 의하여 등록디자인 A의 신규성이 인정되지 않는다고 주장하며 등록무효심판을 청구하였다.

④ 甲은 디자인 A를 출원할 당시 신규성 상실의 예외를 주장하지 않았지만, 출원 후 디자인등록여부결정 직전에 신규성 상실의 예외의 취지를 적은 서면과 이를 증명할 수 있는 서류를 특허청장에게 제출하였다.

⑤ 甲은 자신의 디자인 A를 인터넷상에 2020.2.6. 공지한 후, 2021.1.25. 미국특허청에 디자인등록 출원하였고 미국출원디자인을 기초로 조약우선권을 주장하며 2021.3.15. 대한민국에 디자인등록출원을 하였다.

38 디자인보호법령상 등록디자인 A의 공유 디자인권자는 甲, 乙, 丙이고 丁은 丙의 채권자인 경우 허용되지 않는 행위는? (단, 지분은 균분으로 하고 그 외 특약은 없다. 다툼이 있으면 판례에 따름)

① 丙은 甲, 乙의 동의 없이 등록디자인 A의 유사디자인을 이용하여 상품을 제작하여 판매하였다.

② 乙은 丙에 대하여 등록디자인 A의 공유지분에 무효사유가 있다며 丙의 공유지분만의 무효심판을 청구하였다.

③ 甲은 등록디자인 A를 무효로 하는 심결이 내려지자, 단독으로 심결취소소송을 제기하였다.

④ 丁은 丙의 공유지분에 대하여 甲, 乙의 동의서와 함께 압류명령을 신청하였다.

⑤ 甲은 자신의 공유지분을 제3자에게 양도하기 위하여 乙과 丙에 대하여 공유물분할청구를 하였고, 경매에 따른 대금분할을 받았다.

39 디자인보호법 제33조 제3항(확대된 선출원)이 적용되지 않는 것은? (다툼이 있으면 판례에 따름)

① 甲의 선출원이 완성품에 대한 전체디자인이고, 乙의 후출원이 그 완성품 일부에 대한 부분디자인인 경우

② 甲의 선출원이 부분디자인이고, 乙의 후출원이 선출원의 부분디자인의 실선 또는 파선에 포함되는 부분디자인인 경우

③ 甲의 선출원은 형상과 색채의 결합디자인이고, 乙의 후출원은 형상만의 디자인인 경우

④ 甲의 선출원이 한 벌의 물품 디자인이고, 乙의 후출원이 그 한 벌 물품의 구성물품의 부분디자인인 경우

⑤ 甲의 선출원 디자인의 물품과 乙의 후출원 디자인의 물품이 서로 유사하지 않더라도 선출원 물품 디자인의 일부와 대비되는 후출원 디자인의 전체에 관한 물품의 용도 및 기능이 유사하고, 디자인도 유사한 경우

40 판례상 권리범위확인심판 청구가 부적법하여 각하되는 경우가 아닌 것은?

① 적극적 권리범위확인심판청구에서 심판청구인이 특정한 확인대상디자인과 피심판청구인이 실시하고 있는 디자인 사이에 동일성이 인정되지 않는 경우

② 소극적 권리범위확인심판 청구사건의 상고심 계속 중에 이 사건 등록디자인의 무효심결이 확정된 경우

③ 양 디자인이 이용관계에 있지 않은 경우 선등록 디자인권자가 후등록 디자인권자를 상대로 적극적 권리범위확인심판을 청구하는 경우

④ 심판청구인이 실제 자신이 사용하는 디자인이 아닌 다른 디자인에 대하여 소극적 권리범위확인심판을 청구하는 경우

⑤ 권리범위확인심판청구에서 확인대상디자인의 특정이 미흡하여 특허심판원이 요지변경이 되지 않는 범위에서 보정을 명하는 조치를 하였으나, 여전히 특정이 불명확한 경우

2023년 제60회 기출문제

● Time   분 | 해설편 217p

01 기간에 관한 설명으로 옳지 <u>않은</u> 것은?

① 기간을 월 또는 연의 처음부터 기산하지 아니하는 때에는 최후의 월 또는 연에서 그 기산일에 해당하는 날의 전일로 기간이 만료한다.

② 국내우선권주장에 있어서 선출원의 취하로 보는 시점은 기간의 말일이 공휴일이라 하더라도 기간의 말일이 그 다음 날로 연장되지는 않는다.

③ 기간의 기산일이 공휴일인 경우 그 기간은 공휴일의 다음 날부터 시작된다.

④ 법정기간은 특허법 제132조의17의 규정에 의한 심판의 청구기간에 한하여 연장할 수 있으나, 지정기간은 연장 대상에 제한이 없다.

⑤ 법정기간은 단축할 수 없으나 지정기간은 당사자의 청구에 따라 단축할 수 있다.

02 '발명자'에 관한 설명으로 옳은 것은?

① 특허법 제2조(정의)는 '발명자'란 자연법칙을 이용하여 기술적 사상을 창작한 자로 규정하고 있다.

② 특허법 제42조(특허출원) 제1항에 따라 출원인과 발명자가 동일한 경우 특허출원서에는 발명자의 성명 및 주소를 생략할 수 있다.

③ 특허법 제87조(특허권의 설정등록 및 등록공고)에 따라 특허청장은 출원인의 요청이 있으면 발명자의 성명 및 주소를 생략하여 등록공고를 할 수 있다.

④ 국제특허출원에 있어서 특허법 제203조(서면의 제출) 제1항 전단에 따른 서면에는 발명자의 성명 및 주소를 기재하여야 한다.

⑤ 특허법 제64조(출원공개)에 따라 특허청장은 공개특허공보에 발명자의 성명 및 주소를 반드시 게재하여 공개해야 한다.

03 특허법 제33조(특허를 받을 수 있는 자)에 관한 설명으로 옳지 <u>않은</u> 것은? (다툼이 있으면 판례에 따름)

① 甲이 단독으로 완성한 발명 X에 대한 특허를 받을 수 있는 권리를 乙에게 이전하는 것에 묵시적으로 동의하면, 乙은 발명 X에 대한 특허를 받을 수 있는 권리의 승계인이 될 수 있다.

② 특허청 직원인 丙은 단독으로 완성한 발명 Y를 재직 중에 일반인 乙에게 양도하더라도, 乙은 발명 Y에 대한 특허를 받을 수 있는 권리의 승계인이 될 수 있다.

③ 甲과 乙이 공동으로 발명을 완성한 경우, 甲과 乙 사이에 지분을 정하는 특약이 없으면 공유자의 지분은 균등한 것으로 추정한다.

④ 특허청 직원인 丙으로부터 특허를 받을 수 있는 권리를 상속한 일반인 乙은 지체 없이 그 취지를 특허청장에게 신고하여야 한다.

⑤ 미성년자 丁은 법정대리인 戊의 동의가 있어야만 제3자로부터 특허를 받을 수 있는 권리를 무상으로 양도받을 수 있다.

04 특허출원인 甲은 2022.6.1. 출원한 특허출원(청구항 제1항 내지 제10항)에 대한 의견제출통지서(청구항 제1항 내지 제8항은 특허법 제29조 제2항 진보성 흠결, 제9항 및 제10항은 특허 가능한 청구항으로 인정)를 2022.8.1. 통지받았다. 甲은 2022.8.30. 의견서 및 보정서를 제출하였으나, 심사관으로부터 2022.10.3. 특허거절결정서를 통지받았다. 이에 대응하여 甲은 특허거절결정에 대해서 특허법 제67조의2에 따른 재심사 청구를 하지 않고 2022.10.21. 특허법 제132조의17에 따른 심판을 청구하였으나 2023.2.10. 특허법 제132조의17에 따른 심판청구가 기각되었고, 2023.2.17. 심결의 등본을 송달받았다. 특허출원인 甲이 청구항 제9항 및 제10항에 대한 특허권을 획득하기 위하여 취할 수 있는 특허법상의 조치를 모두 고른 것은?

> ㄱ. 특허법 제52조(분할출원)에 따라 청구항 제9항 및 제10항을 분할 출원
> ㄴ. 특허법 제52조의2(분리출원)에 따라 청구항 제9항 및 제10항을 분리 출원
> ㄷ. 특허법 제55조(특허출원 등을 기초로 한 우선권 주장)에 따라 청구항 제9항 및 제10항을 청구범위에 기재하여 국내 우선권 주장 출원
> ㄹ. 특허법 제67조의2(재심사의 청구)에 따라 청구항 제9항 및 제10항을 남기고 나머지 청구항을 삭제하는 보정을 하면서 재심사 청구

① ㄱ, ㄴ
② ㄱ, ㄷ
③ ㄱ, ㄹ
④ ㄴ, ㄷ
⑤ ㄴ, ㄹ

05 특허법상 신규성 또는 진보성에 관한 설명으로 옳지 <u>않은</u> 것은? (다툼이 있으면 판례에 따름)

① 복수의 인용발명의 결합에 의하여 특허성을 판단하는 것은 진보성의 문제이며, 신규성의 문제가 아니다.

② 청구항에 기재된 발명에 대하여 동일한 인용발명으로, 또는 인용발명을 달리하여 신규성이 없다는 거절 이유와 진보성이 없다는 거절 이유를 동시에 통지할 수 있다.

③ 발명의 진보성 유무를 판단할 때에는 진보성 판단의 대상이 된 발명의 명세서에 개시되어 있는 기술을 알고 있음을 전제로 하여 사후적으로 통상의 기술자가 그 발명을 쉽게 발명할 수 있는지를 판단하여서 는 아니 된다.

④ 독립항의 진보성이 인정되는 경우에는 그 독립항을 인용하는 종속항도 예외 없이 진보성이 인정된다.

⑤ 선행기술이 미완성 발명이거나 표현이 불충분하거나 또는 일부 내용에 흠결이 있다면, 통상의 기술자가 기술상식이나 경험칙에 의하여 쉽게 기술내용을 파악할 수 있다고 하더라도 진보성 판단의 대비 자료로 인용할 수 없다.

06 특허법상 신규성에 관한 설명으로 옳지 <u>않은</u> 것은? (다툼이 있으면 판례에 따름)

① 신규성 판단에 있어서 '공지(公知)된 발명'이란 특허출원 전에 국내 또는 국외에서 그 내용이 비밀상태 로 유지되지 않고 불특정인에게 알려지거나 알려질 수 있는 상태에 있는 발명을 의미한다. 여기서 '불특 정인'이란 그 발명에 대한 비밀준수 의무가 없는 자를 말한다.

② 신규성 판단에 있어서 '특허출원 전'이란 특허출원일의 개념이 아닌 특허출원의 시, 분, 초까지도 고려 한 자연시(自然時, 외국에서 공지된 경우 한국시간으로 환산한 시간) 개념이다.

③ 불특정인에게 공장을 견학시킨 경우, 그 제조상황을 보았을 경우에 제조공정의 일부에 대하여는 장치의 외부를 보아도 그 제조공정의 내용을 알 수 없는 것으로서, 그 내용을 알지 못하면 그 기술의 전체를 알 수 없는 경우에도 견학자가 그 장치의 내부를 볼 수 있거나 그 내부에 대하여 공장의 종업원에게 설명을 들을 수 있는 상황(공장 측에서 설명을 거부하지 않음)으로서 그 내용을 알 수 있을 때에는 그 기술은 공연히 실시된 것으로 본다.

④ 카탈로그가 제작되었으면 배부, 반포되는 것이 사회통념이므로 카탈로그의 배부범위, 비치장소 등에 관하여 구체적인 증거가 없다고 하더라도 그 카탈로그가 배부, 반포되었음을 부인할 수는 없다.

⑤ 내부에 특징이 있는 발명에 대해 그 외형 사진만이 간행물에 게재되어 있는 경우에 그 발명은 게재된 것이라고 할 것이다.

07 특허요건 중 '산업상 이용 가능성'에 관한 설명으로 옳지 <u>않은</u> 것은? (다툼이 있으면 판례에 따름)

① 인체를 처치하는 방법이 치료 효과와 비치료 효과를 동시에 가지는 경우, 양자를 구별 및 분리할 수 없는 방법은 치료방법으로 간주되어 산업상 이용 가능한 것으로 인정하지 않는다.

② 인체에도 적용할 수 있으나 청구범위의 기재에서 동물에게만 한정하여 특허 청구항을 명시하는 의료행위는 산업상 이용 가능성이 있는 것으로 취급한다.

③ 의료인에 의한 의료행위가 아니더라도 발명의 목적, 구성 및 효과 등에 비추어 보면 인간의 질병을 치료, 예방 또는 건강상태의 증진 내지 유지 등을 위한 처치방법의 발명인 경우에는 산업상 이용 가능성이 없는 것으로 취급한다.

④ 인간의 수술, 치료 또는 진단에 사용하기 위한 의료기기 그 자체, 의약품 그 자체 등은 산업상 이용 가능성이 없는 것으로 취급한다.

⑤ 의료기기의 작동방법 또는 의료기기를 이용한 측정방법 발명은 그 구성에 인체와 의료기기 간의 상호작용이 인체에 직접적이면서 일시적이 아닌 영향을 주는 경우 또는 실질적인 의료행위를 포함하는 경우를 제외하고는 산업상 이용 가능한 것으로 취급한다.

08 발명 A에 대한 공지의 예외 주장을 할 수 <u>없는</u> 경우는? (다툼이 있으면 판례에 따름)

① 甲은 2021.5.15. 학회에서 발명 A를 공개하고 2021.9.15. 출원하였으나 출원서에 자기공지 예외문구를 누락하였다. 甲은 2021.12.15. 특허등록결정등본을 송달받았고, 설정등록 전인 2022.3.30. 소정의 수수료를 내고 자기공지 예외취지의 서류를 제출하였다.

② 甲은 2022.9.1. 발명 A를 공개한 후 2023.1.5. 원특허출원을 하였으나 공지예외를 주장하지 않았고, 거절이유 통지에 따른 의견서 제출기간 내에 분할출원을 실시하면서 공지예외를 주장하였다.

③ 甲은 국내우선권주장출원을 하면서 선출원보다 늦게 자기공지된 발명 A에 대하여 공지의 예외를 주장하였다.

④ 甲은 2020.2.1. 발명 A를 박람회에 출품하고 2020.12.1. 공지예외를 주장하면서 특허출원하였다. 한편 乙은 박람회에서 발명 A를 지득하고 2020.5.2. 간행물에 전재(轉載)하였는바, 甲이 이 사실과 함께 자신의 의사에 반한 공지임을 입증하였다.

⑤ 甲은 2020.2.1. 발명 A를 학회에서 발표하였는데, 그 내용이 강연집에 실리게 되었다. 甲은 학회발표에 대해서만 적법한 공지예외 주장 절차를 밟았다.

09 진보성 판단에 관한 설명으로 옳지 <u>않은</u> 것은? (다툼이 있으면 판례에 따름)

① 출원발명의 수치범위가 선행발명의 수치범위에 포함된다면, 특허발명에 진보성을 인정할 수 있는 다른 구성요소가 없는 경우 출원발명의 수치한정이 임계적 의의를 가지는 때에 한하여 진보성이 인정된다.

② 파라미터발명은 청구항의 기재 자체만으로는 기술적 구성을 명확하게 이해할 수 없는 경우가 있으므로, 파라미터발명의 진보성은 발명의 설명 또는 도면 및 출원시의 기술상식을 참작하여 발명을 명확하게 파악하여 판단한다.

③ 제조방법이 기재된 물건발명의 특허요건을 판단함에 있어서 그 기술적 구성을 제조방법 자체로 한정하여 출원 전에 공지된 선행기술과 비교하여 진보성 판단을 하여야 한다.

④ 의약화합물 분야에 속하는 결정형 발명은 구성만으로 효과의 예측이 쉽지 않으므로 구성의 곤란성을 판단할 때 발명의 효과가 선행발명에 비하여 현저하다면 구성의 곤란성을 추론할 수도 있다.

⑤ 선택발명의 경우 공지된 화합물이 갖는 효과와 질적으로 다르거나 양적으로 현저한 효과의 차이가 있다는 점이 발명의 설명에 명확히 기재되어 있다면 이를 기초로 진보성 판단을 할 수 있다.

10 특허법 제84조(특허료 등의 반환)에 관한 설명으로 옳지 <u>않은</u> 것은?

① 납부된 특허료 및 수수료는 제1항 각 호의 어느 하나에 해당하는 경우에만 납부한 자의 청구에 의하여 반환한다.

② 잘못 납부된 특허료 및 수수료는 납부한 자의 청구에 의하여 반환한다.

③ 납부된 특허료 및 수수료는 특허권의 존속기간의 연장등록을 무효로 한다는 심결이 확정된 해의 다음 해부터의 특허료 해당분에 해당하는 경우 납부한 자의 청구에 의하여 반환한다.

④ 특허청장 또는 특허심판원장은 납부된 특허료 및 수수료가 제1항 각 호의 어느 하나에 해당하는 경우에는 그 사실을 납부한 자에게 통지하여야 한다.

⑤ 제1항에 따른 특허료 및 수수료의 반환청구는 제2항에 따른 통지를 받은 날부터 3년이 지나면 할 수 없다.

11 특허법상 '통상실시권 설정의 재정'에 관한 설명으로 옳지 <u>않은</u> 것은?

① 특허발명의 실시가 공공의 이익을 위하여 특히 필요하여 하는 재정의 경우, 특허청장은 재정을 받은 자에게 통상실시권은 국내수요충족을 위한 공급을 주목적으로 하여야 한다는 조건을 붙일 수 있다.

② 특허발명을 실시하려는 자는 공공의 이익을 위하여 특허발명을 비상업적으로 실시하려는 경우와 사법적 절차 또는 행정적 절차에 의하여 불공정거래행위로 판정된 사항을 바로잡기 위하여 특허발명을 실시할 필요가 있는 경우, 특허권자 또는 전용실시권자와 협의 없이도 재정을 청구할 수 있다.

③ 반도체 기술에 대해서는, 공공의 이익을 위하여 비상업적으로 실시하려는 경우와, 사법적 절차 또는 행정적 절차에 의하여 불공정거래행위로 판정된 사항을 바로잡기 위하여 특허발명을 실시할 필요가 있는 경우에만 재정을 청구할 수 있다.

④ 특허출원일부터 4년이 지나지 아니한 특허발명에 관하여는 특허발명이 정당한 이유 없이 계속하여 3년 이상 국내에서 상당한 영업적 규모로 실시되고 있지 아니하거나 적당한 정도와 조건으로 국내수요를 충족시키지 못한다는 것을 근거로 재정을 청구할 수 없다.

⑤ 재정에 의한 통상실시권은 실시사업과 함께 이전하는 경우에만 이전할 수 있다.

12 특허법상 '허가 등에 따른 특허권의 존속기간 연장제도'에 관한 설명으로 옳지 <u>않은</u> 것은? (다툼이 있으면 판례에 따름)

① 허가 등에 따른 특허권존속기간 연장등록출원은 대상이 되는 특허발명의 특허권이 존속되는 경우에만 가능하다.

② 하나의 특허와 관련하여 연장등록출원의 대상이 되는 유효성분 A, B 및 C에 대하여 각각 허가 A, B 및 C를 받았다면 각 유효성분에 대하여 연장받고자 하는 허가 모두에 대하여 1회씩 연장등록출원 할 수 있다.

③ 특허권의 존속기간을 연장받을 수 있는 기간은 그 특허발명을 실시할 수 없었던 기간으로서 5년의 기간 내로 한정된다.

④ 해당 관청의 심사부서 중 어느 한 부서의 보완요구로 인하여 보완기간이 소요되었다 하더라도, 다른 부서에서 허가를 위한 심사 등의 절차가 계속 진행되고 있었던 경우에는 그 보완기간 중 다른 부서에서 심사가 진행되고 있는 기간과 중첩되는 기간에 관한 한 허가 등을 받은 자의 책임있는 사유로 인하여 허가가 지연되었다고 볼 수 없으므로 위 중첩되는 기간은 그 특허발명을 실시할 수 없었던 기간에서 제외할 수 없다.

⑤ 특허권 존속기간의 연장등록출원의 출원인은 특허권자에 한하며 특허권이 공유인 경우에는 공유자 전원이 공동으로 특허권 존속기간의 연장등록출원을 하여야 한다.

13 특허법상 특허권침해에 관한 설명으로 옳은 것은? (다툼이 있으면 판례에 따름)

① 물건 A에 대한 특허권의 전용실시권자 甲은 乙이 아무런 과실 없이 자신의 전용실시권을 침해하는 행위를 하였더라도 乙을 상대로 A를 제조하는 데 제공된 기계의 제거를 청구할 수 없다.

② 의약이라는 물건의 발명에서 대상 질병 또는 약효와 함께 투여용법과 투여용량을 부가하더라도 이러한 투여용법과 투여용량은 의료행위 그 자체에 해당하므로 이러한 투여용법과 투여용량의 부가에 의하여 별개의 의약용도발명이 된다고 볼 수 없다.

③ 발명의 상세한 설명의 기재와 출원당시의 공지기술 등을 참작하여 파악되는 특허발명의 해결수단이 기초하고 있는 기술사상의 핵심이 침해제품 등에서도 구현되어 있다면 작용효과가 실질적으로 동일하다고 보는 것이 원칙이다.

④ 시장에서 다른 용도로 판매되고 있어 오로지 특허발명의 생산에만 사용되는 전용물이 아니더라도, 그것이 특허발명의 과제해결에 필수불가결한 기능을 하고, 당사자가 그 물건이 특허발명의 실시에 사용된다는 사정을 알면서 업으로 이를 공급한다면 특허법 제127조에서 정한 간접침해에 해당한다.

⑤ 법원은 타인의 특허권을 침해한 행위가 고의적인 것으로 인정되는 경우에는 손해로 인정된 금액범위 내에서 배상액을 정하여야 한다.

14 甲은 제품 X를 국내에서 직접 생산하는 제조업자이고, 乙은 甲으로부터 제품 X를 납품받아 판매하는 판매업자이다. 특허권자 丙은 乙의 제품 X가 자신의 특허권 P(청구항 제1항 내지 제10항)를 직접 침해하고 있다고 판단하여 乙에게 서면으로 침해 경고장(청구항 제1항 내지 제3항을 침해한다고 기재)을 송부하였다. 乙은 丙으로부터 침해 경고장을 수령한 후에 특허 무효 조사를 실시하여 특허권 P의 청구항 제1항 및 제2항에 대한 진보성의 흠결을 입증할 수 있는 유력한 증거 E를 확인하였고, 청구항 제3항은 잘못 기재된 사항이 있음을 확인하였다. 甲, 乙 및 丙이 각각 취할 수 있는 특허법상의 조치에 관한 설명으로 옳지 않은 것은? (다툼이 있으면 판례에 따름)

① 乙은 판매하는 제품 X가 丙의 특허권 P의 제1항 및 제2항의 권리 범위에 속하지 않는다는 청구취지로 특허법 제135조의 권리범위 확인심판을 청구할 수 있다.

② 丙은 甲에 의해서 특허무효심판(증거 E를 제출하며 청구항 제1항 및 제2항의 진보성 흠결을 청구이유로 기재)이 청구된 후 지정 기간 내에 특허권 P의 청구항 제3항에 대해서 정정을 청구할 수 있다.

③ 甲과 乙은 특허권 P의 청구항 제1항 및 제2항에 대해서 특허법 제29조 위반을 주장하고 청구항 제3항에 대해서 특허법 제42조 제4항 위반을 주장하는 심판청구서를 공동으로 특허심판원에 제출할 수 있다.

④ 乙이 丙을 상대로 특허권 P에 대한 특허무효심판(청구항 제3항에 대해서 특허법 제42조 제4항 위반을 청구 이유로 기재)을 청구하여 특허심판원에 계속 중인 경우, 丙은 특허권 P에 대한 정정심판을 청구하여 두 심판에 대한 심리의 병합을 신청할 수 있다.

⑤ 甲에 의해서 청구된 특허무효심판에서 丙이 답변서를 제출하였음에도 인용심결이 나온 경우 甲은 반드시 丙의 동의를 받아야만 특허무효심판의 취하를 할 수 있다.

15 특허권 A에 대한 특허무효심판에 대한 심결이 2023.1.27. 오전 0시 확정(해당심결 이전의 확정심결과 저촉되지 않음)되었고, 특허권자 甲은 2023.2.6. 재심사유를 알게 되었으며, 심결등본의 송달에 의하여 특허무효심결이 있는 것을 알게 된 날은 2023.2.13.이다. 甲은 확정된 무효심결에 대해서 재심을 청구하려 한다. 이에 관한 설명으로 옳은 것을 모두 고른 것은? (모든 일자는 공휴일이 아닌 것으로 하며, 아래각 지문은 독립적으로 판단할 것)

> ㄱ. 甲은 2026.1.27.이 경과하면 재심을 청구할 수 없다.
> ㄴ. 甲은 2023.3.8.까지 재심을 청구할 수 있다.
> ㄷ. 재심사유가 2023.2.2.에 생겼다면, 甲은 2026.2.2.까지 재심을 청구할 수 있다.
> ㄹ. 대리권의 흠을 이유로 재심을 청구하는 경우에 甲은 2023.3.15.까지 재심을 청구할 수 있다.

① ㄱ, ㄴ, ㄷ
② ㄱ, ㄴ, ㄹ
③ ㄱ, ㄷ, ㄹ
④ ㄴ, ㄷ, ㄹ
⑤ ㄱ, ㄴ, ㄷ, ㄹ

16 심결취소소송에서 당사자적격에 관한 설명으로 옳은 것을 모두 고른 것은? (다툼이 있으면 판례에 따름)

> ㄱ. 특허취소결정, 결정계 심판의 심결 또는 그 재심의 심결 및 심판청구서·재심청구서 각하결정에 대한 소를 제기하는 경우에는 특허청장을 피고로 하여야 한다.
> ㄴ. 공동으로 특허무효심판을 청구하여 승소한 경우, 특허권자가 공동심판청구인 중 일부만을 상대로 제기한 심결취소소송에서 당사자변경을 가져오는 당사자 추가신청은 허용된다.
> ㄷ. 특허취소신청 기각결정에 대하여는 불복할 수 없으며, 인용결정에 대한 불복소송에서 특허권자는 원고가 된다.
> ㄹ. 심결취소소송에서 특허취소결정·심판·재심사건의 당사자, 참가인 그 외 심결에 의하여 자기의 법률상 이익이 침해되는 자는 원고적격이 인정된다.

① ㄱ, ㄴ
② ㄱ, ㄷ
③ ㄴ, ㄷ
④ ㄴ, ㄹ
⑤ ㄷ, ㄹ

17 특허소송에 관한 설명으로 옳지 <u>않은</u> 것은? (다툼이 있으면 판례에 따름)

① 심결 또는 결정의 취소판결이 확정된 경우에는 심판관은 심판청구인의 새로운 신청을 기다리지 않고 취소판결의 취지에 따라 다시 심리하여야 한다.

② 당사자계 심판에 대한 심결취소소송의 경우 당사자는 심결에서 판단되지 않은 위법사유도 심결취소소 송단계에서 주장·입증할 수 있다.

③ 심결취소소송에서 특허발명의 진보성 판단에 제공되는 선행발명이 어떤 구성요소를 가지고 있는지 여부는 주요 사실로서 당사자 자백의 대상이 된다.

④ 등록무효심판 심결에 대한 특허소송의 경우 주지관용기술 여부는 법원이 자유로운 심증에 의하여 증거 등을 통하여 인정할 수 있다.

⑤ 거절결정불복심판 심결에 대한 특허소송에서 발명의 성립, 신규성 결여 등에 대해서는 출원인이 이를 주장·증명하여야 한다.

18 실용신안법상 벌칙에 관한 설명으로 옳지 <u>않은</u> 것을 모두 고른 것은?

ㄱ. 침해죄(제45조 제1항)는 고소가 없으면 공소를 제기할 수 없다.

ㄴ. 특허청 또는 특허심판원 소속 직원이거나 직원이었던 사람이 실용신안등록 출원 중인 고안(국제출원 중인 고안을 포함한다)에 관하여 직무상 알게 된 비밀을 누설하거나 도용한 경우에는 5년 이하의 징역 또는 5천 만원 이하의 벌금에 처한다.

ㄷ. 전문심리위원 또는 전문심리위원이었던 자가 그 직무수행 중에 알게 된 다른 사람의 비밀을 누설하는 경우에는 2년 이하의 징역이나 금고 또는 1천 만원 이하의 벌금에 처한다.

ㄹ. 비밀유지명령 위반죄(제49조의2 제1항)는 비밀유지명령을 신청한 자의 고소가 없으면 공소를 제기할 수 없다.

ㅁ. 침해죄(제45조 제1항)에 해당하는 침해행위를 조성한 물품 또는 그 침해행위로부터 생긴 물품은 몰수하거나 피해자의 청구에 따라 그 물품을 피해자에게 교부할 것을 선고하여야 한다.

---

① ㄱ, ㄷ, ㄹ

② ㄱ, ㄷ, ㅁ

③ ㄱ, ㄹ, ㅁ

④ ㄴ, ㄷ, ㄹ

⑤ ㄷ, ㄹ, ㅁ

19 특허에 관한 설명으로 옳지 <u>않은</u> 것은? (다툼이 있으면 판례에 따름)

① 선특허권 등과 후출원 등록상표권이 저촉되는 경우에, 선특허권 등의 권리자는 후출원 상표권자의 동의가 없더라도 자신의 권리를 자유롭게 실시할 수 있지만, 후출원 상표권자가 선특허권 등의 권리자의 동의를 받지 않고 그 등록상표를 지정상품에 사용하면 선특허권 등에 대한 침해가 성립한다.

② 선출원에 대한 우선권 주장을 수반하는 후출원을 한 후출원인은 그 특허출원시에 선출원인과 동일인이거나 그 적법한 승계인이어야 하고, 후출원인이 선출원인의 특허출원 후 특정승계의 방법으로 그 특허를 받을 수 있는 권리를 양수한 경우에는 특허출원인 변경신고를 하지 아니하면 그 권리승계의 효력이 발생하지 않는다.

③ 특허권침해소송의 상대방이 제조하는 제품 또는 사용하는 방법이 특허발명의 특허권을 침해한다고 하기 위하여는 특허발명의 청구범위에 기재된 각 구성요소와 그 구성요소 간의 유기적 결합관계가 침해대상제품 등에 그대로 포함되어 있어야 한다.

④ 특허출원 전에 특허를 받을 수 있는 권리를 계약에 따라 이전한 양도인이 특허출원을 하여 설정등록이 이루어진 경우, 그 특허권은 특허무효사유에 해당하는 '정당한 권리자 아닌 사람'의 특허이다.

⑤ 특허심판원에 계속 중인 심판에 대하여 동일한 당사자가 동일한 심판을 다시 청구한 경우, 후심판이 중복심판청구 금지에 위반되는지 판단하는 기준 시점은 후심판의 심결 시이다.

20 발명 A의 발명자인 甲은 그의 권리의 지분 일부를 乙에게 양도하였다. 이에 관한 설명으로 옳지 <u>않은</u> 것은? (다툼이 있으면 판례에 따름)

① 발명 A에 대하여 甲이 단독으로 특허출원한 경우에는 등록거절사유, 등록무효사유가 된다.

② 甲과 乙은 특허 취득 전 발명 A에 대한 권리를 제3자에게 양도하는 것은 가능하나 질권 설정은 불가하다.

③ 발명 A가 적법하게 등록된 경우, 제3자는 권리의 일부 지분에 대해서만 무효심판을 청구할 수 없다.

④ 甲과 乙이 발명 A에 대한 특허권을 공유한 경우, 각 공유자에게 특허권을 부여하는 방식의 현물분할을 할 수 있다.

⑤ 발명 A가 등록 거절된 경우 甲과 乙은 공동으로 거절결정불복심판을 청구하여야 한다.

21 상표법 제7조(대리권의 범위)에 따라 특별수권을 받아야 하는 행위에 해당하지 <u>않는</u> 것은?

① 지정상품추가등록출원을 상표등록출원으로 변경하는 경우

② 상표등록출원을 그 지정상품마다 분할하여 이전하는 경우에 유사한 지정상품을 함께 이전하지 않아 상표등록을 할 수 없다는 이유로 된 거절결정에 대하여 불복하여 심판을 제기하는 경우

③ 이해관계인이 등록상표가 식별력이 없는 상표라는 이유로 제기한 상표등록무효심판에 대하여 답변서를 제출하는 경우

④ 보정각하결정불복심판을 대리하고 있던 변리사 甲이 구술심리기일에 출석하기 어렵게 되자 변리사 乙에게 그 특허심판원의 심리기일에 출석을 위해 대리권을 다시 위임하는 경우

⑤ 당사자가 사망하여 중단된 상표에 관한 절차의 수계신청을 취하하는 경우

22 상표법 제36조(상표등록출원)에서 상표등록출원서를 제출하면서 제1항 각 호의 사항 외에 첨부하여야 하는 것을 기술한 것이다. 이에 관한 설명으로 옳지 <u>않은</u> 것을 모두 고른 것은?

> ㄱ. 단체표장등록 – 대통령령으로 정하는 단체표장의 사용에 관한 사항을 정한 정관
> ㄴ. 증명표장등록 – 대통령령으로 정하는 바에 따라 그 표장에 관한 설명과 증명하려는 상품의 품질, 원산지, 사용방법 그리고 그 밖의 특성을 증명하고 관리할 수 있음을 증명하는 서류
> ㄷ. 지리적 표시 단체표장등록 – 대통령령으로 정하는 바에 따라 지리적 표시 상품의 생산지를 증명하는 서류
> ㄹ. 업무표장등록 – 그 업무의 경영 사실을 증명하는 서류

① ㄱ, ㄴ

② ㄱ, ㄷ

③ ㄴ, ㄷ

④ ㄴ, ㄹ

⑤ ㄷ, ㄹ

23 상표법 제34조(상표등록을 받을 수 없는 상표) 제1항 각 호의 내용으로 옳은 것을 모두 고른 것은?

> ㄱ. 선출원(先出願)에 의한 타인의 등록상표(등록된 지리적 표시 단체표장을 포함한다)와 동일·유사한 상표
> 로서 그 지정상품과 동일·유사한 상품에 사용하는 상표
> ㄴ. 동업·고용 등 계약관계나 업무상 거래관계 또는 그 밖의 관계를 통하여 타인이 사용하거나 사용을 준비
> 중인 상표임을 알면서 그 상표와 동일·유사한 상표를 동일·유사한 상품에 등록출원한 상표
> ㄷ. 수요자들에게 인식되어 있는 타인의 상품이나 영업과 혼동을 일으키게 하거나 그 식별력 또는 명성을
> 손상시키는 상표
> ㄹ. 국가·인종·민족·공공단체·종교 또는 저명한 고인(故人)과의 관계를 거짓으로 표시하거나 이들을
> 비방 또는 모욕하거나 이들에 대한 평판을 나쁘게 할 우려가 있는 상표

① ㄱ, ㄴ
② ㄱ, ㄷ
③ ㄴ, ㄷ
④ ㄴ, ㄹ
⑤ ㄷ, ㄹ

24 상표에 관한 절차에 대한 설명으로 옳은 것은?

① 미국에 주소를 두고, 미국과 유럽에만 영업소를 가지고 있던 회사 甲의 대표자가 직접 국내에 거주하면
서 한국 내 자회사의 임원 등을 선발하기 위한 면접을 하더라도 자회사 설립 전인 경우에는 상표에
관한 대리인으로서 국내에 주소나 영업소가 있는 자에 의해서만 상표출원을 할 수 있다.

② 미성년자가 행한 상표출원행위에 대하여 법정대리인의 추인에 의한 출원행위의 효력 발생시점은 미성
년자의 상표 출원시점부터가 아닌, 법정대리인의 추인행위를 한 시점부터 그 효력이 발생한다.

③ 상표에 관한 절차를 밟는 자로부터 출원을 위임받은 대리권자의 대리권은 반드시 서면에 의하여 증명해
야 하고, 심판절차에서 위임한 위임인과 동시에 출석하여 구두로 대리권을 증명할 수는 없다.

④ 심판을 청구하는 자가 책임질 수 없는 불가항력으로 인하여 심결의 등본을 송달받은 날로부터 30일
이내에 심결에 관한 소를 제기하지 못한 경우에는 그 불가항력 사유가 소멸한 날로부터 2개월 이내에
소를 제기할 수 있다.

⑤ 미성년자의 법정대리인의 사망으로 대리권이 소멸하여 상표에 관한 절차가 중단된 경우에 성년이 된
미성년자는 절차를 수계할 수 없다.

25 상표법에 관한 설명으로 옳은 것은?

① 전용사용권 설정행위에 의하여 그 등록상표의 지정상품과 유사한 상품에 대하여 그 등록상표를 사용할 권리가 취득될 수 있다.

② 전용사용권자는 상표권의 사용에 대하여 받을 대가나 물건에 대해서도 그 지급 또는 인도 전에 그 대가나 물건을 압류하여 물상대위권을 행사할 수 있다.

③ 통상사용권자는 그 사용권을 특허청에 등록할 필요는 없으나 그 상품에 자신의 이름이나 명칭과 상표에 관한 표시를 하여야 한다.

④ 동일자로 출원된 특허권과 상표권이 상호 저촉되는 경우, 그 특허권의 존속기간이 만료되는 때에는 그 상표권의 통상사용권자는 상표를 사용할 권리를 가진 자에게 그의 업무에 관한 상품과 자기의 업무에 관한 상품 간에 혼동을 방지하는 데 필요한 표시를 하도록 청구할 수 있다.

⑤ 질권자가 질권의 목적인 상표권을 이전받은 경우, 권리의 혼동으로 인한 그 질권의 소멸은 등록하지 아니하더라도 그 효력이 발생한다.

26 상표법상 이전에 관한 설명으로 옳은 것은?

① 국제등록 명의의 변경에 따라 국제등록 지정상품의 전부 또는 일부가 분할되어 이전된 경우에는 국제상표등록출원은 변경된 국제등록명의인에 의하여 각각 출원된 것으로 본다.

② 특허청장은 상표에 관한 절차가 특허청에 계속(繫屬) 중일 때 상표권 또는 상표에 관한 권리가 이전된 경우에는 그 상표권 또는 상표에 관한 권리의 승계인에게 그 절차를 속행(續行)하도록 하여야 한다.

③ 통상사용권은 상속이나 그 밖의 일반승계의 경우를 제외하고는 상표권자의 동의를 받지 아니하고 설정행위로 정한 범위에서 이전할 수 있다.

④ 상표권자는 상표권을 목적으로 하는 질권설정 또는 공유인 상표권의 분할청구 전에 지정상품에 관하여 그 등록상표를 사용하고 있는 경우라도 그 상표권이 경매에 의하여 이전되는 경우 그 상표권에 대하여 통상사용권을 가지지 않는다.

⑤ 상표권자가 사망한 날부터 3년 이내에 상속인이 그 상표권의 이전등록을 하지 아니한 경우에는 상표권자가 사망한 날부터 3년이 되는 날에 상표권이 소멸된다.

27 상표권에 관한 설명으로 옳지 <u>않은</u> 것은? (다툼이 있으면 판례에 따름)

① 甲이 등록한 상표와 동일한 상표를 그 등록상표의 지정상품과 동일한 상품에 乙이 임의로 사용하여 丙에게 판매한 경우, 상표권자 甲은 乙에게 손해배상을 청구할 수 있으나 그 상품이 위조상표를 부착한 상품이라는 사정을 자신의 책임 있는 사유 없이 전혀 알 수 없었던 丙에게는 권리소진의 항변이 인정되므로 손해배상을 청구할 수 없다.

② 상표권자 甲으로부터 상표권의 지분을 1% 이전받은 乙은 상표권을 침해하는 丙을 상대로 단독으로 상표권 침해금지청구권을 행사할 수 있다.

③ 상표권을 甲과 乙이 각각 50%의 지분비율로 등록을 하고 있는 경우에 乙은 甲의 동의 없이 자신의 지분에 기하여 丙에게 특정지역에 한정하여 통상사용권을 설정하는 것은 허용되지 않는다.

④ 증명표장권자는 특허청장의 허가를 받더라도 같은 증명업무를 영위하는 자에게 증명표장만을 양도할 수는 없다.

⑤ 국제올림픽위원회는 상표법 제34조(상표등록을 받을 수 없는 상표) 제1항 제1호 다목 단서에 따라 자기 표장인 오륜기를 상표등록을 받더라도 그 상표권에 대하여 질권을 설정할 수 없다.

28 상표등록취소심판에 관한 설명으로 옳지 <u>않은</u> 것은? (다툼이 있으면 판례에 따름)

① 통상사용권자가 사용허락을 받은 등록상표를 그 상표의 지정상품과 유사한 상품에 사용하여 수요자에게 상품의 품질을 오인하게 한 경우에 수요자는 상표법 제119조(상표등록의 취소심판) 제1항 제2호에 따라 해당상표에 대하여 상표등록취소심판을 청구할 적격이 있다.

② 甲이 2022.12.1.에 등록한 등록상표 사용이 乙에 대하여 부정경쟁방지 및 영업비밀 보호에 관한 법률 제2조 제1호 파목의 부정경쟁행위를 구성하는 경우에, 그 상표에 관한 권리를 가진 자는 2023.1.31.에 甲의 상표에 대하여 상표등록취소심판을 제기할 수 있다.

③ 증명표장권자가 다른 증명표장이나 상표와 혼동방지조치를 취하면서 품질관리를 위해 직접 유통 판매하는 상품에 대하여 그 증명표장을 사용한 경우에 취소심판의 대상이 된다.

④ 상표법 제119조 제1항 제1호의 사유로 상표등록취소심판이 제기된 후에 상표권자가 그 상표를 포기하여 이를 등록하였더라도 계속하여 심리를 진행하여야 한다.

⑤ 甲은 외부 주문에 따라 생산만 하는 파운드리 회사로서 소위 팹리스(fabless) 반도체 설계 판매회사인 乙로부터 반도체 설계와 상품제조에 대한 품질관리 등 실질적인 통제를 받으면서, 乙이 주문한 대로만 생산한 반도체 전량을 乙에게 공급하고 있다. 이 경우 甲이 乙의 등록상표를 반도체에 표시한 상표사용 행위는 특별한 사정이 없는 한 상표법 제119조 제1항 제3호에 따른 불사용취소심판에서 乙의 상표사용 행위로 인정된다.

29 상표법상 권리범위확인심판에 관한 설명으로 옳지 <u>않은</u> 것은? (다툼이 있는 경우 판례에 따름)

① 업무표장권의 적극적 권리범위확인심판사건에서 확인대상표장과 피심판청구인이 실제로 사용하는 표장이 차이가 있더라도 그 차이 나는 부분이 부기적인 것에 불과하여 양표장이 동일성이 인정되는 경우에는 확인의 이익이 있다.

② 상표권의 권리범위확인심판에서 확인대상표장의 전체 또는 일부가 상표법 제90조(상표권의 효력이 미치지 아니하는 범위) 제1항 제4호 '상품에 대하여 관용하는 상표'에 해당하는지 여부의 판단 시점은 심결시이다.

③ 권리범위확인심판에서 등록상표와 확인대상표장의 유사 여부는 그 외관, 호칭 및 관념을 객관적·전체적·이격적으로 관찰하여 그 지정상품의 거래에서 일반 수요자들이 상표에 대하여 느끼는 직관적 인식을 기준으로 그 상품의 출처에 관하여 오인·혼동을 일으키게 할 우려가 있는지에 따라 판단한다.

④ 상표권의 권리 대 권리간 적극적 권리범위확인심판은 확인대상표장이 심판청구인의 등록상표와 동일 또는 유사하다고 하더라도 등록무효절차 이외에서 등록된 권리의 효력을 부인하는 결과가 되어 부적법하다.

⑤ 상표권의 적극적 권리범위확인심판은 심결이 확정된 경우 심판의 당사자뿐만 아니라 제3자에게도 일사부재리의 효력이 미친다. 이에 따라 상표권의 효력이 미치는 범위의 권리확정을 위해 적극적 권리범위확인심판에서 선사용권의 존부에 대해서 심리·판단하는 것이 허용된다.

30 상표권침해와 손해배상에 관한 설명으로 옳지 <u>않은</u> 것은? (다툼이 있는 경우 판례에 따름)

① 타인의 등록상표를 이용한 경우라고 하더라도 그것이 상표의 본질적인 기능이라고 할 수 있는 출처표시를 위한 것이 아니어서 상표의 사용으로 인식될 수 없는 경우에는 등록상표의 상표권을 침해한 행위로 볼 수 없다.

② 등록상표에 대한 등록무효심결이 확정되기 전이라고 하더라도 상표등록이 무효심판에 의하여 무효로 될 것임이 명백한 경우에는 상표권에 기초한 침해금지 또는 손해배상 등의 청구는 특별한 사정이 없는 한 권리남용에 해당하여 허용되지 아니한다.

③ 법원은 상표권 또는 전용사용권의 침해에 관한 소가 제기된 경우에는 그 취지를 특허심판원장에게 통보하여야 한다. 그 소송절차가 끝난 경우에도 또한 같다.

④ 상표법 제109조(손해배상의 청구)에 따른 손해배상을 청구하는 경우 그 등록상표의 사용에 대하여 통상 받을 수 있는 금액에 상당하는 액을 상표권자가 받은 손해액으로 하여 그 손해배상을 청구할 수 있다.

⑤ 상표권자는 자기가 사용하고 있는 등록상표와 같거나 동일성이 있는 상표를 그 지정 상품과 같거나 동일성이 있는 상품에 사용하여 자기의 상표권을 고의나 과실로 침해한 자에 대하여 상표법 제109조에 따른 손해배상을 청구하는 대신 1억원(고의적으로 침해한 경우에는 3억원) 이하의 범위에서 상당한 금액을 손해액으로 하여 배상을 청구할 수 있다.

31 디자인을 창작한 디자이너의 디자인보호법상 지위에 관한 설명으로 옳지 <u>않은</u> 것은? (다툼이 있으면 판례에 따름)

① 디자인 창작에 관여한 자가 창작자로 인정받으려면 해당 디자인의 창작에 실질적으로 기여하여야 하므로, 창작 아이디어만을 제공하거나 개발자의 지시로 도면만 작성한 경우 창작자로 인정되지 않는다.

② 디자인을 창작한 디자이너는 디자인등록을 받을 수 있는 권리를 가지며, 디자인 창작자의 이름과 주소는 디자인등록출원서는 물론 디자인 국제출원서(지정국 요구 시)의 필수적 기재사항이다.

③ 창작자인 디자이너로부터 디자인등록을 받을 수 있는 권리를 승계한 승계인에 의하여 디자인등록출원된 경우라도 그 출원서에 디자인 창작자가 사실과 다르게 허위로 기재되어 있는 경우 모인출원으로 거절될 수 있다.

④ 창작자인 디자이너로부터 디자인등록을 받을 수 있는 권리를 승계한 승계인이 아닌 자의 디자인등록출원은 무권리자의 출원으로 취급되며 거절사유, 일부심사 이의신청 사유 및 무효 사유에 해당한다.

⑤ 디자인보호법 제33조(디자인등록의 요건) 제2항에 따른 용이창작성 여부 판단의 주체적 기준은 해당 디자인이 속하는 분야에서 통상의 지식을 가진 디자이너를 기준으로 판단한다.

32 글자체 디자인에 관한 설명으로 옳은 것은? (다툼이 있으면 판례에 따름)

① 글자체는 물품성이 없어 오랫동안 디자인 등록대상이 아니었고 현재는 디자인의 정의 조항에 등록 가능한 대상으로 명시되어 있으나, 로카르노협정 물품류에 글자체가 명시되어 있지 않아 국제출원의 대상이 되는지는 불투명하다.

② 글자체는 기록이나 표시 또는 인쇄 등 실용적인 목적으로 사용하기 위한 것이어야 하며, 미적 감상의 대상으로 할 의도로 창작한 것은 디자인 등록대상이 아니다.

③ 글자체는 다양하게 개발되어 왔고 문자의 기본형태와 가독성을 필수적인 요소로 고려하여 디자인하여야 하는 관계상 구조적으로 그 디자인을 크게 변화시키기 어려운 특성을 참작하여야 하므로, 일반 디자인과는 유사판단의 기본 법리를 달리 적용하여야 한다.

④ 글자체의 도면은 디자인보호법 시행규칙 [별표 1]에 따라 지정글자, 보기문장, 대표글자 도면을 작성해 제출하여야 하며, 동 규칙에서 정한 방식으로 도시되지 아니한 경우 부적법한 서류로 보아 반려사유에 해당한다.

⑤ 대학교수 甲이 시중에 유통 중인 乙의 디자인 등록된 글자체를 사용해 작성한 강의노트를 인쇄하여 강의자료로 사용한 경우, 乙의 디자인권 침해에 해당한다.

33 디자인보호법상 분할출원에 관한 설명으로 옳지 <u>않은</u> 것은?

① 복수디자인등록출원을 한 자는 디자인등록출원의 일부를 1 이상의 새로운 디자인등록출원으로 분할하여 디자인등록출원할 수 있다.

② 분할에 따른 새로운 출원의 출원인은 원출원의 출원인과 동일인이거나 그 승계인이어야 한다.

③ 제51조(조약에 따른 우선권 주장)에 따른 우선권 주장을 한 것으로 보는 분할출원에 대해서는 분할출원을 한 날부터 30일 이내에 그 우선권 주장의 전부 또는 일부를 취하할 수 있다.

④ 분할의 기초가 된 디자인등록출원이 제51조에 따라 우선권을 주장한 디자인등록출원인 경우에는 제1항에 따라 분할출원을 한 때에 그 분할출원에 대해서도 우선권 주장을 한 것으로 추정되며, 분할의 기초가 된 디자인등록출원에 대하여 제51조에 따라 제출된 서류 또는 서면이 있는 경우에는 그 분할출원에 대해서도 해당 서류 또는 서면이 제출된 것으로 추정된다.

⑤ 분할출원이 있는 경우 그 분할출원은 최초에 디자인등록출원을 한 때에 출원한 것으로 본다. 다만, 제36조(신규성 상실의 예외) 제2항 제1호 또는 제51조 제3항 및 제4항을 적용할 때에는 그러하지 아니하다.

34 특유디자인의 신규성 판단에 관한 설명으로 옳지 <u>않은</u> 것은? (다툼이 있으면 판례에 따름)

① 부품이 공지된 이후 완성품디자인이 출원된 경우 그 공지된 부품을 포함하는 완성품 디자인이 신규성을 상실하는 경우가 있다.

② 부분디자인이 공지된 이후 출원된 전체디자인의 경우는 그 부분디자인의 공개태양에 따라 신규성을 상실하는 경우와 그렇지 않은 경우가 있다.

③ 한 벌 물품디자인의 경우 한 벌 전체로서 신규성을 판단하므로 그 구성물품 디자인의 공지로 인하여 신규성이 상실되지 않는다.

④ 형과 형틀로 만들어지는 물품은 용도와 기능이 다르므로 일방의 공지에 의해 타방의 신규성이 부정되지 않는다.

⑤ 전사지(轉寫紙)가 공지된 경우라면 그 전사지의 모양이 전사된 물품의 디자인도 신규성이 상실된다.

35 출원디자인의 등록요건 적용에 관한 설명으로 옳은 것을 모두 고른 것은? (다툼이 있으면 판례에 따름)

> ㄱ. 디자인등록출원에 대한 신규성 판단과 용이창작성 판단 시 공지디자인의 범위는 모두 국제주의를 취하고 있다.
>
> ㄴ. 선원주의(제46조) 적용에 있어 동일인의 동일자 유사한 단독 디자인등록출원이 경합할 경우 선원주의를 적용하지 않고 어느 한 출원의 취하를 권고한다.
>
> ㄷ. 출원인이 동일한 경우 특허법(제29조 제3항)과 디자인보호법(제33조 제3항)은 모두 확대된 선원을 적용하지 않는다.
>
> ㄹ. 특허법과 달리 디자인보호법에서는 창작자(발명자)가 동일한 경우에도 확대된 선원(제33조 제3항)이 적용될 수 있다.
>
> ㅁ. 디자인 유사판단 기준은 일관성 있게 적용되어야 하므로 공지부분을 포함하는 경우의 유사판단에 있어서도 등록요건 판단 시와 침해판단 시에 그 기준은 동일하게 적용되어야 한다.

① ㄱ, ㄴ, ㅁ
② ㄱ, ㄷ, ㄹ
③ ㄱ, ㄷ, ㅁ
④ ㄴ, ㄷ, ㄹ
⑤ ㄴ, ㄹ, ㅁ

36 디자인보호법상 디자인권에 관한 설명으로 옳지 <u>않은</u> 것은?

① 국내를 통과하는 데에 불과한 선박·항공기·차량 또는 이에 사용되는 기계·기구·장치, 그 밖의 물건인 경우에는 디자인권의 효력은 미치지 아니한다.

② 등록디자인의 보호범위는 디자인등록출원서의 기재사항 및 그 출원서에 첨부된 도면·사진 또는 견본과 도면에 적힌 디자인의 설명에 따라 표현된 디자인에 의하여 정하여진다.

③ 디자인권자는 디자인권을 포기할 수 있다. 이 경우 복수디자인등록된 디자인권은 각 디자인권마다 분리하여 포기할 수 있다.

④ 디자인권·전용실시권 또는 통상실시권을 목적으로 하는 질권을 설정하였을 때에는 질권자는 계약으로 특별히 정한 경우를 제외하고는 해당 등록디자인을 실시할 수 없다.

⑤ 디자인권의 상속이 개시되었으나 상속인이 없는 경우에는 그 디자인권은 국고에 귀속된다.

37 디자인보호법상 디자인권의 존속기간에 관한 설명으로 옳은 것은?

① 디자인권은 설정등록으로 발생하며 설정등록한 날부터 기산하여 20년 동안 존속한다.

② 관련디자인으로 등록된 디자인은 그 기본디자인과 독립적이므로 그 존속기간은 기본 디자인의 디자인권 존속기간에 종속되지 아니한다.

③ 비밀디자인의 디자인권은 그 비밀기간이 설정된 만큼 디자인권 설정등록일로부터 3년 범위 내에서 존속기간연장등록을 신청할 수 있다.

④ 연차등록료의 납부기한과 추가납부기간이 경과한 디자인권자의 디자인권은 그 존속기간 만료 전이라도 소멸될 수 있으나, 소멸일로부터 6개월 내에 연차등록료의 2배를 내고 소멸한 권리의 회복을 신청할 수 있다.

⑤ 국제등록디자인권의 존속기간은 헤이그협정 제17조(2)에 따라 5년마다 갱신할 수 있다.

38 디자인보호법에 관한 설명으로 옳지 <u>않은</u> 것은? (다툼이 있는 경우에는 판례에 따름)

① 등록디자인과 대비되는 디자인이 등록디자인의 출원 전에 그 디자인이 속하는 분야에서 통상의 지식을 가진 사람이 공지디자인 또는 이들의 결합에 따라 쉽게 실시할 수 있는 것인 때에는 등록디자인과 대비할 것도 없이 그 등록디자인의 권리범위에 속하지 않는다고 보아야 한다.

② 물품의 기능을 확보하는 데에 불가결한 형상만으로 된 디자인에 대하여는 제33조(디자인등록의 요건)에도 불구하고 디자인등록을 받을 수 없다.

③ 디자인권의 권리범위확인심판의 청구는 현존하는 디자인권의 범위를 확정하려는 데 그 목적이 있으므로, 일단 적법하게 발생한 디자인권이라 할지라도 그 권리가 소멸된 이후에는 그에 대한 권리범위확인을 구할 이익이 없어진다.

④ 디자인권자 또는 디자인등록출원인은 자기의 등록디자인 또는 디자인등록출원한 디자인(이하 "기본디자인"이라 한다)과만 유사한 디자인(이하 "관련디자인"이라 한다)에 대하여는 그 기본디자인의 디자인등록출원일부터 2년 이내에 디자인등록출원된 경우에 한하여 제33조 제1항 각 호 및 제46조(선출원) 제1항·제2항에도 불구하고 관련디자인으로 디자인등록을 받을 수 있다.

⑤ 제2조(정의) 제1호에서 말하는 '물품'이란 독립성이 있는 구체적인 유체동산을 의미하는 것으로서, 이러한 물품이 디자인등록의 대상이 되기 위해서는 통상의 상태에서 독립된 거래의 대상이 되어야 하고, 그것이 부품인 경우에는 다시 호환성을 가져야 하나, 이는 반드시 실제 거래사회에서 현실적으로 거래되고 다른 물품과 호환될 것을 요하는 것은 아니고, 그러한 독립된 거래의 대상 및 호환의 가능성만 있으면 디자인등록의 대상이 된다.

39 ( )에 들어갈 기간으로 옳은 것은?

> • 제19조(절차의 추후 보완) 디자인에 관한 절차를 밟은 자가 책임질 수 없는 사유로 다음 각 호에 따른 기간을 지키지 못한 경우에는 그 사유가 소멸한 날부터 (ㄱ) 이내에 지키지 못한 절차를 추후 보완할 수 있다. 다만, 그 기간의 만료일부터 (ㄴ)이 지났을 때에는 그러하지 아니하다.
>   1. 제119조(보정각하결정에 대한 심판) 또는 제120조(디자인등록거절결정 또는 디자인등록취소결정에 대한 심판)에 따른 심판의 청구기간
>   2. 제160조(재심청구의 기간)에 따른 재심청구의 기간
> • 출원보정기간은 제120조(디자인등록거절결정 또는 디자인등록취소결정에 대한 심판)에 따라 디자인등록거절결정에 대한 심판을 청구하는 경우에는 그 청구일부터 (ㄷ) 이내
> • 제138조(제척 또는 기피의 소명) ② 제척 또는 기피의 원인은 신청한 날부터 (ㄹ) 이내에 소명하여야 한다.

① ㄱ : 2개월, ㄴ : 6개월, ㄷ : 30일, ㄹ : 3일
② ㄱ : 2개월, ㄴ : 1년, ㄷ : 30일, ㄹ : 3일
③ ㄱ : 2개월, ㄴ : 1년, ㄷ : 30일, ㄹ : 7일
④ ㄱ : 3개월, ㄴ : 1년, ㄷ : 20일, ㄹ : 3일
⑤ ㄱ : 3개월, ㄴ : 1년, ㄷ : 20일, ㄹ : 7일

40 헤이그협정에 의한 디자인의 국제출원에 관한 설명으로 옳지 않은 것은?

① 디자인의 국제출원은 국제사무국에 직접 출원할 수도 있고 자국 특허청(수리관청)을 통하여 간접출원 하는 방식을 취할 수 있으며, 국제사무국에 직접 출원하는 방식에 대해서도 디자인보호법에서 규정하고 있다.

② 국제사무국은 오로지 방식요건만을 심사하고 디자인의 실체적인 요건흠결을 이유로 국제등록을 거절 할 수 없다. 반면, 지정국 관청은 국제등록의 방식요건 위반을 들어 국제등록 보호를 거절할 수 없다.

③ 마드리드의정서에 따른 국제상표출원과 달리 헤이그협정에 의한 디자인의 국제출원은 기초출원이나 기초등록을 요구하지 않는다.

④ 특허협력조약(PCT)에 의한 국제특허출원과 달리 헤이그협정에 의한 디자인의 국제출원은 국제조사설 차가 없다.

⑤ 특허협력조약(PCT)에 의한 국제특허출원과 마찬가지로 헤이그협정에 의한 디자인의 국제출원도 자기 지정이 가능하다.

2022년 제59회 기출문제

⊘ Time 　분 | 해설편 233p

01 특허 제도에 관한 설명으로 옳지 <u>않은</u> 것은?

① 물건을 생산하는 방법에 관한 발명이 있는 경우, 그 방법에 의하여 생산한 물건을 수출하는 행위 자체는 특허발명의 실시행위에 해당하지 않는다.

② 법인이 아닌 사단 또는 재단이라 하더라도 대표자나 관리인이 정하여져 있다면, 그 사단 또는 재단의 이름으로 출원심사의 청구인, 심판의 청구인·피청구인이 될 수 있다.

③ 국내에 주소 또는 영업소가 없는 재외자라 하더라도 국내에 체류하고 있는 경우에는 재외자의 이름으로 특허에 관한 절차를 밟을 수 있다.

④ 특허청 및 심사관이 의견제출통지서에서 출원인의 의견서 제출 기간을 지정한 경우, 이 지정기간은 출원인의 청구에 의하여 연장뿐만 아니라 단축도 가능하다.

⑤ 특허권 및 특허에 관한 권리의 등록신청서류와 특허협력조약 제2조(vii)에 따른 국제출원에 관한 서류를 우편으로 제출하는 경우, 우편물의 통신일부인(通信日附印)에 표시된 날이 분명하다면 표시된 날부터 효력이 발생한다.

02 특허를 받을 수 있는 권리에 관한 설명으로 옳지 <u>않은</u> 것은? (다툼이 있으면 판례에 따름)

① 특허출원 후에는 특허를 받을 수 있는 권리의 승계는 상속, 그 밖의 일반승계의 경우를 제외하고는 특허출원인변경신고를 하여야만 그 효력이 발생한다.

② 특허출원 전에 이루어진 특허를 받을 수 있는 권리의 승계는 그 승계인이 특허출원을 하여야만 그 효력이 발생한다.

③ 특허를 받을 수 있는 권리는 발명의 완성과 동시에 발명자에게 원시적으로 귀속되지만, 이는 재산권으로 양도성을 가지므로 계약 또는 상속 등을 통하여 전부 또는 일부 지분을 이전할 수 있고, 특허를 받을 수 있는 권리를 이전하기로 하는 계약은 명시적으로는 물론 묵시적으로도 이루어질 수 있다.

④ 정부는 특허출원된 발명이 국방상 필요한 경우에는 특허를 하지 아니할 수 있으며, 전시·사변 또는 이에 준하는 비상시에 국방상 필요한 경우에는 특허를 받을 수 있는 권리를 수용할 수 있고, 특허하지 아니하거나 수용한 경우에는 정부는 적당한 보상금을 지급하여야 한다.

⑤ 동일한 자로부터 동일한 발명 및 고안에 대한 특허를 받을 수 있는 권리 및 실용신안등록을 받을 수 있는 권리를 승계한 자가 둘 이상인 경우 그 승계한 권리에 대하여 같은 날에 특허출원 및 실용신안등록출원이 있으면 특허출원인 및 실용신안등록출원인 간에 협의하여 정한 자에게만 승계의 효력이 발생한다.

03 신규성에 관한 설명으로 옳지 않은 것은? (다툼이 있으면 판례에 따름)

① 발명의 신규성 판단에 제공되는 대비 발명은 반드시 그 기술적 구성 전체가 명확하게 표현된 것뿐만 아니라, 미완성 발명이라고 하더라도 그 기술분야에서 통상의 지식을 가진 자가 기술상식이나 경험칙에 의하여 쉽게 기술내용을 파악할 수 있는 범위 내에서는 신규성 판단을 위한 선행자료로서의 지위를 가진다.

② 선택발명의 신규성을 부정하기 위해서는 선행발명이 선택발명을 구성하는 하위개념을 구체적으로 개시하고 있어야 하고, 이에는 그 발명이 속하는 기술분야에서 통상의 지식을 가진 자가 선행문헌의 기재 내용과 출원시의 기술 상식에 기초하여 선행문헌으로부터 직접적으로 선택발명의 존재를 인식할 수 있는 경우도 포함된다.

③ 구성요소의 범위를 수치로써 한정하여 표현한 발명이 그 출원 전에 공지된 발명과 사이에 수치한정의 유무 또는 범위에서만 차이가 있는 경우에는, 그 한정된 수치범위가 공지된 발명에 구체적으로 개시되어 있거나, 그렇지 않더라도 그러한 수치한정이 그 발명이 속하는 기술분야에서 통상의 지식을 가진 자가 적절히 선택할 수 있는 주지·관용의 수단에 불과하고 이에 따른 새로운 효과도 발생하지 않는다면 그 신규성이 부정된다.

④ 발명을 논문으로 발표하더라도 신규성 상실사유가 발생한 날로부터 12개월 이내에 출원하는 경우 신규성 상실의 예외를 인정받을 수 있으나, 제3자가 해당 논문을 읽고 동일 발명에 대하여 먼저 출원을 하는 경우에는 신규성 상실의 예외를 인정받은 특허출원은 선출원주의 위반으로 특허를 받을 수 없다.

⑤ 제조방법이 기재된 물건발명의 신규성을 판단하는 경우, 그 기술적 구성을 제조방법의 기재를 포함하여 청구범위의 모든 기재에 의하여 특정되는 구조나 성질 등을 가지는 물건으로 파악하여 선행기술과 비교하여 신규성 결여 여부를 살펴야 한다.

04 분할출원에 관한 설명으로 옳은 것은?

① 분할출원은 출원서에 최초로 첨부된 명세서 또는 도면에 기재된 사항의 범위 내에서 할 수 있으며, 원출원이 외국어출원인 경우에 국어번역문이 제출되지 않았다면 원문에 기재된 범위 내에서 분할출원 할 수 있다.

② 분할출원된 명세서에 기재된 발명의 내용이 분할후 원출원서에 기재된 발명의 내용과 동일하다면, 적법한 분할출원이 아니라는 점을 근거로 거절결정이 된다.

③ 분할출원에서 자기공지예외적용의 주장을 하는 경우, 그 증명서류는 분할출원일로부터 30일이 되는 날까지 제출하여야 한다.

④ 분할출원은 특허출원서에 최초로 첨부한 명세서에 청구범위가 적혀 있는 경우에만 가능하므로 최초로 첨부한 명세서에 청구범위가 적혀 있지 아니한 경우에는 분할출원을 할 수 없다.

⑤ 분할출원은 특허결정등본을 송달받은 이후에도 가능하나, 특허권설정등록을 받으려는 날이 3개월보다 짧은 경우에는 분할출원을 할 수 없다.

05 특허출원 절차에 관한 설명으로 옳지 <u>않은</u> 것은?

① 특허출원인의 의사에 반한 공지가 있어 이를 주장하고자 하는 경우, 특허출원시에 그 취지와 증거자료를 제출하여야 하나, 보완수수료를 납부하면 보정 기간에 그 취지를 적은 서류 또는 이를 증명할 수 있는 서류를 제출할 수 있다.

② 무권리자의 특허출원에 해당한다는 이유로 특허거절결정이 확정된 경우, 정당한 권리자의 출원에 대한 심사청구는 무권리자 출원일부터 3년이 경과한 이후라도 정당한 권리자의 출원일부터 30일 이내에 청구할 수 있다.

③ 분할출원을 기초로 특허법 제54조(조약에 의한 우선권주장)에 따른 우선권을 주장하고자 하는 경우, 분할출원을 한 날부터 3개월 이내에 우선권주장 서류를 특허청장에게 제출할 수 있다.

④ 특허출원에 대한 최후거절이유통지에 따른 보정이 각하된 경우에, 이에 대하여 독립하여 불복할 수 없고, 심판에서 다투는 경우에는 특허거절결정에 대한 심판에서 다툴 수 있다.

⑤ 특허출원인은 특허출원서에 최초로 첨부한 명세서에 청구범위를 적지 아니한 변경출원의 경우 특허법 제42조의2(특허출원일 등) 제2항에 따른 기한이 지난 후에도 변경출원을 한 날부터 30일이 되는 날까지 명세서에 청구범위를 적는 보정을 할 수 있다.

06 특허출원에 관한 설명으로 옳지 <u>않은</u> 것은? (다툼이 있으면 판례에 따름)

① 청구범위가 기재되지 아니한 명세서가 첨부된 특허출원에 대하여 특허출원인이 출원심사청구서를 제출한 경우에는 부적법한 서류로서 반려처분 대상이 된다.

② 출원이 법령에 정한 방식에 위반하였으나 반려 대상이 아닌 경우에는 보정명령을 받게 되고, 보정명령을 받은 자가 지정된 기간 내에 보정을 하지 아니하는 경우에는 그 특허에 관한 절차는 무효가 될 수 있다.

③ 요약서는 특허출원서류의 일부로 필요적으로 제출되어야 할 서류이고, 요약서에만 기재되어 있고 발명의 명세서에 기재를 빠뜨린 경우에는 보정을 할 수 있는 기간 내에 요약서 기재내용을 명세서에 추가할 수 있다.

④ 특허출원인은 출원시에는 명세서에 청구범위를 적지 않을 수 있으나 이 경우에는 출원일(우선권 주장을 수반하는 특허출원의 경우 최우선일)부터 1년 2개월이 되는 날까지 명세서에 청구범위를 적는 보정을 하여야 하고, 출원인은 청구범위를 기재하는 보정을 하여야 출원심사청구가 가능하다.

⑤ 특허법 제42조(특허출원) 제4항 제1호가 정한 명세 기재요건을 충족하는지는 특허출원 당시의 기술수준을 기준으로 하여 그 발명이 속하는 기술분야에서 통상의 지식을 가진 사람의 입장에서 청구범위에 기재된 발명과 대응되는 사항이 발명의 설명에 기재되어 있는지에 의하여 판단하여야 하므로, 특허출원 당시의 기술수준에 비추어 발명의 설명에 개시된 내용을 청구범위에 기재된 발명의 범위까지 확장 또는 일반화할 수 있다면 청구범위는 발명의 설명에 의하여 뒷받침된다.

07 발명의 진보성 판단에 관한 설명으로 옳은 것을 모두 고른 것은? (다툼이 있으면 판례에 따름)

> ㄱ. 발명의 구성의 곤란성 여부 판단이 불분명한 경우에는 특허발명이 선행발명에 비하여 이질적이거나 양적으로 현저한 효과를 가지고 있더라도 진보성은 부정된다.
>
> ㄴ. 특허발명의 진보성을 판단할 때에는 청구항에 기재된 복수의 구성을 분해한 후 각각 분해된 개별구성요소들이 공지된 것인지 여부만을 따져서는 아니 되고, 특유의 과제해결원리에 기초하여 유기적으로 결합한 전체로서의 구성의 곤란성을 따져 보아야 한다.
>
> ㄷ. 효과의 현저성은 특허발명의 명세서에 기재되어 통상의 기술자가 인식하거나 추론할 수 있는 효과를 중심으로 판단하여야 하고, 만일 그 효과가 의심스러울 때에는 그 기재 내용의 범위를 넘지 않는 한도에서 출원일 이후에 추가적인 실험 자료를 제출하는 등의 방법으로 그 효과를 구체적으로 주장, 입증하는 것이 허용된다.
>
> ㄹ. 의약용도발명에서는 통상의 기술자가 선행발명들로부터 특정 물질의 특정 질병에 대한 치료효과를 쉽게 예측할 수 있는 정도에 불과하다면 그 진보성이 부정되고, 이러한 경우 선행발명들에서 임상시험 등에 의한 치료효과가 확인될 것까지 요구된다고 볼 수 없다.

① ㄱ, ㄴ

② ㄴ, ㄷ

③ ㄷ, ㄹ

④ ㄱ, ㄴ, ㄹ

⑤ ㄴ, ㄷ, ㄹ

08 특허출원심사에 관한 설명으로 옳은 것은?

① 심사관은 특허결정되어 특허권 설정등록된 특허출원에 명백한 거절이유를 발견한 경우에는 직권으로 특허결정을 취소하고 다시 심사하여야 한다.

② 심사관의 직권 재심사에 의하여 특허결정을 취소한다는 사실이 특허출원인에게 통지가 되기 이전에 특허권 설정등록이 이루어졌다면, 특허취소결정은 처음부터 없었던 것으로 본다.

③ 심사관이 특허출원서에 첨부된 명세서, 도면의 일부를 직권보정하면서 특허등록결정을 하였으나, 특허출원인에 의하여 의견서가 제출되면, 특허결정은 유지되나 직권 보정사항은 처음부터 없었던 것으로 본다.

④ 특허출원인은 특허거절결정등본을 송달받고 재심사를 청구하였더라도 거절결정불복심판 청구기간 이내라면 이를 취하하고 거절결정불복심판 청구를 할 수 있다.

⑤ 특허출원인은 출원공개 후 특허등록을 무효로 한다는 심결의 확정이 있더라도, 출원된 사실을 알면서 출원된 발명을 업으로서 실시하고 있는 자에게 무효로 확정될 때까지의 특허발명의 실시에 대하여 합리적으로 받을 수 있는 금액의 보상금을 청구할 수 있다.

09 특허료에 관한 설명으로 옳은 것은? `기출 변형`

① 추가납부기간에 특허료를 납부하지 않은 경우에는 특허권의 설정등록을 받으려는 자의 특허출원은 취하한 것으로 본다.

② 특허권의 설정등록을 받으려는 자 또는 특허권자가 책임질 수 없는 사유로 추가납부기간에 특허료를 내지 아니하였거나 보전기간에 보전하지 아니한 경우에는 그 사유가 소멸한 날부터 30일 이내에 그 특허료를 내거나 보전할 수 있다.

③ 특허권의 존속기간의 연장등록을 무효로 한다는 심결이 확정된 경우에 심결이 확정된 해부터의 특허료는 납부한 자의 청구에 의하여 반환한다.

④ 특허청장은 특허료가 잘못 납부된 경우에는 그 사실을 납부한 자에게 통지하여야 하며, 특허료의 반환청구는 이 통지를 받은 날로부터 5년이 지나면 할 수 없다.

⑤ 특허청장은 특허료의 감면을 거짓이나 그 밖에 부정한 방법으로 받은 자에 대하여는 산업통상자원부령으로 정하는 바에 따라 감면받은 특허료의 3배액을 징수할 수 있다.

10 특허를 받을 수 있는 권리 및 특허권의 공유에 관한 설명으로 옳지 않은 것은? (다툼이 있으면 판례에 따름)

① 단독으로 발명을 완성한 후 특허를 받을 수 있는 권리의 일부 지분을 양도한 경우에는 공유자 모두가 공동으로 특허출원을 하지 않더라도 해당 출원은 거절되지 않는다.

② 특허권이 공유인 경우 다른 공유자와 경업관계에 있는 제3자에게 지분이 양도되면 다른 공유자는 불측의 손해를 입을 우려가 있기 때문에 특허권이 공유인 경우에는 각 공유자는 다른 공유자 모두의 동의를 받아야만 그 지분을 양도할 수 있다.

③ 특허권의 각 공유자에게 민법상의 공유물분할청구권을 인정하더라도 특허법 제99조(특허권의 이전 및 공유 등)에 반하지 아니하고, 달리 분할청구를 금지하는 특허법 규정이 없으므로, 특허권의 공유관계에 민법상 공유물분할청구에 관한 규정이 적용될 수 있다.

④ 특허권 분할시 각 공유자에게 특허권을 부여하는 방식의 현물분할을 인정하면 하나의 특허권이 사실상 내용이 동일한 복수의 특허권으로 증가하는 부당한 결과를 초래하게 되므로 현물분할은 허용되지 않는다.

⑤ 심판청구서의 보정은 그 요지를 변경할 수 없는 것이 원칙이나, 공동출원인 중 일부만이 심판청구를 제기한 경우 나머지 공동출원인을 심판청구인으로 추가하는 보정은 허용된다.

11 특허권에 관한 설명으로 옳지 <u>않은</u> 것은?

① 반도체 기술에 대해서는 특허법 제107조(통상실시권 설정의 재정) 제1항 제3호(공공의 이익을 위하여 비상업적으로 실시하는 경우만 해당한다)의 경우에만 재정을 청구할 수 있다.

② 비밀취급이 필요한 특허발명에 대해서는 그 발명의 비밀취급이 해제될 때까지 그 특허의 등록공고를 보류하여야 하며, 그 발명의 비밀취급이 해제된 경우에는 지체 없이 특허법 제87조(특허권의 설정등록 및 등록공고) 제3항에 따라 등록공고를 하여야 한다.

③ 특허발명의 실시가 특허법 제2조(정의) 제3호 나목에 따른 방법의 사용을 청약하는 행위인 경우 특허권의 효력은 그 방법의 사용이 특허권 또는 전용실시권을 침해한다는 것을 알면서 그 방법의 사용을 청약하는 행위에만 미친다.

④ 정부는 특허발명이 국가 비상사태, 극도의 긴급상황 또는 공공의 이익을 위하여 비상업적으로 실시할 필요가 있다고 인정하는 경우에는 그 특허발명을 실시하거나 정부 외의 자에게 실시하게 할 수 있다.

⑤ 청산절차가 진행 중인 법인의 특허권은 법인의 청산종결등기일(청산종결등기가 되었더라도 청산사무가 사실상 끝나지 아니한 경우에는 청산사무가 사실상 끝난 날과 청산종결등기일부터 6개월이 지난 날 중 빠른 날로 한다)까지 그 특허권의 이전등록을 하지 아니한 경우에는 청산종결등기일의 다음 날에 소멸한다.

12 특허권 침해와 특허소송에 관한 설명으로 옳은 것은? (다툼이 있으면 판례에 따름)

① 심결취소소송에서도 자백 또는 의제자백이 인정되지만, 자백의 대상은 사실이고 이러한 사실에 대한 법적 판단 내지 평가는 자백의 대상이 되지 않으므로, 특허발명의 진보성 판단에 제공되는 선행발명이 어떤 구성요소를 가지고 있는지 여부에 대해서는 자백이 허용되지 않는다.

② 특허권의 권리범위는 청구범위에 기재된 사항에 의하여 정하여지는 것이 원칙이나, 청구항은 발명의 설명에 의하여 뒷받침될 것이 요구되기 때문에, 청구범위의 기재만으로 특허의 기술적 구성을 알 수 없거나 알 수 있더라도 기술적 범위를 확정할 수 없는 경우에는 명세서의 기재에 의한 보충을 통해 기술적 범위의 확장 또는 제한 해석을 함으로써 특허권의 권리범위가 발명의 크기에 맞게 실질적으로 정해질 수 있도록 해야 한다.

③ 후 발명이 선 특허발명의 요지를 전부 포함하고 이를 그대로 이용하되, 후 발명 내에선 특허발명이 발명으로서의 일체성을 유지하는 경우에는 이용관계가 성립하고, 선 특허권자의 허락없이 선 특허발명을 실시하면 이용침해에 해당하나, 후 발명이 선 특허발명과 동일한 발명이 아니라 균등한 발명을 이용하는 경우에는 그렇지 않다.

④ 청구항에 기재된 구성요소는 모두 필수구성요소로 파악되어야 하며 일부 구성요소를 그 중요성이 떨어진다는 등의 이유로 필수구성요소가 아니라고 주장할 수 없다.

⑤ 특허권침해소송의 상대방이 제조하는 제품이 특허발명의 특허권을 침해한다고 할 수 있기 위해서는 특허발명의 청구범위에 기재된 각 구성요소와 그 구성요소 간의 유기적 결합관계가 침해대상제품에 그대로 포함되어 있을 필요까지는 없다.

13 일사부재리에 관한 설명으로 옳지 <u>않은</u> 것은? (다툼이 있으면 판례에 따름)

① 확인대상발명의 일부 구성이 불명확하여 다른 것과 구별될 수 있는 정도로 구체적으로 특정되어 있지 않다면 심판의 심결이 확정되더라도 일사부재리의 효력이 미치는 범위가 명확하다고 할 수 없으므로 나머지 구성만으로 확인대상발명이 특허발명의 권리범위에 속하는지 여부를 판단할 수 있는 경우라 하더라도 심판청구를 각하하여야 한다.

② 종전에 확정된 심결에서의 무효사유 외에 다른 무효사유가 추가된 심판청구의 경우 일사부재리원칙에 위배되지 아니하지만, 종전에 확정된 심결에서 판단이 이루어진 청구원인과 공통되는 부분에 대해서는 일사부재리 원칙 위배 여부의 관점에서 종전에 확정된 심결을 번복할 수 있을 정도로 유력한 증거가 새로이 제출되었는지를 따져 종전 심결에서와 다른 결론을 내릴 것인지를 판단하여야 한다.

③ 적극적 권리범위확인심판의 심결이 확정된 때에는 그 일사부재리의 효력은 동일사실 및 동일증거에 의한 소극적 권리범위확인심판 청구에 대해서도 그대로 미친다.

④ 동일사실이란 청구원인사실의 동일성을 말하고, 진보성의 결여를 이유로 하는 등록무효심판 청구에 대한 심결이 확정된 후, 다시 특허가 미완성발명 내지 기재불비에 해당한다는 이유를 들어 등록무효심판 청구를 하는 것은 일사부재리에 해당하지 않는다.

⑤ 확정된 심결이 각하심결인 경우에는 일사부재리의 효력이 없다고 정한 특허법 제163조(일사부재리) 단서 규정은 새로 제출된 증거가 선행 확정 심결을 번복할 수 있을 만큼 유력한 증거인지에 관한 심리, 판단이 이루어진 후 선행 확정 심결과 동일 증거에 의한 심판청구라는 이유로 각하된 심결인 경우에는 적용되지 않는다.

14 특허법상 심판제도에 관한 설명으로 옳은 것을 모두 고른 것은? (다툼이 있으면 판례에 따름)

ㄱ. 적극적 권리범위 확인심판의 청구인은 특허권자, 전용실시권자이다.
ㄴ. 심판장은 구술심리로 심판을 할 경우에는 심판장이 지정한 직원에게 기일마다 심리의 요지와 그 밖에 필요한 사항을 적은 조서를 작성하게 하여야 하며, 이 조서에는 심판의 심판장 및 조서를 작성한 직원이 서명날인하여야 한다.
ㄷ. 제138조(통상실시권 허락의 심판) 제1항에 따른 심판 청구인은 이용·저촉관계에 있는 후출원특허권자, 전용실시권자 또는 통상실시권자이다.
ㄹ. 제139조(공동심판의 청구 등) 제1항에 따라 심판에 참가하려는 자는 참가신청서를 심판장에게 제출하여야 하며, 참가여부는 심판으로 결정하여야 하고, 이 결정에 대해서는 불복할 수 없다.
ㅁ. 부적법한 심판청구로서 그 흠을 보정할 수 없을 경우라도 피청구인에게 답변서 제출의 기회를 주어야 하고, 심결로써 그 청구를 각하할 수 없다.

① ㄱ, ㄴ, ㄷ
② ㄱ, ㄴ, ㅁ
③ ㄱ, ㄷ, ㄹ
④ ㄴ, ㄹ, ㅁ
⑤ ㄷ, ㄹ, ㅁ

15 특허법상 재심제도에 관한 설명으로 옳지 <u>않은</u> 것은?

① 당사자는 특허취소결정 또는 심결 확정 후 재심사유를 안 날부터 30일 이내에 재심을 청구하여야 하고, 대리권의 흠을 이유로 재심을 청구하는 경우에 이 기간은 청구인 또는 법정대리인이 특허취소결정등본 또는 심결등본을 송달 받은 날부터 기산한다.

② 특허취소결정 또는 심결 확정 후 3년이 지나면 재심을 청구할 수 없으며, 재심사유가 특허취소결정 또는 심결 확정 후에 생겼을 때에는 위의 3년의 기간은 그 사유가 발생한 날의 다음 날부터 기산한다.

③ 심판의 당사자가 공모하여 제3자의 권리나 이익을 사해(詐害)할 목적으로 심결을 하게 하였을 때에는 제3자는 그 확정된 심결에 대하여 재심을 청구할 수 있으며, 이 경우 심판의 당사자를 공동피청구인으로 한다.

④ 취소된 특허권이 재심에 의하여 회복된 경우 특허권의 효력은 해당 특허취소결정 또는 심결이 확정된 후 재심청구 등록 전에 선의로 수입하거나 국내에서 생산 또는 취득한 물건에는 미치지 아니한다.

⑤ 취소된 특허권이 재심에 의하여 회복된 경우 해당 특허취소결정 또는 심결이 확정된 후 재심청구등록 전에 국내에서 선의로 그 발명의 실시사업을 하고 있는 자 또는 그 사업을 준비하고 있는 자는 실시하고 있거나 준비하고 있는 발명 및 사업목적의 범위에서 그 특허권에 관하여 통상실시권을 가진다.

16 특허소송에 관한 설명으로 옳은 것은? (다툼이 있으면 판례에 따름)

① 침해소송이 계속 중이어서 그 소송에서 특허권의 효력이 미치는 범위를 확정할 수 있는 경우에는 이를 이유로 침해소송과 별개로 청구된 권리범위확인심판의 심판청구의 이익이 부정된다고 볼 수 있다.

② 동일한 특허발명에 대하여 정정심판 사건이 특허심판원에 계속 중에 있는 경우에 이를 이유로 상고심에 계속 중인 그 특허발명에 관한 특허무효심결에 대한 취소소송의 심리를 중단하여야 하는 것은 아니다.

③ 특허권자가 정정심판을 청구하여 특허무효심판에 대한 심결취소소송의 사실심 변론종결 이후에 특허 발명의 명세서 또는 도면에 대하여 정정을 한다는 심결이 확정되는 경우에는 정정 전 명세서 등으로 판단한 원심판결에 재심사유가 있다.

④ 동일한 특허권에 관하여 2인 이상의 자가 공동으로 특허의 무효심판을 청구하여 승소한 경우에 그 특허권자가 제기할 심결취소소송은 심판청구인 전원을 상대로 제기하여야만 하는 고유필수적 공동소송이다.

⑤ 법원은 특허취소결정 또는 심결에 대한 소 및 특허취소신청서·심판청구서·재심청구서의 각하결정에 대한 소 또는 특허법원의 판결에 따른 상고가 대법원에 제기되었을 때에는 지체 없이 그 취지를 특허청 장과 특허심판원장에게 통지하여야 한다.

17 특허협력조약에 의한 국제특허출원에 관한 설명으로 옳은 것은?

① 국제특허출원서에 발명의 설명은 기재되어 있으나 청구범위가 기재되어 있지 않는 경우, 국제출원이 특허청에 도달한 날을 국제출원일로 인정하여야 한다.

② 국제출원에 관한 서류가 우편의 지연으로 인하여 제출기간내에 도달하지 않은 경우에도 이러한 지연이 우편의 지연에 의한 것으로 인정된다면, 당해서류는 제출기간내에 제출된 것으로 추정한다.

③ 국제출원에서, 우선일부터 1년 4개월과 국제출원일부터 4개월 중 늦게 만료되는 날 이내에 우선권주장의 보정은 할 수 있으나, 우선권주장의 추가는 할 수 없다.

④ 국제출원에 대하여 특허청이 국제조사기관으로 지정된 경우에, 우선권주장의 기초가 되는 선출원이, 국어, 영어, 일본어 이외의 언어로 된 경우에는 국어번역문을 제출한 것을 출원인에게 명할 수 있다.

⑤ 외국어로 출원된 국제출원에서 원문의 범위를 벗어난 보정은 특허무효사유이나 국어번역문의 범위를 벗어난 보정은 거절이유에는 해당하지만 특허무효사유는 아니다.

18 특허법에 규정된 벌칙에 관한 설명으로 옳지 않은 것은?

① 특허권침해죄는 피해자의 명시적 의사에 반하여 공소를 제기할 수 없고, 비밀유지명령을 국내외에서 정당한 사유 없이 위반한 행위에 대해서는 비밀유지명령을 신청한 자의 고소가 없으면 공소를 제기할 수 없다.

② 특허법에 따라 선서한 증인, 감정인 또는 통역인이 특허심판원에 대하여 거짓으로 진술·감정 또는 통역한 경우에 그 사건의 특허취소신청에 대한 결정 또는 심결이 확정되기 전에 자수한 경우에는 그 형을 감경 또는 면제할 수 있다.

③ 특허심판원으로부터 증인·감정인 또는 통역인으로 소환된 자로서 정당한 이유 없이 소환에 따르지 아니하거나 선서·진술·증언·감정 또는 통역을 거부한 경우에는 과태료 부과의 대상이 된다.

④ 피해자는 침해행위를 조성한 물건 또는 그 침해행위로부터 생긴 물건을 받은 경우에는 그 물건의 가액을 초과하는 손해액에 대해서만 배상을 청구할 수 있다.

⑤ 법인의 대표자나 법인 또는 개인의 대리인, 사용인, 그 밖의 종업원이 그 법인 또는 개인의 업무에 관하여 비밀누설죄를 범하면 그 행위자를 벌하는 외에 그 법인에는 6천만원 이하의 벌금형을, 그 개인에게는 해당 조문의 벌금형을 과(科)한다. 다만, 법인 또는 개인이 그 위반행위를 방지하기 위하여 해당 업무에 관하여 상당한 주의와 감독을 게을리하지 아니한 경우에는 그러하지 아니하다.

19 甲은 자신이 발명한 '발명 X'에 관하여 학술논문으로 공개 발표하였고, 얼마 되지 않아 乙도 독자적으로 '발명 X'를 발명하여 학술논문으로 공개 발표하였다. 그 후, 甲은 제1국 특허청에 '발명 X'에 관하여 특허 출원하였다. 甲은 우리나라 특허청에 제1국에서의 출원을 근거로 조약우선권을 주장하면서 '발명 X'에 관하여 특허출원하였다(이하 '국내출원 A'). 이어서 甲은 자신이 학술논문에 발표한 '발명 X'에 대하여 공지예외의 적용과 '국내출원 A'를 기초로 국내우선권을 주장하면서 출원하였다(이하 '국내출원 B'). 다음 설명에서 옳지 <u>않은</u> 것을 모두 고른 것은?

> ㄱ. 甲의 '국내출원 B'가 특허 등록된다면, 특허권은 '국내출원 A'의 출원일부터 20년이 되는 날까지 존속한다.
> ㄴ. 甲이 공지예외의 적용을 받기 위한 증명서류의 제출은, '국내출원 A'의 출원일로부터 30일 이내에 하여야 한다.
> ㄷ. 甲은 공지예외 주장이 인정되더라도, '국내출원 B'의 '발명 X'에 대해서는 乙의 공개행위에 의하여 특허받지 못하게 된다.
> ㄹ. 甲의 '국내출원 A'는 제1국 출원일로부터 1년 3개월이 지난 시점에서 취하된 것으로 본다.

① ㄱ, ㄴ
② ㄴ, ㄷ
③ ㄷ, ㄹ
④ ㄱ, ㄴ, ㄹ
⑤ ㄴ, ㄷ, ㄹ

20 실용신안권 및 침해에 관한 설명으로 옳지 <u>않은</u> 것은? (다툼이 있으면 판례에 따름) 기출 변형

① 등록고안의 청구범위에 기재된 구성요소 중 일부를 권리행사의 단계에서 등록고안에서 비교적 중요하지 않은 사항이라고 하여 무시하는 것은 사실상 청구범위의 확장적 변경을 사후에 인정하는 것이 되어 허용될 수 없다.

② 실용신안권 침해금지가처분에서 금지의 대상이 되는 침해행위는 구체적으로 특정되어야 하는바, 이러한 가처분의 효력은 특정된 침해행위에 대하여만 미칠 뿐 신청인이 피보전권리로 주장한 실용신안권의 권리범위 또는 보호범위에까지 당연히 미치는 것은 아니다.

③ 등록고안과 대비되는 고안이 공지의 기술만으로 이루어진 경우라 하더라도 등록고안과 대비하여 등록고안의 권리범위에 속하는지 여부를 판단하고, 이 경우에 그 등록내용과 동일·유사한 물품을 제작·판매한다면 실용신안권 침해죄를 구성할 수 있다.

④ 실용신안등록청구범위를 정정하는 것이 그 청구범위를 확장하거나 변경하는 경우에 해당하는지 여부를 판단함에 있어서는 청구범위 자체의 형식적인 기재만을 가지고 대비할 것이 아니라 고안의 상세한 설명을 포함하여 명세서 및 도면의 전체내용과 관련하여 실질적으로 대비하여 그 확장이나 변경에 해당하는지 여부를 판단하는 것이 합리적이다.

⑤ 실용신안권 침해죄는 7년 이하 징역 또는 1억원 이하 벌금에 처하고, 피해자가 명시한 의사에 반하여 공소(公訴)를 제기할 수 없다.

21 사용에 의한 식별력을 취득한 상표에 관한 설명으로 옳지 <u>않은</u> 것은? (다툼이 있으면 판례에 따름)

① 소리상표를 오랫동안 지속적으로 사용하여 사용에 의한 식별력을 취득하였더라도 법률상 기능성이 인정되는 경우 상표등록을 받을 수 없다.

② 상표법 제33조(상표등록의 요건) 제1항 제7호의 기타 식별력이 없는 상표에 해당하는 경우에도 사용에 의한 식별력을 취득하면 등록받을 수 있다.

③ 상표법 제34조(상표등록을 받을 수 없는 상표) 제1항 제7호의 적용에 있어 선출원 등록상표의 등록여부 결정시에는 식별력이 미약하였던 일부 구성부분이 타인의 후출원상표와 유사판단 시 요부로 되기 위해서는 타인의 후출원상표의 출원시를 기준으로 사용에 의한 식별력을 취득하여야 한다.

④ 사용에 의한 식별력을 취득한 기술적 상표는 상표법 제90조(상표권의 효력이 미치지 아니하는 범위) 제1항 제2호에 의한 효력제한을 받지 아니한다.

⑤ 상표등록여부결정시를 기준으로 본질적으로 식별력이 없는 상표가 과오로 등록된 경우 등록 후의 사용에 의하여 식별력을 취득하더라도 무효로 될 수 있다.

22 상표법 제34조(상표등록을 받을 수 없는 상표) 제1항 제13호에 관한 설명으로 옳지 <u>않은</u> 것은? (다툼이 있으면 판례에 따름)

① 본 호에 해당하려면 출원 당시에 선사용상표가 국내 또는 외국의 수요자들에게 특정인의 상품을 표시하는 것이라고 인식되어 있어야 하고, 출원인이 선사용상표와 동일 또는 유사한 상표를 부정한 목적을 가지고 사용하여야 한다.

② 본 호의 국내 또는 외국의 수요자들에게 특정인의 상품을 표시하는 것이라고 인식되어 있다는 것은 일반 수요자를 표준으로 하여 거래의 실정에 따라 인정되는 객관적인 상태를 말하는 것이다.

③ 본 호의 국내 또는 외국의 수요자들에게 특정인의 상품을 표시하는 것이라고 인식되기 위해서는 선사용상표에 관한 권리자의 명칭이 구체적으로 알려지는 것까지 필요한 것은 아니고, 권리자가 누구인지 알 수 없더라도 동일하고 일관된 출처로 인식될 수 있으면 충분하다.

④ 선사용상표가 양도된 경우 본 호의 국내 또는 외국의 수요자들에게 특정인의 상품을 표시하는 것이라고 인식되어 있는 상표로 인정되기 위해서는 선사용상표에 관한 주지성이 양수인에게 승계되었거나 양수인이 독자적으로 주지성을 획득해야 하며, 양도 전의 사용실적을 고려할 수는 없다.

⑤ 본 호의 국내 또는 외국의 수요자들에게 특정인의 상품을 표시하는 것이라고 인식되는지를 결정하기 위해 외국에서의 상표 및 그 사용상품에 대한 인식과 평가를 참작할 수 있다.

23 상표권의 존속기간과 존속기간갱신등록에 관한 설명으로 옳지 <u>않은</u> 것은?

① 상표권의 존속기간은 설정등록이 있는 날부터 10년이지만 10년씩 갱신하여 영구적 독점이 가능하다.

② 존속기간갱신등록신청서는 상표권의 존속기간 만료 전 1년 이내에 제출하여야 한다. 다만, 이 기간에 존속기간갱신등록신청을 하지 아니한 자는 상표권의 존속기간이 끝난 후 6개월 이내에 할 수 있다.

③ 상표권이 공유인 경우 공유자는 단독으로 상표권 존속기간갱신등록신청을 할 수 있다.

④ 상표법 제84조(존속기간갱신등록신청) 제2항에 따른 기간에 존속기간갱신등록신청을 하면 상표권의 존속기간이 갱신된 것으로 보며, 존속기간갱신등록은 원등록(原登錄)의 효력이 끝나는 날의 다음 날부터 효력이 발생한다.

⑤ 존속기간갱신등록신청에 대해서는 실체심사를 하지 아니하므로 1상표 1출원(제38조), 절차의 보정(제39조) 등 상표등록출원의 심사에 따른 규정이 준용되지 아니한다.

24 상표권 침해 쟁송절차 및 침해여부 판단에 관한 설명으로 옳지 <u>않은</u> 것은? (다툼이 있으면 판례에 따름)

① 후행 등록상표인 침해상표가 일반수요자에게 인식되어 있어 역혼동이 발생하는 경우에 침해상표에 대한 인식만을 근거로 하여서도 그 상표 사용자를 상대로 한 선행 등록상표의 상표권에 기초한 침해금지 또는 손해배상 등의 청구는 권리남용에 해당한다고 볼 수 있다.

② 상표권 침해소송에서 등록상표에 명백한 무효사유가 있어 그 상표권의 행사가 권리남용에 해당한다는 항변이 있는 경우 법원은 그 당부를 살피기 위한 전제로 무효여부에 대해 판단할 수 있으며 무효사유는 특별히 한정하지 않고 있다.

③ 상표법 제90조(상표권의 효력이 미치지 아니하는 범위) 제1항 제3호의 상표권의 효력이 제한되는 경우에 해당하는지 여부는 권리범위확인심판의 판단대상이 된다.

④ 타인의 등록상표가 표시된 일회용 필름용기의 재활용에 있어 그 용기에 새겨진 타인의 상표를 그대로 둔 채 필름만 대체해서 재판매한 경우 상표권은 소진되지 않으므로 상표권 침해가 성립된다.

⑤ 상표법 제99조(선사용에 따른 상표를 계속 사용할 권리)의 선사용권을 근거로 침해에 해당하지 않는다는 주장은 침해소송에서는 인정될 수 있으나 권리범위확인심판에서는 인정될 수 없다.

25 상표법상 표시에 관한 설명으로 옳지 않은 것은?

① 상표권자는 상표법 제98조(특허권 등의 존속기간 만료 후 상표를 사용하는 권리)에 따라 상표를 사용할 권리를 가진 자에게 그 자의 업무에 관한 상품과 자기의 업무에 관한 상품 간에 혼동을 방지하는 데 필요한 표시를 하도록 청구할 수 있다.

② 상표권자는 상표법 제99조(선사용에 따른 상표를 계속 사용할 권리) 제1항에 따라 상표를 사용할 권리를 가지는 자에게 그 자의 상품과 자기의 상품 간에 출처의 오인이나 혼동을 방지하는 데 필요한 표시를 할 것을 청구할 수 있다.

③ 상표법 제223조(동음이의어 지리적 표시 등록단체표장의 표시)에 따라 둘 이상의 지리적 표시등록단체표장이 서로 동음이의어 지리적 표시에 해당하는 경우 각 단체표장권자와 그 소속 단체원은 지리적 출처에 대하여 수요자가 혼동하지 아니하도록 하는 표시를 등록단체표장과 함께 사용하여야 한다.

④ 상표법 제223조(동음이의어 지리적 표시 등록단체표장의 표시)를 위반한 자는 3년 이하의 징역 또는 3천만원 이하의 벌금에 처한다.

⑤ 누구든지 등록을 하지 아니한 상표 또는 상표등록출원을 하지 아니한 상표를 등록상표 또는 등록출원상표인 것같이 상품에 표시하는 행위를 해서는 아니 되며, 이를 위반 시 3년 이하의 징역 또는 3천만원 이하의 벌금에 처한다.

26 상표법 제119조(상표등록의 취소심판) 제1항 제1호의 심판에 관한 설명으로 옳은 것은? (다툼이 있으면 판례에 따름)

① 혼동의 대상이 되는 타인의 상표(이하 '대상상표')가 저명한 경우 대상상표의 상품과 실사용 상표의 상품이 유사하지 않아도 경제적 견련관계가 있으면 본 호를 적용할 수 있다.

② 상표권이 이전되는 경우 양도인의 부정사용의 책임은 이전 후 양수인에게 승계되지 아니하므로 양수인이 스스로 부정사용을 하지 않는 한 본 호를 적용할 수 없다.

③ 대상상표가 식별력이 없는 표장인 경우 실사용 상표와 대상상표가 유사한 경우라면 출처혼동의 우려가 있으므로 본 호를 적용할 수 있다.

④ 본 호 규정은 타인의 선등록 상표의 신용에 부당편승을 방지하는 취지이므로 대상상표가 미등록 또는 후등록 상표인 경우에는 적용할 수 없다.

⑤ 본 호의 고의 요건 판단에 있어 대상상표가 주지·저명한 상표인 경우에는 그 대상상표나 그 표장상품의 존재를 인식하지 못한 경우에도 고의의 존재가 추정된다.

27 상표법상 저촉에 관한 설명으로 옳지 <u>않은</u> 것을 모두 고른 것은? (다툼이 있으면 판례에 따름)

> ㄱ. 상표권자는 저촉관계에 있는 타인의 등록상표를 확인대상표장으로 하여 권리 대 권리간 적극적 권리범위확인심판을 청구할 수 있다.
>
> ㄴ. 상표등록출원일 전에 발생한 저작권과 상표권이 저촉되는 경우 부정경쟁의 목적이 없는 한 저작권자는 존속기간이 만료한 후에도 원 저작권의 범위 내에서 등록상표와 동일·유사한 표장을 계속하여 사용할 수 있다.
>
> ㄷ. 상표법은 저촉되는 지식재산권 상호 간에 선출원 또는 선발생 권리가 우선함을 기본원리로 하고 있고, 이러한 원리는 상표권 사이의 저촉관계에도 그대로 적용된다.
>
> ㄹ. 상표법에 따르면 출원일을 기준으로 저촉되는 상표 사이의 우선순위가 결정되며, 이에 위반하여 등록된 상표는 제척기간의 적용을 받는 등록무효심판의 대상이 된다.
>
> ㅁ. 후출원 등록상표를 무효로 하는 심결이 확정될 때까지는 후출원 등록상표권자가 자신의 상표권실시행위로서 선출원 등록상표와 동일 또는 유사한 상표를 그 지정상품과 동일 또는 유사한 상품에 사용하는 것은 선출원 등록상표권에 대한 침해가 되지 않는다.

① ㄱ, ㄴ, ㄹ
② ㄱ, ㄴ, ㅁ
③ ㄱ, ㄷ, ㄹ
④ ㄴ, ㄷ, ㅁ
⑤ ㄷ, ㄹ, ㅁ

28 마드리드 의정서에 따라 국제등록된 국제출원으로서 대한민국을 지정국으로 지정(사후 지정을 포함한다)한 국제출원(이하 '국제상표등록출원'이라 한다)에 관한 설명으로 옳은 것은?

① 국내에서 영리를 목적으로 하지 아니하는 업무를 하는 자는 국제상표등록출원으로 자기의 업무표장을 등록받을 수 있다.

② 국제상표등록출원을 하려는 자가 상표의 부기적(附記的)인 부분을 삭제한 경우에는 상표등록출원의 요지를 변경한 것으로 볼 수 있다.

③ 국제상표등록출원을 하려는 자가 상표등록출원을 한 경우 증명표장등록출원으로 변경할 수 있다.

④ 국제상표등록출원을 하려는 자가 둘 이상의 상품을 지정상품으로 하여 상표등록출원을 한 경우 일정 기간 내에 둘 이상의 상표등록출원으로 분할할 수 있다.

⑤ 국제상표등록출원을 하려는 자가 파리협약에 따른 우선권주장을 한 경우에는 최초로 출원한 국가의 정부가 인정하는 상표등록출원의 연월일을 적은 서면, 상표 및 지정상품의 등본을 3개월 이내에 특허청장에게 제출하여야 한다.

29 상표법상 상표가 동일 또는 동일성이 있는 경우뿐만 아니라 유사한 경우에도 적용되는 것은?

① 출원 시의 특례(제47조)를 인정받기 위한 출원상표 판단 시
② 조약우선권 주장(제46조)의 객체적 요건 충족 판단 시
③ 불사용 취소심판(제119조 제1항 제3호)에서 등록상표의 사용으로 인정받기 위한 사용상표 판단 시
④ 타인의 등록상표가 표시된 상품을 양도·인도하기 위한 소지 행위가 '침해로 보는 행위'(제108조 제1항 제4호)에 해당하는지 여부 판단 시
⑤ 법정손해배상청구(제111조)가 인정되기 위한 침해영역에 관한 요건 판단 시

30 상표법상 기간에 관한 설명으로 옳은 것은?

① 상표등록을 받을 수 있는 자가 정부가 개최하는 박람회에 출품한 상품에 사용한 상표를 그 출품일부터 12개월 이내에 그 상품을 지정상품으로 하여 상표등록출원을 한 경우에는 그 출품을 한 때에 출원한 것으로 본다.
② 출원공고가 있는 경우에는 누구든지 출원공고일부터 3개월 내에 거절이유 등에 해당한다는 것을 이유로 특허청장에게 이의신청을 할 수 있다.
③ 상표권자가 사망한 날부터 3년 이내에 상속인이 그 상표권의 이전등록을 하지 아니한 경우에는 상표권자가 사망한 날부터 3년이 되는 날의 다음 날에 상표권이 소멸된다.
④ 상표법 제35조(선출원)에 해당하는 것을 사유로 하는 상표등록의 무효심판은 상표등록일로부터 3년이 지난 후에는 청구할 수 없다.
⑤ 심판에서 심판관의 제척 또는 기피의 원인은 신청한 날부터 30일 이내에 소명하여야 한다.

31 디자인등록출원절차에 관한 설명으로 옳은 것을 모두 고른 것은?

> ㄱ. 특허심판원장은 청구에 따라 또는 직권으로 제69조에 따른 디자인일부심사등록 이의신청 이유 등의 보정 기간을 30일 이내에서 한 차례만 연장할 수 있으나, 교통이 불편한 지역에 있는 자의 경우에는 산업통상자원부령으로 정하는 바에 따라 그 횟수 및 기간을 추가로 연장할 수 있다.
> ㄴ. 특허청장 또는 특허심판원장은 제47조(절차의 보정)에 따른 보정명령을 받은 자가 지정된 기간 내에 그 보정을 하지 아니하면 디자인에 관한 절차를 무효로 할 수 있다.
> ㄷ. 당사자의 사망으로 특허청 또는 특허심판원에 계속 중인 디자인에 관한 절차가 중단된 경우 상속인은 상속을 포기할 수 있는 동안에는 그 절차를 수계(受繼)하지 못한다.
> ㄹ. 당사자에게 특허청 또는 특허심판원에 계속 중인 절차를 속행할 수 없는 장애사유가 발생하여 특허청장 또는 심판관이 결정으로 장애사유가 해소될 때까지 그 절차의 중지를 명할 경우 그 결정을 취소할 수 없다.

① ㄱ, ㄴ
② ㄴ, ㄷ
③ ㄱ, ㄴ, ㄷ
④ ㄱ, ㄷ, ㄹ
⑤ ㄴ, ㄷ, ㄹ

32 부분디자인에 관한 설명으로 옳지 <u>않은</u> 것은?

① 부분디자인에서 '부분'이란 다른 디자인과 대비의 대상이 될 수 있는 하나의 창작단위로 인정되는 것이므로 창작단위로 인정되는 부분을 구비하지 못한 경우에는 디자인의 정의에 합치되지 않는 것으로 본다.

② '화상의 부분'은 화상디자인의 부분디자인으로 등록될 수 있다.

③ 한 벌의 물품의 디자인은 2 이상의 물품이 한 벌의 물품으로 동시에 사용되는 경우이므로 '한 벌의 물품의 부분'은 부분디자인으로 등록될 수 없다.

④ 부분디자인으로 등록받으려는 부분이 아닌 부분을 보정하여도 등록받으려는 부분의 위치, 크기, 범위가 변경되지 않는다면 디자인등록출원의 요지변경에 해당하지 않는다.

⑤ 부분디자인에 관한 디자인등록출원이 있기 전에 그 부분디자인과 동일 또는 유사한 부분을 포함하는 전체디자인 또는 부분디자인이 전기통신회선을 통하여 공중이 이용할 수 있게 된 경우 그 부분디자인의 출원은 신규성을 상실한다.

33 디자인보호법상 물품에 관한 설명으로 옳지 <u>않은</u> 것은? (다툼이 있으면 판례에 따름)

① 디자인의 동일·유사 여부 판단에서 디자인보호법 시행규칙 소정의 물품 구분표는 디자인 등록사무의 편의를 위한 것이 아니라 동종의 물품을 법정한 것이므로 용도와 기능이 상이하고 양 물품의 형상, 모양, 색채 또는 그 결합이 유사하고 서로 섞여서 사용할 수 있는 경우에도 비유사물품으로 보아야 한다.

② 물품이 디자인등록의 대상이 되기 위해서는 통상의 상태에서 독립된 거래의 대상이 되어야 하고, 그것이 부품인 경우에는 다시 호환성을 가져야 하나, 이는 반드시 실제 거래사회에서 현실적으로 거래되고 다른 물품과 호환될 것을 요하는 것은 아니고, 그러한 독립된 거래의 대상 및 호환의 가능성만 있으면 디자인등록의 대상이 된다.

③ 디자인은 원칙적으로 물품을 떠나서는 존재할 수 없고 물품과 일체불가분의 관계에 있으므로 디자인이 동일·유사하다고 하려면 디자인이 표현된 물품이 동일·유사하여야 하고, 물품의 동일·유사성 여부는 물품의 용도, 기능 등에 비추어 거래 통념상 동일·유사한 물품으로 인정할 수 있는지 여부에 따라 결정하여야 한다.

④ 하나의 물품 중 물리적으로 떨어져 있는 둘 이상의 부분에 관한 디자인이 그들 사이에 형태적으로나 기능적으로 일체성이 있어서 보는 사람으로 하여금 그 전체가 일체로서 시각을 통한 미감을 일으키게 하는 경우 그 등록출원은 '1디자인'에 위배되지 않는다.

⑤ 디자인의 구성 중 물품의 기능을 확보할 수 있는 선택 가능한 대체 형상이 존재하는 경우에는 물품의 기능을 확보하는 데에 불가결한 형상이 아니므로, 이 경우 단순히 기능과 관련된 형상이라는 이유만으로 디자인의 유사 여부 판단에 있어서 그 중요도를 낮게 평가하여서는 아니 된다.

34 한 벌의 물품의 디자인에 관한 설명으로 옳지 <u>않은</u> 것은?

① 한 벌의 물품의 각 구성물품이 서로 결합하여 하나의 통일된 형상·모양 또는 관념을 표현하는 경우에는 구성물품이 조합된 상태의 1조의 도면과 각 구성물품에 대한 1조씩의 도면을 제출하여야 한다.

② 2 이상의 물품이 한 벌의 물품으로 동시에 사용되는 경우 그 한 벌의 물품의 디자인이 한 벌 전체로서 통일성이 있을 때에는 1디자인으로 디자인등록을 받을 수 있다. 이 경우 한 벌의 물품의 구분은 산업통상자원부령으로 정한다.

③ 2 이상의 물품(동종의 물품 포함)이 한 벌로 동시에 사용된다는 의미는 관념적으로 하나의 사용이 다른 것의 사용을 예상하게 하거나, 상거래 관행상 동시에 사용하는 것으로 인정되는 것을 말한다.

④ 한 벌의 물품의 디자인 도면을 제출하는 경우 각 구성물품의 하나의 디자인은 도면이나 3D 모델링 도면으로 표현할 수 있다.

⑤ 구성물품 외의 물품이 포함된 경우에는 한 벌의 물품으로 정해진 물품과 동시에 사용되어야 정당한 한 벌의 물품으로 보기 때문에 '한 벌의 태권도복 세트'와 같은 전문운동복 세트의 구성물품에는 보호장구도 포함된다.

35 디자인보호법 제33조(디자인등록의 요건) 제2항 '창작비용이성'에 관한 설명으로 옳지 <u>않은</u> 것은? (다툼이 있으면 판례에 따름)

① 디자인 분야에서 흔한 창작수법이나 표현방법에 의해 변경·조합하거나 전용하였음에 불과한 디자인 등과 같이 창작수준이 낮은 디자인은 그 디자인이 속하는 분야에서 통상의 지식을 가진 자가 용이하게 창작할 수 있는 것이어서 디자인등록을 받을 수 없다.

② 디자인보호법 제33조 제2항에 따라 등록을 받을 수 없는 디자인에는 그 디자인이 속하는 분야에서 통상의 지식을 가진 자가 제1항 제1호 또는 제2호에 해당하는 디자인 각각에 의하여 용이하게 창작할 수 있는 디자인은 포함되나 각 호의 디자인의 결합에 의하여 용이하게 창작할 수 있는 디자인은 포함되지 않는다.

③ 공지디자인의 형상·모양·색채 또는 이들의 결합이나 국내에서 널리 알려진 형상·모양·색채 또는 이들의 결합을 거의 그대로 모방 또는 전용하였거나, 이를 부분적으로 변형하였다고 하더라도 전체적으로 볼 때 다른 미감적 가치가 인정되지 않는 상업적·기능적 변형에 불과한 디자인은 디자인등록을 받을 수 없다.

④ 공지형태나 주지형태를 서로 결합하거나 결합된 형태를 변형·변경 또는 전용한 경우 디자인의 창작수준을 판단할 때는 공지디자인의 대상 물품이나 주지형태의 알려진 분야, 공지디자인이나 주지형태의 외관적 특징들의 관련성, 해당 디자인 분야의 일반적 경향 등에 비추어 통상의 디자이너가 용이하게 그와 같은 결합에 이를 수 있는지를 함께 살펴보아야 한다.

⑤ 등록디자인과 대비되는 디자인이 등록디자인의 출원 전에 그 디자인이 속하는 분야에서 통상의 지식을 가진 자가 공지디자인 또는 이들의 결합에 따라 쉽게 실시할 수 있는 것인 때에는 등록디자인과 대비할 것도 없이 그 등록디자인의 권리범위에 속하지 않는다.

36 디자인일부심사등록 이의신청에 관한 설명으로 옳지 <u>않은</u> 것은?

① 디자인일부심사등록 이의신청에 관한 심사를 할 때에는 이의신청인이 신청하지 아니한 등록디자인에 관하여는 심사할 수 없다.

② 심사장은 디자인일부심사등록 이의신청이 있을 때에는 디자인일부심사등록 이의신청서 부본을 디자인 일부심사등록 이의신청의 대상이 된 등록디자인의 디자인권자에게 송달하고 기간을 정하여 답변서를 제출할 기회를 주어야 한다.

③ 디자인일부심사등록 이의신청은 의견진술의 통지 또는 결정등본이 송달된 후에 취하할 수 있으며, 이 경우 그 이의신청은 처음부터 없었던 것으로 본다.

④ 이의신청인은 디자인일부심사등록 이의신청을 한 날부터 30일 이내에 디자인일부심사등록 이의신청서에 적은 이유 또는 증거를 보정할 수 있다.

⑤ 심사관합의체는 디자인일부심사등록 이의신청이 이유 없다고 인정될 때에는 그 이의신청을 기각한다는 취지의 결정을 하여야 한다. 디자인일부심사등록 이의신청기각결정에 대하여는 불복할 수 없다.

37 디자인보호법상 실시권에 관한 설명으로 옳지 <u>않은</u> 것은?

① 전용실시권자는 실시사업(實施事業)과 같이 이전하는 경우 또는 상속이나 그 밖의 일반승계의 경우를 제외하고는 디자인권자의 동의를 받지 아니하면 그 전용실시권을 이전할 수 없다.

② 기본디자인의 디자인권이 취소, 포기 또는 무효심결 등으로 소멸한 경우 그 기본디자인에 관한 2 이상의 관련디자인의 전용실시권을 설정하려면 같은 자에게 함께 설정하여야 한다.

③ 디자인권이 공유인 경우에는 각 공유자는 계약으로 특별히 약정한 경우를 제외하고는 다른 공유자의 동의를 받지 아니하면 그 등록디자인 또는 이와 유사한 디자인을 단독으로 실시할 수 없다.

④ 통상실시권을 등록한 경우에는 그 등록 후에 디자인권 또는 전용실시권을 취득한 자에 대하여도 그 효력이 발생한다.

⑤ 제100조(선사용에 따른 통상실시권)에 따른 선사용에 의한 통상실시권은 등록이 없더라도 디자인권 또는 전용실시권을 취득한 자에 대하여 그 효력이 발생한다.

38 디자인보호법상 심판에 관한 설명으로 옳은 것은? (다툼이 있으면 판례에 따름)

① 특허법과는 달리 디자인보호법에는 정정심판제도가 존재하지 않는다.

② 디자인권 또는 디자인등록을 받을 수 있는 권리의 공유자가 그 공유인 권리에 관하여 심판을 청구할 때에는 각자 또는 모두가 공동으로 심판을 청구할 수 있다.

③ 하나의 디자인등록출원에 물품류 구분 중 2 이상의 물품 또는 2 이상의 물품의 부분에 대하여 디자인이 등록된 경우에는 무효심판의 대상이 된다.

④ 심판장은 심리종결을 통지한 후에도 당사자 또는 참가인의 신청에 의하여 심리를 재개할 수 있으나 직권으로는 심리를 재개할 수 없다.

⑤ 디자인권자는 디자인권이 소멸된 후에도 심판청구의 이익이 있는 경우에는 권리범위확인심판을 청구할 수 있다.

39 복수디자인에 관한 설명으로 옳지 <u>않은</u> 것은?

① 복수디자인등록출원을 한 자는 디자인등록출원의 일부를 1 이상의 새로운 디자인등록출원으로 분할하여 출원할 수 있다.

② 심사관은 복수디자인등록출원된 디자인 중 일부 디자인에 대하여 거절이유를 발견할 수 없을 때에는 그 일부 디자인에 대하여 디자인등록결정을 하여야 한다.

③ 제68조(디자인일부심사등록 이의신청)에 따른 디자인일부심사등록 이의신청을 하는 경우 복수디자인등록출원된 디자인등록에 대하여는 각 디자인마다 이의신청을 하여야 한다.

④ 심사관은 복수디자인등록출원된 디자인등록이 조약에 위반되어 무효심판을 청구하는 경우에는 각 디자인마다 청구하여야 한다.

⑤ 특허청장의 보완명령에 따라 지정기간 내에 복수디자인등록출원된 디자인 중 일부 디자인에 대해 절차보완서를 제출한 경우에는 최초에 복수디자인등록출원을 한 때를 복수디자인 전체의 출원일로 본다.

40 디자인보호법상 도면에 관한 설명으로 옳지 <u>않은</u> 것은?

① 디자인등록출원인은 최초의 디자인등록출원의 요지를 변경하지 아니하는 범위에서 디자인등록출원서의 기재사항, 디자인등록출원서에 첨부한 도면, 도면의 기재사항이나 사진 또는 견본을 보정할 수 있다.

② 등록디자인의 보호범위는 디자인등록출원서의 기재사항 및 그 출원서에 첨부된 도면·사진 또는 견본과 도면에 적힌 디자인의 설명에 따라 표현된 디자인에 의하여 정하여진다.

③ 특허청을 통한 국제출원을 하려는 자가 헤이그협정 제5조(5)에 따른 공개연기신청을 하려는 경우에는 국제출원서에 도면을 대신하여 산업통상자원부령으로 정하는 바에 따른 견본을 첨부할 수 있다.

④ 심사관은 디자인등록결정을 할 때에 디자인등록출원서 또는 도면에 적힌 사항이 명백히 잘못된 경우에는 직권으로 보정을 하여야 한다. 이 경우 디자인등록결정 등본의 송달과 함께 그 직권보정사항을 디자인등록출원인에게 알려야 한다.

⑤ 디자인권의 권리범위 확인심판을 청구할 때에는 등록디자인과 대비할 수 있는 도면을 첨부하여야 한다.

2021년 제58회 기출문제

● Time   분 | 해설편 247p

01 특허법상의 발명에 관한 설명으로 옳지 않은 것은? (다툼이 있으면 판례에 따름)

① 실제로 완성된 발명이 존재한다고 하더라도 명세서와 도면에 그 발명이 기재되지 아니한 경우 발명의 완성여부는 반드시 발명의 설명 중의 구체적 실시예에 한정되어 판단되는 것은 아니다.

② 의약의 용도발명에 있어서는 특정물질의 의약용도가 약리기전만으로 기재되어 있더라도 명세서의 다른 기재나 기술상식에 비추어 의약으로서의 구체적인 용도를 명확하게 파악할 수 있다면 특허법이 정한 청구항의 명확성 요건을 충족하는 것으로 볼 수 있다.

③ 의약이라는 물건의 발명에 있어서 투여주기와 단위투여량은 조성물인 의약물질을 구성하는 부분이 아니라 의약물질을 인간 등에게 투여하는 방법으로서 의료행위에 불과하거나 그 청구범위의 기재에 의하여 얻어진 최종적인 물건 자체에 관한 것이 아니어서 발명의 구성요소로 볼 수 없다.

④ 미생물을 이용한 발명의 출원에 있어서 국내에 현존하지 아니하고 국외에 현존할 뿐인 경우 명세서 제출 당시인 출원시를 기준으로 국내의 통상의 기술자가 이를 용이하게 입수할 수 있다고 인정될 때에는 이를 기탁하지 아니할 수 있다.

⑤ 식물발명의 경우 출원발명의 명세서에 그 기술분야의 평균적 기술자가 출원발명의 결과물을 재현할 수 있도록 그 과정이 기재되어 있어야 하며, 그 결과물인 식물이나 식물소재를 기탁함으로써 명세서의 기재를 보충하거나 대체할 수는 없다.

02 특허요건으로서의 산업상 이용가능성이 인정될 수 없는 것을 모두 고른 것은? (다툼이 있으면 판례에 따름)

> ㄱ. 인간의 질병을 경감하고 예방하거나 건강을 증진시키기 위한 방법
> ㄴ. 인체의 일부를 필수구성요소로 하여 치료효과와 미용효과를 동시에 가지는 수술방법
> ㄷ. 기계적 방식으로 인체의 피부를 마사지하여 화장품이 피부에 잘 스며들도록 하는 피부미용법
> ㄹ. 인체에도 적용할 수 있으나 청구범위의 기재에서 동물에게만 한정하여 특허 청구항을 명시하는 의료행위

① ㄱ, ㄴ   ② ㄱ, ㄷ
③ ㄴ, ㄷ   ④ ㄱ, ㄴ, ㄷ
⑤ ㄱ, ㄷ, ㄹ

03 특허법에 규정된 최고 벌금액수를 제일 많은 것부터 적은 것까지의 순서로 올바르게 나열한 것은?

> ㄱ. 특허법에 따라 선서한 통역인이 특허심판원에 대하여 거짓으로 통역을 한 경우 그 통역인에 대한 벌금
> ㄴ. 법인의 업무에 관하여 그 대표자가 특허권을 침해한 경우 그 대표자에 대한 벌금
> ㄷ. 법인의 업무에 관하여 그 종업원이 특허된 것이 아닌 방법을 사용하기 위하여 광고에 그 방법이 특허 또는 특허출원된 것으로 혼동하기 쉬운 표시를 한 경우 법인에 대한 벌금
> ㄹ. 법인의 업무에 관하여 그 종업원이 전용실시권을 침해한 경우 법인에 대한 벌금
> ㅁ. 개인이 부정한 행위로 특허권의 존속기간 연장등록에 대한 결정을 받은 경우 개인에 대한 벌금

① ㄱ - ㄴ - ㄷ - ㄹ - ㅁ
② ㄴ - ㄷ - ㄱ - ㅁ - ㄹ
③ ㄴ - ㄹ - ㄷ - ㅁ - ㄱ
④ ㄹ - ㄴ - ㄱ - ㄷ - ㅁ
⑤ ㄹ - ㄴ - ㄷ - ㄱ - ㅁ

04 특허권의 행사에 관한 설명으로 옳은 것은? (다툼이 있으면 판례에 따름)

① 특허발명 실시계약 체결 이후에 특허가 무효로 확정된 경우 특허발명 실시계약이 원시적으로 이행불능 상태에 있었더라도 특허권자는 특허발명 실시계약이 유효하게 존재하는 기간 동안 실시료의 지급을 청구할 수 있다.

② 특허발명 실시계약을 체결하면 특허권자는 실시권자의 특허발명 실시에 대하여 특허권 침해로 인한 손해배상이나 그 금지 등을 청구할 수 없고, 특허가 무효로 확정되기 전에는 특허권의 독점적·배타적 효력에 따라 제3자의 특허발명 실시가 금지된다.

③ 특허발명 또는 등록실용신안이 신규성은 있으나 진보성이 없는 경우 이에 관한 권리범위확인심판에서 당연히 그 권리범위를 부정할 수 있다.

④ 특허법 제128조(손해배상청구권 등) 제5항에 의하여 특허발명의 실시에 대하여 합리적으로 받을 수 있는 금액을 결정함에 있어서는, 당해 특허발명에 대하여 특허권자가 제3자와 사이에 특허권 실시계약을 맺고 실시료를 받은 바 있다면 일방 당사자에게 현저하게 불합리하더라도 그 실시계약에서 정한 실시료를 기준으로 위 금액을 산정하여야 한다.

⑤ 특허법은 전용실시권이 설정된 범위를 제외하고는 특허권자가 업으로서 특허발명을 실시할 권리를 독점하도록 명시적으로 규정하며, 전용실시권자가 등록되어 있지 않은 제한을 넘어 특허발명을 실시하는 경우 특허권자에 대하여 채무불이행 책임을 지게 됨은 물론 특허권 침해가 성립한다.

05 특허법상 특허출원 및 특허에 관한 설명으로 옳지 <u>않은</u> 것은? (다툼이 있으면 판례에 따름)

① 국립대학법인은 특허출원인 및 특허에 관한 심판과 소송의 당사자가 될 수 있다.

② 우리나라와 조약이나 협정이 체결되어 있지 않은 국가가 자국의 법률에 의하여 해당 국가 내에 주소나 영업소가 없는 우리나라 국민에게 특허권 또는 특허에 관한 권리를 인정하는 경우, 그 국가의 국민은 우리나라에서 특허의 출원인이나 심판과 소송의 당사자가 될 수 있다.

③ 특허출원하고자 하는 발명이 2인 이상 공동으로 이루어진 경우 특허출원시에 발명자 전원이 공동출원 하지 아니하였다면, 그 출원 후에 공동발명자 중 1인이 나머지 공동 발명자로부터 특허를 받을 수 있는 권리의 지분 모두를 이전받아 단독권리자가 되는 경우, 특허법 제44조(공동출원) 규정 위반의 하자는 치유되지 아니한다.

④ 특허를 받을 수 있는 권리를 이전하기로 하는 계약은 명시적으로는 물론 묵시적으로도 이루어질 수 있다.

⑤ 무권리자의 출원과 정당한 권리자의 출원 사이에 동일한 발명에 대한 제3자의 출원이 있는 경우, 정당한 권리자의 출원일은 제3자의 출원일보다 앞서므로 정당한 권리자의 출원은 제3자의 출원으로 인하여 거절되지 않으며, 오히려 제3자의 출원이 정당한 권리자의 출원에 의하여 거절된다.

06 甲은 자신이 개발한 발명 A의 제품을 2019.9.1. 판매하였고, 그 판매 제품에 대해 고객의 의견을 받아서 발명 A에 구성 B를 추가한 발명의 신제품(A+B)을 2020.5.1. 판매하였으며, 그 후 甲은 특허법 제30조 (공지 등이 되지 아니한 발명으로 보는 경우)의 규정에 의하여 2020.8.1. 특허출원(제1항 : A, 제2항 : B)을 하였다. 다른 거절이유가 없는 경우 甲의 특허출원과 그 특허심사에 관한 설명으로 옳지 <u>않은</u> 것은?

① 甲은 특허법 제30조의 규정을 적용받기 위하여 2019.9.1.부터 1년 이내에 특허출원 하였으므로 특허를 받을 수 있다.

② 甲은 특허법 제30조를 적용받고자 하는 취지를 특허출원서에 기재하고, 이를 증명할 수 있는 서류를 2020.5.1. 판매한 신제품(A+B)에 대해서만 제출하면 특허를 받을 수 있다.

③ 乙이 자체 개발한 신제품(A+B)을 2020.7.1. 판매한 경우, 甲은 특허법 제30조의 규정을 적용받는다고 하더라도 제1항 및 제2항에 대해 특허를 받을 수 없다.

④ 丙이 甲의 판매제품을 인지하지 못한 상태에서 개발한 발명 B를 2020.7.1. 특허출원한 경우, 甲은 제1항에 대해서 특허를 받을 수 있지만, 제2항에 대해서는 특허를 받을 수 없다.

⑤ 丁이 甲의 판매제품을 인지하지 못한 상태에서 자신이 개발한 발명을 2020.7.1. 특허출원(제1항 : A, 제2항 : B)한 경우, 丁은 제1항 및 제2항 모두 특허를 받을 수 없다.

07 청구항에 기재된 발명(AB)의 진보성의 판단에 관한 설명으로 옳지 <u>않은</u> 것은? (다툼이 있으면 판례에 따름)

① 발명(AB)에 이를 수 있는 동기가 선행의 인용발명에 기재된 A와 주지기술 B의 결합에 의하여 쉽게 발명할 수 있다는 유력한 근거가 되는 경우에는 진보성이 없을 수 있다.

② 발명(AB)이 선행의 인용발명에 기재된 A와 주지기술 B의 결합으로부터 당업자의 통상의 창작능력의 발휘에 해당하는 경우에는 진보성이 없다.

③ 발명(AB)의 결합에 의하여 얻어지는 효과가 선행의 인용발명에 기재된 A 및 주지기술 B가 가지고 있는 효과보다 더 나은 효과가 없는 경우에는 진보성이 없다.

④ 발명(AB)이 선행의 인용발명에 기재된 A와 본 특허출원 명세서의 실시예에 기재된 구성요소 B를 전제로 결합하여 통상의 기술자가 쉽게 발명할 수 있는 경우에는 진보성이 없다.

⑤ 발명(AB)의 구성요소 A와 B를 각각 분해하여 선행의 인용발명에 기재된 A와 주지기술 B를 비교하지 않고, 구성요소 A와 B를 유기적 결합에 의한 발명 전체로 대비한 결과, 발명(AB)을 쉽게 발명할 수 있는 경우에는 진보성이 없다.

08 甲은 면역 성분 A와 해독 성분 B를 1 : 2로 배합하는 "코로나19 항체치료제"를 개발하고, 이를 2020.5.1. 발간된 영문저널에 게재하였으며, 이 영문저널에 게재된 발명을 특허법 제42조의3(외국어특허출원 등)의 규정에 의하여 2021.2.1. 외국어특허출원을 하였다. 이 출원에 관한 설명으로 옳지 <u>않은</u> 것은?

① 甲이 영어로 특허출원을 한 취지는 영어논문의 번역 및 국어명세서 작성에 시간이 많이 소요되는 것을 감안하여 선출원주의의 지위를 빨리 확보하기 위함이다.

② 甲이 영어로 특허출원을 할 수 있어도 영문저널에 게재되었기 때문에 특허법 제30조(공지 등이 되지 아니한 발명으로 보는 경우)의 규정을 적용받기 위해서는 특허출원서에 그 취지를 기재하여야 한다.

③ 甲은 영문저널에 게재된 날부터 1년 2개월이 되는 날까지 그 명세서 및 도면의 국어번역문을 제출해야 하고 그 국어번역문은 보정된 것으로 본다.

④ 甲이 특허출원서에 최초로 첨부된 명세서의 국어번역문을 제출하지 않은 경우, 그 외국어특허출원은 국어번역문의 제출 기한이 되는 날의 다음 날에 취하한 것으로 본다.

⑤ 甲이 성분 A와 B의 배합에 대하여 논문과 다르게 2 : 1로 잘못된 국어번역문을 제출한 경우, 그 잘못된 국어번역문을 정정할 수 있다.

09 특허협력조약(PCT)에 따른 국제특허출원에 관한 설명으로 옳은 것은?

① 특허청장은 국제특허출원에 청구범위가 기재되어 있지 않은 경우, 기간을 정하여 서면으로 청구범위를 제출하도록 보정명령을 해야 한다.

② 특허청장은 국제특허출원이 도면에 관하여 적고 있지만 그 출원에 도면이 포함되어 있지 않아서 그 취지를 출원인에게 통지하고 출원인이 산업통상자원부령으로 정하는 기간에 도면을 제출하는 경우, 그 국제특허출원일은 도면의 도달일로 한다.

③ 특허청장은 국제특허출원이 도면에 관하여 적고 있지만 그 출원에 도면이 포함되어 있지 않아서 그 취지를 출원인에게 통지하여도 출원인이 도면을 제출하지 않은 경우, 그 국제특허출원은 취하된 것으로 본다.

④ 국제특허출원인이 특허청장으로부터 특허법 제195조(보정명령) 제4호에 따라 산업통상자원부령으로 정하는 방식을 위반하여 보정명령을 받고도 그 지정기간에 보정을 하지 않은 경우, 그 국제특허출원은 인정되나 실제 심사단계에서 방식심사 위반에 대한 거절이유통지서를 받고 보정을 할 수 있다.

⑤ 2인 이상이 공동으로 국제특허출원한 경우의 수수료 납부는 출원인의 대표자 또는 특허법 제3조(미성년자 등의 행위 능력)에 의한 법정대리인만 할 수 있다.

10 특허법 제128조(손해배상청구권 등)에 따른 손해액과 배상액의 산정에 관한 설명으로 옳지 <u>않은</u> 것은?

① 침해에 의하여 특허권자의 손해가 발생된 것은 인정되나 그 손해액을 증명하기 위하여 필요한 사실을 증명하는 것이 해당 사실의 성질상 극히 곤란한 경우, 법원은 변론 전체의 취지와 증거조사의 결과에 기초하여 상당한 손해액을 인정할 수 있다.

② 특허권자는 고의 또는 과실에 의한 특허권 침해로 입은 손해의 배상을 청구할 수 있으며, 침해한 자가 그 침해행위로 인하여 얻은 이익액을 특허권자가 입은 손해액으로 추정한다.

③ 특허권자가 손해배상을 청구하는 경우 그 특허발명의 실시에 대하여 합리적으로 받을 수 있는 금액을 본인이 입은 손해액으로 하여 손해배상을 청구할 수 있지만, 손해액이 합리적으로 받을 수 있는 금액을 초과하는 경우에는 그 초과액에 대해서도 손해배상을 청구할 수 있다.

④ 특허권자가 생산할 수 있었던 물건의 수량에서 실제 판매한 물건의 수량을 뺀 수량에 특허권자가 판매한 단위수량당 이익액을 곱한 금액을 손해액의 한도로 하고, 여기서 침해행위 외의 사유로 판매할 수 없었던 수량에 따른 금액은 빼야 한다.

⑤ 법원은 타인의 특허권을 침해한 행위가 고의적인 것으로 인정되는 경우에는 특허법 제128조(손해배상청구 등) 제1항에도 불구하고 제2항부터 제7항까지의 규정에 따라 손해로 인정된 금액의 3배를 넘지 아니하는 범위에서 배상액을 정할 수 있다.

11 甲이 다음과 같은 청구범위로 특허권을 받은 경우, 그 특허권의 효력범위와 침해판단에 관한 설명으로 옳지 **않은** 것은? (다툼이 있으면 판례에 따름) 기출 변형

> **[청구범위]**
> 제1항 A의 스마트폰에서 B와 C로 구성되는 스마트폰의 음성인식장치
> 제2항 제1항에 있어서, 상기 C는 음성인식시스템(c)으로 구성되는 스마트폰의 음성인식장치
> 제3항 C와 결합하여 D 단계, E 단계, F 단계로 음성을 컴퓨터에 의하여 인식하는 프로그램(P)에 의하여 구현되는 스마트폰의 음성인식방법

① 甲은 제1항과 제2항이 물건발명으로 그 물건을 생산·사용·양도·대여 또는 수입하거나 그 물건의 양도 또는 대여의 청약(양도 또는 대여를 위한 전시를 포함)을 하는 행위에 대한 권리를 독점한다.

② 乙이 甲의 허락없이 "A의 스마트폰에서 B와 음성인식시스템(c)으로 구성되는 스마트폰의 음성인식장치"를 실시하는 경우에는 제2항의 구성과 동일하고, 제2항은 제1항(독립항)의 종속항이므로 제1항 및 제2항을 침해한다.

③ 乙이 甲의 허락없이 제2항의 특허발명의 생산에만 사용하는 음성인식시스템(c)을 생산·판매하는 경우에는 특허법 제127조(침해로 보는 행위) 제1호의 규정에 의한 침해이다.

④ 乙이 "K의 스마트폰에서 B와 C로 구성되는 스마트폰의 음성인식장치"를 판매하는 경우에는 甲의 제1항 전제부인 "A의 스마트폰"과 다르기 때문에 침해가 성립하지 않는 것이 원칙이다.

⑤ 제3자가 甲의 특허권을 인지하지 못하고 개발한 프로그램(P)이 제3항 방법발명의 실시에만 사용하는 물건인 경우, 그 프로그램(P)의 양도의 청약은 특허법 제127조(침해로 보는 행위) 제2호의 규정에 의한 침해이다.

12 특허 명세서 및 도면의 보정에 관한 설명으로 옳은 것은?

① 특허출원인은 최초 거절이유를 통지받기 전까지의 자진보정에서는 특허출원서에 최초로 첨부한 명세서에 없는 구성을 추가하는 보정이 가능하다.

② 최초 거절이유를 통지받고 해당 거절이유에 따른 보정을 할 수 있지만, 이 경우에는 거절이유에 기재되지 않은 다른 사항에 대하여 보정을 할 수 없다.

③ 최초 거절이유를 해소하고자 청구항의 구성 A를 하위개념의 구성인 "a+b"로 보정하였으나, 이에 대하여 심사관으로부터 다시 거절이유를 통지받은 경우, 구성 "a+b"를 "a"로 보정하고 "b"를 신설청구항으로 보정을 할 수 있다.

④ 거절결정에 대한 재심사청구에서는 보정을 하여야 하며, 이 경우에는 청구항을 신설할 수 없지만, 청구항의 구성 A에 발명의 설명에 기재된 하위개념의 구성 "a"를 직렬부가하는 "A+a"로 보정할 수 있다.

⑤ 거절결정등본을 받은 후, 재심사를 청구하지 않고 거절결정불복심판을 청구하는 경우에는 심사관의 거절결정 이유를 해소하기 위한 도면의 보정만 가능하다.

13 특허 정정심판 및 정정의 무효심판에 관한 설명으로 옳지 <u>않은</u> 것은? (다툼이 있으면 판례에 따름)

① 청구범위 "A+B"가 명세서의 "발명의 설명"에 기재되어 있다고 하더라도, 도면에 기재된 "B+C"를 근거로 청구범위를 "B+C"로 정정하는 것은 청구범위의 변경에 해당하므로 불가능하다.

② 청구항에 기재된 "온도 1,000℃"는 특허법 제136조(정정심판) 제1항 제2호의 "잘못 기재된 사항을 정정"하는 경우에 해당한다는 이유로, 명세서에 기재된 "온도 20~50℃"의 범위를 넘더라도 "온도 100℃"로 정정될 수 있다.

③ 특허취소신청이 특허심판원에 계속 중인 때부터 그 결정이 확정될 때까지의 기간에는 청구범위의 구성 A를 그 하위개념의 "a"로 감축하는 정정심판을 청구할 수 없다.

④ 정정의 무효심판의 심결에 대한 소가 특허법원에 계속 중인 경우에는 특허법원에서 변론이 종결된 날까지 "청구범위를 감축"하는 정정심판을 청구할 수 있다.

⑤ "청구범위를 감축하는 정정"을 하는 경우에는 특허발명의 명세서 또는 도면에 기재된 사항의 범위에서 할 수 있지만, "잘못 기재된 사항을 정정"하는 경우에는 특허출원서에 최초로 첨부된 명세서 또는 도면에 기재된 사항의 범위에서 할 수 있다.

14 특허권의 존속기간연장제도에 관한 설명으로 옳은 것은?

① 특허권자 또는 그 특허권의 전용실시권이나 등록된 통상실시권을 가진 자가 특허법 제89조(허가 등에 따른 특허권의 존속기간의 연장) 제1항에 따른 의약품 제조허가를 받지 않고 다른 사람이 허가를 받은 경우, 그 존속기간 연장등록출원은 거절결정된다.

② 특허발명을 실시하기 위하여 의약품제조 허가를 신청하였으나, 신청자의 책임있는 사유로 보완지시를 받은 날부터 6개월 후에 관련 서류를 제출하여 신청일부터 3년 6개월 후에 허가를 받은 경우의 존속기간연장 기간은 3년 6개월이다.

③ 특허권의 존속기간 연장등록출원은 허가를 받은 날부터 6개월 이내에 출원하여야 하며, 특허권의 존속기간의 만료 전 6개월 후에는 그 특허권의 존속기간 연장등록출원을 할 수 없다.

④ 청구범위의 독립 청구항이 2개가 있는 경우, 그 독립항 각각 별도로 의약품 제조허가를 받기 위하여 소요된 기간이 각 독립항별로 2년 및 3년이 걸린 때에는 5년간 존속기간 연장등록이 가능하다.

⑤ 특허발명을 실시하기 위하여 의약품제조 허가를 받기 위한 유효성·안전성 시험에 7년이 소요된 경우에는 그 허가를 받는데 걸린 소요기간에 대하여 특허권의 존속기간을 연장할 수 있다.

15 甲은 "살균성분이 있는 물질 A"에 대한 선출원 등록 특허권자이고, 乙은 "살균성분이 있는 물질 A와 B를 결합하여 생성한 제초제 AB"에 대한 후출원 등록 특허권자이다. 甲과 乙의 특허권 행사에 관한 설명으로 옳지 <u>않은</u> 것은? (다툼이 있으면 판례에 따름)

① 甲은 자기의 특허발명인 물질 A가 乙의 제초제에 그대로 실시되고 있다는 이유로 乙의 특허발명을 확인대상발명으로 하여 자기의 특허발명의 권리범위에 속한다는 확인을 구하는 적극적 권리범위확인 심판을 청구할 수 있다.

② 乙의 특허발명이 甲의 특허발명과 이용관계가 성립하기 위해서는 물질 A와 B의 유기적 결합관계에 의하여 생성된 제초제 AB는 甲의 특허발명인 물질 A의 살균성분과 특성이 일체성을 가지고 있어야 한다.

③ 乙은 자기의 특허발명이 특허법 제98조(타인의 특허발명 등과의 관계)에 해당하여 그 실시의 허락을 받고자 하였으나 甲이 정당한 이유 없이 허락하지 아니하는 경우, 자기의 특허발명의 실시에 필요한 범위에서 통상실시권허락 심판을 청구할 수 있다.

④ 乙이 자기의 특허발명을 실시하기 위하여 甲을 상대로 특허법 제138조(통상실시권허락의 심판)의 심판을 청구한 경우, 乙의 특허발명이 甲의 특허발명과 비교하여 상당한 경제적 가치가 있는 중요한 기술적 진보를 가져오는 것이 아니면 통상실시권을 허락하여서는 아니 된다.

⑤ 乙은 자기의 특허발명이 甲의 특허발명과 이용관계에 있는 경우 甲의 허락을 받지 아니하고는 자기의 특허발명을 업으로서 실시할 수 없다.

16 甲은 발명 A를 2018.9.1. 미국잡지에 게재한 후 공지예외를 주장하여 특허협력조약(PCT)에 따라 미국특허청에 2019.2.1. 국제특허출원을 하였다. 지정국인 한국특허청의 국내절차에 관한 설명으로 옳지 <u>않은</u> 것은?

① 甲이 미국잡지에 게재한 것에 대하여 특허법 제30조(공지 등이 되지 아니한 발명으로 보는 경우) 제1항 제1호를 적용받고자 하는 경우, 그 취지를 적은 서면 및 이를 증명할 수 있는 서류를 2018.9.1.부터 2년 7개월 이내에 제출하여야 한다.

② 甲이 특허청장에게 서면을 국내서면제출기간에 제출하면서 국어번역문의 제출기간을 연장하여달라는 취지를 기재하여 제출한 경우에는 국어번역문을 함께 제출하지 않아도 된다.

③ 甲이 국내서면제출기간에 발명의 설명, 청구범위 및 도면(설명부분에 한정한다)의 국어번역문을 제출하고, 이에 갈음한 새로운 국어번역문을 제출할 수 있으나 甲이 출원심사의 청구를 한 후에는 그러하지 아니하다.

④ 甲이 특허청장에게 서면을 제출한 경우, 한국에서의 특허출원일은 특허청장에게 서면을 제출한 날이 아니라 국제특허출원일인 2019.2.1.이다.

⑤ 甲이 특허협력조약(PCT) 제19조(1)의 규정에 따라 청구범위를 보정하고, 그 보정서의 국어번역문을 제출하는 때에는 특허법 제47조(특허출원의 보정) 제1항에 따라 보정된 것으로 본다.

17 특허법 및 실용신안법상의 신규성에 관한 설명으로 옳지 <u>않은</u> 것은? (다툼이 있으면 판례에 따름)

① 누구나 마음대로 출입할 수 있으며 그 출입자가 비밀유지의무를 부담하지 않는 장소에 특정 발명이 설치되었다면 그 발명은 공지된 것으로 보아야 한다.

② 카탈로그가 제작되었으면 배부, 반포되는 것이 사회통념이므로 카탈로그의 배부범위, 비치장소 등에 관하여 구체적인 증거가 없다고 하더라도 그 카탈로그가 배부, 반포되었음을 부인할 수는 없다.

③ 박사학위 논문은 제출할 때 공지된 것이 아니라 논문심사에 통과된 이후 인쇄되어 공공도서관 등에 입고되거나 불특정다수인에게 배포됨으로써 그 내용이 공지된 것으로 본다.

④ 법원은 특허출원 후에 작성된 문건들에 기초하여 특정 발명이 특허출원 전에 공지 또는 공연실시된 것인지 여부를 결정할 수 있다.

⑤ 신규성 판단에 있어서의 '특허출원 전'이란 개념은 외국에서 공지된 경우에 한국시간으로 환산하는 시, 분, 초까지도 고려한 자연시 개념이 아니라 특허출원일의 개념이다.

18 특허 및 실용신안에 관한 설명으로 옳지 <u>않은</u> 것은? (다툼이 있으면 판례에 따름)

① 실용신안 물품을 적법하게 양수한 자가 당해 물품을 계속 사용하기 위하여 필요한 범위 내에서 실용신안으로서 보호되는 기술적 사상과 무관한 부품의 교체는 실용신안권 침해가 되지 아니한다.

② 물건을 생산하는 방법의 발명에 대한 특허권자가 생산한 물건이 경매절차에 의하여 양도된 경우에도 원칙적으로 특허권은 소진된다.

③ 타인의 특허발명을 허락없이 실시한 자라도 자신이 실시하는 기술이 특허발명의 권리범위에 속하지 않는다고 믿은 점을 정당화할 수 있는 사정이 있다는 것을 주장하여 입증한다면 그에 대한 과실의 추정은 번복될 수 있다.

④ 특허출원에 있어서 거절이유통지에 따른 의견서 제출기간의 마지막 날이 2019.5.1.(수요일, 근로자의 날)인 경우 2019.5.2. 제출된 의견서는 적법한 서류로 볼 수 없어 불수리 반려되어야 한다.

⑤ 특허발명 실시계약 체결 이후에 계약 대상인 특허의 무효가 확정되었더라도 특허의 유효성이 계약 체결의 동기로서 표시되었고 그것이 법률행위의 내용의 중요부분에 해당하는 등의 사정이 없는 한, 착오를 이유로 특허발명 실시계약을 취소할 수는 없다.

19 특허 및 실용신안의 심판에 관한 설명으로 옳지 <u>않은</u> 것은? (다툼이 있으면 판례에 따름)

① 실용신안법 제11조(특허법의 준용)에 따라 준용되는 특허법 제33조(특허를 받을 수 있는 자) 제1항 본문에 따른 실용신안등록을 받을 수 있는 권리를 가지지 아니하는 경우, 실용신안등록을 받을 수 있는 권리자 또는 심사관은 그 실용신안등록의 무효심판을 청구할 수 있다.

② 동일한 특허발명에 대하여 특허 무효심판과 정정심판이 특허심판원에 동시에 계속중에 있는 경우에는 정정심판제도의 취지상 정정심판을 특허 무효심판에 우선하여 심리·판단하는 것이 바람직하므로 반드시 정정심판을 먼저 심리·판단하여야 한다.

③ 실용신안등록의 무효를 청구할 수 있는 심사관은 심판청구 당시 실용신안의 등록출원에 대한 심사를 담당하고 있는 자이면 되고 반드시 당해 실용신안등록을 심사하여 등록결정한 심사관에 한하거나 심결 당시에 그 심사관의 지위에 있어야만 하는 것은 아니다.

④ 특허권의 공유관계는 민법에 규정된 합유에 준하는 것이므로 특허권이 공유인 경우 그 특허권에 관한 심판사건에 있어서는 공유자 전원이 심판의 청구인 또는 피청구인이 되어야 하고 그 심판절차는 공유자 전원에게 합일적으로 확정되어야 할 필요에서 이른바 필요적 공동소송관계에 있다.

⑤ 자신의 발명이 타인의 특허권의 권리범위에 속하지 아니한다는 소극적 권리범위확인심판 청구에 있어서 그 이유가 없는 경우, 그것을 배척함에 그치지 아니하고 그 타인의 권리범위 내에 속한다고 심결하는 것은 위법하다.

20 실용신안등록출원에 관한 설명으로 옳은 것을 모두 고른 것은?

ㄱ. 실용신안등록출원인이 외국어실용신안등록출원을 한 경우, 실용신안법 제11조(특허법의 준용)에 따라 준용되는 특허법 제47조(특허출원의 보정) 제1항 제1호 또는 제2호에 따른 기간에 정정을 하는 경우에는 마지막 정정 전에 한 모든 정정은 처음부터 없었던 것으로 본다.

ㄴ. 하나의 총괄적 고안의 개념을 형성하는 일 군(群)의 고안에 대하여도 하나의 실용신안등록출원으로 할 수 있다.

ㄷ. 특허심판원 소속 직원이었던 사람이 실용신안등록출원 중인 고안에 관하여 직무상 알게 된 비밀을 도용한 경우에는 5년 이하의 징역 또는 5천만원 이하의 벌금에 처한다.

ㄹ. 실용신안등록출원일부터 3년이 지난 후에도 변경출원을 한 날부터 30일 이내에는 누구든지 실용신안등록출원심사의 청구를 할 수 있다.

① ㄱ, ㄴ
② ㄱ, ㄷ
③ ㄱ, ㄴ, ㄹ
④ ㄴ, ㄷ, ㄹ
⑤ ㄱ, ㄴ, ㄷ, ㄹ

21 상표법상 상품에 해당되는 것은? (다툼이 있으면 판례에 따름)

① 다른 상품의 판매촉진이나 광고를 하기 위하여 무상으로 제공되는 볼펜

② 마약 등 거래가 금지되는 물품

③ 인터넷에서 다운로드의 형태로 판매되는 컴퓨터프로그램

④ 대리점에서 판매되는 즉석건강식품의 원재료를 보여주기 위해서 곡물마다 별도로 유리용기에 담은 상품의 견본

⑤ 종전부터 발행하여 오던, 영화 · 음악 · 연예인 등에 관한 정보를 담은 월간잡지 "ROADSHOW, 로드쇼"의 독자들에게 보답하기 위하여 사은품으로 제공한 외국의 영화배우들 사진을 모은 "WINK"라는 제호의 책자

22 상표법상 손실보상청구권에 관한 설명으로 옳지 <u>않은</u> 것은?

① 출원인은 출원공고 후 해당 상표등록출원에 관한 지정상품과 동일 · 유사한 상품에 대하여 해당 상표등록출원에 관한 상표와 동일 · 유사한 상표를 사용하는 자에게 서면으로 경고할 수 있고, 출원인이 해당 상표등록출원의 사본을 제시하는 경우에는 출원공고 전이라도 서면으로 경고할 수 있다.

② 상표법 제58조(손실보상청구권) 제1항에 따라 경고를 한 출원인은 경고 후 상표권을 설정등록할 때까지의 기간에 발생한 해당 상표의 사용에 관한 업무상 손실에 상당하는 보상금의 지급을 청구할 수 있다.

③ 상표등록출원이 포기 · 취하 · 무효가 되거나 상표등록거절결정이 확정된 경우, 손실보상청구권은 처음부터 발생하지 않는 것으로 추정한다.

④ 손실보상청구권은 해당 상표등록출원에 대한 상표권의 설정등록 전까지는 행사할 수 없다.

⑤ 손실보상청구권을 행사할 때 상표법 제110조(손해액의 추정 등)가 준용되지 않기 때문에 업무상 손실에 관한 사항은 청구권자가 입증하여야 한다.

23 상표법상 벌칙에 관한 설명으로 옳지 <u>않은</u> 것은?

① 상표권 침해행위는 권리자에게 피해를 주는 것 이외에 상품 출처의 오인 · 혼동을 발생시킴으로써 거래질서를 혼란하게 할 우려도 있으므로, 상표권 침해죄는 특허권 침해죄와는 달리 비친고죄이다.

② 상표법에 따라 선서한 증인으로서 특허심판원에 대하여 거짓의 진술 · 감정을 하여 위증죄를 범한 자가 그 사건의 상표등록여부결정 또는 심결의 확정 전에 자수하였을 경우에는 필요적으로 그 형을 감경하거나 면제하여야 한다.

③ 상표법상 비밀유지명령위반죄는 비밀유지명령을 신청한 자의 고소가 있어야 공소를 제기할 수 있는 친고죄이다.

④ 거짓이나 그 밖의 부정한 행위를 하여 상표등록, 지정상품의 추가등록, 존속기간갱신등록, 상품분류전환등록 또는 심결을 받은 자는 거짓행위의 죄에 해당되는데 이 죄는 비친고죄이다.

⑤ 상표권 침해행위에 제공되거나 그 침해행위로 인하여 생긴 침해물과 그 침해물 제작에 주로 사용하기 위하여 제공된 제작 용구 또는 재료는 필요적 몰수의 대상이지만, 상품이 그 기능 및 외관을 해치지 아니하고 상표 또는 포장과 쉽게 분리될 수 있는 경우에는 그 상품은 몰수하지 아니할 수 있다.

24 상표등록을 받을 수 있는 것을 모두 고른 것은? (다툼이 있으면 판례에 따름)

> ㄱ. 해군사관학교 사관생도의 "견장"
> ㄴ. 의류를 지정상품으로 하는 상표 "JAMES DEAN"
> ㄷ. 지정상품이 기계류인 출원상표 "KSB"
> ㄹ. 지정상품을 '눈썹용 연필, 립스틱, 매니큐어, 아이섀도, 마스카라' 등으로 하는 외국회사의 출원상표 "2NE1"
> ㅁ. 공인노무사업, 법무사업, 변호사업, 변리사업 등을 지정서비스업으로 하면서 전문직 종사자에게 업무를 위임하지 아니하고 스스로 행할 수 있도록 도와주는 방식을 보통으로 표시하는 표장만으로 된 상표 "나홀로"
> ㅂ. 지정상품을 서적으로 하는 출원상표 "관족법(觀足法)"

① ㄱ, ㄷ
② ㄴ, ㄷ
③ ㄱ, ㄹ, ㅁ
④ ㄴ, ㄹ, ㅂ
⑤ ㄷ, ㅁ, ㅂ

25 상표의 식별력에 관한 설명으로 옳지 <u>않은</u> 것은? (다툼이 있으면 판례에 따름)

① 사회통념상 자타상품의 식별력을 인정하기 곤란하거나 공익상 특정인에게 상표를 독점시키는 것이 적당하지 않다고 인정되는 경우에 그 상표는 식별력이 없다.

② 둘 이상의 문자 또는 도형의 조합으로 이루어진 결합상표는 구성 부분 전체의 외관, 호칭, 관념을 기준으로 상표의 유사 여부를 판단하는 것이 원칙이나, 상표 중에서 일반 수요자에게 그 상표에 관한 인상을 심어주거나 기억·연상을 하게 함으로써 그 부분만으로 독립하여 상품의 출처표시기능을 수행하는 부분, 즉 요부가 있는 경우 적절한 전체관찰의 결론을 유도하기 위해서는 요부를 가지고 상표의 유사 여부를 대비·판단하는 것이 필요하다.

③ 결합상표의 구성 부분 전부가 식별력이 없거나 미약한 경우에는 그중 일부만이 요부가 된다고 할 수 없으므로 상표 전체를 기준으로 유사 여부를 판단하여야 한다.

④ 현저한 지리적 명칭과 대학교라는 단어의 결합으로 본래의 현저한 지리적 명칭을 떠나 새로운 관념을 낳거나 새로운 식별력을 형성한 경우에는 상표등록을 할 수 있고, 이 경우에 현저한 지리적 명칭과 대학교라는 단어의 결합만으로 새로운 관념이나 식별력이 생긴다고 볼 수는 없다.

⑤ 수요자를 기만할 염려가 있는 상표가 특정인의 상표나 상품이라고 인식되었다고 인정되려면 선사용상표가 국내 전역에 걸쳐 수요자와 거래자에게 알려져야 하고, 특정인의 상표 등으로 인식되었는지 여부는 구체적인 사안에서 개별적으로 새로운 관념이나 식별력이 생겼는지를 판단하여야 한다.

26 상표 유사에 관한 설명으로 옳지 <u>않은</u> 것은? (다툼이 있으면 판례에 따름)

① 도형상표에 있어서는 그 외관이 지배적인 인상을 남긴다 할 것이므로 외관이 동일·유사하여 양 상표를 다 같이 동종 상품에 사용하는 경우 일반 수요자로 하여금 상품의 출처에 관하여 오인·혼동을 일으킬 염려가 있다면 양 상표는 유사하다고 보아야 한다.

② 상표의 유사 여부 판단에서 상품 출처의 오인·혼동을 일으킬 우려가 있는지 여부는 보통의 주의력을 가진 우리나라의 일반 수요자나 거래자를 기준으로 판단하여야 한다.

③ 대비되는 상표 사이에 유사한 부분이 있다고 하더라도 그 부분만으로 분리인식될 가능성이 희박하거나 전체적으로 관찰할 때 명확히 출처의 혼동을 피할 수 있는 경우에는 유사상표라고 할 수 없다.

④ 도형상표들에서 상표의 유사 여부 판단은 두 개의 상표 자체를 나란히 놓고 대비하여 두 개의 상표를 대하는 일반 수요자에게 상품 출처에 관하여 오인·혼동을 일으킬 우려가 있는지의 관점에서 이루어져야 한다.

⑤ 유사상표의 사용행위에 해당하는지에 대한 판단은 두 상표가 해당 상품에 관한 거래 실정을 바탕으로 외관, 호칭, 관념 등에 의하여 일반 수요자에게 주는 인상, 기억, 연상 등을 전체적으로 종합할 때, 두 상표를 때와 장소를 달리하여 대하는 일반 수요자가 상품 출처에 관하여 오인·혼동할 우려가 있는지의 관점에서 이루어져야 한다.

27 상표권의 이전에 관한 설명으로 옳지 <u>않은</u> 것은?

① 단체표장권은 이전할 수 없다. 다만, 법인의 합병의 경우에는 특허청장의 허가를 받아 이전할 수 있다.

② 단체표장권, 업무표장권 또는 증명표장권에 관하여는 전용사용권을 설정할 수 없다.

③ 업무표장권은 이전할 수 없다. 다만, 그 업무와 함께 이전할 경우에는 특허청장의 허가를 받아 이전할 수 있다.

④ 상표권은 그 지정상품마다 분할하여 이전할 수 있다. 이 경우 유사한 지정상품은 함께 이전하여야 한다.

⑤ 상표권의 이전(상속이나 그 밖의 일반승계에 의한 경우는 제외한다)·변경·포기에 의한 소멸, 존속기간의 갱신, 상품분류전환, 지정상품의 추가 또는 처분의 제한에 해당하는 사항은 등록하지 아니하면 그 효력이 발생하지 아니한다.

28 상표권에 관한 설명으로 옳지 <u>않은</u> 것은? (다툼이 있으면 판례에 따름)

① 상표권자에 대하여 상표권에 관한 이전약정에 기하여 이전등록절차의 이행을 청구할 권리를 가지는 사람이 이미 그 상표를 실제로 사용하고 있으면 상표권에 관한 이전등록절차 이행청구권의 소멸시효가 진행되지 아니한다.

② 타인의 상표권을 침해한 자는 그 침해행위에 대하여 과실이 있는 것으로 추정되고, 타인의 상표권을 침해한 자에게 과실이 없다고 하기 위하여는 상표권의 존재를 알지 못하였다는 점을 정당화할 수 있는 사정이 있다거나 자신이 사용하는 상표가 등록상표의 권리범위에 속하지 아니한다고 믿은 점을 정당화할 수 있는 사정이 있다는 것을 주장·증명하여야 한다.

③ 상표법 제109조(손해배상의 청구)에 따른 손해배상을 청구하는 경우 그 등록상표의 사용에 대하여 합리적으로 받을 수 있는 금액에 상당하는 금액을 상표권자 또는 전용사용권자가 받은 손해액으로 하여 그 손해배상을 청구할 수 있다.

④ 상표권은 등록되어 있는 상표를 타인이 사용하였다는 것만으로 당연히 통상 받을 수 있는 상표권 사용료 상당액이 손해로 인정되는 것은 아니고, 상표권자가 그 상표를 영업 등에 실제 사용하고 있었음에도 불구하고 상표권 침해행위가 있었다는 등 구체적 피해 발생이 전제되어야 인정될 수 있다.

⑤ 상표권의 행사가 상표제도의 목적이나 기능을 일탈하여 공정한 경쟁질서와 상거래 질서를 어지럽히고 수요자 사이에 혼동을 초래하거나 상대방에 대한 관계에서 신의성실의 원칙에 위배되는 등 법적으로 보호받을 만한 가치가 없다고 인정되는 경우에는 그 상표권의 행사는 권리행사의 외형을 갖추었다 하더라도 등록상표에 관한 권리를 남용하는 것으로서 허용될 수 없다.

29 상표등록 취소심판에 관한 설명으로 옳은 것은?

① 지정상품추가등록출원의 기초가 된 등록상표에 대하여 무효심판 또는 취소심판이 청구되거나 그 등록상표가 무효심판 또는 취소심판 등으로 소멸된 경우에 지정상품추가등록출원을 한 출원인은 상표등록출원으로 변경할 수 있다.

② 전용사용권자 또는 통상사용권자가 지정상품 또는 이와 유사한 상품에 등록상표 또는 이와 유사한 상표를 사용함으로써 수요자에게 상품의 품질을 오인하게 하거나 타인의 업무와 관련된 상품과의 혼동을 불러일으키게 한 경우에는 상표권자가 상당한 주의를 하여도 그 상표등록의 취소심판을 청구할 수 있다.

③ 상표권의 이전으로 유사한 등록상표가 각각 다른 상표권자에게 속하게 되고 그중 1인이 자기의 등록상표의 지정상품과 동일·유사한 상품에 부정경쟁을 목적으로 자기의 등록상표를 사용함으로써 수요자에게 상품의 품질을 오인하게 하거나 타인의 업무와 관련된 상품과 혼동을 불러일으키게 한 경우를 사유로 하는 취소심판은 이해관계인만이 청구할 수 있다.

④ 상표법 제120조(전용사용권 또는 통상사용권 등록의 취소심판) 제1항에 따라 전용사용권 또는 통상사용권 등록의 취소심판을 청구한 후 그 심판청구사유에 해당하는 사실이 없어진 경우에도 취소 사유에 영향이 미치지 아니한다.

⑤ 상표권자·전용사용권자 또는 통상사용권자 중 어느 누구도 정당한 이유 없이 등록상표를 그 지정상품에 대하여 취소심판청구일 전 계속하여 3년 이상 국내에서 사용하고 있지 아니하였음을 이유로 상표등록을 취소한다는 심결이 확정되었을 경우에는 그 상표권은 심결 확정일부터 소멸된다.

30 상표법상 일사부재리 원칙에 관한 설명으로 옳지 <u>않은</u> 것은? (다툼이 있으면 판례에 따름)

① 상표법에 따른 심판의 심결이 확정되었을 경우에 그 사건에 대해서 이해관계인은 같은 사실 및 같은 증거에 의하여 다시 심판을 청구할 수 없다. 다만, 확정된 심결이 각하심결인 경우에는 다시 심판을 청구할 수 있다.

② 확정심결에 일사부재리의 효력을 인정하는 이유는 서로 모순·저촉되는 심결방지와 확정심결의 신뢰성확보·권위 유지, 심판청구의 남발 방지, 확정심결에 대한 법적 안정성에 있다.

③ 확정심결의 일사부재리는 심결당사자, 그 승계인뿐만 아니라 제3자에 대하여도 대세적 효력이 있다.

④ 대법원은 동일 증거에는 전에 확정된 심결의 증거와 동일한 증거만이 아니라 그 심결을 번복할 수 있을 정도로 유력하지 아니한 증거가 부가되는 것도 포함하는 것이므로, 확정된 심결의 결론을 번복할 만한 유력한 증거가 새로 제출된 경우에는 일사부재리의 원칙에 반하지 않는다고 판시하였다.

⑤ 대법원은 일사부재리의 원칙에 해당하는지의 판단 시점을 '심결시'에서 '심판청구시'로 변경하였다.

31 디자인등록출원절차에 관한 설명으로 옳은 것은?

① 특허청장 또는 특허심판원장은 청구에 따라 또는 직권으로 디자인보호법 제119조(보정각하결정에 대한 심판)에 따른 심판의 청구기간을 30일 이내에서 한 차례만 연장할 수 있지만, 예외적으로 교통이 불편한 지역에 있는 자에 대해서는 산업통상자원부령으로 정하는 바에 따라 추가로 1회 연장할 수 있고, 그 기간은 1개월 이내로 한다.

② 특허청장 또는 특허심판원장은 디자인보호법 제47조(절차의 보정)에 따른 보정명령을 받은 자가 지정된 기간 내에 그 보정을 하지 않아 디자인에 관한 절차가 무효로 된 경우에 지정된 기간을 지키지 못한 것이 보정 명령을 받은 자가 책임질 수 없는 사유에 의한 것으로 인정되면 그 사유가 소멸한 날부터 1개월 이내 보정명령을 받은 자의 청구에 따라 그 무효처분을 취소할 수 있다.

③ 특허청장 또는 심판장은 디자인보호법 제22조(절차의 중단)에 따라 중단된 절차에 관한 수계신청에 대하여 직권으로 조사하여 이유 없다고 인정하면 결정으로 각하하여야 한다.

④ 특허청장 또는 심판관은 디자인보호법 제23조(중단된 절차의 수계)에 규정된 자가 중단된 절차를 수계하지 아니하면 직권으로 기간을 정하여 수계를 명하여야 하며, 수계명령을 받은 자가 이 기간에 수계하지 아니하면 그 기간이 끝나는 날의 다음 날에 수계한 것으로 본다.

⑤ 특허청장 또는 특허심판원장이 천재지변이나 그 밖의 불가피한 사유로 그 직무를 수행할 수 없을 때에는 특허청 또는 특허심판원에 계속 중인 절차는 그 사유가 없어질 때까지 중지된다.

32 비밀디자인에 관한 설명으로 옳은 것은?

① 디자인등록출원인은 디자인권의 설정등록일의 다음 날부터 3년 이내의 기간을 정하여 그 디자인을 비밀로 할 것을 청구할 수 있으며, 이때 복수디자인등록출원된 디자인에 대하여는 출원된 디자인의 전부 또는 일부에 대하여 청구할 수 있다.

② 디자인등록출원인은 디자인등록출원을 한 날부터 최초의 디자인등록료를 내는 날까지 그 디자인을 비밀로 할 것을 청구할 수 있으며, 디자인보호법 제86조(등록료 및 수수료의 감면)에 따라 그 등록료가 면제된 경우에는 특허청장이 디자인권을 설정등록할 때까지 그 디자인을 비밀로 할 것을 청구할 수 있다.

③ 디자인등록출원인이 비밀디자인으로 청구된 디자인등록출원에 대하여 출원공개신청을 한 경우에 그 디자인에 대한 비밀청구는 취소된 것으로 본다.

④ 디자인권자의 동의를 받은 자가 비밀디자인을 열람청구하여 해당 비밀디자인을 열람하게 된 경우에 그 열람한 내용을 무단으로 촬영·복사 등의 방법으로 취득하거나 알게 된 내용을 누설하여서는 아니 되며, 누설하는 경우에는 3년 이하의 징역 또는 3천만원 이하의 벌금에 처한다.

⑤ 비밀디자인으로 청구한 디자인의 디자인권자 및 전용실시권자는 그 디자인에 관하여 특허청장으로부터 증명을 받은 서면을 제시하여 경고하지 않더라도 권리 침해자에 대하여 침해금지 또는 예방을 청구할 수 있다.

33 디자인권에 관한 설명으로 옳지 <u>않은</u> 것을 모두 고른 것은?

ㄱ. 글자체가 디자인권으로 설정등록된 경우 그 디자인권의 효력은 타자, 조판 또는 인쇄 등의 통상적인 과정에서 글자체의 사용으로 생산된 결과물인 경우에는 미치지 아니한다.

ㄴ. 디자인권자는 디자인권을 포기할 수 있지만, 복수디자인등록된 디자인권은 각 디자인권마다 분리하여 포기하여야 한다.

ㄷ. 기본디자인의 디자인권이 무효심결로 소멸한 경우 그 기본디자인에 관한 2 이상의 관련디자인의 전용실시권을 설정하는 경우에 같은 자에게 동시에 설정할 수 있다.

ㄹ. 정당한 권리자의 디자인등록출원이 디자인보호법 제44조(무권리자의 디자인등록출원과 정당한 권리자의 보호) 및 제45조(무권리자의 디자인등록과 정당한 권리자의 보호)에 따라 디자인권이 설정등록된 경우에는 디자인권 존속기간은 무권리자의 디자인등록출원일부터 기산한다.

ㅁ. 디자인보호법에 따라 특허청장이 정한 대가와 보상금액에 관하여 확정된 결정은 집행력 있는 집행권원과 같은 효력을 가지며, 이 경우 집행력 있는 정본은 특허청 소속 공무원이 부여한다.

① ㄱ, ㄴ, ㄷ

② ㄱ, ㄷ, ㅁ

③ ㄴ, ㄷ, ㄹ

④ ㄴ, ㄹ, ㅁ

⑤ ㄷ, ㄹ, ㅁ

34 디자인보호법상 불복에 관한 설명으로 옳지 <u>않은</u> 것은?

① 디자인일부심사등록 이의신청이 이유 있다고 인정될 때에는 그 등록디자인을 취소한다는 취지의 결정을 하여야 하며, 그 결정에는 불복할 수 있다.

② 심판의 참가신청이 있는 경우에는 심판으로 그 참가 여부를 결정하여야 하며, 그 결정에는 불복할 수 없다.

③ 법원은 필요한 경우에는 디자인등록출원에 대한 결정이 확정될 때까지 그 소송절차를 중지할 수 있으며, 그 중지에 대하여는 불복할 수 없다.

④ 심사관은 디자인등록출원의 심사에 필요한 경우에는 심결이 확정될 때까지 또는 소송절차가 완결될 때까지 그 절차를 중지할 수 있으며, 그 중지에 대하여는 불복할 수 있다.

⑤ 심판관의 제척 또는 기피 신청이 있으면 심판으로 결정하여야 하며, 그 결정에는 불복할 수 없다.

35 디자인 일부심사등록출원이 거절결정될 수 있는 것을 모두 고른 것은? (단, 정보제공에 의한 경우는 제외함)

ㄱ. 디자인등록을 받을 수 있는 권리를 가지지 아니한 자가 출원한 디자인
ㄴ. 디자인등록출원 전에 국내에서 공지된 디자인과 유사한 디자인
ㄷ. 공공기관의 표장과 동일한 디자인
ㄹ. 디자인등록출원 전에 반포된 간행물에 게재된 디자인을 결합한 것으로 쉽게 창작할 수 있는 디자인
ㅁ. 200디자인을 1디자인등록출원한 디자인

① ㄱ, ㄴ, ㄷ

② ㄱ, ㄷ, ㅁ

③ ㄴ, ㄷ, ㄹ

④ ㄴ, ㄹ, ㅁ

⑤ ㄷ, ㄹ, ㅁ

36 디자인등록 심판 및 재심에 관한 설명으로 옳은 것은?

① 이해관계인 또는 심사관은 디자인등록이 디자인보호법 제42조(한 벌의 물품의 디자인)에 위반된 경우에 한 벌의 물품 디자인등록무효심판을 청구할 수 있으며, 이는 한 벌 물품의 디자인권이 소멸된 후에도 청구할 수 있다.

② 디자인권이 공유인 경우에 같은 디자인권에 대하여 디자인등록무효심판을 청구하는 자가 2인 이상이면 각자 또는 모두가 공동으로 심판을 청구하여야 한다.

③ 특허심판원장은 디자인보호법 제119조(보정각하결정)에 따른 심판이 청구된 경우에 그 청구가 이유있다고 인정될 때에는 심결로써 보정각하결정을 취소하여야 한다.

④ 대리권의 흠을 이유로 재심을 청구하는 경우에 청구인 또는 법정대리인이 심결등본의 송달에 의하여 심결이 있은 것을 안 날로부터 30일 이내 재심을 청구하여야 한다.

⑤ 심결에 대한 소는 특허법원의 전속관할로 하며, 당사자, 참가인 또는 해당 심판이나 재심에 참가신청을 하였으나 그 신청이 거부된 자만 제기할 수 있다.

37 디자인보호법상 관련디자인에 관한 설명으로 옳지 <u>않은</u> 것은?

① 관련디자인으로 등록되기 위해서는 그 디자인의 대상이 되는 물품이 기본디자인의 물품과 동일하거나 유사한 물품이어야 한다.

② 관련디자인의 출원인은 디자인등록출원서에 관련디자인의 디자인등록출원 여부를 적어 특허청장에게 제출하여야 한다.

③ 관련디자인은 기본디자인과의 관계에서 신규성이나 선출원에 대한 예외를 인정할 뿐이고, 이를 제외한 나머지 등록요건을 만족하여야 관련디자인으로 등록될 수 있다.

④ 무효심판 계류 중인 등록디자인을 기본디자인으로 한 관련디자인등록출원이 관련디자인으로 인정될 경우에는 그 심사를 보류한다.

⑤ 심사관은 디자인일부심사등록출원으로서 관련디자인등록출원이 기본디자인과 유사하지 아니한 경우에는 디자인등록거절결정을 할 수 없다.

38 디자인등록출원 분할 및 보정에 관한 설명으로 옳지 <u>않은</u> 것은?

① 디자인등록출원의 보정은 디자인등록여부결정의 통지서가 도달하기 전까지 할 수 있다.

② 복수디자인등록출원을 한 자는 디자인등록출원의 일부를 1 이상의 새로운 디자인등록출원으로 분할하여 디자인등록출원을 할 수 있다.

③ 디자인등록출원인은 디자인일부심사등록출원을 디자인심사등록출원으로, 디자인심사등록출원을 디자인일부심사등록출원으로 변경하는 보정을 할 수 있다.

④ 국제디자인등록출원인은 디자인일부심사등록출원을 디자인심사등록출원으로, 디자인심사등록출원을 디자인일부심사등록출원으로 변경하는 보정을 할 수 없다.

⑤ 한 벌 물품의 디자인을 출원한 자는 한 벌 물품 디자인의 성립요건을 충족하지 못한 경우 각각의 구성물품을 분할하여 디자인등록출원을 할 수 있다.

39 디자인에 관한 판결의 내용 중 옳은 것은? (다툼이 있으면 판례에 따름)

① 디자인의 유사 여부는, 디자인을 구성하는 요소들을 각 부분으로 분리하여 대비할 것이 아니라 전체와 전체를 대비·관찰하여, 보는 사람의 마음에 환기될 미적 느낌과 인상이 유사한지 여부에 따라 판단하되, 그 물품의 성질, 용도, 사용형태 등에 비추어 보는 사람의 시선과 주의를 가장 끌기 쉬운 부분을 중심으로 대비·관찰하여 특허청 심사관의 심미감에 차이가 생기게 하는지 여부의 관점에서 판단하여야 한다.

② 등록디자인에 대한 등록무효심결이 확정되기 전이라도 그 디자인등록이 무효심판에 의하여 무효로 될 것임이 명백한 경우에는 그 디자인권에 기초한 침해금지 또는 손해배상 등의 청구는 특별한 사정이 없는 한 권리남용에 해당하여 허용되지 아니한다고 보아야 하며, 디자인권침해소송을 담당하는 법원은 디자인권자의 그러한 청구가 권리남용에 해당한다는 항변이 있는 경우에 그 당부를 살피기 위한 전제로서 디자인등록의 무효 여부에 대하여 심리·판단할 수 없다.

③ 디자인보호법 제33조(디자인등록의 요건)에 따라 창작수준을 판단할 때는 공지디자인의 대상 물품이나 주지형태의 알려진 분야, 공지디자인이나 주지형태의 외관적 특징들의 관련성, 해당 디자인 분야의 일반적 경향 등에 비추어 일반 수요자가 용이하게 그와 같은 결합에 이를 수 있는지를 함께 살펴보아야 한다.

④ 등록디자인의 보호범위는 디자인등록출원서의 기재사항 및 그 출원서에 첨부한 도면과 도면의 기재사항·사진·모형 또는 견본에 표현된 디자인에 의하여 정하여지므로, 등록디자인은 통상의 지식을 가진 자가 그 보호범위를 명확하게 파악하여 동일한 형태와 모양의 물품을 반복 생산할 수 있을 정도로 구체성을 갖출 필요는 없다.

⑤ 디자인보호법 제2조(정의)에서 말하는 '물품'이 디자인등록의 대상이 되기 위해서는 통상의 상태에서 독립된 거래의 대상이 되어야 하고, 그것이 부품인 경우에는 다시 호환성을 가져야 하나, 이는 반드시 실제 거래사회에서 현실적으로 거래되고 다른 물품과 호환될 것을 요하는 것은 아니고, 그러한 독립된 거래의 대상 및 호환의 가능성만 있으면 디자인등록의 대상이 되는 것이다.

40 「산업디자인의 국제등록에 관한 헤이그협정」에 따른 국제출원에 있어서 특허청을 통한 국제출원에 관한 설명으로 옳은 것은?

① 특허청장은 국제출원서의 기재사항이 영어로 기재되어 있지 않은 경우에 국제출원인에게 상당한 기간을 정하여 보완에 필요한 대체서류의 제출을 명하여야 하며, 이때 제출명령을 받은 자가 지정기간 이후에 대체서류를 제출한 경우에는 이를 출원인 또는 제출인에게 반려하여야 한다.

② 특허청을 통한 국제출원을 하려는 자는 국제출원서 및 그 출원에 필요한 서류를 특허청장에게 제출해야 하는데, 이때 국제출원서에는 사진을 포함하여 도면을 첨부하여야 하지만, 헤이그협정 제5조(국제출원의 내용)에 따른 수수료의 납부방법까지 적어야 하는 것은 아니다.

③ 특허청을 통한 국제출원을 하려는 자가 헤이그협정 제5조(국제출원의 내용)에 따른 공개연기신청을 하려는 경우에는 국제출원서에 도면을 대신하여 산업통상자원부령으로 정하는 바에 따른 견본을 첨부하여야 한다.

④ 특허청장은 국제출원서가 도달한 날을 국제출원서에 적어 관계 서류와 함께 헤이그협정 제1조(약어적 표현)에 따른 국제사무국에 보내고, 그 국제출원서의 원본을 특허청을 통한 국제출원을 한 자에게 보내야 한다.

⑤ 특허청장은 특허청을 통한 국제출원을 하려는 자가 송달료를 내지 아니한 경우에는 상당한 기간을 정하여 보정을 명하여야 하고, 보정명령을 받은 자가 지정된 기간에 송달료를 내지 아니한 경우에는 해당 절차를 무효로 하여야 한다.

2020년 제57회 기출문제

✓ Time   분 | 해설편 261p

01 발명의 성립성에 관한 설명으로 옳은 것은? (다툼이 있으면 판례에 따름)

① 출원발명이 자연법칙을 이용한 것인지 여부는 청구항 전체로서 판단하여야 하므로 청구항에 기재된 발명의 일부에 자연법칙을 이용하고 있는 부분이 있더라도 청구항 전체로서 자연법칙을 이용하고 있지 않다고 판단될 때에는 특허법상의 발명에 해당하지 않는다.

② 발명의 각 단계가 컴퓨터의 온라인상에서 처리되는 것이 아니라 오프라인상에서 처리되고, 소프트웨어와 하드웨어가 연계되는 시스템이 구체적으로 실현되고 있지 않더라도 발명의 성립성이 인정될 수 있다.

③ 무성생식 식물은 특허등록이 될 수 있으나, 유성생식 식물은 신규성 · 진보성 등의 특허요건을 충족하더라도 특허등록이 될 수 없다.

④ 미생물 관련 발명의 특허출원시에 제출된 명세서에 당해 미생물의 수탁번호 · 기탁기관의 명칭 및 기탁 연월일을 기재하고 기탁사실 증명 서류를 제출하였다면, 분할출원서에는 이미 제출된 증명 서류의 내용과 동일하여 이를 원용하고자 하는 경우에도 그 취지를 명기할 필요가 없다.

⑤ 인간의 치료방법에 관한 발명은 특허법상 불특허 규정이 없으므로 신규성 · 진보성 등의 특허요건이 충족된다면 특허를 받을 수 있다.

02 특허권에 관한 설명으로 옳은 것은? (다툼이 있으면 판례에 따름)

① 특허권은 특허권설정등록이 있는 날에 발생하고 출원일로부터 20년이 되는 날까지 존속하며, 특허권의 존속기간의 말일이 공휴일(근로자의 날 및 토요일을 포함한다)이면 그 다음 날로 만료한다.

② 특허권자는 자신의 특허발명에 관하여 업으로서 실시할 권리를 독점하므로, 다른 특허발명의 권리범위에 속하더라도 실시허락을 얻을 필요 없이 자신의 특허발명을 실시할 수 있다.

③ 무권리자의 특허출원 후 정당한 권리자의 특허출원이 있고 무권리자가 특허출원한 때에 정당한 권리자가 특허출원한 것으로 보는 경우, 특허권의 존속기간은 무권리자의 특허출원일부터 기산한다.

④ 특허권이 무효심판에 의하여 무효로 되면 그 특허권은 처음부터 없던 것으로 보게 되므로 특허권자가 이미 받은 특허실시료는 특허발명 실시계약이 유효하게 존재하는 기간에 상응하는 부분을 실시권자에게 부당이득으로 반환하여야 한다.

⑤ 방법발명에 대한 특허권자 등이 우리나라에서 그 특허방법의 사용에 쓰이는 물건을 적법하게 양도한 경우로서 그 물건이 방법발명을 실질적으로 구현한 것이라면, 양수인 등이 그 물건을 이용하여 방법발명을 실시하는 행위에 대하여 특허권의 효력이 미치지 않는다.

03 특허소송에 관한 설명으로 옳은 것은? (다툼이 있으면 판례에 따름)

① 특허등록의 무효를 주장하고자 하는 자는 특허심판원에 특허무효심판을 청구할 수 있을 뿐만 아니라 특허법원에 특허등록을 무효로 하는 판결을 구할 수도 있다.

② 권리범위 확인심판에 따른 심결취소소송은 특허심판원의 심결의 취소를 구하는 것이므로 특허심판원에서 주장하지 아니한 심결취소사유를 특허법원에서 주장하는 것은 허용되지 아니한다.

③ 적극적 권리범위 확인심판에서, 심판청구인이 특정한 확인대상발명과 피심판청구인이 실시하고 있는 발명 사이에 동일성이 인정되지 아니하면, 피심판청구인이 실시하지 않고 있는 발명을 대상으로 한 그와 같은 심판청구는 확인의 이익이 없어 부적법하여 각하되어야 한다.

④ 특허무효심판에서 청구기각 심결이 이루어지고 그 심결취소소송에서 원고의 청구가 기각되어 상고심에 계속 중, 같은 발명에 대한 다른 사건에서 등록무효심결이 확정되어 그 특허가 처음부터 없던 것으로 보게 되더라도 심결의 취소를 구할 법률상의 이익이 없어졌다고 볼 수 없다.

⑤ 특허심판원에 특허취소신청이 있는 경우 이에 대하여는 3명 또는 5명의 심판관으로 구성되는 합의체가 심리·결정하며 그 결정에 대한 소에서는 특허심판원장을 피고로 하여야 한다.

04 특허출원에 관한 설명으로 옳은 것은? (다툼이 있으면 판례에 따름)

① 분할출원은 특허출원이 특허청에 계속 중인 경우에 한하여 할 수 있으므로, 거절결정이 있는 때에는 거절결정등본을 송달받은 날로부터 30일 이내에 분할출원을 할 수 있으나, 특허결정이 있는 때에는 분할출원을 할 수 없다.

② 특허출원하여 거절결정이 되면 거절결정등본을 송달받은 날부터 30일 이내에 실용신안등록출원으로 변경출원을 할 수 있으나, 실용신안등록출원하여 거절결정이 되면 거절결정등본을 송달받은 날로부터 30일 이내라도 특허출원으로 변경출원을 할 수 없다.

③ 출원인이 국제특허출원을 하면서 파리협약의 당사국에 행하여진 선출원에 의한 우선권을 주장하였다면 특허법 제201조(국제특허출원의 국어번역문) 제1항 본문의 우선일은 국제특허출원의 제출일이 아니라 우선권을 주장한 선출원의 제출일이 된다.

④ 최후거절이유통지에 따른 보정에 의하여 새로운 거절이유가 발생하면 보정된 명세서로 심사하여 거절결정을 하여야 한다.

⑤ 국제특허출원을 외국어로 출원한 출원인은 국제출원서와 발명의 설명, 청구범위 및 도면(도면 중 설명부분에 한정한다)의 국어번역문을 우선일부터 31개월이 될 때까지 제출하여야 하고, 이를 제출하지 않으면 출원을 취하한 것으로 본다.

05 의약용도발명에 관한 설명으로 옳은 것은? (다툼이 있으면 판례에 따름)

① 특정 물질의 의약용도가 약리기전만으로 기재되어 있다면 발명의 상세한 설명 등 명세서의 다른 기재나 기술상식에 의하여 의약으로서의 구체적인 용도를 명확하게 파악할 수 있더라도 특허법 제42조(특허출원) 제4항 제2호가 정한 청구항의 명확성 요건을 충족하는 것으로 볼 수 없다.

② 약사법에 따라 품목허가를 받은 의약품과 특허침해 의약품이 약학적으로 허용 가능한 염 등에서 차이가 있다면, 통상의 기술자가 이를 쉽게 선택할 수 있는 정도에 불과하고 그 치료효과나 용도가 실질적으로 동일하더라도 존속기간이 연장된 특허권의 효력은 침해제품에 미치지 아니한다.

③ 의약이라는 물건의 발명에서 대상 질병 또는 약효와 함께 투여용법과 투여용량을 부가하더라도 이러한 투여용법과 투여용량은 의료행위 그 자체에 해당하므로 이러한 투여용법과 투여용량의 부가에 의하여 별개의 의약용도발명이 된다고 볼 수 없다.

④ 의약용도발명에서는 통상의 기술자가 선행발명들로부터 특정 물질의 특정 질병에 대한 치료효과를 쉽게 예측할 수 있더라도, 선행발명들에서 임상시험 등에 의한 치료효과가 확인되어야 그 진보성이 비로소 부정될 수 있다.

⑤ 의약용도발명의 특허청구범위에 기재되는 약리기전은 특정 물질이 가지고 있는 의약용도를 특정하는 한도 내에서만 발명의 구성요소로서 의미를 가질 뿐, 약리기전 그 자체가 특허청구범위를 한정하는 구성요소라고 볼 수 없다.

06 특허협력조약(PCT)에 따른 국제특허출원에 관한 설명으로 옳지 않은 것은?

① 특허법 제201조(국제특허출원의 번역문) 제1항에 따라 국어번역문을 제출한 출원인은 국내서면제출기간(제1항 단서에 따라 취지를 적은 서면이 제출된 경우에는 연장된 국어번역문 제출기간을 말한다)에 그 국어번역문을 갈음하여 새로운 국어번역문을 제출할 수 있으나, 출원인이 출원심사의 청구를 한 후에는 그러하지 아니하다.

② 특허법 제197조(대표자 등) 제1항의 절차를 대리인에 의하여 밟으려는 자는 제3조(미성년자 등의 행위능력)에 따른 법정대리인을 제외하고는 변리사를 대리인으로 하여야 한다.

③ 국제출원을 하려는 자는 산업통상자원부령으로 정하는 언어인 국어, 영어 또는 중국어로 작성한 출원서와 발명의 설명, 청구범위, 필요한 도면 및 요약서를 특허청장에게 제출하여야 한다.

④ 특허법 제203조(서면의 제출) 제3항에 따른 보정명령을 받은 자가 지정된 기간에 보정을 하지 아니하면 특허청장은 해당 국제특허출원을 무효로 할 수 있다.

⑤ 특허청장은 국제특허출원의 출원인에 대하여 기간을 정하여 특허협력조약 제18조(국제조사보고서)의 국제조사보고서 또는 같은 조약 제35조(국제예비심사보고서)의 국제예비심사보고서에 적혀 있는 문헌의 사본을 제출하게 할 수 있다.

07 특허취소신청제도와 특허무효심판제도의 비교에 관한 설명으로 옳지 <u>않은</u> 것은?

① 특허취소신청은 결정계로 누구든지 신청인이 될 수 있는 반면에, 무효심판은 당사자계로 이해관계인 또는 심사관이 심판을 청구할 수 있다.

② 특허취소신청은 청구항이 둘 이상인 경우에 청구항마다 할 수 없지만, 무효심판은 청구항이 둘 이상인 경우에는 청구항마다 청구할 수 있다.

③ 특허취소신청은 물론이고 무효심판에서도 특허권자는 지정된 기간에 특허발명의 명세서 또는 도면에 대하여 정정청구를 할 수 있다.

④ 특허취소신청에 관한 심리는 서면으로 하는 반면에, 무효심판은 구술심리 또는 서면심리로 한다.

⑤ 특허취소신청은 특허권의 설정등록일부터 등록공고일 후 6개월이 되는 날까지 신청할 수 있으나, 무효심판은 특허권이 소멸된 후에도 청구할 수 있다.

08 거절이유통지에 관한 설명으로 옳지 <u>않은</u> 것은? (다툼이 있으면 판례에 따름)

① 심사관은 특허법 제62조(특허거절결정)에 따라 특허거절결정을 하고자 할 때에는 출원인에게 통지하고 기간을 정하여 의견서를 제출할 기회를 주어야 하지만, 보정각하 결정을 하려는 경우에는 그러하지 아니하다.

② 거절결정에 대한 심판청구를 기각하는 심결이유가 적어도 그 주지에 있어서 거절이유통지서의 기재이유와 부합하여야 하고, 거절결정에 대한 심판에서 그 거절결정의 이유와 다른 거절이유를 발견한 경우에는 특허출원인에게 새로운 거절이유에 대한 의견서 제출의 기회를 주어야 한다.

③ 거절이유통지를 받은 후 그 통지에 따른 의견서 또는 보정서 제출기한 내에 2회 이상 보정을 하는 경우, 각각의 보정절차에서 마지막 보정 전에 한 모든 보정은 취하된 것으로 본다.

④ 거절이유통지에서 지정된 기간이 경과하여 보정서와 의견서가 제출되더라도 등록 또는 거절결정 전에는 모두 수리하여야 한다.

⑤ 심사관은 청구범위에 둘 이상의 청구항이 있는 특허출원에 대하여 거절이유를 통지할 때에는 그 통지서에 거절되는 청구항을 명확히 밝히고, 그 청구항에 관한 거절이유를 구체적으로 적어야 한다.

09 발명의 유형에 따른 진보성 판단에 관한 설명으로 옳지 <u>않은</u> 것은? (다툼이 있으면 판례에 따름)

① 성질 또는 특성 등에 의해 물(物)을 특정하려고 하는 기재를 포함하는 특허발명과, 이와 다른 성질 또는 특성 등에 의해 물을 특정하고 있는 인용발명을 대비할 때, 특허 발명의 청구범위에 기재된 성질 또는 특성이 다른 정의 또는 시험·측정방법에 의한 것으로 환산한 결과 인용발명의 대응되는 것과 유사한 경우에는, 달리 특별한 사정이 없는 한, 양 발명은 발명에 대한 기술적인 표현만 달리할 뿐 실질적으로는 유사한 것으로 보아 진보성을 인정하기 어렵다.

② 출원 전에 공지된 발명이 가지는 구성요소의 범위를 수치로 한정한 특허발명은 그 과제 및 효과가 공지된 발명의 연장선상에 있고 수치한정의 유무에서만 차이가 있을 뿐 그 수치범위 내외에서 현저한 효과의 차이가 생기지 않는다면, 진보성이 부정된다.

③ 제법한정 물건발명의 기술적 구성을 파악함에 있어, 청구항에 제조방법과는 다른 기재가 있는 경우에도 제조방법 자체만으로 한정하여 출원 전에 공지된 선행기술과 비교하여 진보성이 있는지 여부를 살펴야 한다.

④ 청구항에 기재된 발명이 용도의 변경 또는 용도의 추가적 한정에 의해서만 선행기술과 구별되는 경우, 출원시 기술상식을 참작할 때 그 용도의 변경 또는 추가적 한정에 의해 더 나은 효과가 없으면 진보성은 인정되지 않는다.

⑤ 여러 선행문헌을 인용하여 특허발명의 진보성을 판단할 때에, 그 인용되는 기술을 조합 또는 결합하면 해당 특허발명에 이를 수 있다는 암시, 동기 등이 선행문헌에 제시되어 있는 경우 진보성은 부정될 수 있다.

10 특허법 제52조(분할출원)에 관한 설명으로 옳지 <u>않은</u> 것은?

① 특허출원이 외국어특허출원인 경우에는 그 특허출원에 대한 제42조의3(외국어특허출원 등) 제2항에 따른 국어번역문이 제출되지 않아도 분할할 수 있다.

② 특허법 제52조(분할출원) 제1항에 따라 분할출원을 하려는 자는 분할출원을 할 때에 특허출원서에 그 취지 및 분할의 기초가 된 특허출원의 표시를 하여야 한다.

③ 특허출원서에 최초로 첨부한 명세서에 청구범위를 적지 아니한 분할출원에 관하여는 제42조의2(특허출원일 등) 제2항에 따른 기한이 지난 후에도 분할출원을 한 날부터 30일이 되는 날까지는 명세서에 청구범위를 적는 보정을 할 수 있다.

④ 분할출원을 할 수 있는 권리를 가진 자는 원출원을 한 자 또는 그 승계인이고, 공동출원의 경우에는 원출원과 분할출원의 출원인 전원이 완전히 일치하여야 한다.

⑤ 분할출원의 경우에 제54조(조약에 의한 우선권주장)에 따른 우선권을 주장하는 자는 같은 조 제4항에 따른 서류를 같은 조 제5항에 따른 기간이 지난 후에도 분할출원을 한 날부터 3개월 이내에 특허청장에게 제출할 수 있다.

11 심결취소소송에 관한 설명으로 옳지 <u>않은</u> 것은? (다툼이 있으면 판례에 따름)

① 특허발명의 공동 출원인이 특허거절결정에 대한 취소심판청구에서 패소한 후 제기하는 심결취소소송은 심판청구인인 공동 출원인 전원이 공동으로 제기하여야 하는 고유 필수적 공동소송이라고 할 수 없으므로, 특허거절결정에 대한 심판에서 패소한 원고는 단독으로 심결의 취소를 구하는 소송을 제기할 수 있다.

② 특허청 심사관이 특허출원의 보정에 대한 각하결정을 한 후 '보정 전의 특허출원'에 대하여 거절결정을 하였고, 그에 대한 불복심판 절차에서 위 보정각하결정 및 거절결정이 적법하다는 이유로 심판청구를 기각하는 특허심판원의 심결이 있었는데 보정각하결정이 위법한 경우, 심결취소소송에서 법원은 그것만을 이유로 곧바로 심결을 취소할 수 없다.

③ 거절결정불복심판청구 기각 심결의 취소소송절차에서 특허청장은 거절결정의 이유 외에도 심사나 심판 단계에서 의견서 제출의 기회를 부여한 사유 및 이와 주요한 취지가 부합하는 사유를 해당 심결의 결론을 정당하게 하는 사유로 주장할 수 있고, 심결취소소송의 법원은 이를 심리·판단하여 심결의 당부를 판단하는 근거로 삼을 수 있다.

④ 거절결정불복심판청구를 기각하는 심결의 취소소송단계에서 특허청은 심결에서 판단되지 않은 것이라고 하더라도 거절결정의 이유와 다른 새로운 거절이유에 해당하지 않는 한 심결의 결론을 정당하게 하는 사유를 주장·입증할 수 있고, 심결취소소송의 법원은 달리 볼 만한 특별한 사정이 없는 한, 제한 없이 이를 심리 판단하여 판결의 기초로 삼을 수 있다.

⑤ 심결취소소송을 제기한 후 당사자 사이에 소를 취하하기로 하는 합의가 이루어졌다면 특별한 사정이 없는 한 소송을 계속 유지할 법률상의 이익이 소멸하여 당해 소는 각하되어야 한다.

12 특허권자의 보호에 관한 설명으로 옳지 <u>않은</u> 것은?

① 특허권자 또는 전용실시권자는 자기의 권리를 침해한 자 또는 침해할 우려가 있는 자에 대하여 그 침해의 금지 또는 예방을 청구할 수 있다.

② 특허권자 또는 전용실시권자가 침해의 금지 또는 예방을 청구할 때에는 침해행위를 조성한 물건(물건을 생산하는 방법의 발명인 경우에는 침해행위로 생긴 물건을 포함한다)의 폐기, 침해행위에 제공된 설비의 제거, 그 밖에 침해의 예방에 필요한 행위를 청구할 수 있다.

③ 특허권 또는 전용실시권 침해소송에서 특허권자 또는 전용실시권자가 주장하는 침해행위의 구체적 행위태양을 부인하는 당사자는 자기의 구체적 행위태양을 제시하여야 한다.

④ 당사자가 정당한 이유 없이 자기의 구체적 행위태양을 제시하지 않는 경우에는 법원은 특허권자 또는 전용실시권자가 주장하는 침해행위의 구체적 행위태양을 진실한 것으로 본다.

⑤ 법원은 타인의 특허권 또는 전용실시권을 침해한 행위가 고의적인 것으로 인정되는 경우에는 손해로 인정된 금액의 3배를 넘지 아니하는 범위에서 배상액을 정할 수 있다.

13 특허무효심판에 관한 설명으로 옳지 <u>않은</u> 것은? (다툼이 있으면 판례에 따름)

① 특허무효가 판결로 확정된 경우 특허권은 처음부터 특허발명 실시계약의 목적이 된 특허발명의 실시가 불가능한 경우가 아니라면 특허무효의 소급효에도 불구하고 그와 같은 특허를 대상으로 하여 체결된 특허발명 실시계약이 그 계약의 체결 당시부터 원시적으로 이행불능 상태에 있었다고 볼 수는 없다.

② 특별한 사정이 없는 한 특허권자의 실시권자는 특허권자로부터 권리의 대항을 받거나 받을 염려가 없으므로 무효심판을 청구할 수 있는 이해관계가 소멸되었다고 볼 수 있다.

③ 특허처분에 의하여 수인을 공유자로 하는 특허등록이 이루어졌다고 하더라도 특허무효심판에서 그 공유자 지분에 따라 특허를 분할하여 일부 지분만의 무효심판을 청구하는 것은 허용할 수 없다.

④ 특허는 일단 등록이 된 이상 이와 같은 심판 등에 의하여 특허를 무효로 한다는 심결 등이 확정되지 않는 한 유효한 것이고 다른 절차에서 그 당연 무효라고 판단할 수 없지만, 등록된 특허발명의 일부 또는 전부가 출원 당시 공지공용의 것인 경우에는 특허무효의 심결 등 유무에 관계없이 그 권리범위를 인정할 수 없다.

⑤ 특허무효심판절차에서 정정청구가 있는 경우 정정의 확정시기 및 정정의 허용 여부를 일체로 판단하여야 한다.

14 특허발명의 실시에 관한 설명으로 옳은 것을 모두 고른 것은? (다툼이 있으면 판례에 따름)

> ㄱ. "실시"란 '물건의 발명'인 경우 그 물건을 생산·사용·양도·대여 또는 수입하거나 그 물건의 양도 또는 대여의 청약(양도 또는 대여를 위한 전시를 포함한다)을 하는 행위를 말한다.
> ㄴ. '물건의 발명'에서 "생산"이란 발명의 구성요소 일부를 결여한 물건을 사용하여 발명의 구성요소를 가진 물건을 새로 만들어내는 행위를 의미하므로, 가공, 조립 등의 행위는 이에 포함되지 않는다.
> ㄷ. '물건의 발명'에 대한 특허권자 또는 특허권자로부터 허락을 받은 실시권자가 우리나라에서 그 특허발명이 구현된 물건을 적법하게 양도한 경우, 양수인이나 전득자가 그 물건을 사용, 양도하는 등의 행위에 대하여 특허권의 효력이 미치지 않는다.
> ㄹ. 타인의 특허발명을 허락 없이 실시한 자에게 과실이 없다고 하기 위해서는 특허권의 존재를 알지 못하였다는 점을 정당화할 수 있는 사정이 있다거나 자신이 실시하는 기술이 특허발명의 권리범위에 속하지 않는다고 믿은 점을 정당화할 수 있는 사정이 있다는 것을 주장·입증하여야 한다.

① ㄱ, ㄴ
② ㄱ, ㄷ
③ ㄱ, ㄹ
④ ㄱ, ㄷ, ㄹ
⑤ ㄴ, ㄷ, ㄹ

15 실용신안에 관한 설명으로 옳지 <u>않은</u> 것은 모두 몇 개인가?

> ㄱ. 실용신안등록출원에 대하여 심사청구가 있을 때에만 이를 심사한다.
>
> ㄴ. 출원심사의 청구는 취하할 수 없다.
>
> ㄷ. 실용신안등록출원인이 아닌 자가 출원심사의 청구를 한 후 그 실용신안등록출원서에 첨부한 명세서를 보정하여 청구범위에 적은 청구항의 수가 증가한 경우에는 그 증가한 청구항에 관하여 내야 할 심사청구료는 실용신안등록출원인이 내야 한다.
>
> ㄹ. 실용신안권 또는 전용실시권 침해행위를 조성한 물품 또는 그 침해행위로부터 생긴 물품은 몰수하거나 피해자의 청구에 따라 그 물품을 피해자에게 교부할 것을 선고해야 한다.

① 0개

② 1개

③ 2개

④ 3개

⑤ 4개

16 특허법 제51조(보정각하)에 관한 설명으로 옳지 <u>않은</u> 것은? (다툼이 있으면 판례에 따름)

① 특허법 제51조 제1항 본문에 의하면, 심사관은 청구항을 삭제하는 보정을 제외하고, 특허법 제47조(특허출원의 보정) 제1항 제2호 및 제3호에 따른 보정이 그 보정에 따라 새로운 거절이유가 발생한 것으로 인정하면 결정으로 그 보정을 각하하여야 한다.

② 특허법 제51조 제1항 본문의 '새로운 거절이유가 발생한 것'이란 해당 보정으로 인하여 이전에 없던 거절이유가 새롭게 발생한 경우를 의미하는 것이다.

③ 기재불비의 최후거절이유를 통지함에 따라 이를 해소하기 위한 보정으로 청구항이 신설된 경우, 신설된 청구항이 청구항을 정리하면서 발생하는 불가피한 경우로서 청구범위를 감축하는 경우가 아니라면 심사관은 결정으로 그 보정을 각하하여야 한다.

④ 미완성 발명을 이유로 하는 최초거절이유를 통지함에 따라 이를 해소하기 위하여 미완성 발명을 완성시키는 보정을 한 경우라고 심사관이 인정하면 결정으로 그 보정을 각하하여야 한다.

⑤ 최후거절이유통지에 대한 의견서제출기간 내에 단순히 청구항을 삭제하는 보정을 하면서 삭제된 청구항을 인용하던 종속항에서 그 인용번호를 잘못 변경함으로써 기재불비가 발생한 경우, 심사관은 거절이유를 통지하여 출원인에게 보정의 기회를 부여하여야 한다.

17 특허권의 공유에 관한 설명으로 옳은 것은? (다툼이 있으면 판례에 따름)

① 공동발명자가 되기 위해서는 발명의 완성을 위하여 단순히 아이디어를 제공하거나 관리하는 수준을 넘어 실질적으로 상호 협력하는 관계가 있어야 하므로, 발명에 대한 새로운 착상을 구체화하고 공동 연구자에 대한 구체적인 지도를 하여 발명을 가능케 하였다고 하더라도 공동발명자에 해당하지 않는다.

② 당사자계 심판에 대한 심결취소소송은 공유자 전원이 공동으로 제기하여야만 하는 고유필수적 공동소 송이라는 것이 판례의 태도이다.

③ 특허권의 각 공유자에게 민법상의 공유물분할청구권을 인정하더라도 특허법 제99조(특허권의 이전 및 공유 등)에 반하지 아니하고, 달리 분할청구를 금지하는 특허법 규정이 없음에도 불구하고, 각 공유자 에게 특허권을 부여하는 방식의 현물분할은 허용되지 않는다.

④ 심결취소소송에 관한 보존행위설 또는 유사필수적 공동소송설에 의하면, 특허권 공유자 중 1인이 단독 으로 제기한 소는 일종의 방해배제청구소송이므로 부적법하여 각하하여야 한다.

⑤ 특허법 제99조(특허권의 이전 및 공유 등)의 규정은 특허권 공유관계의 특수성을 고려하여 다른 공유자 의 동의 없는 지분의 양도를 금지하면서, 특허권의 공유를 합유관계로 본다는 명문의 규정이다.

18 특허권 침해에 관한 설명으로 옳지 <u>않은</u> 것은? (다툼이 있으면 판례에 따름)

① 물건에 관한 특허발명의 존재를 모르고 특허발명을 실시하는 기계를 구입하여 설명서대로 조작한 것뿐 이라는 사정만으로 특허침해에 관한 과실의 추정을 번복할만한 정당한 사유라고 볼 수 없다.

② 특허권의 존재를 모른 채 도급계약에 따라 제3자 특허발명의 실시제품을 생산하였을 뿐, 계약상대방 이외의 자에게 생산된 제품을 판매하지 않았다는 사정만으로 특허침해에 관한 과실의 추정을 번복할만 한 정당한 사유라고 볼 수 없다.

③ 균등침해를 판단하기 위하여 '과제해결원리가 동일'한지 여부를 가릴 때에는 명세서에 적힌 발명의 상 세한 설명의 기재는 물론 출원 당시의 공지기술을 참작하여 기술사상의 핵심을 실질적으로 판단하여야 한다.

④ 특허권에 대한 침해의 금지를 청구하는 경우 청구의 대상이 되는 제품이나 방법은 사회통념상 침해의 금지를 구하는 대상으로서 다른 것과 구별될 수 있는 정도로 구체적으로 특정되면 족하다.

⑤ 특허권 침해죄에 관한 공소사실의 특정은 피고인의 방어권 행사에 지장 없는 정도이면 족하므로, 청구 범위를 기재하는 것으로 그 보호대상을, 침해자의 행위태양을 기재함으로써 공소사실을 특정해야 한다 는 것이 판례의 태도이다.

19 권리범위확인심판에 관한 설명으로 옳은 것을 모두 고른 것은? (다툼이 있으면 판례에 따름)

> ㄱ. 일단 적법하게 발생한 특허권이라 할지라도 그 권리가 소멸된 이후에는 그에 대한 권리범위확인을 구할 이익이 없어진다.
>
> ㄴ. 권리범위확인심판에서 특허발명과 대비되는 확인대상발명이 자유실시기술인 경우에도 특허발명과 대비하여 확인대상발명이 특허발명 청구범위에 나타난 구성요소의 문언 침해에 해당하는지 판단하여야 한다.
>
> ㄷ. 계속 중인 특허침해소송에서 특허권의 효력이 미치는 범위를 확정할 수 있더라도 이를 이유로 침해소송과 별개로 청구된 권리범위확인심판의 심판청구의 이익이 부정된다고 볼 수 없다.
>
> ㄹ. 특허발명이 공지의 기술인 경우 등을 제외하고는 특허발명의 진보성이 부정되는 경우에도 권리범위확인심판에서 등록되어 있는 특허권의 효력을 당연히 부인할 수는 없다.
>
> ㅁ. 소극적 권리범위 확인심판에서는 현재 실시하는 것만이 아니라 장래 실시 예정인 것도 심판 대상으로 삼을 수 있으므로, 심판 대상으로 특정한 확인대상발명이 특허권의 권리범위에 속하지 않는다는 점에 관하여는 아무런 다툼이 없는 경우라도 소극적 권리범위확인심판 청구의 이익이 있다.

① ㄱ, ㄴ

② ㄱ, ㄷ, ㄹ

③ ㄱ, ㄷ, ㅁ

④ ㄴ, ㄷ, ㄹ

⑤ ㄴ, ㄷ, ㄹ, ㅁ

20 특허권의 간접침해를 규정한 특허법 제127조(침해로 보는 행위)에 관한 설명으로 옳지 <u>않은</u> 것은? (다툼이 있으면 판례에 따름)

① 시장에서 다른 용도로 판매되고 있어 오로지 특허발명의 생산에만 사용되는 전용물이 아니더라도, 그것이 특허발명의 과제해결에 필수불가결한 기능을 하고, 당사자가 그 물건이 특허발명의 실시에 사용된다는 사정을 알면서 업으로 이를 공급한다면 특허법 제127조에서 정한 간접침해에 해당한다.

② 특허법 제127조 규정은 특허권 침해에 대한 권리구제의 실효성을 높이기 위하여 일정한 요건 아래 이를 특허권의 침해로 간주하더라도 특허권이 부당하게 확장되지 않는다고 본 것이라고 이해된다.

③ 특허권자가 실시권자와의 계약에서 "본 계약에서 부여한 실시권을 다른 자에게 허락할 수 없다"고 규정하고 있는데도 불구하고, 실시권자와의 계약으로 특허발명의 실시에만 사용하는 물건을 생산하여 실시권자에게만 양도한 자의 행위는 당해 특허권에 대한 간접침해에 해당하지 아니한다.

④ 특허권 제127조는 "특허권을 침해한 것으로 본다"고 규정하고 있으나, 본 규정이 특허권 침해행위를 처벌하는 형벌법규인 특허권 침해죄의 구성요건을 규정한 것은 아니다.

⑤ 특허권의 속지주의 원칙상 특허권은 등록된 국가의 영역 내에서만 효력이 미치므로, 특허가 물건의 발명인 경우 국외에서 행한 그 물건의 '생산'행위에 대해 간접침해가 성립할 수 없다.

21 상표의 식별력에 관한 설명으로 옳지 <u>않은</u> 것은? (다툼이 있으면 판례에 따름)

① 상표의 구성 중 식별력이 없거나 미약한 부분이 거래사회에서 오랜 기간 사용된 결과 수요자 간에 누구의 업무에 관련된 상품을 표시하는 것인가 현저하게 인식되어 있는 경우에는 그 부분은 사용된 상품에 관계없이 식별력 있는 요부로 보아 상표의 유사여부를 판단할 수 있다.

② 상품의 성질, 품질 등의 특성에 대한 정보를 직감하게 하는 표장을 기술적 표장이라 하고, 상품의 특성을 파악하기 위하여 상상, 사고, 지각 등의 사고과정을 요하는 암시적 표장이라 한다.

③ 간단하고 흔히 있는 표장만으로 된 상표라 하더라도 식별력을 취득하면 등록을 받을 수 있다.

④ 디자인과 상표는 배타적·선택적인 관계에 있는 것이 아니므로 디자인이 될 수 있는 형상이나 모양이라고 하더라도 그것이 상표의 본질적인 기능이라고 할 수 있는 자타 상품의 출처표시를 위하여 사용되는 것으로 볼 수 있는 경우에는 상표로서의 사용이라고 보아야 한다.

⑤ 협의의 식별력이란 자신과 타인의 상품을 구별하여 인식하게 하는 힘을 의미한다.

22 상표법 제33조(상표등록의 요건)에 관한 설명으로 옳지 <u>않은</u> 것은? (다툼이 있으면 판례에 따름)

① 상품의 보통명칭을 보통으로 사용하는 방법으로 표시한 표장만으로 된 상표는 본질적인 식별력이 없다.

② 사용에 의한 식별력을 취득하는 상표는 실제로 사용한 상표 그 자체에 한하는 것은 아니고 그와 유사한 상표에 대하여까지 식별력 취득을 인정할 수 있으며, 그와 유사한 상표의 장기간 사용은 위 식별력 취득에 도움이 되는 요소이다.

③ 어떤 상표가 상품의 원재료를 표시하는 것인가의 여부는 그 상표의 관념, 지정상품과의 관계, 현실 거래사회의 실정 등에 비추어 객관적으로 판단하여야 한다.

④ 현저한 지리적 명칭이란 일반 수요자에게 널리 알려진 지명을 말하는 것으로, 그 판단에 있어서는 교과서, 언론 보도, 설문조사 등을 비롯하여 일반 수요자의 인식에 영향을 미칠 수 있는 여러 사정을 종합적으로 고려하여 합리적으로 판단하여야 한다.

⑤ 흔히 있는 성(性) 또는 명칭을 보통으로 사용하는 방법으로 표시한 표장만으로 된 상표에서 '흔히 있는 성 또는 명칭'이라 함은 현실적으로 다수가 존재하는 것으로 인식되고 있는 자연인의 성 또는 법인, 단체, 상호임을 표시하는 명칭, 아호, 예명, 필명 또는 그 약칭 등을 말한다.

23 상표법 제90조(상표권의 효력이 미치지 아니하는 범위)에 관한 설명으로 옳은 것은? (다툼이 있으면 판례에 따름)

① 상표법 제90조 제1항 제1호의 자기의 성명·명칭 또는 상호·초상·서명·인장 등을 상거래 관행에 따라 사용하는 상표에 대하여는 상표권의 효력이 미치지 아니하며, 상표권의 설정등록이 있은 후에 부정경쟁의 목적으로 사용하는 경우에도 상표권의 효력이 미치지 아니한다.

② 상표법 제90조 제1항 제1호의 자기의 성명·명칭 또는 상호·초상·서명·인장 등을 상거래 관행에 따라 사용하는 상표에서 성명·명칭 또는 상호·초상·서명·인장 등은 저명할 것을 요건으로 한다.

③ 상표법 제90조 제1항 제2호의 보통명칭 또는 기술적 표장에 해당하는지 여부는 권리범위 확인심판에서는 심결시, 침해금지청구소송에서는 판결시를 기준으로 판단하여야 한다.

④ 전체적으로 볼 때 일반 수요자를 기준으로 사용상품의 품질·효능·용도 등을 표시하는 것으로 직감할 수 있을 정도로 도안화된 상표는 상표법 제90조 제1항 제2호에 해당하여 이에 대하여는 상표권의 효력이 미치지 아니한다.

⑤ 둘 이상의 문자·도형 등의 조합으로 이루어진 결합상표의 경우 분리인식될 수 있는 일부분이 상표법 제90조의 상표권의 효력이 미치지 아니하는 범위의 상표에 해당하는 경우, 그 일부분에만 효력이 제한 되는 것은 아니므로 그 부분을 제외한 나머지 부분을 기초로 상표 유사여부를 판단할 수 없다.

24 마드리드 의정서에 의한 국제출원에 관한 설명으로 옳지 않은 것은? (다툼이 있으면 판례에 따름)

① 국제상표등록출원의 기초가 되는 국제등록의 전부 또는 일부가 소멸된 경우에는 그 소멸된 범위에서 해당 국제상표등록출원은 지정상품의 전부 또는 일부에 대하여 취하된 것으로 본다.

② 국제등록명의인은 국제등록된 지정국을 추가로 지정하는 사후지정을 신청할 수 있고, 이 경우 국제등록 된 지정상품의 전부 또는 일부에 대하여 사후지정을 할 수 있다.

③ 국제출원은 본국관청에 계속 중인 기초출원 또는 기초등록을 기초로 하여 출원하여야 한다.

④ 국제등록은 기초출원(등록)에 종속적이므로 기초출원일로부터 5년이 경과하기 전까지 기초출원(등록) 이 실효되면 취소된다.

⑤ 국제출원서와 그 출원에 필요한 서류는 특허청장에게 도달한 날부터 그 효력이 발생하며, 우편으로 제출된 경우에도 또한 같다.

25 甲은 2017년 1월 7일경부터 본인이 판매하는 자동차용품에 붙여 사용한 A(기술적 표장)를 2018년 11월 26일 출원하였고, 출원 전부터 활발하게 사용된 A상표는 2019년 4월경 거래사회에서 일반수요자나 거래자에게 특정인의 상품에 관한 출처를 표시하는 것으로 현저하게 인식되었으며, 2020년 1월 8일 등록결정되었다. 이와 관련하여 옳은 것을 모두 고른 것은? (다툼이 있으면 판례에 따름)

> ㄱ. A상표는 출원 후에 특정인의 상품 출처를 표시하는 것으로 현저하게 인식되었으나 출원 시 식별력 없는 기술적 표장에 불과하므로 등록결정을 받을 수 없다.
>
> ㄴ. 식별력 없는 기술적 표장이라고 할지라도 사용에 의한 식별력을 취득하면 예외적으로 상표 등록을 인정해 주는 상표법 제33조(상표등록의 요건) 제2항의 적용은 출원경제 등을 이유로 상표등록여부 결정을 할 때를 기준으로 판단하여야 하므로 A상표는 등록결정을 받을 수 있다.
>
> ㄷ. 일반수요자의 A상표에 대한 상품표지로서의 인식은 익명의 존재로서의 추상적 출처이면 족한 것이지 구체적으로 甲의 성명이나 명칭까지 인식할 필요는 없다.
>
> ㄹ. A상표는 출원 시 비록 기술적 표장에 불과하였지만 등록여부결정 전까지 사용에 의한 식별력을 취득하여 등록된 이상 식별력 있는 표장으로서 상표법 제90조(상표권의 효력이 미치지 아니하는 범위) 제1항 제2호에 의한 상표권 효력 제한을 받지 않는다.

① ㄱ, ㄴ

② ㄴ, ㄹ

③ ㄷ, ㄹ

④ ㄱ, ㄴ, ㄷ

⑤ ㄴ, ㄷ, ㄹ

26 다음 중 상표법 제89조(상표권의 효력)에 규정된 상표권자의 독점할 권리의 범위를 침해하는 것은 모두 몇 개인가? (단, 다음의 행위들은 정당한 권원이 없는 것으로 간주함)

> • 타인의 등록상표와 동일한 상표가 표시된 지정상품과 동일한 상품을 양도하기 위하여 소지하는 행위
> • 타인의 등록상표와 동일한 상표가 표시된 지정상품과 유사한 상품을 인도하기 위하여 소지하는 행위
> • 타인의 등록상표와 동일한 상표가 표시된 지정상품과 동일한 상품을 양도 목적으로 전시하는 행위
> • 타인의 등록상표와 동일한 상표가 표시된 지정상품과 동일한 상품을 인도 목적으로 수입하는 행위
> • 타인의 등록상표와 동일한 상표를 지정상품과 동일한 상품의 포장에 표시한 것을 양도한 경우

① 1개

② 2개

③ 3개

④ 4개

⑤ 5개

27 상표법상 심판에 관한 설명으로 옳지 <u>않은</u> 것은? (다툼이 있으면 판례에 따름)

① 권리범위 확인심판에는 형성적 효력이 인정되지 않는다.

② 소극적 권리범위 확인심판에서 심판대상인 문자와 도형으로 구성된 결합상표를 문자 부분만으로 이루어진 상표로 변경하는 것은 확인대상표장의 동일성에 영향을 미치는 청구의 변경이므로 허용되지 않는다.

③ 확인대상표장을 디자인적으로 사용하는 것은 출처표시기능을 하는 상표적 사용이 아니므로 확인대상표장이 등록상표의 권리범위에 속하지 아니한다는 확인을 구하는 심판은 확인의 이익이 없다.

④ 피심판청구인의 상표등록출원행위가 심판청구인에 대한 관계에서 사회질서에 위반된 것으로서 심판청구인에 대하여 상표권의 효력이 없다는 대인적인 상표권 행사의 제한사유를 주장하면서 제기한 권리범위 확인심판은 상표권의 효력이 미치는 범위에 관한 권리확정과는 무관하므로 확인의 이익이 없다.

⑤ 甲의 선사용상표가 출원되지 않은 것을 기화로 乙은 甲이 상표를 사용하던 상품과 동일한 상품에 상표등록출원을 하여 상표등록을 받았는바, 甲이 자신의 사용상표와 乙의 등록상표는 표장과 그 사용(지정)상품이 동일하거나 유사하다고 다투지 않고 선사용권을 근거로 甲의 사용상표(확인대상표장)가 乙의 상표의 권리범위에 속하지 아니한다고 제기한 심판은 확인의 이익이 없다.

28 상표법상 사용권에 관한 설명으로 옳은 것은? (다툼이 있으면 판례에 따름)

① 상표권자가 '상표에 관한 어떠한 경우라도 독점적인 권리를 부여하지 않고, 다만 사용권자가 상표권자의 상표를 사용할 권리를 부여하며 사용권자의 상표사용에 대하여 상표침해의 책임을 묻지 않는다.'는 내용으로 사용권을 설정한 경우에 제3자가 무단으로 상표를 사용하더라도 그 사용권자에 대한 상표법 제230조(침해죄)는 성립하지 않는다.

② 상표권 권리범위 전부에 대하여 전용사용권이 설정된 경우에 제3자가 그 상표를 정당한 법적 권한 없이 사용하면 전용사용권자가 금지청구권을 행사하므로 상표권자는 금지청구권을 상실한다.

③ 상표권자가 자신의 상표권에 설정된 질권을 상속받은 경우 상속에 관한 사항을 등록하지 아니하면 그 효력이 발생하지 않는다.

④ 상표권자 甲은 자신의 상표권에 대하여 조그만 개인 식당을 운영하던 아버지에게 전용사용권을 설정하여 주었는데, 아버지가 사망하여 전용사용권을 甲이 단독 상속하는 경우라면 상속에 관한 사항을 등록하여야 제3자에게 대항할 수 있다.

⑤ 상표권 권리범위 전부에 대하여 전용사용권을 설정한 경우라도 상표권자가 상표를 사용하는 것이라면 전용사용권의 침해가 성립되지 않는다.

29 상표의 사용에 관한 설명으로 옳은 것은? (다툼이 있으면 판례에 따름)

① 신문에 등록상표의 등록번호와 상표를 기재하고, 그 상표에 대하여 '타사의 컴퓨터 및 전자오락기구를 오인, 혼동하여 현혹 없기를 바란다.'고 기재한 것은 지정상품에 대한 광고로 볼 수 있으므로 상표법 제2조(정의)상 상표의 사용으로 볼 수 있다.

② 소관부처로부터 등록상표의 지정상품인 의약품의 제조나 수입에 관한 품목별허가를 받지 아니한 상태에서 신문에 1년 못미처 한 차례씩 그 상표를 광고하였거나 국내의 일부 특정지역에서 해당 상표를 부착한 지정상품이 판매된 경우라면 불사용으로 인한 상표등록취소심판에서의 정당한 사용이 있었다고 볼 수 없다.

③ 상품의 선전광고나 판매촉진 또는 고객에 대한 서비스 제공 등의 목적으로 그 상품과 함께 또는 이와 별도로 고객에게 무상으로 배부되는 이른바 '광고매체가 되는 물품'은 비록 그 물품에 표시된 상표 이외의 다른 문자나 도형 등에 의하여 광고하고자 하는 상품의 출처표시로 사용된 것으로 인식할 수 있는 등의 특별한 사정이 없더라도 이러한 물품에 상표를 표시한 것은 상표법 제2조(정의)상 상표의 사용으로 볼 수 있다.

④ 자신의 상표가 아니라 주문자가 요구하는 상표로 상품을 생산하여 주는 주문자상표부착생산 방식(이른바 OEM 방식)에 의한 수출의 경우, 불사용으로 인한 상표등록취소심판에서 누가 상표를 사용한 것인지를 판단하는데 있어서는 특단의 사정이 없는 한 국내에서 실제로 상품 또는 상품을 제조하면서 포장에 상표를 표시하였는지 여부를 가지고 판단하여야 하므로 국내의 생산자에 의해 상표가 사용된 것으로 볼 수 있다.

⑤ 상표권자가 외국에서 자신의 등록상표를 상품에 표시하고 우리나라에서 직접 또는 대리인을 통하여 그 상품을 거래한 바 없이, 상표권자가 등록상표를 표시한 그대로 그 상품이 제3자에 의하여 정상적으로 국내로 수입되어 유통됨에 따라 사회통념상 국내의 거래자나 수요자에게 그 상표가 상표권자의 업무에 관련된 상품을 표시하는 것으로 인식되는 경우라도 상표권자가 직접 유통시킨 것이 아니므로 특단의 사정이 없는 한 불사용으로 인한 상표등록취소심판에서 그 상표를 표시한 상표권자가 국내에서 상표를 불사용한 것으로 볼 수 있다.

30 상표에 관한 설명으로 옳지 <u>않은</u> 것은?

① 무역관련 지적재산권에 관한 협정(TRIPs 협정)상 상표 불사용으로 인하여 상표등록을 취소하기 위한 계속적인 불사용의 최소기간은 3년이다.

② 국내에 영업소가 없는 외국인은 그 외국인이 속하는 국가에서 우리나라 국민에게 그 국민과 같은 조건으로 상표권을 인정하는 경우에 상표권이나 상표에 관한 권리를 누릴 수 있다.

③ 국내에 주소가 없는 외국인은 우리나라가 그 외국인에 대하여 상표권 또는 상표에 관한 권리를 인정하는 경우에는 그 외국인이 속하는 국가에서 대한민국 국민에 대하여 그 국민과 같은 조건으로 상표권 또는 상표에 관한 권리를 인정하는 경우에 상표권이나 상표에 관한 권리를 누릴 수 있다.

④ 국내에 주소가 없는 외국인은 우리나라와 그 외국인이 속하는 국가 사이에 체결된 자유무역협정에서 상표권 또는 상표에 관한 권리를 인정하는 경우에 상표권이나 상표에 관한 권리를 누릴 수 있다.

⑤ 무역관련 지적재산권에 관한 협정(TRIPs 협정)은 회원국의 자율적 결정사항으로 상표권의 강제사용권을 인정하고 있다.

31 디자인보호법상 디자인권에 관한 설명으로 옳지 <u>않은</u> 것은?

① 특허청장은 디자인권의 설정등록을 하였을 때에는 산업통상자원부령으로 정하는 바에 따라 디자인권 자에게 디자인등록증을 발급하여야 한다.

② 글자체가 디자인권으로 설정등록된 경우 그 디자인권은 타자·조판 또는 인쇄 등의 통상적인 과정에서 글자체를 사용하는 경우에 그 효력이 미친다.

③ 디자인등록출원인은 디자인권의 설정등록일부터 3년 이내의 기간을 정하여 그 디자인을 비밀로 할 것 을 청구할 수 있다.

④ 디자인권자는 디자인권을 포기할 수 있으며, 디자인권은 포기하였을 때부터 효력이 소멸된다.

⑤ 디자인일부심사등록 이의신청에 대한 디자인등록취소결정이 확정된 때에는 그 디자인권은 처음부터 없었던 것으로 본다.

32 디자인보호법상 심판에 관한 설명으로 옳지 <u>않은</u> 것은? (다툼이 있으면 판례에 따름)

① 디자인권의 권리범위 확인심판 청구에 있어서 복수디자인등록출원된 디자인등록에 대하여는 각 디자 인마다 권리범위 확인심판을 청구하여야 한다.

② 디자인등록을 받을 수 있는 권리의 공유자가 그 공유인 권리에 관하여 심판을 청구할 때에는 공유자 모두가 공동으로 청구하여야 한다.

③ 공유인 디자인권의 디자인권자에 대하여 심판을 청구할 때에는 공유자 일부를 피청구인으로 할 수 있다.

④ 심사 또는 디자인일부심사등록 이의신청 절차에서 밟은 디자인에 관한 절차는 디자인등록거절결정 또 는 디자인등록취소결정에 대한 심판에서도 그 효력이 있다.

⑤ 등록디자인에 대한 등록무효심결이 확정되기 전이라고 하더라도 등록디자인이 공지디자인 등에 의하 여 용이하게 창작될 수 있어 그 디자인등록이 무효심판에 의하여 무효로 될 것이 명백한 경우에는 디자 인권에 기초한 침해금지 또는 손해배상 등의 청구는 특별한 사정이 없는 한 권리남용에 해당하여 허용 되지 아니한다.

33 디자인의 유사여부 판단에 관한 설명으로 옳지 <u>않은</u> 것은? (다툼이 있으면 판례에 따름)

① 등록디자인이 신규성이 있는 부분과 함께 공지의 형상과 모양을 포함하고 있는 경우 디자인권의 권리범위를 정함에 있어서는 공지 부분의 중요도를 낮게 평가하여야 한다.

② 글자체 디자인은 물품성을 요하지 않고, 구조적으로 그 디자인을 크게 변화시키기 어려운 특성이 있으므로, 글자체 디자인의 고유한 특성을 충분히 참작하여 그 유사 여부를 판단하여야 한다.

③ 디자인의 등록요건 판단에 있어 그 유사 여부는 그 구성요소 중 물품의 기능을 확보하는 데 필요한 형상 또는 공지의 형상 부분이 있다고 하여도 그것이 특별한 심미감을 불러일으키는 요소가 되지 못하는 것이 아닌 한 그것까지 포함하여 전체로서 관찰하여 느껴지는 장식적 심미감에 따라 판단하여야 한다.

④ 대비되는 디자인의 대상 물품들이 다 같이 그 기능 내지 속성상 사용에 의하여 당연히 형태의 변화가 일어나는 경우에 그 디자인의 유사 여부는 형태의 변화 전후에 따라 서로 변화된 상태에서 각각 대비한 다음 이를 세부적인 부분으로 나누어 판단하여야 한다.

⑤ 보는 방향에 따라 느껴지는 미감이 같기도 하고 다르기도 할 경우에는 그 미감이 같게 느껴지는 방향으로 두고 이를 대비하여 유사 여부를 판단하여야 한다.

34 디자인보호법상 비밀디자인제도에 관한 설명으로 옳지 <u>않은</u> 것은?

① 비밀디자인으로 청구된 디자인등록출원에 대하여 출원공개신청이 있는 경우에는 비밀디자인 청구는 철회된 것으로 본다.

② 국제디자인등록출원에 대하여는 제43조(비밀디자인)를 규정을 적용하지 아니한다.

③ 특허청장은 디자인권 침해의 경고를 받을 우려가 있는 자가 열람청구한 경우 비밀디자인의 열람청구에 응하여야 한다.

④ 비밀디자인의 열람청구에 따라 비밀디자인을 열람한 자는 그 열람한 내용을 무단으로 촬영·복사 등의 방법으로 취득하거나 알게 된 내용을 누설하여서는 아니 된다.

⑤ 타인의 디자인권 또는 전용실시권을 침해한 자는 그 침해행위에 대하여 과실이 있는 것으로 추정하되, 비밀디자인으로 설정등록된 디자인권 또는 전용실시권의 침해에 대하여는 그러하지 아니하다.

35 디자인보호법상 디자인일부심사등록제도에 관한 설명으로 옳지 <u>않은</u> 것은?

① 법인이 아닌 사단 또는 재단으로서 대표자 또는 관리인이 정하여져 있는 경우에는 그 사단 또는 재단의 이름으로 디자인일부심사등록 이의신청인이 될 수 있다.

② 디자인일부심사등록출원을 할 수 있는 디자인은 물품류 구분 중 산업통상자원부령으로 정하는 물품으로 한정한다. 이 경우 해당 물품에 대하여는 디자인일부심사등록출원으로만 출원할 수 있다.

③ 누구든지 디자인일부심사등록출원에 따라 디자인권이 설정등록된 날부터 디자인일부심사등록 공고일 후 3개월이 되는 날까지 그 디자인일부심사등록이 조약에 위반된 경우 특허청장에게 디자인일부심사등록 이의신청을 할 수 있다.

④ 심판장은 심판에서 필요하면 그 심판사건과 관련되는 디자인일부심사등록 이의신청에 대한 결정 또는 다른 심판의 심결이 확정되거나 소송절차가 완결될 때까지 그 절차를 중지할 수 있다.

⑤ 디자인일부심사등록 이의신청에 대한 각하결정과 이의신청기각결정에 대하여는 불복할 수 있다.

36 디자인보호법 제33조(디자인등록의 요건) 제1항 '공업상 이용가능성'에 관한 설명으로 옳지 <u>않은</u> 것은? (다툼이 있으면 판례에 따름)

① 공업상 이용가능성이란 공업적 방법에 의하여 양산될 수 있는 것을 의미하므로 물품을 양산할 수 있다고 하더라도 수공업적 생산방법에 의할 경우에는 공업상 이용가능성이 없는 것으로 본다.

② 디자인등록출원서에 첨부된 도면에 서로 불일치한 부분이 있다고 하더라도 그 디자인분야에서 통상의 지식을 가진 자가 경험칙에 의하여 디자인의 요지를 충분히 특정할 수 있는 경우 공업적 생산방식에 의하여 동일물품을 양산할 수 있다고 본다.

③ 화상디자인이 물품에 일시적으로 구현된 경우에도 그 물품은 화상디자인을 표시한 상태에서 공업상 이용가능성이 있는 것으로 본다.

④ 식품디자인의 경우 액상·분상·분절된 조각 등으로 구성되어 생산부터 판매까지 동일한 형상을 유지하지 못하는 경우에는 공업상 이용가능성이 없는 것으로 보지만, 유통과정에서 냉동 등의 방식으로 판매 시까지 동일한 형상을 유지하는 경우에는 공업상 이용가능성이 있는 것으로 본다.

⑤ 안경과 같이 물품의 특성상 전부 또는 일부가 투명한 것이 명백한 경우 디자인의 설명란에 투명하다는 취지의 기재가 없더라도 디자인의 구체성이 인정되어 공업상 이용가능성이 있는 것으로 본다.

37 복수디자인에 관한 설명으로 옳지 **않은** 것은?

① 디자인등록출원을 하려는 자는 산업통상자원부령으로 정하는 물품류 구분에서 같은 물품류에 속하는 물품에 대하여는 100 이내의 디자인을 1디자인등록출원으로 할 수 있다.

② 디자인등록출원인은 복수디자인등록출원된 디자인의 전부 또는 일부에 대하여 비밀로 할 것을 청구할 수 있다.

③ 디자인등록출원인은 복수디자인등록출원된 디자인의 전부 또는 일부에 대하여 공개를 신청할 수 있다.

④ 심사관은 복수디자인등록출원된 디자인 중 일부 디자인에만 거절이유가 있을 경우에 출원된 디자인 전부에 대하여 디자인등록거절결정을 해야 한다.

⑤ 복수디자인등록된 디자인권은 각 디자인권마다 분리하여 이전할 수 있다.

38 디자인등록출원의 보정에 관한 설명으로 옳은 것은?

① 물품명의 보정에 있어, 최초 제출한 도면 등을 기준으로 판단하여 단순한 착오나 오기를 정정하는 것이라도 디자인의 대상이 되는 물품의 명칭이 동일물품 외의 물품으로 보정되는 경우에는 요지변경으로 본다.

② 디자인등록출원인이 심사관의 보정각하결정에 대해 심판을 청구한 경우에도 심사관은 디자인등록출원에 대한 심사를 계속할 수 있다.

③ 디자인등록출원인은 관련디자인등록출원을 단독의 디자인등록출원으로 변경하는 보정은 할 수 있으나, 단독의 디자인등록출원을 관련디자인등록출원으로 변경하는 보정은 할 수 없다.

④ 국제디자인등록출원인은 디자인심사등록출원을 디자인일부심사등록출원으로 변경하는 보정을 할 수 있다.

⑤ 복수디자인등록출원을 한 경우(국제디자인등록출원은 제외) 도면의 보정에 있어, 디자인의 일부를 취하하기 위하여 출원디자인의 일부를 삭제 보정하는 경우에는 요지변경이 아닌 것으로 보지만, 출원서에 적힌 디자인의 수에 맞춰 도면을 추가로 제출하는 경우에는 요지변경으로 본다.

39 관련디자인에 관한 설명으로 옳은 것은?

① 관련디자인등록출원은 그 디자인이 기본디자인의 디자인등록출원일 이후의 기본디자인과 동일 또는 유사한 자기의 선행하는 공지디자인과 유사한 경우 디자인보호법 제33조(디자인등록의 요건) 제1항에 의하여 거절결정 된다.

② 기본디자인의 디자인권에 전용실시권이 설정되어 있는 경우에는 그 기본디자인에 관한 관련디자인은 디자인등록을 받을 수 없다.

③ 기본디자인의 물품명칭과 관련디자인등록출원의 물품명칭이 다른 경우 심사관은 직권으로 관련디자인 등록출원의 물품명칭을 기본디자인의 물품명칭으로 변경하는 보정을 하여야 한다.

④ 기본디자인권의 취소·포기 또는 무효심결로 인하여 소멸되는 경우 관련디자인권은 동시에 소멸한다.

⑤ 관련디자인은 기본디자인과 독립적인 효력을 가지므로 기본디자인의 디자인권과 관련디자인의 디자인 권은 각각 다른 사람에게 분리하여 이전할 수 있다.

40 디자인등록출원에 관한 설명으로 옳지 <u>않은</u> 것은?

① 디자인보호법 제40조(1디자인 1디자인등록출원)에 위반되나 착오로 등록된 등록디자인은 무효심판의 사유가 된다.

② 용기가 결합된 양초와 같이, 물품의 형상·모양·색채를 나타내기 위하여 부가적인 물품이 결합되어 생산되고 일체화된 상태로 사용되는 경우에는 디자인보호법 제40조(1디자인 1디자인등록출원)를 위반한 것으로 보지 않는다.

③ 2 이상의 디자인을 1디자인등록출원으로 출원한 자가 디자인등록출원의 일부를 1 이상의 새로운 디자인등록출원으로 분할하여 출원한 후, 분할된 출원이 2 이상의 디자인을 포함할 경우 이를 다시 1 이상의 새로운 디자인등록출원으로 분할하여 출원할 수 있다.

④ 한 벌 물품의 디자인 도면을 제출할 경우 각 구성물품의 하나의 디자인을 도면과 3D 모델링 도면을 혼합하여 표현할 수 없고 도면 또는 3D 모델링 도면 중 한가지로 통일되게 표현해야 한다.

⑤ 디자인등록출원인은 디자인권의 설정등록일부터 3년 이내의 기간을 정하여 그 디자인을 비밀로 할 것을 청구할 수 있으며, 설정등록일부터 3년을 초과하지 않는 한 횟수에 제한 없이 지정한 기간을 청구에 의하여 단축하거나 연장할 수 있다.

2019년 제56회 기출문제

● Time   분 | 해설편 272p

01 특허법상 권리범위 확인심판에 관한 설명으로 옳지 <u>않은</u> 것은? (다툼이 있으면 판례에 따름)

① 권리범위 확인심판의 확인대상발명이 특허권의 권리범위에 속하거나 속하지 아니하는 점에 관하여 당사자 사이에 다툼이 없는 경우에는 확인의 이익이 인정되지 않는다.

② 특허발명의 보호범위를 판단하는 절차로 마련된 권리범위 확인심판에서 특허발명의 진보성 여부를 판단하는 것은 권리범위 확인심판의 판단범위를 벗어날 뿐만 아니라, 본래 특허무효심판의 기능에 속하는 것을 권리범위 확인심판에 부여하는 것이 되어 위 두 심판 사이의 기능 배분에 부합하지 않는다.

③ 권리범위 확인심판에서 특허발명과 대비되는 확인대상발명이 공지기술과 동일한 경우뿐만 아니라 그 기술분야에서 통상의 지식을 가진 사람이 공지기술로부터 쉽게 실시할 수 있는 경우에는 그 확인대상발명은 이른바 자유실시기술로서 특허발명과 대비할 필요 없이 특허권의 권리범위에 속하지 않는다고 보아야 한다.

④ 적극적 권리범위 확인심판에서 청구인이 특정한 확인대상발명과 피청구인이 실시하고 있는 발명 사이에 동일성이 인정되지 않는 경우에는 확인의 이익이 인정되지 않는다.

⑤ 특허권자 甲과 그로부터 특허권 침해의 고소를 당한 乙 사이에 乙이 그 특허권을 인정하고 그 권리에 위반되는 행위를 하지 않는다는 내용의 약정을 하였다면, 그 약정으로 인하여 乙이 권리범위 확인심판을 청구할 이익이 상실되었다고 보아야 한다.

02 특허권 침해소송에서 피고의 의무 및 부담에 관한 설명으로 옳지 <u>않은</u> 것은? (다툼이 있으면 판례에 따름) 기출 변형

① 특허권 또는 전용실시권 침해소송에서 특허권자 또는 전용실시권자가 상대방의 침해행위의 구체적 행위태양을 주장할 경우 특허권자 또는 전용실시권자가 상대방의 구체적 행위태양을 제시하여야 한다.

② 특허권자의 일실이익을 산정함에 있어서 특허권자가 침해행위 외의 사유로 판매할 수 없었던 사정이 있었던 경우 그 판매할 수 없었던 수량에 대하여는 피고가 증명하여야 한다.

③ 법원이 침해로 인한 손해액의 산정을 위하여 감정을 명한 때에는 피고는 감정인에게 감정에 필요한 사항을 설명하여야 한다.

④ 물건을 생산하는 방법의 발명에 관하여 특허가 된 경우에 피고의 제품이 그 물건과 동일한 경우, 특별한 경우를 제외하고는, 피고의 제품이 그 특허된 방법에 의하여 생산되지 않았다는 사실을 피고가 증명하여야 한다.

⑤ 손해액의 산정에 반드시 필요한 자료라는 이유로 법원이 피고에게 자료의 제출을 명령한 경우, 그 자료가 '영업비밀'에 해당하더라도 이는 피고가 그 자료의 제출을 거절할 정당한 이유로 인정되지 아니한다.

03 발명의 신규성 또는 진보성 판단에 사용되는 선행기술에 관한 설명으로 옳은 것은? (다툼이 있으면 판례에 따름)

① 출원서에 첨부한 명세서에 '종래기술'을 기재하는 경우에는 출원발명의 출원 전에 그 기술분야에서 알려진 기술에 비하여 출원발명이 신규성과 진보성이 있음을 나타내기 위한 것이라고 할 것이어서, 그 '종래기술'은 특별한 사정이 없는 한 출원발명의 신규성 또는 진보성이 부정되는지 여부를 판단함에 있어서 특허법 제29조(특허요건) 제1항 각 호에 열거된 발명들 중 하나로 보아야 할 것이다.

② 발명의 진보성 판단에 사용되는 선행기술은 기술구성 전체가 명확하게 표현되어야 하므로, 표현이 불충분하거나 일부 내용에 흠결이 있는 선행기술은 그 자체로 대비대상이 될 수 없다.

③ 특허발명의 진보성 판단에 사용되는 선행기술이 어떤 구성요소를 가지고 있는지는 역사적 사실이므로 당사자의 자백의 대상이 되지 못한다.

④ 특허법 제29조 제1항 제2호 소정의 간행물에 기재된 발명이라 함은 그 기재된 내용에 따라 해당 기술분야에서 통상의 지식을 가진 사람이 쉽게 실시할 수 있을 정도로 기재되어 있는 발명을 말하므로, 발명이 간행물에 기재되어 있다고 하기 위해서는 적어도 발명이 어떤 구성을 가지고 있는지가 제시되어 있어야 할 것이고, 따라서 내부에 특징이 있는 발명에 대해 그 외형 사진만이 게재되어 있는 경우에는 그 발명은 기재된 것이 아니다.

⑤ 특허법 제29조 제1항 각 호의 선행기술인지 여부를 판단하는 기준점은 '출원일'이 아니라 '출원시'이나, 국내우선권주장이 있는 경우에는 그 주장의 기초가 되는 특허출원(선출원)의 '출원일'을 기준으로 선행기술인지 여부를 판단하여야 한다.

04 실용신안제도에 관한 설명으로 옳지 <u>않은</u> 것은?

① 등록실용신안에 관한 물품의 생산에만 사용하는 물건을 업으로서 사용하는 행위는 실용신안권 또는 전용실시권을 침해한 것으로 본다.

② 출원일부터 4년 또는 출원심사의 청구일부터 3년 중 늦은 날보다 지연되어 실용신안권의 설정등록이 이루어지는 경우 그 지연된 기간 중 출원인으로 인하여 지연된 기간을 제외한 나머지 기간만큼 해당 실용신안권의 존속기간을 연장할 수 있다.

③ 실용신안권자는 실용신안권이 그 등록실용신안의 출원일 전에 출원된 타인의 디자인권과 저촉되는 경우 그 디자인권자의 허락을 받지 아니하고는 자기의 등록실용신안을 업으로서 실시할 수 없다.

④ 출원인이 출원시 그 취지를 출원서에 기재한 경우 명세서 및 도면(도면 중 설명부분에 한정)을 영어로 적을 수 있다.

⑤ 실용신안권을 침해한 자는 7년 이하의 징역 또는 1억원 이하의 벌금에 처한다.

05 특허를 받을 수 있는 권리 또는 특허권에 관한 설명으로 옳은 것을 모두 고른 것은?

> ㄱ. 특허를 받을 수 있는 권리가 공유인 경우에는 각 공유자는 다른 공유자 모두의 동의를 받아야만 그 지분을 양도할 수 있다.
> ㄴ. 특허를 받을 수 있는 권리가 공유인 경우에는 각 공유자는 다른 공유자 모두의 동의를 받아야만 그 지분을 목적으로 하는 질권을 설정할 수 있다.
> ㄷ. 특허를 받을 수 있는 권리의 승계가 특허출원 전에 이루어진 경우, 그 승계인이 특허출원을 하여야 승계의 효력이 발생한다.
> ㄹ. 특허권이 공유인 경우에는 각 공유자는 다른 공유자 모두의 동의를 받아야만 그 지분을 양도할 수 있다.
> ㅁ. 특허권이 공유인 경우에는 각 공유자는 다른 공유자 모두의 동의를 받아야만 그 지분을 목적으로 하는 질권을 설정할 수 있다.
> ㅂ. 상속 기타 일반승계에 의한 경우를 제외한 특허권의 이전은 등록하여야만 효력이 발생한다.

① ㄱ, ㄴ, ㄹ

② ㄴ, ㅁ, ㅂ

③ ㄱ, ㄹ, ㅁ, ㅂ

④ ㄱ, ㄷ, ㄹ, ㅁ, ㅂ

⑤ ㄱ, ㄴ, ㄷ, ㄹ, ㅁ, ㅂ

06 甲은 발명 A를 완성한 후 그 내용을 연구노트에 기재하였는데, 甲의 연구노트를 우연히 보게 된 甲의 친구 乙은 2016년 2월 5일 발명 A에 대하여 본인 명의로 무단으로 특허출원을 하였다. 乙의 특허출원은 2017년 8월 14일 출원공개되었고 2017년 11월 2일 특허권의 설정등록이 이루어졌다(등록공고는 2017년 11월 6일에 이루어짐). 한편, 丙과 丁은 공동으로 발명 B를 완성하였는데, 丙 몰래 丁이 2017년 2월 6일 자신의 단독 명의로 발명 B에 대하여 특허출원을 하였다. 丁의 특허출원은 2018년 8월 13일 출원공개되었고 2018년 11월 2일 특허권의 설정등록이 이루어졌다(등록공고는 2018년 11월 6일에 이루어짐). 다음 설명 중 옳지 <u>않은</u> 것은? (다툼이 있으면 판례에 따름)

① 甲은 乙을 피청구인으로 하여 특허무효심판을 청구할 수 있다.

② 정당한 권리자로부터 특허를 받을 수 있는 권리를 승계받은 바 없는 무권리자인 乙이 특허를 받은 위 사안에서, 甲은 특허법 제35조(무권리자의 특허와 정당한 권리자의 보호)에 따른 구제절차에 따르지 아니하고 법원에 직접 무권리자 乙명의의 특허권의 이전을 청구할 수는 없다.

③ 甲이 乙의 특허에 대해 무권리자 특허임을 사유로 특허무효심판을 청구한 다음, 乙명의 특허의 등록공고일부터 2년이 경과한 후라도 무효심결 확정일부터 30일 이내에 특허법 제35조에 따라 발명 A를 특허출원하면, 甲의 출원은 2016년 2월 5일 출원된 것으로 간주된다.

④ 丙은 丁을 피청구인으로 하여 특허무효심판을 청구할 수 있다.

⑤ 丙은 법원에 丁명의의 특허권 중 자신의 지분의 이전을 청구할 수 있다.

07 특허법상 '정정심판' 또는 '정정의 무효심판'에 관한 설명으로 옳지 <u>않은</u> 것은? (다툼이 있으면 판례에 따름)

① 정정의 무효심판은 정정심결 확정 후 특허권의 존속기간 중에만 청구할 수 있다.

② 특허무효심판이 특허심판원에 계속 중인 기간에는 정정심판을 청구할 수 없다.

③ 정정의 무효심판이 특허심판원에 계속 중인 기간에는 정정심판을 청구할 수 없다.

④ 조약에 의한 우선권주장의 기초가 된 최초의 출원서에 첨부된 명세서 또는 도면에 기재된 사항이 정정심결이 확정되어 정정되었다 하더라도, 그 정정내용이 조약에 의한 우선권주장의 기초가 된 발명의 내용에 영향을 미치지 않는다.

⑤ 출원공개된 출원서에 첨부된 명세서 또는 도면에 기재된 사항이 정정심결이 확정되어 정정되었다 하더라도, 그 정정내용이 신규성·진보성 판단에 제공되는 선행기술로서의 발명의 내용에 영향을 미치지 않는다.

08 특허법상 '허가 등에 따른 특허권의 존속기간 연장제도'에 관한 설명으로 옳지 <u>않은</u> 것은? (다툼이 있으면 판례에 따름)

① 허가 등에 따른 특허권의 존속기간 연장은 한 차례만 가능하다.

② 특허권이 공유인 경우에는 공유자 모두가 공동으로 특허권의 존속기간의 연장등록출원을 하여야 한다.

③ 허가 신청 당시 통상실시권자의 지위에 있었지만 통상실시권의 등록을 마치지 않았던 자가 허가를 받았더라도, 특허청 심사관의 연장등록결정의 등본이 송달되기 전에 통상실시권 등록 및 그에 대한 증명자료 제출이 모두 이루어진 경우 그 연장등록결정은 적법하다.

④ 존속기간이 연장된 특허권의 효력은 그 연장등록된 특허권의 청구범위에 적혀 있는 사항에 의하여 정하여진다.

⑤ 특허권의 존속기간의 만료 전 6개월 이후에는 그 특허권의 존속기간의 연장등록출원을 할 수 없다.

09 특허제도는 발명의 공개를 통한 이용을 근간으로 하므로, 특허법은 발명의 공개를 위한 여러 규정을 두고 있다. 아래의 발명의 공개와 관련된 제도 중 우리나라 특허제도에 가장 늦게 도입된 두 제도로 묶인 것으로 옳은 것은? 기출 변형

> ㄱ. 제64조 제1항에 따른 출원공개
> ㄴ. 제87조 제3항에 따른 등록공고
> ㄷ. 제42조 제2항에 따른 발명의 설명
> ㄹ. 제42조 제2항에 따른 청구범위
> ㅁ. 제42조 제2항에 따른 요약서

① ㄱ, ㄴ

② ㄱ, ㅁ

③ ㄴ, ㅁ

④ ㄷ, ㄹ

⑤ ㄹ, ㅁ

10 甲은 아래 【청구항 1】 기재와 같은 연필 발명의 특허권자이다. 甲의 특허권이 설정등록된 후 乙, 丙 및 丁이 권원 없이 아래와 같은 연필을 판매하고 있다는 사실을 알게 된 甲은, 乙에 대해서는 乙의 판매로 인한 손해의 배상을 청구하는 소를 제기하였고, 丙과 丁에 대해서는 丙판매제품과 丁판매제품을 확인대상발명으로 하는 권리범위 확인심판을 각각 청구하였다. 다음 설명 중 옳은 것은? (다툼이 있으면 판례에 따르며, 아래 지문과 관련하여 위 소송·심판에서 당사자의 관련 주장이 있는 것으로 본다.)

【청구항 1】
중심에 흑연으로 제조된 연필심이 위치하고 상기 연필심을 둘러싸도록 목재로 구성된 외각부로 이루어진 연필에 있어서, 상기 외각부의 단면 형상이 육각형인 것을 특징으로 하는 연필

乙판매제품 : 중심에 흑연으로 제조된 연필심이 위치하고 상기 연필심을 둘러싸도록 목재로 구성된 외각부로 이루어진 연필에 있어서, 상기 외각부의 단면 형상이 육각형인 것을 특징으로 하는 연필
丙판매제품 : 중심에 흑연으로 제조된 연필심이 위치하고 상기 연필심을 둘러싸도록 목재로 구성된 외각부로 이루어진 연필에 있어서, 상기 외각부의 단면 형상이 오각형인 것을 특징으로 하는 연필
丁판매제품 : 중심에 흑연으로 제조된 연필심이 위치하고 상기 연필심을 둘러싸도록 목재로 구성된 외각부로 이루어진 연필에 있어서, 상기 외각부의 단면 형상이 육각형이며, 한쪽 끝에 지우개를 부착한 것을 특징으로 하는 연필

---

① 乙을 피고로 하는 위 소송에서 자유실시기술의 법리는 적용될 수 없다.

② 만일 甲특허발명의 출원과정에서 【청구항 1】 기재 중 외각부 단면 형상이 다각형에서 육각형으로 보정되었다면, 외각부 단면 형상과 관련하여 다각형 중 육각형을 제외한 나머지 모든 구성이 청구범위에서 의식적으로 제외된 것이므로 丙판매제품은 甲특허발명의 권리범위에 속하지 않는다.

③ 丁을 피청구인으로 하는 위 심판에서 자유실시기술 여부 판단의 대상이 되는 것은 丁판매제품 중 甲특허발명의 청구범위에 기재된 구성과 대응되는 구성에 한정된다.

④ 위 소송에서 甲특허발명의 신규성이 부정되는 경우 甲특허발명의 권리범위가 부정되며, 위 심판에서도 그러하다.

⑤ 위 심판에서 甲특허발명의 진보성이 부정되는 경우 甲특허발명의 권리범위가 부정된다.

11 甲은 2016년 1월 1일 설정등록된 특허발명 X의 특허권자이고, 乙은 甲의 허락 없이 2016년 1월 1일부터 甲의 특허제품과 동일한 제품(이하 '침해제품'이라 함)을 생산하여 판매하고 있는 자이다. 甲은 자신의 특허제품을 2016년에 0개, 2017년에 1,000개, 2018년에 1,500개를 판매하였고, 乙은 침해제품을 2016년에 2,000개, 2017년에 2,500개, 2018년에 3,000개를 판매하였다(특허제품 및 침해제품의 단위 수량당 이익액은 모두 1,000원임). 甲은 2016년 12월 말까지 공장을 건설하였기 때문에 그 기간까지는 특허제품을 생산할 수 없었고, 공장 완공 후 2017년 1월 1일부터 연간 2,000개까지 생산할 수 있었다. 특허발명 X의 실시에 대하여 합리적으로 받을 수 있는 금액은 개당 200원에 판매수량을 곱한 것이다. 다음 설명 중 옳은 것은?

① 甲은 2016년에 특허발명 X를 생산할 수 없었기 때문에 발생한 손해가 없었으므로, 그 기간 중 乙의 특허권 침해에 대한 손해배상을 청구할 수 없다.

② 특허법 제128조(손해배상청구권 등) 제2항에 따를 경우 甲이 2018년에 乙의 침해행위 외의 사유로 특허제품 500개를 판매하지 못하였다면 乙의 특허권 침해로 인한 甲의 2018년 중 입은 손해액은 1,000,000원이다.

③ 특허법 제128조 제2항에 따를 경우 乙이 2017년에 판매한 침해제품의 양도 수량(2,500개) 중 甲이 2017년에 생산하여 판매한 특허제품의 양도수량(1,000개)을 뺀 수량(1,500개)에 乙의 침해행위가 없었다면 판매할 수 있었던 특허권자 甲의 물건의 단위수량당 이익액(1,000원)을 곱하여 얻어진 금액(1,500,000원)을 甲이 2017년 중 입은 손해액으로 할 수 있다.

④ 특허법 제128조 제4항에 따를 경우 2,500,000원을 甲이 2017년 중 입은 손해액으로 추정한다.

⑤ 甲이 2017년 중 乙의 침해행위로 인해 입은 손해액으로 500,000원을 초과하여 청구한 경우, 법원은 500,000원으로 감액해야 한다.

12 특허법상 특허법원의 심결취소소송절차에 관한 설명으로 옳지 <u>않은</u> 것은? (다툼이 있으면 판례에 따름)

① 특허법원에서 주장하지 아니하였다가 상고심에 이르러 비로소 주장하는 새로운 사실은 적법한 상고이유가 될 수 없다.

② 당사자 또는 참가인에 한하여 심결에 대한 소를 제기할 수 있고, 해당 심판이나 재심에 참가신청을 하였으나 그 신청이 거부된 자는 이를 제기할 수 없다.

③ 심결취소소송에 있어서 심리판단의 대상이 되는 것은 심결의 위법성 일반으로서 실체상의 판단의 위법과 심판절차상의 위법이 그 대상에 포함된다.

④ 행정소송인 심결취소소송에서도 원칙적으로 변론주의가 적용되므로 자백 또는 자백 간주도 인정된다.

⑤ 특허법원의 판결에 있어서 취소의 기본이 된 이유는 그 사건에 대하여 특허심판원을 기속한다.

13 특허법상 부적법한 출원서류 등의 반려에 관한 설명으로 옳지 <u>않은</u> 것은?

① 서류의 반려처분시에는 특별한 경우를 제외하고는 반려취지, 반려이유 및 소명기간을 적은 서면을 출원인 등에게 송부하여야 한다.

② 반려하겠다는 취지의 서면을 송부받은 출원인 등이 소명하고자 하는 경우 소명기간 내에 소명서를, 소명 없이 출원서류 등을 소명기간 내에 반려받고자 하는 경우에는 반려요청서를 특허청장 또는 특허심판원장에게 제출하여야 한다.

③ 특허청장이나 특허심판원장이 한 반려처분에 대해서는 행정심판·행정소송을 통해 불복할 수 없다.

④ 소명기간 중 출원인 등은 반려이유 통지에 대한 소명이나 의견을 제출할 수 있으나, 반려이유를 극복하기 위한 보정서의 제출은 허용되지 않는다.

⑤ 출원서류 등이 반려된 경우, 그 출원은 선원의 지위를 가질 수 없고, 조약우선권 주장의 기초가 될 수 없다.

14 특허법상 명세서 기재 및 해석에 관한 설명으로 옳지 <u>않은</u> 것은? (다툼이 있으면 판례에 따름)

① 출원인이 청구범위를 기재하지 않고 명세서를 제출한 경우에는 타인이 심사청구를 하는 경우를 제외하고는 출원일(우선권주장의 경우 최우선일)부터 1년 2개월이 되는 날까지 명세서에 청구범위를 적는 보정을 하여야 한다.

② 발명의 설명은 그 발명이 속하는 기술분야에서 통상의 지식을 가진 사람이 그 발명을 쉽게 실시할 수 있도록 명확하고 상세하게 기재하여야 한다.

③ 청구범위는 발명의 설명에 의하여 뒷받침되어야 한다.

④ 명세서의 배경기술 기재의무의 불이행은 특허등록을 무효로 하는 사유에 해당한다.

⑤ 명세서에 기재된 용어는 명세서에 그 용어를 특정한 의미로 정의하여 사용하고 있지 않은 이상, 해당 기술분야에서 통상의 지식을 가진 사람에게 일반적으로 인식되는 용어의 의미에 따라서 명세서 전체를 통하여 통일되게 해석되어야 한다.

15 甲은 발명의 설명에 발명 A, 발명 B 및 발명 C를 기재하고, 청구범위에 발명 A만을 기재한 명세서를 첨부한 특허출원서를 2013년 2월 4일 특허청에 제출하여 특허출원(X출원)을 하였다. 甲은 X출원에 대해서 2014년 6월 3일 심사청구를 하였다. 심사관은 발명 A가 X출원 전에 공지된 인용발명 1로부터 쉽게 발명할 수 있으므로 X출원에 특허법 제29조(특허요건) 제2항 위반의 거절이유가 있다는 내용의 의견제출통지서(제출기한 2015년 8월 3일)를 2015년 6월 3일에 발송하였다. 甲은 2015년 8월 3일 의견서 및 보정서를 제출하여 청구범위에서 A를 삭제하고, B를 추가하는 보정을 하였다. 이후 심사관은 2017년 6월 13일 특허결정의 등본을 송달하였고, 甲은 그 등본을 2017년 6월 15일 송달받았다. 다음 설명 중 옳은 것은?

① 甲은 설정등록일 이후라도 2017년 9월 13일 이전에는 분할출원을 할 수 있다.

② 甲의 특허권이 2017년 8월 2일 설정등록되고, 2017년 8월 10일 등록공고된 경우, 甲은 2017년 11월 10일까지 등록지연에 따른 특허권의 존속기간의 연장등록출원을 할 수 있다.

③ 甲이 특허결정의 등본을 송달받더라도 특허료를 납부하기 전이라면 X출원의 청구범위에 발명 C를 추가하는 보정을 할 수 있다.

④ 甲은 2017년 9월 13일까지 최초 3년분의 특허료를 납부해야 한다.

⑤ 甲은 특허결정의 등본을 송달받은 이후에도 발명 C를 별도로 권리화할 기회를 가진다.

16 특허에 관한 절차를 밟기 위해서 사용되는 고유번호(특허고객번호)에 관한 설명으로 옳지 않은 것은?

① 특허출원에 대한 정보제공인은 고유번호(특허고객번호)의 부여를 신청하여야 한다.

② 고유번호(특허고객번호)는 특허청장 또는 특허심판원장에게 신청하여야 한다.

③ 특허청장 또는 특허심판원장은 특허에 관한 절차를 밟는 자가 고유번호(특허고객번호)를 신청하지 아니하면 그에게 기간을 정하여 보정을 명하여야 한다.

④ 특허에 관한 절차를 밟는 자의 대리인도 고유번호(특허고객번호)를 신청하여야 한다.

⑤ 고유번호(특허고객번호)를 기재한 경우에는 특허에 관한 절차를 밟는 자의 주소(법인의 경우에는 영업소의 소재지)를 적지 아니할 수 있다.

17 특허를 받을 수 있는 권리에 관한 설명으로 옳지 <u>않은</u> 것은? (다툼이 있으면 판례에 따름)

① 甲과 乙이 공동으로 발명을 완성한 경우, 乙은 甲의 동의를 받지 않으면 특허를 받을 수 있는 권리의 지분을 丙에게 양도할 수 없다.

② 발명자 甲이 발명 A에 대한 특허를 받을 수 있는 권리를 乙에게 양도하고, 발명 A와 동일한 고안에 대한 실용신안등록을 받을 수 있는 권리를 丙에게 양도한 뒤, 乙의 특허출원과 丙의 실용신안등록출원이 같은 날에 이루어진 경우, 乙과 丙 간에 협의하여 정한 자에게만 승계의 효력이 발생한다.

③ 특허출원인 甲으로부터 특허를 받을 수 있는 권리를 양수한 특정승계인 乙이 특허출원인변경신고를 하지 않은 상태에서 특허심판원의 거절결정 불복심판 심결에 대하여 취소의 소를 제기하고, 소 제기 기간이 경과한 후에 특허출원인변경신고를 했다면 해당 취소의 소는 적법하다.

④ 발명자 甲이 乙, 丙에게 발명 A에 대한 특허를 받을 수 있는 권리를 각각 양도한 후 乙과 丙이 같은 날에 각각 특허출원을 하였으나 乙과 丙 간에 협의가 불성립하면 乙과 丙은 특허를 받을 수 없게 된다.

⑤ 특허출원 후 출원인 甲으로부터 특허를 받을 수 있는 권리를 특정승계인 乙이 양수한 경우 그 특허출원에 대하여 특허출원인변경신고를 하여야만 승계의 효력이 발생한다.

18 특허법상 일사부재리에 관한 설명으로 옳은 것은? (다툼이 있으면 판례에 따름)

① 각하심결이 확정된 경우 일사부재리의 효력이 발생한다.

② 동일 사실에 의한 동일한 심판청구에 대한 판단에서 전에 확정된 심결의 증거를 그 심결에서 판단하지 않았던 사항에 관한 증거로 들어 판단함으로써 확정된 심결과 그 결론이 결과적으로 달라졌다면 일사부재리 원칙에 반한다.

③ 동일 사실에 의한 동일한 심판청구에 대한 판단에서 전에 확정된 심결의 증거의 선행기술을 확정된 심결의 결론을 번복할 만한 유력한 증거의 선행기술에 추가적·보충적으로 결합하여 판단함으로써 확정된 심결과 그 결론이 결과적으로 달라졌다면 일사부재리 원칙에 반한다.

④ 동일 증거 여부는 확정된 심결의 결론을 번복할 만한 유력한 증거가 새로 제출되었는지 여부가 아니라 증거 내용이 동일한지 여부로 판단한다.

⑤ 전에 확정된 심결에서의 무효사유 외에 다른 무효사유가 추가된 심판청구의 경우 일사부재리 원칙에 위배되지 아니하지만, 전에 확정된 심결에서 판단이 이루어진 청구원인과 공통되는 부분에 대해서는 일사부재리 원칙 위배 여부의 관점에서 전에 확정된 심결의 결론을 번복할 만한 유력한 증거가 새로이 제출되었는지를 따져 전에 확정된 심결에서와 다른 결론을 내릴 것인지를 판단하여야 한다.

19 甲은 2016년 3월 3일 발명 A가 기재된 논문을 공개학회에서 서면으로 발표하고, 2017년 3월 2일 발명 A에 대해서 특허출원을 하였다. 다음 설명 중 옳지 않은 것은?

① 甲이 2017년 3월 2일 특허출원서에 특허법 제30조(공지 등이 되지 아니한 발명으로 보는 경우) 제1항 제1호의 적용을 받으려는 취지를 기재하고 이를 증명하는 서류를 제출한다면, 그 논문은 甲의 발명 A에 대하여 특허법 제29조(특허요건) 제1항 제2호에 해당하지 아니한 것으로 본다.

② 甲이 2017년 3월 2일 특허출원서에 특허법 제30조 제1항 제1호의 적용을 받으려는 취지를 기재할 경우, 2017년 4월 1일(토요일)까지 이를 증명할 수 있는 서류를 특허청장에게 제출하여야 한다.

③ 甲이 2017년 9월 4일 의견제출통지서[제출기한은 2017년 11월 4일(토요일)]를 송달받은 경우, 보완수수료를 납부한다면 2017년 11월 6일까지 특허법 제30조 제1항 제1호의 적용을 받으려는 취지를 적은 서류 또는 이를 증명할 수 있는 서류를 제출할 수 있다.

④ 만일, 甲이 아니라 乙이 甲의 의사에 반하여 2016년 3월 3일에 발명 A를 간행물에 게재하였다면, 甲은 2017년 3월 3일까지 발명 A에 대해서 특허출원을 해야만 특허법 제30조를 적용받을 수 있다.

⑤ 甲은 2017년 3월 2일 특허출원서에 특허법 제30조 제1항 제1호의 적용을 받으려는 취지를 기재하지 않았다 하더라도, 이후 특허법 제30조를 적용받을 수 있는 기회를 가진다.

20 특허법상 심사청구제도에 관한 설명으로 옳은 것은?

① 특허출원인이 아닌 자가 출원심사의 청구를 한 후 출원인이 그 특허출원서에 첨부된 명세서를 보정하여 청구범위에 기재된 청구항의 수가 증가한 경우에는 그 증가한 청구항에 관하여 납부해야 할 심사청구료는 심사청구인이 납부해야 한다.

② 특허청장은 특허출원인이 아닌 자로부터 출원심사의 청구가 있으면 그 취지를 특허출원인에게 알려야 한다.

③ 무권리자 甲이 발명 A를 2014년 3월 3일에 특허출원을 하고, 정당한 권리자인 乙은 특허법 제34조(무권리자의 특허출원과 정당한 권리자의 보호)에 따라 발명 A를 2017년 2월 3일에 특허출원을 한 경우, 乙은 2017년 3월 3일까지 자신의 특허출원에 대하여 심사청구를 해야 한다.

④ 특허출원인은 심사가 착수되기 전이고, 특별한 사유를 증명한다면 심사청구를 취하할 수 있다.

⑤ 심사청구가 없어도 공익상 필요한 경우에는 심사관은 직권으로 특허출원에 대한 심사를 할 수 있다.

21 상표법상 상표권의 소멸에 관한 설명으로 옳은 것을 모두 고른 것은? (다툼이 있으면 판례에 따름)

> ㄱ. 상표권자는 전용사용권자·통상사용권자 또는 질권자의 동의를 받지 아니하면 상표권을 포기할 수 없다. 다만, 국제등록기초상표권에 대해서는 이러한 내용이 적용되지 않는다.
> ㄴ. 상표권의 포기를 하였을 경우에는 상표권은 그때부터 소멸되므로 상표권의 포기에 대한 등록이 없어도 그 효력이 발생한다.
> ㄷ. 상표권자가 사망한 날부터 1년 이내에 상속인이 그 상표권의 이전등록을 하지 아니한 경우에는 상표권자가 사망한 날부터 1년이 되는 날의 다음 날에 상표권이 소멸된다.
> ㄹ. 선출원상표가 등록 후 무효심결이 확정된 경우에는 선출원의 지위를 소급적으로 상실한다.

① ㄱ, ㄴ
② ㄱ, ㄷ
③ ㄱ, ㄹ
④ ㄴ, ㄷ
⑤ ㄴ, ㄹ

22 상표법상 상표의 식별력에 관한 설명으로 옳은 것은? (다툼이 있으면 판례에 따름)

① 상표등록여부결정을 한 때에 식별력이 없어 등록을 받을 수 없었음에도 불구하고 잘못하여 상표등록이 이루어진 경우에는 비록 그 등록 후의 사용에 의하여 식별력을 취득하였더라도 등록무효의 하자가 치유되지 아니한다.

② 현저한 지리적 명칭으로만 된 상표는 상표등록출원 전부터 그 상표를 사용한 결과 수요자 간에 특정인의 상품에 관한 출처를 표시하는 것으로 식별할 수 있게 되었더라도 그 상표를 사용한 상품에 대하여 상표등록을 받을 수 없다.

③ 사용에 의한 식별력을 특정 지역에서만 취득하여 등록이 된 경우에는 상표권의 효력은 식별력을 취득한 그 지역에만 미친다.

④ 간단하고 흔히 있는 표장만으로 된 상표가 식별력 있는 표장과 결합하여 새로운 식별력이 있다고 인정되더라도 그 결합상표는 상표등록이 불가능하다.

⑤ 흔히 있는 성(姓)을 보통으로 사용하는 방법으로 표시한 표장만으로 된 상표는 어떠한 경우에도 식별력을 취득할 수 없다.

23 상표법상 상표의 사용에 관한 설명으로 옳지 <u>않은</u> 것은? (다툼이 있으면 판례에 따름)

① 제과점업에 대하여 상표등록을 받은 자가 해당 등록상표가 표시된 나무상자에 즉석으로 구운 빵을 담아 판매한 행위는 제과점업에 대한 상표의 사용행위에 해당한다.

② 상표법 제2조 제1항 제11호 다목에서 말하는 상품에 관한 광고에는 시각으로 인식할 수 있는 것이 포함되어야 하므로 그 광고에는 상품명이나 제조원이 표시되어야 상표의 사용으로 인정된다.

③ 명함의 뒷면에 상표를 표시하고, 이를 거래상대방에게 교부한 행위는 상표법상 상표의 사용행위에 해당한다.

④ 인터넷 포털사이트 운영자에게서 특정 단어나 문구의 이용권을 구입하여 일반 인터넷 사용자가 그 단어나 문구를 검색창에 입력하면 검색결과 화면에 그 키워드 구입자의 홈페이지로 이동할 수 있는 스폰서의 홈페이지 주소가 나타나는 경우에 그 검색결과 화면에 나타난 표장이 자타상품의 출처표시를 위하여 사용된 것으로 볼 수 있다면 상표로서의 사용에 해당한다.

⑤ 도메인이름의 사용태양 및 그 도메인이름으로 연결되는 웹사이트 화면의 표시 내용 등을 전체적으로 고려하여 거래통념상 상품의 출처를 표시하고 자기의 업무에 관계된 상품과 타인의 업무에 관계된 상품을 구별하는 식별표지로 기능하고 있을 때에는 도메인이름의 사용행위를 상표의 사용으로 볼 수 있다.

24 상표법 제119조(상표등록의 취소심판)에 관한 설명으로 옳은 것은? (다툼이 있으면 판례에 따름)

① 상표등록의 취소심판은 이해관계인만이 청구할 수 있다.

② 불사용취소심판에 관한 상표법 제119조 제1항 제3호에서 미등록 통상사용권자의 사용은 정당한 사용이라고 할 수 없기 때문에 미등록 통상사용권자의 사용은 그 사실이 입증되어도 상표등록의 취소를 면할 수 없다.

③ 상표권자가 상당한 주의를 하였다고 인정되더라도 전용사용권자가 지정상품에 등록상표를 사용함으로써 수요자에게 상품의 품질을 오인하게 한 경우에는 상표등록이 취소된다.

④ 공유인 상표권의 상표권자에 대하여 상표등록의 취소심판을 청구할 경우에는 공유자 모두를 피청구인으로 청구하여야 한다.

⑤ 상표권자 · 전용사용권자 또는 통상사용권자 중 어느 누구도 정당한 이유 없이 등록상표를 그 지정상품에 대하여 취소심판청구일 전 계속하여 2년 이상 국내에서 사용하고 있지 아니한 경우에는 상표권자는 취소심판청구와 관계되는 지정상품에 관한 상표등록의 취소를 면할 수 없다.

25 상표법상 지리적 표시 단체표장에 관한 설명으로 옳은 것은?

① 지리적 표시 단체표장에서 지리적 표시는 상품의 특정 품질·명성 또는 그 밖의 특성이 전적으로 특정 지역에서 비롯된 경우에만 그 지역에서 생산·제조 또는 가공된 상품임을 나타내는 표시를 말한다.

② 지리적 표시를 사용할 수 있는 상품을 판매하는 자만으로 구성된 법인이 직접 사용하기 위한 표장에 대해 지리적 표시 단체표장등록을 받을 수 있다.

③ 서비스에 대해 지리적 표시 단체표장등록을 받을 수 있다.

④ 지리적 표시 단체표장등록출원은 상표등록출원으로 출원의 변경을 할 수 없다.

⑤ 지리적 표시를 사용할 수 있는 상품을 제조하는 자가 직접 사용하기 위한 표장에 대해 개인을 출원인으로 하여 지리적 표시 단체표장등록을 받을 수 있다.

26 상표등록출원인의 출원상표가 상표등록을 받을 수 없는 사유에 해당하는지 여부를 특허청 심사관이 판단하는 기준시점에 관한 설명으로 옳지 않은 것은?

① 저명한 고인(故人)을 비방하는 상표에 해당하는지 여부는 상표등록여부결정을 할 때를 기준으로 판단한다.

② 상표 그 자체 또는 상표가 상품에 사용되는 경우 수요자에게 주는 의미와 내용 등이 일반인의 통상적인 도덕관념인 선량한 풍속에 어긋나는 등 공공의 질서를 해칠 우려가 있는 상표에 해당하는지 여부는 상표등록여부결정을 할 때를 기준으로 판단한다.

③ 저명한 타인의 성명을 포함하는 상표에 해당하는지 여부는 상표등록여부결정을 할 때를 기준으로 판단한다.

④ 수요자들에게 현저하게 인식되어 있는 타인의 상품이나 영업과 혼동을 일으키게 하는 상표에 해당하는지 여부는 상표등록출원을 한 때를 기준으로 판단한다. 다만, 이와 관련하여 타인에 해당하는지 여부는 상표등록여부결정을 할 때를 기준으로 판단한다.

⑤ 동업관계를 통하여 타인이 사용하는 상표임을 알면서 그 상표와 유사한 상표를 유사한 상품에 등록출원한 상표에 해당하는지 여부는 상표등록여부결정을 할 때를 기준으로 판단한다.

27 상표법상 벌칙에 관한 설명으로 옳은 것은?

① 상표법에 따라 선서한 증인이 특허심판원에 대하여 거짓의 진술을 하였을 경우에는 5년 이하의 징역 또는 5천만원 이하의 벌금에 처한다. 다만, 이 위증죄를 범한 증인이 그 사건의 상표등록여부 결정 또는 심결의 확정 전에 자수하였을 경우에는 그 형을 감경하거나 면제할 수 있다.

② 상표등록을 하지 아니한 상표를 등록상표인 것같이 영업용 광고에 표시한 자는 5년 이하의 징역 또는 5천만원 이하의 벌금에 처한다.

③ 거짓이나 그 밖의 부정한 행위를 하여 상표등록을 받은 자는 5년 이하의 징역 또는 5천만원 이하의 벌금에 처한다.

④ 상표권의 침해행위를 한 자는 5년 이하의 징역 또는 5천만원 이하의 벌금에 처한다.

⑤ 상표권의 침해물 제작에 사용하기 위하여 제공된 제작 용구에 대해서는 몰수가 가능하나, 상표권의 침해물 제작에 사용하기 위하여 제공된 재료에 대해서는 몰수가 불가능하다.

28 상표등록의 무효심판에 관한 설명으로 옳지 <u>않은</u> 것은?

① 등록상표의 지정상품이 둘 이상인 경우에는 지정상품마다 해당 등록상표에 대한 상표 등록의 무효심판을 청구할 수 있다.

② 선출원에 의한 타인의 등록상표와 유사한 상표로서 그 지정상품과 유사한 상품에 사용하는 상표에 해당하는 것을 이유로 한 상표등록의 무효심판은 상표등록일부터 5년의 제척기간 내에 청구하여야 한다.

③ 일반인의 통상적인 도덕관념인 선량한 풍속에 어긋나는 등 공공의 질서를 해칠 우려가 있는 상표에 해당하는 것을 이유로 한 상표등록의 무효심판은 상표등록일부터 5년의 제척기간 내에 청구하여야 한다.

④ 타인의 상품을 표시하는 것이라고 수요자들에게 널리 인식되어 있는 상표와 유사한 상표로서 그 타인의 상품과 유사한 상품에 사용하는 상표에 해당하는 것을 이유로 한 상표등록의 무효심판은 상표등록일부터 5년의 제척기간 내에 청구하여야 한다.

⑤ 심판장은 상표등록의 무효심판이 청구된 경우에는 그 취지를 해당 상표권의 전용사용권자와 그 밖에 상표에 관한 권리를 등록한 자에게 통지하여야 한다.

29 업무표장에 관한 설명으로 옳은 것은? (다툼이 있으면 판례에 따름)

① 업무표장 등록을 받은 자는 해당 업무표장과 유사한 표장을 증명표장으로 등록받을 수 있다.

② 업무표장등록출원은 해당 업무와 함께 양도하지 않더라도 양도할 수 있다.

③ 업무표장권에 대해 질권을 설정할 수 있다.

④ 업무표장등록출원은 상표등록출원으로 변경할 수 있다.

⑤ 업무표장권에 대해 전용사용권을 설정할 수 없다.

30 상표법상 다음 설명 중 옳지 <u>않은</u> 것은? (다툼이 있으면 판례에 따름)

① 사과주스에 사용하는 원재료를 표시한 '사과'라는 상표라도 상표등록출원 전부터 그 상표를 사과주스에 사용한 결과 수요자 간에 특정인의 상품에 관한 출처를 표시하는 것으로 식별할 수 있게 된 경우에는 그 상표를 사용한 사과주스를 지정상품으로 한정하여 상표등록을 받을 수 있다.

② 상품에 상표를 표시한 것을 인도할 목적으로 수출하는 행위는 상표의 사용에 해당하지 아니한다.

③ 타인의 등록상표와 동일 또는 유사한 표상을 순전히 디자인식으로만 사용하여 상표의 사용으로 인식될 수 없는 경우에는 상표권 침해로 볼 수 없다.

④ 증명표장을 출원하거나 등록을 받은 자는 그 증명표장과 동일·유사한 표장을 상표로 등록을 받을 수 없다.

⑤ 자기의 영업에 관한 상품에 사용하려는 경우에는 증명표장의 등록을 받을 수 없다.

31 甲은 2018년 1월 5일에 간이형 스프링클러 디자인의 도면을 전시회에서 공개하였고, 2018년 3월 8일에 간이형 스프링클러를 유원지 시설에 설치하였다. 甲은 2018년 8월 10일에 간이형 스프링클러 디자인을 출원하면서 전시회에서의 공개에 관해서만 신규성 상실의 예외를 주장하였다. 甲이 출원한 간이형 스프링클러 디자인은 2018년 12월 7일에 등록되었다. 乙은 2018년 6월 18일에 간이형 스프링클러의 판매를 하기 시작하였다. 乙은 2019년 1월 25일 특허심판원에 甲을 상대로 甲의 등록디자인에 대하여 신규성이 인정되지 않는다는 것을 이유로 디자인등록의 무효심판을 청구하였다. 다음 설명 중 옳지 <u>않은</u> 것은? (다툼이 있으면 판례에 따름)

① 甲의 신규성 상실의 예외 주장은 적법한 기간 내에 이루어졌다.

② 甲이 전시회에서의 공개에 관해서만 신규성 상실의 예외 주장을 하였더라도 유원지 시설에 설치한 제품의 디자인이 전시회에서 공개한 도면의 디자인과 동일성이 인정되는 범위 내에 있다면 유원지 시설에 설치한 제품의 디자인에까지 신규성 상실의 예외의 효과가 미친다.

③ 상기 ②에서의 '동일성이 인정되는 범위 내'에는 전체적 심미감이 유사한 정도에 불과한 경우도 포함된다.

④ 乙은 등록디자인의 물품과 같은 제품을 판매하는 동종업자로서 甲의 디자인등록에 대한 무효심판을 청구할 수 있는 이해관계인에 해당한다.

⑤ 甲의 등록디자인은 乙의 간이형 스프링클러 판매에 의해 신규성이 상실되었다고 볼 수 있으며, 이로 인해 甲의 디자인등록이 무효가 될 수 있다.

32 디자인보호법 제62조(디자인등록거절결정)에서의 거절이유에 관한 설명으로 옳지 <u>않은</u> 것은?

① 물품의 기능을 확보하는 데에 불가결한 형상만으로 된 디자인의 경우는 디자인심사등록출원과 디자인일부심사등록출원의 거절이유에 모두 해당한다.

② 1디자인마다 1디자인등록출원이 이루어지지 않은 디자인의 경우는 디자인심사등록출원과 디자인일부심사등록출원의 거절이유에 모두 해당한다.

③ 디자인일부심사등록출원으로 출원할 수 없는 물품임에도 불구하고 이를 대상으로 하여 디자인일부심사등록출원을 한 디자인의 경우는 디자인일부심사등록출원의 거절이유에 해당한다.

④ 디자인등록출원 전에 그 디자인이 속하는 분야에서 통상의 지식을 가진 사람이 국내 또는 국외에서 널리 알려진 형상·모양·색채 또는 이들의 결합에 따라 쉽게 창작할 수 있는 디자인의 경우는 디자인일부심사등록출원의 거절이유에 해당하지 않는다.

⑤ 조약에 위반된 디자인의 경우는 디자인심사등록출원과 디자인일부심사등록출원의 거절이유에 모두 해당한다.

33 국제디자인등록출원의 특례에 관한 설명으로 옳은 것은?

① 국제디자인등록출원서에 첨부되는 도면에는 창작내용의 요점을 적어야 한다.

② 국제디자인일부심사등록출원을 국제디자인심사등록출원으로 또는 국제디자인심사등록 출원을 국제디자인일부심사등록출원으로 변경하는 보정을 할 수 있다.

③ 심사관은 디자인등록결정을 할 때에 국제디자인등록출원서 또는 도면에 적힌 사항이 명백히 잘못된 경우에는 직권으로 보정을 할 수 있다.

④ 국제디자인등록출원에 대하여는 등록을 받을 수 있는 권리의 상속이나 그 밖의 일반 승계가 있는 경우 승계인은 지체 없이 그 취지를 특허청장에게 신고하여야 한다.

⑤ 조약에 따른 우선권을 주장한 자는 최초로 출원한 국가의 정부가 인증한 서류로서 디자인등록출원의 연월일을 적은 서면 및 도면의 등본을 산업디자인의 국제등록에 관한 헤이그협정 제10조(3)에 따른 국제등록공개가 있은 날부터 3개월 이내에 특허청장에게 제출하여야 한다.

34 2018년 12월 10일에 甲은 자전거의 디자인을 디자인등록출원하였다. 乙은 2019년 1월 7일에 甲이 출원한 디자인에서의 자전거 핸들 부분과 유사한 자전거 핸들에 관한 디자인을 독자적으로 창작하여 디자인등록출원하였고, 출원 이후부터 바로 그 자전거 핸들을 생산·판매하였다. 다음 설명 중 옳은 것은? (다툼이 있으면 판례에 따름)

① 乙의 디자인등록출원은 甲의 디자인등록출원에 근거한 신규성 상실을 이유로 디자인 등록을 받을 수 없게 된다.

② 乙의 디자인등록출원은 선출원주의의 적용으로 디자인등록을 받을 수 없게 된다.

③ 甲의 디자인등록출원이 출원공개된 후에 취하된 경우에는 乙의 디자인등록출원은 디자인등록될 수 있다.

④ 甲의 디자인등록출원이 乙의 출원 후에 출원공개 또는 등록공고 된 경우에는 乙의 디자인등록출원은 확대된 선출원의 적용으로 디자인등록을 받을 수 없게 된다.

⑤ 甲의 디자인등록출원이 등록된 후에 乙이 자전거 핸들을 계속해서 생산하여 판매하는 경우 甲의 디자인권 침해가 된다.

35 디자인일부심사등록 이의신청과 디자인등록의 무효심판에 관한 설명으로 옳은 것은?

① 복수디자인등록출원된 디자인등록에 대하여는 디자인등록의 무효심판을 각 디자인마다 청구하여야 하지만, 디자인일부심사등록 이의신청은 각 디자인마다 하지 않아도 된다.

② 디자인등록된 후 디자인일부심사등록의 디자인권자가 디자인보호법 제27조(외국인의 권리능력)에 따라 디자인권을 누릴 수 없는 자로 된 경우에 디자인일부심사등록 이의신청을 할 수는 없지만, 디자인등록의 무효심판은 청구가 가능하다.

③ 디자인일부심사등록 이의신청에 대한 각하결정에 대하여는 불복할 수 없지만, 이의신청기각결정에 대하여는 불복할 수 있다.

④ 디자인일부심사등록 이의신청에 관한 심사를 할 때에는 디자인권자나 이의신청인이 주장하지 아니한 이유에 대하여도 심사할 수 있으나, 디자인등록의 무효심판의 경우에는 당사자 또는 참가인이 신청하지 아니한 이유에 대하여는 심리할 수 없다.

⑤ 디자인일부심사등록 이의신청은 디자인일부심사등록출원의 출원공고일 후 3개월이 되는 날까지 할 수 있으나, 디자인등록의 무효심판은 이러한 기한이 없다.

36 글자체 디자인의 유사여부 판단에 관한 설명으로 옳지 않은 것은? (다툼이 있으면 판례에 따름)

① 글자체 디자인의 유사여부 판단의 주체는 인쇄업자 또는 글자체 개발자로 한정하여야 한다.

② 디자인의 유사여부는 이를 구성하는 각 요소를 분리하여 개별적으로 대비할 것이 아니라 외관을 전체적으로 대비·관찰하여 보는 사람으로 하여금 다른 심미감을 느끼게 하는지에 따라 판단하여야 하는데, 이러한 법리는 글자체에 대한 디자인의 경우에도 마찬가지로 적용된다.

③ 글자체 디자인은 일반 물품 디자인의 유사여부에 관한 판단기준에 따르되 글자체 디자인의 고유한 특성을 참작하여 유사여부를 판단하여야 할 것이다.

④ 디자인등록출원된 글자체 디자인이 기존 글자체의 복사나 기계적 복제에 해당되는 경우에는 기존 글자체 디자인과 동일·유사한 것으로 본다.

⑤ 양 글자체 간의 차이점들이 존재하나, 이러한 차이점들이 해당 글자체를 자세히 볼 때에만 비로소 인식할 수 있는 세부적인 구성의 미세한 차이에 불과하여 전체적인 심미감에 큰 영향을 미칠 정도라고 하기 어려울 경우에는 양 글자체 디자인이 유사하다고 볼 수 있다.

37 디자인보호법 제115조(손해액의 추정 등)에 관한 설명으로 옳지 <u>않은</u> 것은? (다툼이 있으면 판례에 따름)

기출 변형

① 디자인권자는 고의나 과실로 인하여 자기의 디자인권을 침해한 자에 대하여 그 침해에 의하여 자기가 입은 손해의 배상을 청구할 수 있다.

② 상기 ①에 따라 손해배상을 청구하는 경우 그 권리를 침해한 자가 그 침해행위를 하게 한 물건을 양도하였을 때에는 그 물건의 양도수량(디자인권자가 그 침해행위 외의 사유로 판매할 수 없었던 사정이 있는 경우에는 그 침해행위 외의 사유로 판매할 수 없었던 수량을 뺀 수량) 중 디자인권자가 생산할 수 있었던 물건의 수량에서 실제 판매한 물건의 수량을 뺀 수량을 넘지 아니하는 수량에 디자인권자가 그 침해행위가 없었다면 판매할 수 있었던 물건의 단위수량당 이익액을 곱한 금액을 포함하여 디자인권자가 입은 손해액으로 할 수 있다.

③ 상기 ①에 따라 손해배상을 청구하는 경우 그 물건의 양도수량 중 디자인권자가 생산할 수 있었던 물건의 수량에서 실제 판매한 물건의 수량을 뺀 수량을 넘는 수량 또는 그 침해행위 외의 사유로 판매할 수 없었던 수량이 있는 경우 이들 수량(디자인권자가 그 디자인권자의 디자인권에 대한 전용실시권의 설정, 통상실시권의 허락 또는 그 전용실시권자의 전용실시권에 대한 통상실시권의 허락을 할 수 있었다고 인정되지 아니하는 경우에는 해당 수량을 뺀 수량)에 대해서는 디자인등록을 받은 디자인의 실시에 대하여 합리적으로 받을 수 있는 금액을 포함하여 디자인권자가 입은 손해액으로 할 수 있다.

④ 상기 ②에서의 "침해행위 외의 사유"는 침해자의 시장개발 노력·판매망, 침해자의 상표, 광고·선전, 침해제품의 품질의 우수성 등으로 인하여 디자인권의 침해와 무관한 판매수량이 있는 경우를 포함하지 않는다.

⑤ 법원은 디자인권의 침해에 관한 소송에서 손해가 발생한 것은 인정되나 그 손해액을 증명하기 위하여 필요한 사실을 밝히는 것이 사실의 성질상 극히 곤란한 경우에는 변론전체의 취지와 증거조사의 결과에 기초하여 상당한 손해액을 인정할 수 있다.

38 디자인보호법 제33조(디자인등록의 요건) 제1항에 따른 '공업상 이용할 수 있는 디자인'에 관한 설명으로 옳지 <u>않은</u> 것은? (다툼이 있으면 판례에 따름)

① 공업상 이용가능성이란 공업적 방법에 의하여 양산될 수 있는 것을 의미하고, 공업적 방법이란 원자재에 물리적, 화학적 변화를 가하지 않으면서 유용한 물품을 제조하는 것을 의미한다.

② 공업상 이용할 수 있는 디자인은 물리적으로 완전히 같은 물품을 양산할 수 있는 디자인이어야 하는 것은 아니다.

③ 디자인등록출원서의 기재 정도와 관련하여, 첨부된 도면에 서로 불일치하는 부분이 있더라도 해당 디자인 분야에서 통상의 지식을 가진 자가 경험칙에 의하여 디자인의 요지를 충분히 특정할 수 있는 경우에는 공업상 이용할 수 있는 디자인에 해당한다고 볼 수 있다.

④ 공업상 이용할 수 없는 디자인이 일부심사등록된 경우에는 디자인일부심사등록 이의신청의 대상이 될 수 있다.

⑤ 부분디자인에 있어서도 디자인의 대상이 되는 물품이 공업적 방법에 의하여 반복적으로 양산될 수 있어야 한다.

39 디자인보호법 제122조(권리범위 확인심판)에 관한 설명으로 옳지 <u>않은</u> 것은? (다툼이 있으면 판례에 따름)

① 확인대상디자인의 특정 여부에 관하여 의심이 있을 때에는 당사자의 명확한 주장이 없더라도 특허심판 원은 이를 직권으로 조사하여야 한다.

② 특허심판원은 확인대상디자인의 일부 구성요소가 불명확하여 다른 것과 구별될 수 있을 정도로 구체적 으로 특정되어 있지 아니하더라도 확인대상디자인이 등록디자인의 구성요소들의 일부만을 갖추고 있 고 나머지 구성요소가 결여되어 있어 등록디자인의 권리범위에 속하지 않음이 명백한 경우라면 등록디 자인의 권리범위에 속하지 않는다는 판단을 하여야 한다.

③ 일반적으로 확인대상디자인의 특정을 위해서는 대상물의 구체적인 구성을 전부 기재할 필요는 없고 등록디자인의 구성요소에 대응하는 부분의 구체적인 구성을 기재하여 등록디자인의 구성요소와 대비 하여 그 차이점을 판단함에 필요한 정도여야 할 것이다.

④ 복수디자인등록출원된 디자인등록에 대해서는 각 디자인마다 권리범위 확인심판을 청구하여야 한다.

⑤ 권리범위 확인심판을 청구할 때에는 등록디자인과 대비할 수 있는 도면을 첨부하여야 한다.

40 디자인보호법 제38조(디자인등록출원일의 인정 등)에 관한 설명으로 옳지 <u>않은</u> 것은?

① 디자인등록출원서에 디자인등록을 받으려는 취지가 명확하게 표시되지 아니한 경우에는 그 디자인등 록출원의 출원일은 디자인등록출원서가 특허청장에게 도달한 날로 인정되지 않는다.

② 디자인등록출원서에 디자인등록출원인의 성명이나 명칭이 명확하게 적혀있지 아니하여 디자인등록출 원인을 특정할 수 없는 경우에는 그 디자인등록출원의 출원일은 디자인등록출원서가 특허청장에게 도 달한 날로 인정되지 않는다.

③ 디자인등록출원이 한글로 적혀있지 아니한 경우에 디자인등록을 받으려는 자에게 상당한 기간을 정하 여 보완할 것을 명하는 것은 특허청장의 재량사항이다.

④ 복수디자인등록출원된 디자인 중 일부 디자인에만 보완이 필요한 경우에는 그 일부 디자인에 대한 절차 보완서가 특허청장에게 도달한 날을 복수디자인 전체의 출원일로 본다.

⑤ 특허청장은 도면을 제출하도록 보완명령을 받은 자가 지정기간 내에 복수디자인등록 출원된 디자인 중 일부 디자인만 보완하지 아니한 경우에도 그 디자인등록출원을 부적법한 출원으로 보아 반려할 수 있다.

2018년 제55회 기출문제

✓ Time   분 | 해설편 281p

01 특허법상 발명에 관한 설명으로 옳은 것은? (다툼이 있으면 판례에 따름)

① 물건을 생산하는 방법발명의 경우, 실시는 그 방법에 의하여 생산한 물건을 사용, 양도, 대여 또는 수입하거나 그 물건의 양도 또는 대여의 청약을 하는 행위를 의미하므로 물건을 생산하는 방법의 사용은 실시에 포함되지 않는다.

② 재조합 DNA 기술과 같은 유전공학관련 발명에 있어서, 외래유전자가 유전암호인 염기서열로 특정되었다면 기재정도가 그 기술분야에 있어서 통상의 지식을 가진 자가 명세서에 기재된 바에 따라 반복 실시하여 목적하는 기술적 효과를 얻을 수 있을 정도로 구체적, 객관적으로 개시되어 있지 않더라도 발명으로서 완성되었다고 할 수 있다.

③ 특허법상의 발명은 '자연법칙을 이용한 기술적 사상의 창작으로서 고도한 것'이고, 실용신안법상의 고안은 '자연법칙을 이용한 기술적 사상의 창작'으로 고도성을 요구하지 않으므로, 특허의 대상은 모두 실용신안등록의 대상이 된다.

④ 미생물에 관한 발명으로 통상의 기술자가 미생물을 쉽게 입수할 수 없는 경우에는 국내기탁기관 또는 국제기탁기관에 기탁하여야 하고, 출원시에 이를 하지 않은 경우에는 미완성 발명으로, 발명의 성립성이 인정되지 않는다.

⑤ 무성번식 식물과 달리 유성번식 동식물에 관한 발명은 반복재현성이 보장되지 않고 특허법상 허용되지 않는 발명의 유형이므로 특허받을 수 없다.

02 특허법상 기간 또는 기일에 관한 설명으로 옳지 <u>않은</u> 것은?

① 특허법상 최초의 공시송달의 효력은 특허공보에 게재한 날부터 2주일이 지나면 그 효력이 발생하며, 같은 당사자에 대한 이후의 공시송달은 특허공보에 게재한 날의 다음 날부터 효력이 발생한다.

② 특허심판원장은 청구에 따라 또는 직권으로 특허법 제132조의17(특허거절결정 등에 대한 심판)에 따른 심판의 청구기간을 30일 이내에서 한 차례만 연장할 수 있다.

③ 특허청장·특허심판원장·심판장 또는 특허법 제57조(심사관에 의한 심사) 제1항에 따른 심사관은 이 법에 따라 특허에 관한 절차를 밟을 기간을 정한 경우에는 청구에 따라 그 기간을 단축할 수 있다.

④ 특허에 관한 절차를 밟은 자가 책임질 수 없는 사유로 인하여 특허법 제180조(재심청구의 기간) 제1항에 따른 재심의 청구기간을 준수할 수 없는 때에는 그 사유가 소멸한 날부터 2개월 이내에 지키지 못한 절차를 추후 보완할 수 있지만, 그 재심의 청구기간의 만료일부터 1년이 지났을 때에는 할 수 없다.

⑤ 특허청장 또는 특허심판원장은 특허법 제46조(절차의 보정)에 따른 보정명령을 받은 자가 지정된 기간에 그 보정을 하지 아니하면 특허에 관한 절차를 무효로 할 수 있다.

03 특허법상 진보성에 관한 설명으로 옳지 <u>않은</u> 것은? (다툼이 있으면 판례에 따름)

① 발명의 진보성 유무를 판단할 때에, 적어도 선행기술의 범위와 내용, 진보성 판단의 대상이 된 발명과 선행기술의 차이 및 발명이 속하는 기술분야에서 통상의 기술자의 기술수준에 대하여 증거 등 기록에 나타난 자료에 기하여 파악한 다음, 이를 기초로 하여 통상의 기술자가 특허출원 당시의 기술수준에 비추어 진보성 판단의 대상이 된 발명이 선행기술과 차이가 있음에도 그러한 차이를 극복하고 선행기술로부터 발명을 쉽게 발명할 수 있는지를 살펴보아야 한다.

② 특허가 진보성이 없어 무효사유가 있는 경우에 특허무효심판에서 무효심결이 확정되지 않으면, 특별한 사정이 없는 한 다른 절차에서 그 특허가 무효임을 전제로 판단할 수는 없으므로, 특허발명이 공지의 기술인 경우 등을 제외하고는 특허발명의 진보성이 부정되는 경우에도 권리범위확인심판에서 등록된 특허권의 효력을 당연히 부인할 수는 없다.

③ 최후거절이유통지에 따른 보정이 신규사항 추가금지, 청구범위 보정범위제한을 위반하여 새로운 거절이유가 발생한 것으로 인정되면, 심사관은 보정에 대하여 서면으로 이유를 붙여서 결정으로 그 보정을 각하하여야 하고 보정각하 결정시에는 기간을 정하여 의견서를 제출할 기회를 부여하여야 한다.

④ 특허발명에 대한 무효심결이 확정되기 전이라고 하더라도 특허발명의 진보성이 부정되어 특허가 특허무효심판에 의하여 무효로 될 것임이 명백한 경우에는 특허권에 기초한 침해금지 또는 손해배상 등의 청구는 특별한 사정이 없는 한 권리남용에 해당하여 허용되지 아니한다.

⑤ 출원발명에 대하여 우선권주장의 불인정으로 거절이유가 생긴 경우에는 우선권주장의 불인정은 거절이유 일부를 구성하는 것이므로, 우선권주장이 인정되지 않는다는 취지 및 그 이유가 포함된 거절이유를 통지하지 않은 채 우선권주장의 불인정으로 인하여 생긴 거절이유를 들어 특허거절결정을 하는 것은 위법하다.

04 특허출원에 관한 설명으로 옳지 <u>않은</u> 것은?

① 특허를 받을 수 있는 권리를 가진 자의 법원에 대한 이전청구에 기초하여 특허권이 이전등록된 경우에는 해당 특허권과 보상금 지급 청구권은 이전청구한 날부터 이전등록을 받은 자에게 있는 것으로 본다.

② 공동발명자 중 한 사람이 단독으로 특허출원한 경우 등록 전에는 거절이유와 정보제공사유에 해당하며 등록 이후에는 특허무효사유가 된다.

③ 특허출원인이 특허출원서에 착오로 발명자 중 일부의 기재를 누락하거나 잘못 기재한 경우에는 심사관이 특허여부를 결정하기 전까지 필요에 따라 추가 또는 정정할 수 있지만, 발명자의 기재가 누락(특허출원서에 적은 발명자의 누락에 한정) 또는 잘못 적은 것임이 명백한 경우에는 특허여부결정 후에도 추가 또는 정정할 수 있다.

④ 특허를 받을 수 있는 권리가 공유이나 공동출원하지 아니하여 특허무효사유에 해당하는 경우에 특허를 받을 수 있는 권리를 가진 자는 법원에 해당 특허권 지분의 이전을 청구할 수 있다.

⑤ 발명자가 아닌 사람으로서 특허를 받을 수 있는 권리의 승계인이 아닌 사람이 발명자가 한 발명의 구성을 일부 변경하여 발명자의 발명과 기술적 구성이 상이하게 되었으나 그 변경이 기술적 사상의 창작에 실질적으로 기여하지 않은 경우, 그 특허발명은 무권리자의 특허출원에 해당한다.

05 특허법 제30조의 공지 등이 되지 아니한 발명으로 보는 경우(이하 '공지예외 적용'이라 함)에 관한 설명으로 옳은 것은?

① 발명이 출원 전에 공지되었으나 공지예외적용의 요건을 갖춘 경우에 그 발명은 특허법 제29조(특허요건)의 신규성이나 진보성에 관한 규정 적용시 출원일이 소급된다.

② 특허를 받을 수 있는 권리를 가진 자의 의사에 반하여 발명이 공지된 경우에 공지 예외적용을 받으려는 자는 공지된 날부터 6개월 이내에 특허출원을 하여야 한다.

③ 특허를 받을 수 있는 권리를 가진 자의 의사에 반하여 발명이 공지된 경우에 공지예외적용을 받으려는 자는 출원서에 그 취지를 기재하여야 한다.

④ 특허를 받을 수 있는 권리를 가진 자에 의하여 발명이 공지된 경우에 공지예외적용을 받을 수 있으나, 그 발명이 조약 또는 법률에 따라 국내 또는 국외에서 출원공개되거나 등록공고된 경우는 제외한다.

⑤ 특허를 받을 수 있는 권리를 가진 자에 의하여 발명이 공지된 경우에 공지예외적용을 받으려는 자는 출원서에 그 취지를 기재하여야 하고, 이를 추후 보완할 수 없다.

06 특허출원의 심사에 관한 설명으로 옳은 것은?

① 특허출원 공개 후 특허법 제132조의13(특허취소신청에 대한 결정) 제1항에 따른 특허취소결정이 확정된 경우에는 그 특허취소결정이 확정된 때부터 보상금청구권의 효력은 발생하지 않는다.

② 심사관은 명세서 등에 적힌 사항이 명백히 잘못된 경우에 직권보정할 수 있으며, 특허출원인은 직권보정 사항의 전부 또는 일부를 받아들일 수 없으면 그 직권보정 사항에 대한 의견서를 심사관에게 제출해야 한다.

③ 특허거절결정등본을 송달받은 특허출원인은 해당 특허출원에 관한 재심사를 청구할 수 있으며, 재심사의 청구는 청구일로부터 30일 이내에 취하할 수 있다.

④ 심사관은 특허결정된 특허출원에 관하여 명백한 거절이유를 발견한 경우에는 직권으로 특허결정을 취소하고, 그 특허출원을 직권 재심사할 수 있지만, 그 특허출원이 취하되거나 포기된 경우에는 할 수 없다.

⑤ 특허출원인이 책임질 수 없는 사유로 특허법 제67조의2(재심사의 청구) 제1항에 따라 재심사의 청구를 할 수 있는 기간을 지키지 못하여 특허거절결정이 확정된 것으로 인정되는 경우에는 그 사유가 소멸한 날부터 1개월 이내에 재심사를 청구하여야 한다.

07 특허료 및 수수료에 관한 설명으로 옳은 것은?

① 특허출원인이 아닌 자가 출원심사의 청구를 하는 때의 심사청구료는 심사를 청구한 자가 부담하므로 명세서가 보정되어 청구항의 수가 증가한 경우에도 이에 대한 심사청구료는 심사를 청구한 자가 부담한다.

② 이해관계인은 특허료를 내야 할 자의 의사에 반하여 특허료를 낼 수 없다.

③ 특허권의 설정등록을 받으려는 자 또는 특허권자가 책임질 수 없는 사유로 추가 납부기간에 특허료를 내지 아니하였거나 보전기간에 보전하지 아니한 경우에는 그 사유가 소멸한 날부터 6개월 이내에 그 특허료를 내거나 보전할 수 있다.

④ 특허무효심결이 확정되면 무효심결이 확정된 해의 다음 해부터의 특허료에 해당하는 액수는 납부한 자의 청구가 없더라도 반환한다.

⑤ 납부된 수수료는 심리의 종결을 통지받기 전까지 심판청구를 취하한 경우에 이미 낸 수수료 중 심판청구료의 2분의 1에 해당하는 금액을 납부한 자의 청구에 의하여 반환한다.

08 의약품 특허권 존속기간의 연장에 관한 설명으로 옳지 <u>않은</u> 것은? (다툼이 있으면 판례에 따름)

① 특허발명을 실시하기 위하여 다른 법령에 따라 허가를 받거나 등록 등을 하고, 그 허가 또는 등록 등을 위하여 필요한 유효성·안전성 등의 시험으로 인하여 장기간이 소요되는 대통령령으로 정하는 발명인 경우에는 그 실시할 수 없었던 기간에 대하여 5년의 기간까지 그 특허권의 존속기간을 한 차례만 연장할 수 있다.

② 의약품 등의 발명을 실시하기 위해 약사법 등에 따라 허가 또는 등록 등을 받은 자의 귀책사유로 그 허가 또는 등록 등의 절차가 지연된 경우, 귀책사유가 인정되는 기간은 특허권 존속기간 연장의 범위에 포함되지 않는다.

③ 허가 또는 등록 등을 받은 자에게 책임 있는 사유를 판단할 경우에는 특허권 존속기간의 연장등록을 받는 데에 필요한 허가 또는 등록 등을 신청한 전용실시권자와 통상실시권자에 관한 사유는 포함되지 않는다.

④ 특허발명을 실시할 수 없었던 기간을 초과한다는 사유로 특허법 제134조(특허권 존속기간의 연장등록의 무효심판) 제1항 제3호에 따라 존속기간 연장등록 무효심판을 청구하는 경우 무효심판을 청구한 자는 그 사유에 대하여 주장·증명할 책임을 진다.

⑤ 식품의약품안전처의 의약품 제조판매·수입품목 허가신청에 대하여 어느 심사부서의 보완요구로 보완자료를 제출할 때까지 보완요구 사항에 대한 심사가 진행되지 못하였더라도, 그동안 다른 심사부서에서 그 의약품의 제조판매·수입품목 허가를 위한 심사 등의 절차가 계속 진행되고 있었던 경우, 의약품 등의 발명을 실시하기 위해 약사법 등에 따라 허가 또는 등록 등을 받은 자의 귀책사유로 그 허가 또는 등록 등의 절차가 지연된 기간이라고 단정할 수 없다.

09 특허협력조약(PCT)에 따른 국제특허출원에 관한 설명으로 옳은 것은?

① 국제특허출원서를 한국 특허청에 제출하는 경우에는 국어, 영어, 일본어 또는 중국어로 작성하여 출원서, 발명의 설명, 청구범위, 필요한 도면 및 요약서를 특허청장에게 제출하여야 한다.

② 국제특허출원서를 한국 특허청에 제출하면 국내에 특허출원한 것으로 보게 되므로 출원서의 지정국은 특허협력조약의 체약국 중에서 한국을 제외한 나머지 국가에서 지정하여야 한다.

③ 출원인은 국제예비심사청구시 선택한 선택국 중 모든 선택을 취하할 수 있으며, 모든 선택국의 선택이 취하된 경우에는 국제예비심사의 청구는 취하된 것으로 본다.

④ 국제예비심사는 출원인의 선택에 의한 임의적 절차로, 국제예비심사를 청구하면 그 심사결과인 국제예비심사보고서는 선택관청을 제외한 지정관청에 송달된다.

⑤ 미국 특허청을 수리관청으로 영어로 작성하여 국제특허출원하면서 한국을 지정국으로 하는 경우 한국 특허청에 출원서, 발명의 설명, 청구범위 및 도면(도면 중 설명부분에 한정한다)의 국어 번역문을 제출하여야 한다.

10 실시권에 관한 설명으로 옳지 <u>않은</u> 것은 모두 몇 개인가?

> ㄱ. 전용실시권자는 상속이나 그 밖의 일반승계의 경우 특허권자의 동의를 얻지 아니하고 그 전용실시권을 이전할 수 있다.
>
> ㄴ. 전용실시권자는 특허권자의 동의를 받아야만 그 전용실시권을 목적으로 하는 질권을 설정하거나 통상실시권을 허락할 수 있다.
>
> ㄷ. 전용실시권자가 그 권리를 포기함에 있어서는 그 전용실시권에 관한 질권자 또는 특허법 제100조(전용실시권) 제4항에 따른 통상실시권자의 동의를 얻어야 한다.
>
> ㄹ. 통상실시권을 등록한 경우에는 그 등록 후에 특허권 또는 전용실시권을 취득한 자에 대해서도 그 효력이 발생한다.
>
> ㅁ. 특허청장은 재정을 한 경우에는 당사자 및 그 특허에 관하여 등록을 한 권리를 가지는 자에게 재정서등본을 송달하여야 한다.
>
> ㅂ. 특허청장은 재정청구일로부터 3개월 이내에 재정에 관한 결정을 하여야 한다.
>
> ㅅ. 특허청장은 재정을 받은 자가 재정을 받은 목적에 적합하도록 그 특허발명을 실시하지 아니한 경우 이해관계인의 신청에 따라 또는 직권으로 그 재정을 취소할 수 있다.

① 0개

② 1개

③ 2개

④ 3개

⑤ 4개

11 간접침해에 관한 설명으로 옳은 것은? (다툼이 있으면 판례에 따름)

① 특허가 방법의 발명인 경우, 특허권자 또는 이해관계인은 그 방법의 실시에만 사용하는 물건과 대비되는 물건을 심판청구의 대상이 되는 발명으로 특정하여 특허권의 보호범위에 속하는지 여부의 확인을 구할 수 없다.

② 특허가 물건의 발명인 경우, 특허받은 물건의 생산은 국내외를 불문하므로 특허받은 물건의 생산에만 사용하는 물건을 국내외에서 생산, 양도, 대여, 수입하거나 그 물건의 양도 또는 대여의 청약을 하는 행위는 특허발명의 간접침해를 구성한다.

③ 간접침해를 전제로 한 적극적 권리범위확인심판에서 심판청구의 대상이 되는 확인대상발명이 자유실시기술에 해당하는지 여부를 판단하는 경우 실시부분의 구성만으로 한정하여 파악한다.

④ 간접침해에서 말하는 '특허 물건의 생산에만 사용하는 물건'에 해당하는 점은 특허권자가 주장·입증하여야 한다.

⑤ 간접침해도 특허침해를 구성하는 것으로 보는 것이므로 특허침해금지, 손해배상 등 민사상의 책임과 특허권 침해죄에 따른 형사처벌의 대상이 된다.

12 특허법상 비밀유지명령에 관한 설명으로 옳은 것은?

① 특허권 침해에 관한 소송에서 특허청장은 특허법 제224조의3(비밀유지명령) 제1항에 따라 그 당사자의 신청에 따라 결정으로 다른 당사자 등에게 그 영업비밀을 그 소송의 계속적인 수행 외의 목적으로 사용하거나 그 영업비밀에 관계된 이 항에 따른 명령을 받은 자 외의 자에게 공개하지 아니할 것을 명할 수 있다.

② 비밀유지명령을 취소하는 재판은 확정되어야 효력이 발생하고, 비밀유지명령의 취소신청에 대한 재판에 대해서는 즉시항고를 할 수 있다.

③ 비밀유지명령을 취소하는 재판을 한 법원은 비밀유지명령의 취소신청을 한 자에 게 취소재판을 한 날로부터 2주일 이내에 비밀유지명령의 취소 재판을 한 사실을 알려야 한다.

④ 특허권 침해소송에서 비밀유지명령이 결정된 경우에 비밀유지명령은 이 결정서가 비밀유지명령을 받은 자에게 송달된 날의 다음 날부터 효력이 발생한다.

⑤ 비밀유지명령이 내려진 소송에 관한 소송기록에 대하여 민사소송법 제163조(비밀보호를 위한 열람 등의 제한) 제1항의 결정이 있었던 경우, 법원서기관 등은 그 열람 등의 청구를 한 자를 포함하여 민사소송법 제163조 제1항의 신청을 한 당사자에게 그 청구 직후에 그 열람 등의 청구가 있었다는 사실을 알려야 한다.

13 특허취소신청에 관한 설명으로 옳지 <u>않은</u> 것을 모두 고른 것은?

> ㄱ. 누구든지 특허권의 설정등록일부터 등록공고일 후 6개월이 되는 날까지 그 특허가 특허법 제29조(특허요건) 제1항 제1호에 위반되는 경우에는 특허청장에게 특허취소신청을 할 수 있다.
>
> ㄴ. 특허취소신청절차가 진행 중인 특허에 대한 특허권자는 특허법 제136조(정정심판) 제1항 각 호의 어느 하나에 해당하는 경우에만 제132조의13(특허취소신청에 대한 결정) 제2항에 따라 지정된 기간에 특허발명의 명세서 또는 도면에 대하여 정정청구를 할 수 있다.
>
> ㄷ. 특허취소신청절차가 진행 중인 특허에 대한 특허권자가 정정청구를 한 경우에 정정을 청구할 수 있도록 지정된 기간과 그 기간의 만료일부터 2개월 이내의 기간에는 정정을 취하할 수 있다.
>
> ㄹ. 부적법한 특허취소신청으로서 그 흠을 보정할 수 없을 때에는 특허취소신청의 합의체는 특허권자에게 특허취소신청의 부본을 송달하지 아니하고, 결정으로 그 특허취소신청을 각하할 수 있으며, 각하결정에 대해서는 결정등본송달일로부터 1주일 이내에 불복할 수 있다.
>
> ㅁ. 특허취소신청은 특허취소신청 결정등본이 송달되기 전까지만 취하할 수 있으며, 다만, 특허법 제132조의13(특허취소신청에 대한 결정) 제2항에 따라 특허권자 및 참가인에게 특허의 취소이유가 통지된 후에는 취하할 수 없다.

① ㄱ, ㄴ, ㄷ
② ㄱ, ㄴ, ㄹ
③ ㄱ, ㄷ, ㄹ
④ ㄴ, ㄹ, ㅁ
⑤ ㄷ, ㄹ, ㅁ

14 특허법상 심결취소소송에 관한 설명으로 옳지 <u>않은</u> 것은? (다툼이 있으면 판례에 따름)

① 특허발명의 공동출원인이 특허거절결정에 대한 취소심판청구에서 패소한 경우 패소한 원고는 단독으로 심결의 취소를 구하는 소송을 제기할 수 있다.

② 특허청 심사관이 특허출원의 보정에 대한 각하결정을 한 후 '보정 전의 특허출원'에 대하여 거절결정을 하였고, 그에 대한 불복심판 절차에서 위 보정각하결정 및 거절결정이 적법하다는 이유로 심판청구를 기각하는 특허심판원의 심결이 있었는데 보정각하결정이 위법한 경우, 심결취소소송에서 법원은 그것만을 이유로 곧바로 심결을 취소하여야 한다.

③ 거절결정불복심판청구 기각심결의 취소소송절차에서 특허청장은 거절결정의 이유 외에도 심사나 심판 단계에서 의견서 제출의 기회를 부여한 사유를 해당 심결의 결론을 정당하게 하는 사유로 주장할 수 있고, 심결취소소송의 법원은 이를 심리·판단하여 심결의 당부를 판단하는 근거로 삼을 수 있다.

④ 심결취소소송을 제기한 후에 당사자 사이에 소를 취하하기로 하는 합의가 이루어졌다면 특별한 사정이 없는 한 소송을 계속 유지할 법률상의 이익이 소멸하여 당해 소는 각하되어야 한다.

⑤ 당사자는 심결에서 판단되지 않은 처분의 위법사유도 심결취소소송단계에서 주장·입증할 수 있고, 심결취소소송의 법원은 특별한 사정이 없는 한 제한 없이 이를 심리·판단하여 판결의 기초로 삼을 수 없다.

15 특허법 또는 실용신안법상 벌칙에 관한 설명으로 옳지 <u>않은</u> 것은? 기출 변형

① 특허심판원으로부터 증거조사 또는 증거보전에 관하여 서류나 그 밖의 물건 제출 또는 제시의 명령을 받은 자로서 정당한 이유 없이 그 명령에 따르지 아니한 자에게는 50만원 이하의 과태료를 부과한다.

② 특허법 제58조(전문기관의 등록 등) 제2항에 따른 전문기관의 임직원이거나 임직원이었던 사람은 특허법 제226조(비밀누설죄 등)를 적용하는 경우에는 특허청 소속 직원 또는 직원이었던 사람으로 추정한다.

③ 국내외에서 정당한 사유 없이 특허법 제224조의3(비밀유지명령) 제1항에 따른 비밀유지명령을 위반한 자는 5년 이하의 징역 또는 5천만원 이하의 벌금에 처한다.

④ 특허청 또는 특허심판원 소속 직원이거나 직원이었던 사람이 특허출원 중인 발명(국제출원 중인 발명을 포함한다)에 관하여 직무상 알게 된 비밀을 누설하거나 도용한 경우에는 5년 이하의 징역 또는 5천만원 이하의 벌금에 처한다.

⑤ 특허청 또는 특허심판원 소속 직원이거나 직원이었던 사람이 실용신안등록출원 중인 고안(국제출원 중인 고안을 포함한다)에 관하여 직무상 알게 된 비밀을 누설하거나 도용한 경우에는 5년 이하의 징역 또는 5천만원 이하의 벌금에 처한다.

16 특허에 관한 설명으로 옳지 <u>않은</u> 것은? (다툼이 있으면 판례에 따름)

① 특허를 받을 수 있는 권리를 이전하기로 하는 계약은 명시적으로만 이루어질 수 있고, 그러한 계약에 따라 특허등록을 공동출원한 경우에는 그 출원인이 발명자가 아니라도 등록된 특허권의 공유지분을 가진다.

② 권리범위확인심판에서 확인대상발명이 불명확하여 특허발명과 대비대상이 될 수 있을 정도로 구체적으로 특정되어 있지 않다면, 특허심판원은 요지변경이 되지 아니하는 범위 내에서 확인대상발명의 설명서 및 도면에 대한 보정을 명하는 등의 조치를 취하여야 하며, 그럼에도 불구하고 그와 같은 특정에 미흡함이 있다면 심판청구를 각하하여야 한다.

③ 특허의 일부 또는 전부가 출원 당시 공지공용의 것인 경우 특허청구범위에 기재되어 있다는 이유만으로 권리범위를 인정하여 독점적・배타적 실시권을 부여할 수는 없으므로 권리범위확인심판에서도 특허무효의 심결 유무에 관계없이 그 권리범위를 부정할 수 있으며, 이러한 법리를 진보성이 부정되는 경우까지 확장할 수는 없다.

④ 전용실시권 설정계약상 특별한 제한을 등록하지 않은 경우에 그 제한을 넘어 특허발명을 실시한 전용실시권자는 특허권자에 대하여 채무불이행 책임을 지게 됨은 별론으로 하고 특허권 침해가 성립하는 것은 아니다.

⑤ 특허무효심판이 상고심에 계속 중 당해 특허의 정정심결이 이루어지고 확정되어 특허발명의 명세서가 정정되었다고 하더라도 정정된 사항이 특허무효사유의 유무를 판단하는 전제가 된 사실인정에 영향을 미치는 것이 아니라면 재심사유가 있다고 할 수 없다.

17 특허무효심판에 관한 설명으로 옳지 <u>않은</u> 것은? (다툼이 있으면 판례에 따름)

① 동일한 특허발명에 대하여 정정심판 사건이 특허심판원에 계속 중에 있으면 상고심에 계속 중인 그 특허발명에 관한 특허무효심결에 대한 취소소송의 심리를 중단하여야 한다.

② 특허무효심판을 청구할 수 있는 이해관계인에는 당해 특허발명과 같은 종류의 물품을 제조·판매하거나 제조·판매할 자도 포함된다.

③ 2인 이상을 공유자로 하여 등록된 특허에 대한 특허무효심판에서 공유자 지분에 따라 특허를 분할하여 일부 지분에 대한 무효심판을 청구할 수 없다.

④ 특허등록의 무효심판을 청구할 수 있는 이해관계인에 해당하는지 여부는 심결 당시를 기준으로 판단하여야 한다.

⑤ 특허무효심판절차에서 정정청구가 있는 경우 정정만이 따로 확정되는 것이 아니라 무효심판의 심결이 확정되는 때에 함께 확정된다.

18 의약의 용도발명에 관한 설명으로 옳지 <u>않은</u> 것은? (다툼이 있으면 판례에 따름)

① 의약의 용도발명에서 특정 물질의 의약용도가 약리기전만으로 기재되어 있다 하더라도 발명의 상세한 설명 등 명세서의 다른 기재나 기술상식에 의하여 의약으로서의 구체적인 용도를 명확하게 파악할 수 있는 경우에는 특허법상 청구항의 명확성 요건을 충족하는 것으로 볼 수 있다.

② 의약의 용도발명에 있어서 특정한 투여용법과 투여용량에 관한 용도발명의 진보성이 부정되지 않기 위해서는 출원 당시의 기술수준이나 공지기술 등에 비추어 그 발명이 속하는 기술분야에서 통상의 지식을 가진 사람이 예측할 수 없는 현저하거나 이질적인 효과가 인정되어야 한다.

③ 의약의 용도발명에 있어서는 특정 물질이 가지고 있는 의약의 용도가 발명의 구성요건에 해당하므로, 발명의 특허청구범위에는 특정 물질의 의약용도를 대상질병 또는 약효로 명확히 기재하여야 한다.

④ 의약용도발명의 특허청구범위에 기재되어 있는 약리기전은 특정 물질이 가지고 있는 의약용도를 특정하는 한도 내에서만 발명의 구성요소로서 의미를 가질 뿐 약리기전 자체가 특허청구범위를 한정하는 구성요소라고 보아서는 아니 된다.

⑤ 의약의 용도발명에서 투여용법과 투여용량은 의료행위 자체이므로 의약이라는 물건에 새로운 의미를 부여하는 구성요소가 될 수 있다 할지라도, 이와 같은 투여용법과 투여용량이라는 새로운 의약용도가 부가되어 신규성과 진보성 등의 특허요건을 갖춘 의약에 대해서 새롭게 특허권이 부여될 수 있는 것은 아니다.

19 특허심판에 관한 설명으로 옳지 <u>않은</u> 것은? (다툼이 있으면 판례에 따름)

① 특허의 등록무효심판청구에 관하여 종전에 확정된 심결이 있더라도 종전 심판에서 청구원인이 된 무효사유 외에 다른 무효사유가 추가된 경우에 새로운 심판청구는 그 자체로 동일사실에 의한 것이 아니어서 일사부재리의 원칙에 위배되지 아니한다.

② 거절결정에 대한 특허심판원의 심판절차에서 의견제출의 기회를 부여한 바 없는 새로운 거절이유를 들어서 거절결정이 결과에 있어 정당하다는 이유로 거절결정 불복심판청구를 기각한 심결은 위법하다.

③ 특허취소신청이 특허심판원에 계속 중인 때부터 그 결정이 확정될 때까지의 기간에는 정정심판을 청구할 수 없지만, 특허무효심판의 심결 또는 정정의 무효심판의 심결에 대한 소가 특허법원에 계속 중인 경우에는 특허법원에서 변론이 종결(변론 없이 한 판결의 경우에는 판결의 선고를 말한다)된 날까지 정정심판을 청구할 수 있다.

④ 심판에서는 당사자 또는 참가인이 신청하지 아니한 이유에 대해서도 심리할 수 있지만, 청구인이 신청하지 아니한 청구의 취지에 대해서는 심리할 수 없다.

⑤ 확인대상발명이 특허발명인 경우에는 적극적 권리범위확인심판을 허용한다면 특허권의 무효를 인정하는 것과 다름이 없게 되므로 확인대상발명이 특허발명의 이용발명인 경우에는 이와 같은 권리범위확인심판은 허용되지 않는다.

20 국제실용신안등록출원의 국어번역문에 관한 설명으로 옳지 <u>않은</u> 것을 모두 고른 것은?

> ㄱ. 국제실용신안등록출원을 외국어로 출원한 출원인은 특허협력조약 제2조 (xi)의 우선일로부터 2년 6개월 이내에 국어번역문을 특허청장에게 제출하여야 한다.
>
> ㄴ. 국제실용신안등록출원을 외국어로 출원한 출원인이 특허협력조약 제19조(국제사무국에 제출하는 청구범위의 보정서) 제1항에 따라 청구범위에 관한 보정을 한 경우에는 국제출원일까지 제출한 청구범위에 대한 국어번역문을 보정 후의 청구범위에 대한 국어번역문으로 대체하여 제출할 수 있다.
>
> ㄷ. 국어번역문을 제출한 출원인은 출원심사를 청구한 후에도 국내서면제출기간 내에는 그 국어번역문을 갈음하여 새로운 국어번역문을 제출할 수 있다.
>
> ㄹ. 국제실용신안등록출원을 외국어로 출원한 출원인이 국내서면제출기간에 고안의 설명, 청구범위, 도면(도면 중 설명부분에 한정한다) 및 요약서의 국어번역문을 제출하지 아니하면 그 국제실용신안등록출원을 취하한 것으로 본다.
>
> ㅁ. 실용신안등록출원인이 거절이유통지를 받은 후 실용신안법 제11조(「특허법」의 준용)에 따라 준용되는 특허법 제47조(특허출원의 보정) 제1항 제1호 또는 제2호에 따른 기간에 최종 국어번역문의 잘못된 번역을 정정하는 경우에는 마지막 정정 전에 한 모든 정정은 처음부터 없었던 것으로 본다.

① ㄱ, ㄷ, ㄹ

② ㄱ, ㄷ, ㅁ

③ ㄱ, ㄹ, ㅁ

④ ㄴ, ㄷ, ㄹ

⑤ ㄷ, ㄹ, ㅁ

21 상표등록을 받을 수 <u>없는</u> 것을 모두 고른 것은? (다툼이 있으면 판례에 따름)

> ㄱ. 직업소개업, 직업알선업, 취업정보제공업을 지정상품(서비스)으로 하는 '알바천국'
> ㄴ. 가정/사무실용물분배기, 산업용물분배기, 냉수기를 지정상품으로 하는 'WATERLINE'
> ㄷ. 장미를 지정상품으로 하는 'Red Sandra'
> ㄹ. 호텔업, 모텔업, 레스토랑업, 관광숙박업을 지정상품(서비스)으로 하는 'SUPER8'
> ㅁ. 금속절단공구, 절단공구, 도구 및 절단장치의 형상화와 관련한 기술상담업을 지정상품(서비스)으로 하는 'engineering your competitive edge'

① ㄱ, ㄴ, ㄷ
② ㄱ, ㄷ, ㅁ
③ ㄱ, ㄹ, ㅁ
④ ㄴ, ㄷ, ㄹ
⑤ ㄴ, ㄹ, ㅁ

22 상표법상 벌칙에 관한 설명으로 옳지 <u>않은</u> 것은?

① 상표법에 따라 선서한 증인이 특허심판원에 대하여 거짓의 진술, 감정 또는 통역을 하였을 경우에는 위증죄에 해당한다.
② 비밀유지명령을 신청한 자의 고소가 없더라도 비밀유지명령 위반죄로 공소를 제기할 수 있다.
③ 등록을 하지 아니한 상표 또는 상표등록출원을 하지 아니한 상표를 등록상표 또는 등록출원상표인 것같이 영업용 광고, 간판, 표찰, 상품의 포장 등에 표시하는 행위를 한 경우에는 거짓표시의 죄에 해당한다.
④ 법인의 대표자나 법인 또는 개인의 대리인, 종업원이 그 법인 또는 개인의 업무에 관하여 상표권침해죄의 위반행위를 하면 그 행위자를 벌하는 외에 그 법인에는 벌금형을 과(科)하고 그 개인에게는 해당 조문의 벌금형을 과한다. 다만, 법인 또는 개인이 그 위반행위를 방지하기 위하여 해당 업무에 관하여 상당한 주의와 감독을 게을리하지 아니한 경우에는 그러하지 아니하다.
⑤ 거짓이나 그 밖의 부정한 행위를 하여 상표등록, 지정상품의 추가등록, 존속기간 갱신등록, 상품분류전환등록 또는 심결을 받은 경우에는 거짓행위의 죄에 해당된다.

23 상표법에 관한 설명으로 옳은 것은? (다툼이 있으면 판례에 따름)

① 상표의 유사 여부의 판단은 두 개의 상표 자체를 나란히 놓고 대비하여 두 개의 상표를 대하는 일반 수요자에게 상품 출처에 관하여 오인·혼동을 일으킬 우려가 있는지의 관점에서 이루어져야 하고, 두 개의 상표가 외관, 호칭, 관념 등에 의하여 일반 수요자에게 주는 인상, 기억, 연상 등을 전체적으로 종합할 때 상품의 출처에 관하여 오인·혼동을 일으킬 우려가 있는 경우에는 두 개의 상표는 서로 유사하다고 보아야 한다.

② 업무표장이란 국내 및 국외에서 영리를 목적으로 하지 아니하는 업무를 하는 자가 그 업무를 나타내기 위하여 사용하는 표장이다.

③ 상품의 품질오인을 일으키게 할 염려가 있는 상표는 상표등록을 받을 수 없는데 상품의 품질오인이란 상품의 품질에 관한 오인을 말하는 것이지, 상품자체를 오인하게 하는 경우는 포함되지 않는다.

④ 등록상표임을 표시한 타인의 상표권을 침해한 자는 그 침해행위에 대하여 과실이 있는 것으로 추정한다.

⑤ 디자인과 상표는 배타적·선택적인 관계에 있는 것이 아니므로 디자인이 될 수 있는 형상이나 모양이라고 하더라도 그것이 상표의 본질적인 기능이라고 할 수 있는 자타상품의 출처표시를 위하여 사용되는 것으로 볼 수 있는 경우에는 위 사용을 상표로서의 사용이라고 보아야 할 것이다.

24 상표법상 재심에 관한 설명으로 옳지 <u>않은</u> 것은?

① 당사자는 확정된 심결에 대하여 재심을 청구할 수 있으며, 재심청구는 일반재심사유와 사해심결에 관한 재심사유로 나눌 수 있다.

② 재심의 심리는 재심청구이유의 범위 내에서 하여야 한다. 따라서 심판관은 당사자가 주장한 사항에 대해서만 심리하여야 한다.

③ 대리권의 흠결을 이유로 하여 재심을 청구하는 경우에 재심청구기간은 청구인 또는 법정대리인이 심결 등본의 송달에 의하여 심결이 있은 것을 안 날로부터 기산한다.

④ 심판에 대한 재심의 절차에 관하여는 그 성질에 반하지 아니하는 범위에서 심판의 절차에 관한 규정을 준용한다.

⑤ 상표등록이 취소된 후 재심에 의하여 그 효력이 회복된 경우 상표권의 효력은 해당 심결이 확정된 후 그 회복된 상표권의 등록 전에 선의(善意)로 해당 등록상표와 같은 상표를 그 지정상품과 같은 상품에 사용한 행위에는 미치지 아니한다.

25 위치상표에 관한 설명으로 옳지 <u>않은</u> 것은? (다툼이 있으면 판례에 따름)

① 위치상표는 표장이 사용되는 위치에 식별력이 인정되는 것이기는 하나 표장의 위치가 요부라고는 볼 수 없다.

② 위치상표에서는 지정상품에 일정한 형상이나 모양 등이 부착되는 특정 위치를 설명하기 위하여 지정상품의 형상을 표시하는 부분을 필요로 하게 된다.

③ 특정 위치에 부착된 표장은 수요자의 입장에선 상표가 아니라 디자인적 요소로 보는 것이 일반적이므로 위치상표로 등록받기 위해서는 그 표장이 수요자들에게 상품의 출처표시로 인식된다는 것을 입증하여야 한다.

④ 위치상표는 비록 일정한 형상이나 모양 등이 그 자체로는 식별력을 가지지 아니하더라도 지정상품의 특정 위치에 부착되어 사용됨으로써 당해 상품에 대한 거래자 및 수요자 대다수에게 특정인의 상품을 표시하는 것으로 인식되기에 이르렀다면, 사용에 의한 식별력을 취득한 것으로 인정받아 상표로서 등록될 수 있다.

⑤ 위치상표란 '기호·문자·도형 각각 또는 그 결합이 일정한 형상이나 모양을 이루고, 이러한 일정한 형상이나 모양이 지정상품의 특정 위치에 부착되는 것에 의하여 자타상품을 식별하게 되는 표장'을 말한다.

26 상표법령에 관한 설명으로 옳지 <u>않은</u> 것은? (다툼이 있으면 판례에 따름)

① 입체적 형상만으로 이루어진 상표를 출원하는 경우 출원인은 심사관이 출원상표를 정확히 파악할 수 있도록 표장에 관한 설명을 출원서에 반드시 기재하여야 한다.

② 지정상품의 입체적 형상으로 된 상표의 경우에, 그 입체적 형상이 해당 지정상품이 거래되는 시장에서 그 상품 등의 통상적·기본적인 형태에 해당하여 수요자가 상품의 출처 표시로 인식할 수 있는 정도에 이르지 못하였다면 상표법 제33조(상표등록의 요건) 제1항 제3호에 해당한다.

③ 상표법 제107조(권리침해에 대한 금지청구권 등)에 의한 금지청구를 인정할 것인지의 판단은 사실심 변론종결 당시를 기준으로 하여야 하고, 상표법 제109조(손해배상의 청구)에 의한 손해배상청구를 인정할 것인지의 판단은 침해행위 당시를 기준으로 하여야 한다는 것이 판례의 입장이다.

④ 입체적 형상과 문자가 결합된 상표에 있어, 입체적 형상 자체에는 식별력이 없더라도 식별력이 있는 문자가 결합하여 상표가 전체적으로 식별력이 있다면 상표법 제33조(상표등록의 요건) 제1항 제3호에 해당하지 아니한다.

⑤ 소리상표의 상표등록출원서에 적는 '상표에 관한 설명'의 기재사항을 고치는 것은 요지변경에 해당하지 아니한다.

27 상표법에 관한 설명으로 옳지 <u>않은</u> 것은? (다툼이 있으면 판례에 따름)

① 상표권자에 대하여 상표권에 관한 이전약정에 기하여 이전등록을 청구할 권리를 가지는 사람이 이미 그 상표를 실제로 사용하고 있다 하더라도 상표권이전등록 청구권의 소멸시효는 진행된다.

② 아무런 대가를 받지 아니하는 자원봉사나 단순한 호의에 의한 노무 또는 편익의 제공 등과 같이 상거래의 대상이 되지 아니하는 용역을 일정한 목적 아래 계속적·반복적으로 제공하였다고 하더라도 이는 상표법상의 서비스업을 영위하였다고 할 수 없다는 것이 판례의 입장이다.

③ 상표권자가 상표법 제110조(손해액의 추정 등) 제4항에 따라 손해배상을 청구하는 경우 상표권자는 권리침해 사실과 통상 받을 수 있는 사용료를 주장·증명하면 되고 손해의 발생 사실을 구체적으로 주장·증명할 필요는 없다.

④ 상표법 제110조(손해액의 추정 등) 제4항에 의하여 등록되어 있는 상표를 타인이 사용하였다는 것만으로 당연히 통상 받을 수 있는 상표권 사용료 상당액이 손해로 인정되므로, 상표권자가 상표를 등록만 해두고 실제 사용하지는 않았더라도 침해자에게 손해배상책임이 인정된다.

⑤ 상표법 제121조(권리범위 확인심판)에 의한 적극적 권리범위확인심판사건에서 확인대상표장과 피심판청구인이 실제로 사용하는 표장이 차이가 있더라도 그 차이나는 부분이 부기적인 것에 불과하여 양 표장이 동일성이 인정되는 경우에는 확인의 이익이 있다.

28 상표권의 소멸에 관한 설명으로 옳은 것은? (다툼이 있으면 판례에 따름)

① 상표권자가 사망한 경우 사망한 날부터 3년 이내에 상속인이 상표권의 이전등록을 하지 아니하면 상표권자가 사망한 날부터 3년이 되는 날에 상표권이 소멸한다.

② 상표원부에 상표권자인 법인에 대한 청산종결등기가 되었음을 이유로 상표권의 말소등록이 이루어진 경우, 이러한 상표권의 말소등록행위는 항고소송의 대상이 될 수 있다.

③ 상품분류전환등록신청이 취하된 경우 상품분류전환등록의 대상이 되는 지정상품에 관한 상표권은 상품분류전환등록신청기간의 만료일이 속하는 존속기간의 만료일 다음 날에 소멸한다.

④ 상품분류전환등록의 대상이 되는 지정상품으로서 상품분류전환등록신청서에 기재되지 아니한 지정상품에 관한 상표권은 상품분류전환등록신청서에 기재된 지정상품이 전환등록 되는 날의 다음 날에 소멸한다.

⑤ 청산절차가 진행 중인 법인의 상표권은 법인의 청산종결등기일까지 상표권의 이전등록을 하지 아니하면 청산종결등기일에 소멸한다.

29 상표법 제90조(상표권의 효력이 미치지 아니하는 범위)에 관한 설명으로 옳지 **않은** 것은? (다툼이 있으면 판례에 따름)

① 상표법 제90조 제3항의 '부정경쟁의 목적'이란 등록된 상표권자의 신용을 이용하여 부당한 이익을 얻을 목적을 말하고 단지 등록된 상표라는 것을 알고 있었다는 사실만으로 그와 같은 목적이 있다고 볼 수는 없다.

② 지리적 표시 등록단체표장의 지정상품과 동일하다고 인정되어 있는 상품의 보통명칭·산지·품질·원재료·효능·용도·수량·형상·가격 또는 생산방법·가공방법·사용방법 및 시기를 상거래 관행에 따라 사용하는 상표에 대하여는 지리적 표시 단체표장권의 효력이 미치지 아니한다.

③ 상표법 제90조 제3항의 '부정경쟁의 목적'에 대한 입증책임은 상표권자에게 있다.

④ 등록된 상표가 지정상품에 대하여 주지성을 얻어야만 상표법 제90조 제3항에 규정된 '부정경쟁의 목적'이 인정되는 것은 아니다.

⑤ 상표법 제90조 제1항 제2호의 '상품의 산지'라 함은 그 상품이 생산되는 지방의 지리적 명칭을 말하고 반드시 일반 수요자나 거래자에게 널리 알려진 산지만을 말하는 것은 아니다.

30 상표법 제119조(상표등록의 취소심판)에 관한 설명으로 옳은 것은? (다툼이 있으면 판례에 따름)

① 상표법 제119조 제1항 각 호의 사유에 의하여 상표등록을 취소한다는 심결이 확정되었을 경우 그 상표권은 그때부터 소멸된다.

② 상표법 제119조 제1항 제3호의 불사용을 이유로 하는 상표등록취소심판에 있어 지정상품이 둘 이상 있는 경우 일부 지정상품에 관하여 청구할 수는 있지만 유사범위에 속하는 지정상품은 모두 포함하여 청구하여야 한다.

③ 상표법 제119조 제1항 제2호의 부정사용을 이유로 하는 상표등록취소심판에서 상표권자가 등록상표를 사용한 것인지 아니면 그와 유사한 상표를 사용한 것인지에 관한 판단기준은 상표법 제119조 제1항 제3호의 불사용을 이유로 하는 상표등록취소심판에서의 상표 동일성 판단기준과 동일하다.

④ 상표법 제119조 제1항 제3호의 불사용을 이유로 하는 상표등록취소심판은 누구든지 청구할 수 있지만, 등록상표권이 침해자가 청구하는 것은 부당한 이익을 얻기 위한 것이므로 침해자에 의한 등록취소심판 청구는 심판청구권의 남용에 해당하여 부적법하다.

⑤ 불사용의 상태가 상당기간 계속된 등록상표의 이전이 있는 경우, 상표법 제119조 제1항 제3호의 불사용에 대한 '정당한 이유'를 판단함에 있어서 당해 상표의 이전등록 이후의 사정만 참작할 것이 아니고 그 이전등록 이전의 계속된 불사용의 사정도 함께 고려해야 한다.

31 디자인보호제도 및 목적에 관한 설명으로 옳지 **않은** 것은?

① 특허법은 발명을 보호·장려하고 그 이용을 도모함으로써 기술의 발전을 촉진하여 산업발전에 이바지함을 목적으로 하며, 디자인보호법은 디자인의 보호와 이용을 도모함으로써 디자인의 창작을 장려하여 산업발전에 이바지함을 목적으로 한다.

② 특허법과 마찬가지로, 디자인보호법은 창작자에게 디자인등록을 받을 수 있는 권리를 부여하고, 이를 기초로 선출원의 지위, 디자인권 등을 부여하고 있다.

③ 특허법상의 발명은 물품을 통하여 사상의 창작을 구현하지만, 디자인보호법상의 디자인은 그 자체를 보호하기 위한 것으로 물품과 독립된 별개의 개념이다.

④ 특허법상의 발명의 이용은 실시에 의한 이용 이외에도 창작물의 공개에 의한 문헌적·연구적인 이용이 있으나, 디자인보호법상의 디자인은 수단적 가치인 기술과는 달리 외재적(外在的)인 목적 그 자체가 목적가치에 해당되므로 실시에 의한 이용이 일반적이다.

⑤ 특허법과 달리 디자인보호법에서는 제52조(출원공개)에 따라 출원인이 출원디자인에 대한 공개를 신청하지 않으면 출원공개하지 않으며, 디자인보호법 제43조(비밀디자인)에 따라 출원인이 출원디자인을 비밀로 할 것을 청구할 수 있다.

32 디자인의 유사여부 판단에 관한 설명으로 옳지 **않은** 것은? (다툼이 있으면 판례에 따름)

① 디자인의 유사여부를 판단함에 있어서 대비되는 디자인의 대상 물품이 그 기능내지 속성상 사용에 의하여 당연히 형태의 변화가 일어나는 경우에는, 그와 같은 형태의 변화도 참작하여 그 유사여부를 전체적으로 판단해야 한다.

② 디자인의 형태에 의한 유사여부를 판단함에 있어서 형상이나 모양 중 어느 하나가 유사하지 아니하면 원칙적으로 유사하지 아니한 디자인으로 보되, 형상이나 모양이 디자인의 미감에 미치는 영향의 정도 등을 종합적으로 고려하여 디자인 전체로서 판단한다.

③ 디자인의 유사여부를 판단함에 있어서 디자인의 대상이 되는 물품이 유통과정에서 일반 수요자를 기준으로 관찰하여 다른 물품과 혼동할 우려가 있는 경우에는 유사한 디자인으로 본다.

④ 디자인의 구성요소 중 공지의 형상부분이 있는 경우 특별한 심미감을 불러일으키는 요소가 되지 못하는 것이 아닌 한 그것을 포함하여 전체로서 관찰하여 느껴지는 심미감에 따라 유사판단을 하며, 권리범위를 정함에 있어서도 심미감을 고려하여야 하므로 그 부분에 대한 중요도를 낮게 평가하지 않는다.

⑤ 디자인의 형태에 의한 유사여부를 판단함에 있어서 물품 중 당연히 있어야 할 부분은 그 중요도를 낮게 평가하고 다양한 변화가 가능한 부분을 주로 평가한다.

33 디자인보호법상 보정에 관한 설명으로 옳지 <u>않은</u> 것은? 기출 변형

① 디자인등록출원을 보정할 수 있는 자는 출원인이며, 디자인등록여부결정의 통지서를 송달받기 전까지 보정할 수 있다.

② 디자인등록출원인은 최초의 디자인등록출원의 요지를 변경하지 아니하는 범위에서 디자인등록출원서의 기재사항, 디자인등록출원서에 첨부한 도면, 도면의 기재사항이나 사진 또는 견본을 보정할 수 있다.

③ 디자인보호법 제120조(디자인등록거절결정 또는 디자인등록취소결정에 대한 심판)에 따라 디자인등록 거절결정에 대한 심판을 청구하는 경우에는 그 청구일부터 3개월 이내에 보정할 수 있다.

④ 보정이 최초의 디자인등록출원의 요지를 변경하는 것으로 디자인권의 설정등록 후에 인정된 경우에는 그 디자인등록출원은 그 보정서를 제출한 때에 디자인등록출원을 한 것으로 본다.

⑤ 디자인등록출원인이 디자인등록출원의 요지변경으로 인하여 보정각하결정을 받은 경우, 그 결정에 불복할 때에는 그 결정등본을 송달받은 날부터 3개월 이내에 심판을 청구할 수 있다.

34 디자인보호법상 디자인권자의 보호에 관한 설명으로 옳지 <u>않은</u> 것은?

① 디자인권자는 업으로서 등록디자인 또는 이와 유사한 디자인을 실시할 권리를 독점한다. 다만, 그 디자인권에 관하여 전용실시권을 설정하였을 때에는 디자인 보호법 제97조(전용실시권) 제2항에 따라 전용실시권자가 그 등록디자인 또는 이와 유사한 디자인을 실시할 권리를 독점하는 범위에서는 그러하지 아니하다.

② 디자인권자는 등록디자인 또는 이와 유사한 디자인이 그 디자인등록출원일 전에 발생한 타인의 저작물을 이용하거나 그 저작권에 저촉되는 경우에는 저작권자의 허락을 받지 아니하고도 자기의 등록디자인 또는 이와 유사한 디자인을 업으로서 실시할 수 있다.

③ 등록디자인이나 이와 유사한 디자인에 관한 물품의 생산에만 사용하는 물품을 업으로서 생산·양도·대여·수출 또는 수입하거나 업으로서 그 물품의 양도 또는 대여의 청약을 하는 행위는 그 디자인권 또는 전용실시권을 침해한 것으로 본다.

④ 디자인권자는 그 등록디자인과 유사한 디자인이 그 디자인등록출원일 전에 출원된 타인의 등록디자인 또는 이와 유사한 디자인·특허발명·등록실용신안 또는 등록상표를 이용하거나 그 디자인권의 등록디자인과 유사한 디자인이 디자인등록출원일 전에 출원된 타인의 디자인권·특허권·실용신안권 또는 상표권과 저촉되는 경우에는 그 디자인권자·특허권자·실용신안권자 또는 상표권자의 허락을 받지 아니하거나 디자인보호법 제123조(통상실시권 허락의 심판)에 따르지 아니하고는 자기의 등록디자인과 유사한 디자인을 업으로서 실시할 수 없다.

⑤ 디자인권자는 고의나 과실로 인하여 자기의 디자인권을 침해한 자에 대하여 그 침해에 의하여 자기가 입은 손해의 배상을 청구하는 경우 그 권리를 침해한 자가 그 침해행위를 하게 한 물건을 양도하였을 때에는 그 물건의 양도수량에 디자인권자가 그 침해행위가 없었다면 판매할 수 있었던 물건의 단위수량당 이익액을 곱한 금액을 디자인권자가 입은 손해액으로 할 수 있다.

35 디자인보호법 제33조(디자인등록의 요건) 제2항 '창작비용이성'에 관한 설명으로 옳지 <u>않은</u> 것은? (다툼이 있으면 판례에 따름)

① 하나의 공지디자인을 부분적으로 변형하여 그 공지디자인과 전체적으로 비유사한 디자인이라 하더라도 창작수준이 낮은 디자인은 그 디자인이 속하는 분야에서 통상의 지식을 가진 자가 쉽게 창작할 수 있는 것이어서 디자인등록을 받을 수 없다.

② 유명 디자인의 모방을 방지하기 위하여 주지의 형상·모양 등의 범위를 국외까지 확대하여 용이 창작 판단의 기초자료로 인정한다.

③ TV나 영화를 통해서 널리 알려지게 된 캐릭터도 주지의 형상·모양 등으로서 용이 창작 판단의 기초자료로 인정한다.

④ 주지의 형상·모양 등과 공지디자인이 결합된 경우에도 창작이 용이하다고 볼 수 있다.

⑤ 주지의 형상·모양 등에 의한 용이 창작은 기본적 형상이나 모양 등에 의해 물품 디자인의 형태를 구성하는 것이 그 디자인이 속한 분야에서 통상 행해짐을 전제로 하는 것이므로, 그 분야에서 그러한 기본적 형상·모양에 의하여 구성하는 것이 과거에 전혀 없었던 경우에도 창작이 용이하다고 볼 수 있다.

36 복수디자인등록출원에 관한 설명으로 옳지 <u>않은</u> 것은?

① 복수디자인등록출원된 디자인 중 그 일부 디자인에 대한 보정이 요지를 변경하는 것으로 각하결정된 경우라도 나머지 디자인에 대해서는 등록여부결정을 할 수 있다.

② 특허청장은 복수디자인등록출원된 디자인 중 우선심사 사유에 해당하는 일부 디자인만을 우선하여 심사하게 할 수 있다.

③ 복수디자인출원된 2 이상의 선출원 디자인(A, B)을 각각 기본디자인으로 하는 관련디자인들(a1, a2, b1, b2)을 하나의 복수디자인등록출원으로 할 수 있다.

④ 복수디자인등록출원된 디자인 중 보완이 필요한 일부 디자인이 보완되지 아니한 경우 해당 디자인만을 반려하고, 나머지 디자인에 대해서 출원일을 인정한다.

⑤ 복수디자인등록출원된 디자인 중 그 일부 디자인에 대하여만 디자인일부심사등록출원으로 할 수 없다.

37 부분디자인에 관한 설명으로 옳지 <u>않은</u> 것은? (다툼이 있으면 판례에 따름)

① 부분디자인에서 '부분'이란 다른 디자인과 대비할 때 대비의 대상이 될 수 있는 하나의 창작단위이므로 대비의 대상이 될 수 있는 창작단위가 나타나 있지 아니한 것은 부분디자인으로 성립하지 않는다.

② 부분디자인등록출원에 있어 하나의 물품 중에 물리적으로 분리된 2 이상의 부분이 하나의 창작단위로 인식하게 하는 관련성을 가지고 있는 경우 '형태적 일체성'이 인정되는 1디자인등록출원으로 본다.

③ 부분디자인에 있어 물리적으로 분리된 부분들이 일체적 심미감을 가졌는지 여부는 디자인 창작자의 주관적인 창작 모티브를 기준으로 판단하여야 한다.

④ 형태적 일체성을 판단함에 있어 디자인의 설명, 창작내용의 요점에 기재된 내용이나 출원서 및 도면에 의한 디자인의 특정을 통해 창작의도가 객관적으로 드러난 경우 이를 고려하여야 한다.

⑤ 하나의 물품 중에 물리적으로 떨어져 있는 2 이상의 부분에 관한 부분디자인이더라도 그들 사이에 형태적으로나 기능적으로 일체성이 있어서 보는 사람으로 하여금 그 전체가 일체로서 시각을 통한 미감을 일으키게 한다면 그 디자인은 '1디자인'에 해당하여 1디자인등록출원으로 디자인등록을 받을 수 있다.

38 관련디자인제도에 관한 설명으로 옳지 <u>않은</u> 것은?

① 기본디자인의 디자인권이 취소, 포기 또는 무효심결 등으로 소멸한 경우, 그 기본디자인의 관련디자인으로 등록된 디자인권은 관련디자인의 등록출원일 후 20년이 되는 날까지 존속한다.

② 관련디자인으로 등록된 디자인권은 그 기본디자인의 디자인권이 취소, 포기, 무효심결 등으로 권리가 소멸되더라도 이 이유만으로는 권리가 소멸되지 않는다.

③ 기본디자인의 디자인권이 소멸되거나 기본디자인의 디자인등록거절결정이 확정된 경우, 그 기본디자인의 관련디자인등록출원에 대하여 디자인등록거절결정을 하여야 한다.

④ 기본디자인과만 유사한 디자인을 관련디자인이 아닌 단독디자인으로 등록받은 경우 그 이유만으로는 무효사유가 되지 않지만, 선출원주의 위반으로 등록이 무효로 될 수 있다.

⑤ 관련디자인으로 등록된 디자인권은 기본디자인권의 권리범위와 별개로 독자적인 권리범위를 가지고 있어서 관련디자인과만 유사한 디자인을 타인이 무단으로 실시하는 경우에도 관련디자인권 침해를 구성한다.

39 헤이그협정 제1조(vi)에 따른 국제등록으로서 대한민국을 지정국으로 지정한 국제등록을 기초로 국제디자인등록출원인이 국내에서 설정등록을 받은 '국제등록디자인권'에 관한 설명으로 옳은 것은?

① 국제등록디자인권은 원칙적으로 헤이그협정 제10조(2)에 따른 국제등록일로부터 발생하여 국제등록일 후 5년이 되는 날까지 존속한다.

② 국제등록일 후 5년이 되는 날 이후에 등록결정이 되어 국내에서 설정등록된 경우 국제등록디자인권은 국제등록일 후 10년이 되는 날까지 존속한다.

③ 국제등록디자인권의 존속기간은 헤이그협정 제17조(2)에 따라 10년마다 갱신할 수 있다.

④ 국제등록디자인권의 존속기간 갱신은 국제등록부에 등재하지 아니하면 제3자에게 대항할 수 없다.

⑤ 국제등록디자인권의 보호범위는 보정이 있는 경우 국제등록부에 등재된 사항, 도면 및 디자인의 설명에 따라 표현된 디자인에 의하여 정하여진다.

40 디자인보호법상 디자인의 성립요건에 관한 설명으로 옳지 않은 것은?

① 디자인일부심사등록출원된 디자인이 디자인보호법 제2조(정의) 제1호에 따른 디자인의 정의에 합치되지 않는 경우 심사관은 디자인등록거절결정을 하여야 한다.

② 뚜껑을 여는 것과 같은 구조로 된 것은 그 내부도 디자인등록의 대상이 된다.

③ 형상을 수반하지 않는 글자체는 물품으로 인정되지만, 한 벌의 글자꼴이 아닌 개별 글자꼴은 디자인으로 인정되지 않는다.

④ 독립거래의 대상이 되지 않는 합성물의 구성각편은 디자인등록의 대상이 되지 않지만, 부분디자인으로 출원하는 경우 디자인등록을 받을 수 있다.

⑤ 화상이 표시되는 물품의 형상이 도시되지 않은 모양 및 색채만의 결합디자인은 원칙적으로 디자인으로 인정되지 않지만, 화상디자인으로 출원하는 경우 디자인등록을 받을 수 있다.

2017년 제54회 기출문제

✔ Time   분 | 해설편 292p

01 연구원 甲은 유전자에 관한 발명을 하여 2015년 5월 10일 미국에서 논문으로 발표를 하였다. 甲은 상업적 성공에 확신을 갖게 되어 2016년 3월 10일 미국 특허상표청에 특허출원을 하였다. 그 후 甲은 자신의 미국 특허출원에 근거하여 조약우선권을 주장하면서 2017년 2월 10일 한국 특허청에 특허출원을 하였다. 이에 관한 설명으로 옳은 것을 모두 고른 것은? (모든 일자는 공휴일이 아닌 것으로 함)

> ㄱ. 甲은 미국 특허출원일인 2016년 3월 10일부터 1년 이내에 한국에 특허출원을 하였으므로, 다른 요건을 충족할 경우 조약에 의한 우선권을 인정받을 수 있다.
> ㄴ. 甲이 조약에 의한 우선권주장을 하지 않는 경우, 특허법 제30조(공지 등이 되지 아니한 발명으로 보는 경우)에 의한 신규성 의제를 인정받기 위해서는 2015년 5월 10일부터 1년 이내에 특허출원을 하여야 한다.
> ㄷ. 甲이 조약에 의한 우선권주장을 하는 경우, 조약우선권주장과 신규성 의제를 모두 인정받기 위해서는 2016년 3월 10일부터 1년 이내에 특허출원을 하면 된다.

① ㄱ
② ㄱ, ㄴ
③ ㄱ, ㄷ
④ ㄱ, ㄴ, ㄷ
⑤ ㄴ, ㄷ

02 설정등록된 특허권의 정정심판에 관한 설명으로 옳지 않은 것은? (다툼이 있으면 판례에 따름)

① 특허권자는 특허의 무효심판 또는 정정의 무효심판이 특허심판원에 계속되고 있는 경우에는 정정심판을 청구할 수 없다.
② 정정심판에서 잘못 기재된 사항을 정정하는 경우, 보정이 인정된 특허발명의 명세서 또는 도면의 범위 내에서 할 수 있다.
③ 정정심판에서 청구범위를 감축하는 경우, 정정 후의 청구범위에 적혀 있는 사항이 특허출원을 하였을 때 특허를 받을 수 있는 것이어야 한다.
④ 특허된 후 그 특허권자가 특허법 제25조(외국인의 권리능력)에 따라 특허권을 누릴 수 없는 자로 되어 무효심판에 의해 특허권을 무효로 한다는 심결이 확정된 경우에는 정정심판을 청구할 수 있다.
⑤ 정정 후의 특허청구범위에 의하더라도 발명의 목적이나 효과에 어떠한 변경이 없고 발명의 설명 및 도면에 기재되어 있는 내용을 그대로 반영한 것이어서 정정 전의 특허청구범위를 신뢰한 제3자에게 예기치 못한 손해를 줄 염려가 없다면, 그 정정 청구는 특허청구범위를 실질적으로 확장하거나 변경하는 경우에 해당되지 아니한다.

03 특허법 제107조(통상실시권 설정의 재정)에 관한 설명으로 옳지 <u>않은</u> 것은?

① 특허발명을 실시하려는 자는 그 특허발명이 천재지변이나 그 밖의 불가항력이 아닌 사유로 계속하여 3년 이상 국내에서 실시되고 있지 아니하고 특허권자, 전용실시권자 또는 통상실시권자와 합리적인 조건으로 협의하였으나 합의가 이루어지지 아니한 경우, 특허청장에게 재정을 청구할 수 있다.

② 특허출원일로부터 4년이 지나지 아니한 특허발명에 관하여는, 대통령령으로 정하는 정당한 이유없이 계속하여 3년 이상 국내에서 실시되고 있지 않다는 것을 근거로 재정을 청구할 수 없다.

③ 특허발명의 실시가 공공의 이익을 위하여 특히 필요하여 하는 재정의 경우, 통상실시권은 국내수요충족을 위한 공급을 주목적으로 하여야 한다.

④ 반도체 기술에 대해서는, 공공의 이익을 위하여 비상업적으로 실시하려는 경우와, 사법적 절차 또는 행정적 절차에 의하여 불공정거래행위로 판정된 사항을 바로잡기 위하여 특허발명을 실시할 필요가 있는 경우에만 재정을 청구할 수 있다.

⑤ 특허발명을 실시하려는 자는 공공의 이익을 위하여 특허발명을 비상업적으로 실시하려는 경우와 사법적 절차 또는 행정적 절차에 의하여 불공정거래행위로 판정된 사항을 바로잡기 위하여 특허발명을 실시할 필요가 있는 경우, 특허권자 또는 전용실시권자와 협의 없이도 재정을 청구할 수 있다.

04 특허 심결취소소송에 관한 설명으로 옳지 <u>않은</u> 것은? (다툼이 있으면 판례에 따름)

① 특허법원의 기술심리관은 재판의 주체는 아니지만 심리에는 참여하는 주체이므로 제척·기피의 대상이 된다.

② 적극적 권리범위 확인심판에서 피청구인이 확인대상발명의 불실시를 주장하지 아니한 결과 청구가 인용된 경우에도 그 심결취소소송에서 비로소 확인대상발명의 불실시를 이유로 심판청구에 위법이 있었음을 주장·입증할 수 있다.

③ 통지된 거절이유가 비교대상발명에 의하여 출원발명의 진보성이 부정된 경우, 위 비교대상발명을 보충하여 특허출원 당시 그 기술분야의 주지·관용기술이라는 점을 증명하기 위한 자료는 이미 통지된 거절이유와 주요한 취지가 부합하지 아니하는 새로운 거절이유이므로 특허청장은 거절결정불복심판청구 기각 심결의 취소소송절차에서 거절이유로 주장할 수 없다.

④ 심결의 위법을 들어 그 취소를 청구할 때에는 그 취소를 구하는 자가 위법사유에 해당하는 구체적 사실을 먼저 주장하여야 하고, 법원은 당사자가 주장한 법률요건에 관한 사항과 직권조사사항에 한하여 판단하여야 한다.

⑤ 거절결정불복심판청구 기각 심결의 취소소송절차에서 거절결정의 이유 외에도 심사나 심판 단계에서 의견서 제출의 기회를 부여한 사유에 대해 심결취소소송의 법원은 이를 심리·판단하여 심결의 당부를 판단하는 근거로 삼을 수 있다.

05 특허출원에 관한 설명으로 옳지 <u>않은</u> 것은? (다툼이 있으면 판례에 따름)

① 甲이 2016년 1월 5일 특허청구범위에 a, 발명의 설명에 a와 b가 기재된 특허출원 A를 하고, 乙이 2016년 6월 1일 특허청구범위에 b, 발명의 설명에 b가 기재된 특허출원 B를 한 뒤, 특허출원 A가 2016년 10월 1일 공개되었다가 甲이 2016년 12월 1일 보정을 통해 발명의 설명에서 b를 삭제한 경우에, 乙은 특허받을 수 없다.

② 확대된 선출원이 적용되려면 두 발명의 기술적 구성이 동일해야 하는바, 두 발명 사이에 구성상 차이가 있어 새로운 효과가 발생한 경우, 그 구성상 차이가 그 발명이 속하는 기술분야에서 통상의 기술자가 용이하게 도출할 수 있는 범위 내라고 하더라도 확대된 선출원의 규정은 적용되지 않는다.

③ 서로 다른 사람이 출원한 선출원과 후출원의 청구범위에 기재된 발명의 구성에 차이가 있어도, 그 기술분야에 통상의 지식을 가진 자가 보통으로 채용하는 정도의 변경에 지나지 않고 발명의 목적과 작용효과에 특별한 차이를 일으키지 않는다면, 후출원은 특허받을 수 없다.

④ 서로 다른 사람이 같은 날에 청구범위에 기재된 발명의 구성이 동일한 특허출원을 한 경우에는, 출원인 간에 협의하여 정한 하나의 출원인만이 특허를 받을 수 있다.

⑤ 甲이 발명 A에 대하여 같은 날 특허출원과 실용신안등록출원을 하여 모두 등록되었더라도 A에 대한 특허등록 무효심판이 제기되기 전에 실용신안등록을 포기하였다면, A에 대한 특허등록은 유효하다.

06 甲, 乙은 발명 A의 공동발명자, 丙, 丁은 제3자이다. 이에 관한 설명으로 옳은 것은?

① 발명 A의 출원 전이라면, 甲은 乙의 동의 없이도 발명 A에 관하여 자신의 특허를 받을 수 있는 권리를 丙에게 양도할 수 있다.

② 甲과 乙이 공동으로 발명 A를 출원하여 특허등록을 받은 경우, 甲은 乙의 동의 없이는 발명 A를 스스로 실시할 수 없다.

③ 甲과 乙이 공동으로 출원하여 특허등록을 받은 경우, 甲은 乙의 동의 없이 丙에게 전용실시권은 설정할 수 없으나 통상실시권은 허락할 수 있다.

④ 丙이 甲과 乙로부터 발명 A에 대한 권리 일체를 양수하여 자신의 이름으로 특허출원하면서 자신을 발명자라고 표시하여 등록되었다면, 이는 등록무효사유에 해당한다.

⑤ 丙이 甲과 乙로부터 발명 A에 대한 권리 일체를 양수한 후 그 출원을 하기 전에, 그러한 사정을 모르는 丁이 甲과 乙로부터 발명 A에 대한 특허를 받을 수 있는 권리를 이중으로 양수하여 자신의 이름으로 출원한 경우, 丁의 출원은 적법하다.

07 특허권에 관한 설명으로 옳지 <u>않은</u> 것은? (다툼이 있으면 판례에 따름)

① 甲이 구성요소 a+b로 이루어진 특허발명 A의 특허권자인 상태에서, 乙이 구성 a+b'(구성 b의 균등물)+c로 이루어진 개량발명 B에 대해 특허를 받았다면, 특허발명 A와 개량발명 B 사이에는 이용관계가 성립한다.

② 동일한 발명 A에 대하여 甲과 乙이 각각 특허를 받았고 甲이 선출원하여 선등록된 상태라면, 乙이 A 발명을 실시하기 위해서는 특허법 제98조(타인의 특허발명 등과의 관계)에 따라 甲의 허락을 받아야 한다.

③ 甲이 물건발명 A(구성요소 a+b)의 특허권자이고, 乙이 그 물건을 생산하는 장치발명 B(구성요소 x+y+z)의 특허권자인 경우, B를 실시(사용)하게 되면 A의 실시(생산)가 불가피하게 수반되지만, 그렇다고 하여 B가 A와 이용관계에 있는 것은 아니다.

④ 후출원 특허권자가 특허법 제138조(통상실시권 허락의 심판)의 통상실시권 허락을 받기 위해서는, 후출원 특허발명이 선출원 특허발명에 비해 상당한 경제적 가치가 있는 중요한 기술적 진보가 있어야 한다.

⑤ 甲이 발명 A의 특허권자이고 乙이 발명 A와 이용관계에 있는 발명 B의 특허권자라면, 甲은 乙을 상대로 발명 B가 발명 A의 권리범위에 속한다는 적극적 권리범위 확인심판을 청구할 수 있다.

08 특허에 관한 설명으로 옳지 <u>않은</u> 것은? (다툼이 있으면 판례에 따름)

① 선택발명에 있어서 선행발명을 기재한 선행문헌에 선택발명에 대한 문언적인 기재가 존재하는 경우 외에도, 그 발명이 속하는 기술분야에서 통상의 지식을 가진 자가 선행문헌의 기재 내용과 출원시의 기술 상식에 기초하여 선행문헌으로부터 직접적으로 선택발명의 존재를 인식할 수 있다면 그 선택발명의 신규성은 부정된다.

② 특허법 제32조(특허를 받을 수 없는 발명)의 공중의 위생을 해칠 우려가 있는 발명인지는 관련 행정법상 필요한 허가를 취득하였는지 여부와는 독립적이므로, 특허심사절차에서 별개로 판단받아야 한다.

③ 정부는 국방상 필요한 경우 외국에 특허출원하는 것을 금지하거나 발명자·출원인 및 대리인에게 그 특허출원의 발명을 비밀로 취급하도록 명할 수 있지만, 정부의 허가를 받은 경우에는 외국에 특허출원을 할 수 있다.

④ 특허권의 적극적 권리범위 확인심판에서, 확인대상발명의 실시와 관련된 특정한 물건과의 관계에서 그 물건에 대한 특허권이 소진되었다면 확인대상발명에 대하여 권리범위 확인심판을 제기할 확인의 이익이 없다.

⑤ 방법발명의 특허권자는 제3자가 그 방법의 실시에만 사용하는 물건을 생산, 판매하는 경우 그 방법의 실시에만 사용하는 물건과 대비되는 물건을 심판청구의 대상이 되는 발명으로 특정하여 특허권의 보호범위에 속하는지 여부의 확인을 구할 수 있다.

09 통상실시권에 관한 설명으로 옳은 것은? (다툼이 있으면 판례에 따름)

① 특허법 제138조(통상실시권 허락의 심판)에 따라 통상실시권이 설정된 경우, 그 통상실시권이 설정된 특허권에 기한 사업이 계속되고 있는 이상 그 특허권이 소멸하더라도 이미 발생한 통상실시권의 존속에는 영향이 없다.

② 특허법 제138조(통상실시권 허락의 심판)에 따라 통상실시권이 설정된 경우, 그 통상실시권이 설정된 특허권자는 사업의 계속을 위해 통상실시권을 유보한 채 특허권만 이전할 수 있다.

③ 乙이 발명 A를 사업상 실시하기 위해 특허권자 甲으로부터 통상실시권을 설정받았다면, 乙이 丙에게 그 실시사업을 양도하는 경우에는 甲의 동의 없이도 위 통상실시권을 함께 양도할 수 있다.

④ 특허법 제107조(통상실시권 설정의 재정)에 따른 통상실시권은 특허권자의 동의가 있는 경우에 이전할 수 있다.

⑤ 특허법은 선사용에 의한 통상실시권에 대하여 특허출원한 발명자 甲으로부터 알게 되어 국내에서 그 발명의 실시사업을 하거나 이를 준비하고 있는 乙은 그 실시하거나 준비하고 있는 발명 및 사업목적의 범위에서 그 특허출원된 발명의 특허권에 대하여 통상실시권을 가지도록 명시하고 있다.

10 특허권 침해 구제에 관한 설명으로 옳지 <u>않은</u> 것은? (다툼이 있으면 판례에 따름)

① 특허법은 물건발명에 대한 전용실시권자가 자기의 권리를 침해한 자 또는 침해할 우려가 있는 자에 대하여 그 침해행위를 조성한 물건의 반환을 청구할 수 있음을 명시하지 않는다.

② 물건 A에 대한 특허권의 전용실시권자 甲은 乙이 아무런 과실 없이 자신의 전용실시권을 침해하는 행위를 하였더라도 乙을 상대로 A를 제조하는 데 제공된 기계의 제거를 청구할 수 있다.

③ 특허권자 甲이 침해자 乙을 상대로 특허법 제128조(손해배상청구권 등) 제4항에 따라 乙의 침해로 인한 이익액을 甲자신의 손해액으로 삼는 경우, 손해의 발생과 관련해서는 경업관계 등으로 인하여 손해 발생의 염려 내지 개연성이 있음을 주장·입증하는 것으로 족하다.

④ 특허법 제128조(손해배상청구권 등) 제5항에 따라 실시에 대하여 합리적으로 받을 수 있는 금액 상당의 손해배상을 명할 때, 특허법은 법원으로 하여금 특허침해한 자에게 고의 또는 중대한 과실이 없다고 인정할 경우 실시에 대하여 합리적으로 받을 수 있는 금액 상당의 손해배상액을 산정함에 있어 고의 또는 중과실이 없다는 사실을 고려할 수 있도록 명시하고 있다.

⑤ 물건을 생산하는 방법의 발명에 관하여 특허가 된 경우에 그 물건과 동일한 물건은 그 특허된 방법에 의하여 생산된 것으로 추정하지만, 그 물건이 특허출원 전에 국내에서 공지되었다면 그런 추정은 적용되지 않는다.

11 특허쟁송에 관한 설명으로 옳지 <u>않은</u> 것은? (다툼이 있으면 판례에 따름)

① 특허심판원 심결 후에는 그 심결의 흠이 있어도 오기나 기타 유사한 잘못임이 명백한 경우를 바로잡는 것 외에 특허심판원 스스로도 이를 취소, 철회 또는 변경하는 것은 허용되지 않는바, 이를 일사부재리라 한다.

② 특허발명 X에 대하여 정정심판 사건이 특허심판원에 계속 중인 경우, 상고심에 계속 중인 특허발명 X에 관한 특허무효심결에 대한 취소소송의 심리를 중단하여야 하는 것은 아니다.

③ 동일한 특허권에 관하여 甲과 乙이 각각 등록무효심판 청구를 하려는 경우, 甲, 乙은 공동으로 심판청구를 할 수 있으며, 공동심판 청구 후 甲에게 심판중지의 원인이 있으면 乙에 대해서도 그 효력이 발생한다.

④ 행정소송인 심결취소소송에서도 원칙적으로 변론주의가 적용되지만 사실에 대한 법적 평가에 대하여 자백할 수 없다.

⑤ 특허권의 공유자가 다른 공유자들을 상대로 공유특허권에 대한 공유물분할청구의 소를 제기할 수 있으나, 특허권의 현물분할은 허용되지 않는다.

12 국제출원에 관한 설명으로 옳지 <u>않은</u> 것을 모두 고른 것은?

ㄱ. 2인 이상이 공동으로 국제출원을 하는 경우에 출원인이 대표자를 정하지 아니한 경우에는 특허청장은 기간을 정하여 대표자를 정하도록 보정을 명해야 하고, 출원인이 기간 내에 이를 이행하지 않으면 출원은 취하된 것으로 본다.

ㄴ. 국제출원을 하려는 자는 국어, 영어 또는 불어로 작성한 출원서와 발명의 설명, 청구범위, 필요한 도면 및 요약서를 특허청장에게 제출해야 한다.

ㄷ. 국제출원일이 인정된 국제출원 중 대한민국을 지정국으로 지정한 출원의 경우, 그 국제출원일까지 제출된 출원서는 국내출원의 출원서로 본다.

ㄹ. 외국어로 출원된 국제특허출원의 경우 출원인은 우선일부터 27개월 이내에 발명의 설명, 청구범위 및 도면(도면 중 설명부분에 한정한다), 국제특허출원 요약서의 국어번역문을 특허청장에게 제출하여야 한다.

ㅁ. 발명의 설명이 제출되지 않은 것을 이유로 한 특허청장의 적법한 보완명령에 의하여 보완을 한 경우에 그 보완하는 서면이 특허청에 도달한 날이 국제출원일이 된다.

---

① ㄱ, ㄴ, ㄷ
② ㄱ, ㄴ, ㄹ
③ ㄱ, ㄴ, ㅁ
④ ㄴ, ㄷ, ㄹ
⑤ ㄷ, ㄹ, ㅁ

13 발명 및 발명의 출원에 관한 설명으로 옳은 것은? (다툼이 있으면 판례에 따름)

① 식물발명의 경우 종자, 세포 등을 특허청장이 지정하는 기탁기관 또는 국제기탁기관에 기탁할 수 있으나 결과물인 식물을 기탁함으로써 명세서의 기재를 보충할 수는 없다.

② 인터넷 비즈니스모델 특허의 경우에 매체에 저장된 애플리케이션 형태로 청구항을 작성할 수 있으나 그 청구범위에 수학적 알고리즘이 구성으로 포함되어 있으면 등록받을 수 없다.

③ 국내에는 존재하지 않고 국외에만 존재하는 미생물에 관한 발명인 경우에는 통상의 기술자가 이를 쉽게 입수할 수 없는 것으로 간주되어 출원 전에 기탁을 하여야 한다.

④ 미생물에 관한 특허발명의 출원시에는 제출된 명세서에 해당 미생물의 수탁번호를 기재하고 명세서 등 발명에 대한 설명의 기재만으로도 미생물의 구체적인 내용을 명확하게 파악할 수 있는 경우에는 기탁사실을 증명하는 별도의 서류는 요하지 않는다.

⑤ 의약의 용도발명에 있어서 의약의 용도가 구성요소에 해당하므로 청구범위에는 의약용도를 치료대상 질병 또는 약효로 명확하게 기재해야 하는 것인바, 통상의 기술자의 기술상식에 비추어 약리기전만으로 구체적인 의약으로서의 용도를 명확하게 파악할 수 있다고 하더라도 이것만으로는 청구범위가 명확히 기재된 것이 아니어서 특허법 제42조(특허출원) 제4항 제2호의 요건을 충족한 것이라고 볼 수 없다.

14 특허법상 보정에 관한 설명으로 옳지 <u>않은</u> 것은?

① 최초거절이유통지에 따른 의견서 제출기간 내에 한 보정에 의해 최초거절이유는 극복되었으나 심사관이 그 보정에 의한 새로운 거절이유를 발견한 경우에는 최후 거절이유통지를 한다.

② 기재불비를 이유로 최초거절이유통지를 받아 기재불비를 해소하는 보정을 한 출원에 대하여 심사관이 보정의 결과에 의하여 발생한 거절이유가 아닌 발명의 진보성 결여를 이유로 거절이유를 통지하는 경우에는 다시 최초거절이유로 통지한다.

③ 최후거절이유통지에 따른 의견서 제출기간 내에 한 보정에 의하여 특허법 제47조(특허출원의 보정) 제2항에 위반되게 된 때에는 심사관은 원칙적으로 보정각하결정을 하여야 한다.

④ 출원인이 거절이유통지서에 지정된 기간 내에 한 명세서에 대한 보정이 출원시에 최초로 첨부한 명세서 또는 도면에 기재한 사항의 범위를 벗어나는 것이라면 심사관은 그 보정을 각하해야 한다.

⑤ 국제특허출원에 있어서 특허법 제203조(서면의 제출) 제1항 전단에 따른 서면을 국내서면 제출기간에 제출하지 아니하여 보정명령을 받은 자가 지정된 기간에 보정을 하지 아니하더라도 특허청장은 해당 국제특허출원을 무효로 하여야 하는 것은 아니다.

15 특허권의 효력 등에 관한 설명으로 옳지 <u>않은</u> 것은? (다툼이 있으면 판례에 따름)

① A국의 특허권자인 甲으로부터 당해 특허에 관한 실시권을 얻은 자가 A국 내에서 실시권의 범위 내에서 생산 판매한 제품을 B국에 수출한 경우, B국에서 이를 업으로 수입한 자가 B국의 해당 특허의 특허권자 乙로부터 실시허락을 받지 않았다면 乙에 대하여 특허침해의 책임을 부담한다.

② 특허권의 포기, 특허의 정정 또는 정정심판을 청구하고자 하는 경우 전용실시권자, 허락에 의한 통상실시권자, 직무발명에 의한 통상실시권자 및 질권자 등의 동의를 필요로 한다.

③ 특허발명에 대한 무효심결 확정 전이라 하더라도 진보성이 부정되어 특허가 무효로 될 것이 명백한 경우에 그 특허권에 기초한 침해금지 또는 손해배상 등의 청구는 특별한 사정이 없는 한 권리남용에 해당하며, 이 경우 특허권침해소송담당 법원은 권리남용 항변의 당부를 판단하기 위한 전제로서 특허발명의 진보성여부를 심리할 수 있다.

④ 특허발명에 대한 무효심결 확정 전 권리범위 확인심판에 있어서 심판청구의 대상이 되는 특허발명이 통상의 기술자가 선행기술로부터 용이하게 발명할 수 있어 진보성 흠결을 이유로 그 권리범위를 부정할 수는 없다.

⑤ 물건(A)을 생산하는 기계(B)를 청구범위로 하는 특허 X의 권리범위는 그 기계(B)로 생산된 물건(A) 및 그 제조방법에는 미치지 않는 것이므로 그 기계(B)를 제3자로부터 구입하여 물건(A)을 제조·판매 하는 행위는 그 제3자가 X의 특허권자로부터 정당한 실시허락을 받았는지에 관계없이 특허 X의 특허권 을 침해하는 행위가 아니다.

16 특허출원에 대한 거절이유통지 및 보정에 관한 설명으로 옳은 것은?

① 심사관은 특허법 제51조(보정각하) 제1항에 따라 각하결정을 하려는 경우에, 특허출원인에게 거절이유 를 통지하고 기간을 정하여 의견서를 제출할 기회를 주어야 한다.

② 외국어특허출원인 경우에는 국어번역문 제출 전이라도 특허출원서에 최초로 첨부한 명세서 또는 도면 에 기재된 사항의 범위에서 보정할 수 있다.

③ 심사관의 거절이유통지에 대한 보정에 따라 발생한 거절이유에 대하여 거절이유를 통지받은 경우에는, 청구항을 한정 또는 삭제하거나 청구항에 부가하여 청구범위를 감축하는 경우, 잘못 기재된 사항을 정정하는 경우, 분명하지 아니한 사항을 명확히 하는 경우에 보정할 수 있다.

④ 거절이유통지를 받은 후 그 통지에 따른 의견서 제출기한 내에 2회 이상 보정을 하는 경우, 그 보정 내용은 순차적으로 명세서에 반영된다.

⑤ 심사관은 특허결정을 할 때에 특허출원서에 첨부된 명세서, 도면 또는 요약서 상에 명백히 잘못 기재된 내용이 있으면 직권으로 보정할 수 있으며, 특허결정서 송달시에 그 직권보정사항을 출원인과 발명자에 게 알려야 한다.

17 특허법 제29조 제3항(확대된 선출원)과 특허법 제36조(선출원)에 관한 설명으로 옳지 <u>않은</u> 것은? (다툼이 있으면 판례에 따름)

① '확대된 선출원'은 특허청구범위, 명세서 또는 도면에 기재된 사항에 대하여 선출원의 지위를 인정하지만, '선출원'은 특허청구범위에 기재된 사항만 선출원의 지위를 인정한다.

② '확대된 선출원'은 다른 출원이 출원공개·등록공고된 경우에만 선출원의 지위를 인정하지만, '선출원'은 출원공개 또는 등록공고 여부에 관계없이 적용된다.

③ '확대된 선출원'에 있어서는 선출원의 발명자와 후출원의 발명자가 동일한 경우 후출원은 선출원에 의해 배제되어야 하지만, '선출원'에서는 선출원 발명자가 후출원 발명자와 동일한 경우라도 후출원을 배제할 수 없다.

④ '선출원' 여부를 판단하는데 있어 두 발명이 각각 물건의 발명과 방법의 발명으로 서로 범주가 다른 경우에도, 대비되는 발명들이 동일한 기술사상에 대하여 단지 표현양식에 차이가 있는 것이라면 두 발명은 동일한 발명으로 보아야 한다.

⑤ 특허출원인이 특허출원(X)을 분할한 경우 분할된 특허출원(Y)은 X를 특허출원 한 때에 출원한 것으로 본다. 다만, 분할출원에 '확대된 선출원'의 지위를 부여하는 경우 분할출원을 한 때에 출원한 것으로 본다.

18 분할출원에 관한 설명으로 옳지 <u>않은</u> 것은? 기출 변형

① 분할출원이 외국어특허출원인 경우 국어번역문을 제출한 특허출원인이 출원심사의 청구를 한 때에는 그 국어번역문을 갈음하여 새로운 국어번역문을 제출할 수 없다.

② 특허출원인은 둘 이상의 발명을 하나의 특허출원으로 한 경우에는 그 특허출원의 출원서에 최초로 첨부된 명세서 또는 도면에 기재된 사항의 범위에서 특허거절 결정등본을 송달받은 날로부터 3개월 이내에 그 일부를 하나 이상의 특허출원으로 분할할 수 있다.

③ 분할출원이 외국어특허출원인 때 특허출원인은 명세서 또는 도면을 보정한 경우에 새로운 국어번역문을 제출할 수 없다.

④ 분할출원의 경우에 특허법 제54조(조약에 의한 우선권주장)에 따른 우선권을 주장하는 자는 같은 조 제4항에 따른 서류를 소약 당사국에 최초로 출원한 출원일 중 최우선일부터 1년 4개월이 지난 후에도 분할출원을 한 날로부터 3개월 이내에 특허청장에게 제출할 수 있다.

⑤ 특허출원서에 최초로 첨부한 명세서에 청구범위를 적지 아니한 분할출원은 그 우선권주장의 기초가 된 출원일부터 1년 2개월이 지난 후에도 분할출원을 한 날로부터 3개월 이내에 명세서에 청구범위를 적는 보정을 할 수 있다.

19 우선권주장 출원에 관한 설명으로 옳지 <u>않은</u> 것은? (다툼이 있으면 판례에 따름)

① 국내우선권주장 출원은 선출원의 증명서류를 제출할 필요가 없고, 조약우선권주장 출원은 산업통상자원부령으로 정하는 국가의 경우 최초로 출원한 국가의 정부가 인증하는 서류로서 특허출원의 연월일을 적은 서면, 발명의 명세서 및 도면의 등본만을 증명서류로 제출하면 인정된다.

② 국내우선권주장 출원에 있어서 선출원이 둘 이상인 경우에는 최선출원일부터 1년 4월 이내에 우선권주장을 보정하거나 추가할 수 있다.

③ '국내우선권주장의 기초가 된 선출원의 최초 명세서 등에 기재된 사항'이란, 우선권주장의 기초가 된 선출원의 최초 명세서 등에 명시적으로 기재되어 있는 사항이거나 또는 그 발명이 속하는 기술분야에서 통상의 지식을 가진 사람이라면 우선권주장일 당시의 기술상식에 비추어 보아 우선권주장을 수반하는 특허출원된 발명이 선출원의 최초 명세서 등에 기재되어 있는 것과 마찬가지라고 이해할 수 있는 사항이어야 한다.

④ 국내우선권주장을 수반하는 특허출원이 선출원의 출원일부터 1년 3월 이내에 취하된 때에는 그 우선권주장도 동시에 취하된 것으로 본다.

⑤ 국내우선권주장을 수반하는 특허출원된 발명 중 해당 우선권주장의 기초가 된 선출원의 출원서에 최초로 첨부된 명세서 또는 도면에 기재된 발명과 같은 발명에 관하여 특허법 제29조(특허요건) 제1항·제2항을 적용할 때는 그 특허출원은 그 선출원을 한 때에 특허출원한 것으로 본다.

20 실용신안에 관한 설명으로 옳지 <u>않은</u> 것은? (다툼이 있으면 판례에 따름)

① 실용신안등록출원에 대하여 심사청구가 있을 때에만 이를 심사하며, 누구든지 실용신안등록출원에 대하여 실용신안등록출원일부터 3년 이내에 특허청장에게 출원심사의 청구를 할 수 있다.

② 실용신안등록 출원심사의 청구는 취하할 수 없다.

③ 고안이 완성되었는지의 판단은 실용신안출원의 명세서에 기재된 고안의 목적, 구성 및 작용 효과 등을 전체적으로 고려하여 출원 당시의 기술수준에 입각하여 하여야 한다.

④ 실용신안권이 설정등록된 후 등록된 실용신안권에 기해 고안을 실시하였는데 실용신안권의 등록무효 심결이 확정된 경우, 그 고안의 실시가 제3자의 특허발명을 침해하더라도 행정청의 실용신안권 등록을 신뢰한 행위이므로 실시자의 과실이 추정되지 않는다.

⑤ 실용신안등록출원에 대하여 실용신안등록출원일부터 4년 또는 출원심사의 청구일부터 3년 중 늦은 날보다 지연되어 실용신안권의 설정등록이 이루어진 경우에는 그 지연된 기간만큼 해당 실용신안권의 존속기간을 연장할 수 있다.

21 상표법 제33조(상표등록의 요건) 제1항 각 호에 관한 설명으로 옳지 <u>않은</u> 것은? (다툼이 있으면 판례에 따름)

① 상표가 보통명칭화 되었는가의 여부는 그 나라에 있어서 당해 상품의 거래실정에 따라서 이를 결정하여 야 하고, 상표권자가 상표권침해로 인한 손해배상을 청구하는 경우에 있어서는 상표등록 여부결정 당시 를 기준으로 등록상표가 보통명칭화 되었는지의 여부를 판단한다.

② 관용표장이 포함된 상표로서 그 관용표장이 다른 식별력이 있는 표장에 흡수되어 불가분의 일체를 구성 하고 있어서 전체적으로 식별력이 인정되는 경우에는 상표등록을 받을 수 있다.

③ 지정상품과의 관계에서 간접적, 암시적이라고 인식될 수 있는 표장이라도 실제 거래업계에서 직접적으 로 상품의 성질을 표시하는 표장으로 사용되고 있는 경우에는 성질표시 표장에 해당한다.

④ 지리적 명칭은 원칙적으로 현존하는 것에 한하지만 특정 지역의 옛 이름, 애칭 등이 일반수요자나 거래 자들에게 통상적으로 사용된 결과 그 지역의 지리적 명칭을 나타내는 것으로 현저하게 인식되는 경우에 는 현저한 지리적 명칭에 해당한다.

⑤ 알파벳 두 글자를 결합한 상표는 그 구성이 특별히 사람의 주의를 끌 정도이거나 새로운 관념이 형성되 는 경우에는 그 상표를 구성하는 문자를 직감할 수 있다고 하더라도 간단하고 흔히 있는 표장만으로 된 상표에 해당한다고 할 수 없다.

22 상표법 제34조 제1항 제6호의 저명한 타인의 성명·명칭 등 또는 이들의 약칭을 포함하는 상표에 관한 설명으로 옳지 <u>않은</u> 것은? (다툼이 있으면 판례에 따름)

① 저명한 타인의 성명, 명칭 등을 상표로 사용한 때에는 타인 자신의 불쾌감의 유무 또는 사회통념상 타인의 인격권의 침해여부를 불문하고 본호를 적용한다.

② 사회통념상 국내 일반수요자 또는 관련 거래업계에서 타인의 성명·명칭 등이 저명하면 되고, 타인 그 자체는 저명할 필요가 없다.

③ 타인이라 함은 현존하는 국내의 자연인 또는 법인은 물론이고 국내 일반수요자 또는 관련 거래업계에서 일반적으로 널리 인식되고 있는 현존하는 외국의 자연인 또는 법인도 포함된다.

④ 저명한 연예인그룹 명칭이나 약칭을 포함하는 상표를 제3자가 임의로 출원한 경우 본호에 해당하는 것으로 본다.

⑤ 저명한 타인의 성명, 명칭 등 또는 이들의 약칭이 상표의 부기적인 부분으로 포함되어 있는 경우에는 본호에 해당하지 않는 것으로 본다.

23 국제상표등록출원의 보정에 관한 설명으로 옳은 것은?

① 출원공고결정 전에 지정상품의 범위의 감축 또는 상표의 부기적인 부분의 삭제를 하는 보정은 국제상표등록출원의 요지를 변경하지 아니하는 것으로 본다.

② 상표법 제40조(출원공고결정 전의 보정)에 따른 지정상품의 보정이 오기의 정정 또는 불명료한 기재의 석명에 해당하지 아니하는 것으로 상표권 설정등록이 있은 후에 인정된 경우에는 그 국제상표등록출원은 그 보정서를 제출한 때에 상표등록출원을 한 것으로 본다.

③ 상표권 설정등록이 있은 후에 지정상품의 보정이 지정상품의 범위의 감축에 해당하지 아니하는 것으로 인정된 경우, 그 국제상표등록출원에 관한 상표권은 무효의 대상이 된다.

④ 상표법 제41조(출원공고결정 후의 보정)에 따라 출원인은 의견서 제출기간 내에 최초의 국제상표등록출원의 요지를 변경하지 아니하는 범위에서 지정상품 및 상표를 보정할 수 있다.

⑤ 국제상표등록출원은 최초의 출원에 대한 등록여부결정 또는 심결이 확정되기 전에 통상의 단체표장등록출원으로 변경하기 위하여 보정할 수 있다.

24 상표법상의 심판에 관한 설명으로 옳은 것은? (다툼이 있으면 판례에 따름)

① 제척기간(상표법 제122조) 경과 전에 특정한 선등록상표(X)에 근거하여 상표법 제34조(상표등록을 받을 수 없는 상표) 제1항 제7호를 이유로 한 등록무효심판을 청구한 경우라면, 제척기간 경과 후에 그 심판절차에서 새로운 선등록상표(X')에 근거하여 등록무효를 주장하는 것도 허용된다.

② 상표권자가 상표법 제119조 제1항 제2호(사용권자의 부정사용으로 인한 취소)단서에서 요구되는 '상당한 주의를 하였다'고 하기 위해서는 사용권자에게 오인 · 혼동행위를 하지 말라는 주의나 경고를 한 정도로는 부족하지만, 그렇다고 사용권자를 실질적인 지배하에 둘 정도의 주의가 요구되는 것은 아니다.

③ 복수의 유사상표를 사용하다가 그중 일부만 등록한 상표권자가 미등록의 사용상표를 계속 사용하여, 그것이 등록상표만 사용한 경우에 비하여 수요자가 상품 출처를 오인 · 혼동할 우려가 더 커지게 되더라도 상표법 제119조 제1항 제1호(부정사용에 의한 취소)에 규정된 등록상표와 유사한 상표의 사용으로 볼 수는 없다.

④ 등록상표의 일부 지정상품에 대한 취소심판절차에서 상표법 제119조 제1항 제3호(불사용에 의한 취소)의 상표등록 취소사유를 주장하였다가 그 후의 심결취소소송 절차에서 상표법 제119조 제1항 제1호(부정사용에 의한 취소)의 상표등록 취소사유를 추가로 주장할 수 있다.

⑤ 거절결정불복심판청구를 기각하는 심결의 취소소송 계속 중에 출원인이 당해 상표출원을 취하한 경우 비록 출원에 대한 거절결정을 유지하는 심결이 있었다 하더라도 그 심결의 취소를 구할 이익이 없으므로 심결취소의 소는 부적법하게 된다.

25 다음 설명 중 옳은 것을 모두 고른 것은? (다툼이 있으면 판례에 따름)

> ㄱ. 甲의 상표(X)가 정당하게 출원·등록된 후 제3자인 乙이 甲의 등록상표(X)와 동일·유사한 상표(Y)를 정당한 이유 없이 사용한 결과 사용 상표(Y)가 주지성을 획득하더라도 상표권자(甲)가 상표 사용자(乙)를 상대로 등록상표(X)의 상표권에 기초한 침해금지를 청구하는 것은 권리남용에 해당하지 아니한다.
> ㄴ. 진정상품병행수입업자가 타인의 등록상표가 표시된 진정상품인 화장품을 보다 작은 용량의 용기에 재병입 하면서 그 용기에 임의로 제작한 그 등록상표를 표시하여 판매하는 경우에는 상표권의 침해를 구성하지 아니한다.
> ㄷ. 상표권의 침해가 계속적으로 행하여지는 경우 상표권의 침해로 인한 손해배상청구권의 소멸시효는 최종 손해를 안 때부터 일괄적으로 진행된다.
> ㄹ. 丙의 X 상표가 정당하게 출원·등록된 후 丙이 X 상표와 동일·유사한 표장 및 지정상품에 대해 출원·등록(Y 상표)한 경우, X 상표와 동일·유사한 상표로서 X 상표의 등록 이후부터 사용되어 온 결과 Y 상표의 등록결정 당시 丁의 상표로 인식된 Z 상표와의 관계에서, Z 상표와 유사한 Y 상표는 상표법 제34조 제1항 제12호 후단의 '수요자를 기만할 염려가 있는 상표'에 해당하여 등록이 무효로 될 수 있다.

① ㄱ
② ㄱ, ㄹ
③ ㄴ, ㄷ
④ ㄱ, ㄷ, ㄹ
⑤ ㄴ, ㄷ, ㄹ

26 증명표장에 관한 설명으로 옳지 않은 것은?

① 단체표장과 달리 증명표장은 법인뿐만 아니라 개인도 출원하여 등록받을 수 있다.
② 상표·단체표장 또는 업무표장을 출원하거나 등록을 받은 자는 그 상표 등과 동일·유사한 표장을 지정상품의 동일·유사여부와 상관없이 증명표장으로 등록받을 수 없다.
③ 증명표장등록출원의 지정상품은 「증명의 대상」과 「증명의 내용」이 함께 기재되어야 하며, 그중 어느 하나가 기재되어 있지 않거나 그 기재가 불명확한 경우 실무상 상표법 제38조(1상표 1출원) 제1항의 기절이내를 적용하고 있다.
④ 증명표장은 정관에서 정한 기준을 충족한 자이면 누구나 사용할 수 있으므로 증명표장권자도 정관에서 정한 기준을 충족하면 자기의 영업에 관한 상품에 이를 사용할 수 있다.
⑤ 증명표장등록출원에 있어 표장의 동일·유사여부는 증명표장은 물론 상표·업무표장·단체표장 등과 의 유사여부를 함께 고려하여 판단하여야 한다.

27 상표권의 전용사용권에 관한 설명으로 옳지 <u>않은</u> 것은? (다툼이 있으면 판례에 따름)

① 상표권자는 특약이 없는 한 전용사용권이 설정된 범위 내에서 등록상표를 사용할 수 없지만 제3자의 무단사용행위에 대해서는 전용사용권 설정 후에도 침해금지를 청구할 수 있다.

② 업무표장권, 단체표장권 또는 증명표장권에 관하여는 전용사용권을 설정할 수 없다.

③ 전용사용권의 설정등록은 효력발생요건이지만 그 이전등록은 제3자 대항요건에 불과하다.

④ 전용사용권자는 그 상품에 자기의 성명 또는 명칭을 반드시 표시하여야 하며, 법정사용권자인 선사용권자에게 자기의 상품과 출처의 오인이나 혼동을 방지하는데 필요한 표시를 할 것을 청구할 수 있다.

⑤ 전용사용권자는 상표권자의 의사와 상관없이 이해관계인의 입장에서 상표권의 존속기간갱신등록신청에 대한 상표등록료를 대납할 수 있다.

28 甲은 영업 a에 X상호를 2010년 초부터 사용하면서 집중적으로 광고하여 X상호는 2015년 말부터 저명하게 되었다. 한편, 乙은 甲의 승낙 없이 X상호와 유사한 X′상표를 b상품을 지정상품으로 하여 2016년 9월 9일에 등록출원하여 2017년 2월 20일에 설정등록 되었다. 甲은 乙의 등록상표에 대해 무효심판을 청구하면서 동시에 甲의 상호 사용이 乙의 등록상표의 권리범위에 속하지 않는다는 소극적 권리범위 확인심판을 청구하였다. 다음 설명 중 옳은 것은? (다툼이 있으면 판례에 따름)

① 乙이 상표등록출원 시 X′상표의 사용 및 등록에 대하여 甲의 승낙을 얻지 않고 출원하였으므로 상표법 제34조(상표등록을 받을 수 없는 상표) 제1항 제6호의 명백한 무효사유를 가지고 있다.

② 乙의 지정상품 b가 甲의 영업 a와 밀접한 관계에 있는 경우라도 상호와 상표는 별개이므로 甲은 乙의 등록상표 X′에 대하여 상표법 제34조 제1항 제9호를 무효사유로 주장할 수 없다.

③ 권리범위 확인심판에서 甲이 자신의 상호 사용이 상표법 제90조 제1항 제1호의 '상표권의 효력이 미치지 아니하는 경우'에 해당한다고 주장하더라도 이는 특허심판원의 판단사항이 아니다.

④ 권리범위 확인심판에서 甲이 표장의 동일·유사여부 등 다른 주장은 하지 아니하고 오로지 자신이 상표법 제99조 제2항의 '선사용에 따른 상표를 계속 사용할 권리'를 가지고 있다는 것만을 주장할 경우 특허심판원은 甲의 청구를 각하하는 심결을 하여야 한다.

⑤ 乙의 상표등록 후 甲과 乙간에 '甲이 상호X와 동일한 표장을 b상품에 대하여 상표 등록출원하고, X상표등록출원에 대한 등록여부결정 시까지 乙이 자신의 상표권을 포기한다'는 합의에 따라 포기등록이 이루어지더라도 甲의 출원은 등록받을 수 없다.

29 甲은 X상표를 a상품에 대하여 2010년경부터 사용하기 시작하여 현재까지도 사용하고 있다. 한편, 乙은 甲의 X상표와 유사한 X'상표를 a상품과 유사한 a'상품에 대하여 2016년 6월 15일에 출원하여 2016년 12월 1일에 출원공고되고 2017년 2월 20일에 등록되었다. 다음 설명 중 옳지 <u>않은</u> 것은?

① 甲이 乙의 X'상표등록출원에 대하여 이의신청을 제기하였을 경우 특허청장은 직권으로 이의신청 이유 등의 보정기간을 30일 이내에서 한 차례 연상할 수 있으며, 甲이 교통이 불편한 지역에 있는 자에 해당하는 경우 그 횟수 및 기간을 추가로 연장할 수 있다.

② 甲이 사용 중이던 X상표를 a상품에 대하여 상표등록출원한 시점이 乙의 X'상표등록 후 그 무효심결확정 전이라 하더라도 甲의 X상표등록출원이 등록될 수도 있다.

③ 乙이 제기한 적극적 권리범위 확인심판에서 甲에게 상표법 제99조 제1항의 선사용권이 인정되는 경우라도 그 선사용권의 존재가 적법한 항변사유가 될 수 없다.

④ 甲에게 상표법 제99조 제1항의 선사용권이 인정되는 경우라면 그 선사용권은 甲의 지위를 승계한 자에게도 그대로 인정된다.

⑤ 甲의 X상표가 사용에 의하여 수요자들에게 특정인의 상표로 알려지기 시작한 시기가 乙의 X'상표등록 출원의 등록여부결정 시 이후라면 乙의 상표등록 이후 甲의 X상표 사용은 乙의 상표권행사에 의해 저지될 수 있다.

30 甲은 X상표에 대하여 a상품을 지정상품으로 하여 2016년 8월 8일에 상표등록출원을 하였고, 현재 심사 진행 중에 있다. 다음 설명 중 옳은 것은? (명시적으로 인용된 경우를 제외하고 각 지문은 서로 독립된 것으로 취급함)

① 甲의 출원상표 X 및 지정상품 a가 미국인 乙이 미국에서 출원하여 등록받은 X'상표 및 a'상품과 유사하고, 甲은 상표등록출원 당시 乙이 미국에서 생산하는 상품을 수입하여 판매하는 대리점에 해당한다고 할 경우, 乙이 甲의 상표등록출원에 대하여 이의신청이나 정보제공을 하지 않더라도 甲의 상표등록출원은 거절될 수 있다.

② 상기 ①의 경우 乙이 甲의 상표출원에 대하여 명시적으로 동의한 경우에만 甲의 출원은 유효하게 상표등록을 받을 수 있다.

③ 2017년 2월 24일에 甲의 출원에 대한 상표등록여부를 결정할 때, 甲의 출원상표 X와 표장과 지정상품 면에서 각각 유사한 乙의 등록상표 X'가 2016년 4월 8일에 포기 등록되어 소멸된 사실이 확인된 경우, 甲의 출원은 乙의 소멸된 등록상표 X'로 인하여 거절된다.

④ 甲의 출원상표 X와 유사한 상표를 유사한 지정상품에 선출원하여 선등록한 乙의 등록상표 X'가 甲의 상표출원 시 존재할 경우에도 乙의 등록상표 X'가 2017년 2월 24일에 존속기간 만료로 소멸되면 甲의 출원은 상표등록을 받을 수 있다.

⑤ 甲의 출원이 2017년 2월 24일에 상표등록된 경우 특허청장은 상표권자의 성명·주소 및 상표등록번호 등을 상표공보에 게재하여 등록공고를 하여야 한다.

31 디자인 등록대상에 관한 설명으로 옳은 것은? (다툼이 있으면 판례에 따름)

① 각설탕, 고형시멘트 등과 같이 정형화 또는 고형화된 분상물(粉狀物) 또는 입상물(粒狀物)의 집합은 집합단위로서 그 형체를 갖춘 경우 디자인등록의 대상이 된다.

② 디자인보호법상 물품은 유체동산에 한정되므로 부동산은 반복생산이 가능하고 운반이 가능하더라도 물품성을 인정할 수 없다.

③ 동물박제, 수석 등 자연물을 디자인의 구성주체로 사용한 것으로서 다량 생산할 수 없는 것도 디자인등록을 받을 수 있다.

④ 핸드폰 액정 화면에 구현되는 화상디자인은 평면적인 이미지에 불과하므로 디자인보호법상 디자인으로 볼 수 없다.

⑤ 프린터 토너 카트리지는 물품으로서의 시각성을 충족시키지 못하므로 디자인등록 대상이 아니다.

32 디자인권에 관한 설명으로 옳은 것을 모두 고른 것은?

> ㄱ. 디자인권에 대한 통상실시권자는 통상실시권을 등록한 경우에 한해 자기의 권리를 침해할 우려가 있는 자에 대해 침해의 금지 또는 예방을 청구할 수 있다.
>
> ㄴ. 기본디자인과 관련디자인의 디자인권자 甲이 기본디자인의 디자인권에 대한 전용실시권을 乙에게 설정한 경우, 乙의 동의가 있으면 丙에게 그 관련디자인에 대한 전용실시권을 설정할 수 있다.
>
> ㄷ. 디자인권자, 전용실시권자 또는 통상실시권자 중 어느 누구도 정당한 이유 없이 등록디자인을 일정 기간 이상 사용하지 않으면 이해관계인은 당해 디자인등록의 취소심판을 청구할 수 있다.
>
> ㄹ. 디자인일부심사등록디자인의 통상실시권자가 그 등록디자인 또는 이와 유사한 디자인과 관련하여 타인의 디자인권을 침해한 경우에는 그 침해행위에 대하여 과실이 있는 것으로 추정한다. 다만, 비밀디자인으로 설정등록된 디자인권 또는 전용실시권의 침해에 대하여는 그러하지 아니하다.

① ㄴ

② ㄹ

③ ㄴ, ㄹ

④ ㄱ, ㄴ, ㄹ

⑤ ㄱ, ㄷ, ㄹ

33 국제출원 및 국제디자인등록출원에 관한 설명으로 옳지 <u>않은</u> 것은?

① 대한민국 특허청을 통해 헤이그협정에 따른 국제출원을 할 경우 출원서는 영어로 작성해야 한다.

② 헤이그협정에 따른 국제등록공개 후 출원인이 아닌 자가 출원인의 허락 없이 업으로서 출원된 디자인을 실시하고 있다고 인정되는 경우 특허청장은 심사관에게 다른 디자인등록출원에 우선하여 심사하게 할 수 있다.

③ 심사관은 국제디자인등록출원에 대하여 디자인등록결정을 할 때에 디자인등록출원서 또는 도면에 적힌 사항이 명백히 잘못된 경우에 직권으로 보정할 수 있다.

④ 디자인등록출원인은 국제디자인등록출원에 대하여는 디자인보호법 제52조에 따른 출원공개를 신청할 수 없다.

⑤ 국제디자인등록출원에 대하여는 디자인보호법 제43조에 따라 그 디자인을 비밀로 할 것을 청구할 수 없다.

34 디자인권의 이용·저촉관계에 관한 설명으로 옳지 <u>않은</u> 것은? (다툼이 있으면 판례에 따름)

① 등록디자인 상호 간의 이용관계에서 후출원 디자인권자는 선출원 디자인권자의 허락을 받지 아니하거나 통상실시권 허락의 심판에 따르지 아니하고는 자기의 등록디자인을 업으로서 실시할 수 없다.

② 후출원 디자인이 선출원 등록디자인의 요지를 전부 포함하고 본질적 특징을 손상시키지 않은 채 그대로 자신의 디자인 내에 도입하고 있어서 후출원 디자인을 실시하면 필연적으로 선출원 등록디자인을 실시하는 관계에 있는 경우, 후출원 디자인이 전체로서는 타인의 선출원 등록디자인과 유사하지 않으면 선출원 디자인권자의 허락을 얻지 않고도 자신의 디자인을 업으로서 실시할 수 있다.

③ 저촉관계에 있는 선출원 디자인권의 존속기간이 만료되는 때에는 선출원 디자인권자는 선출원디자인권의 범위에서 후출원 디자인권에 대하여 통상실시권을 가지거나 선출원 디자인권의 존속기간 만료 당시 존재하는 후출원 디자인권의 전용실시권에 대하여 통상실시권을 가진다.

④ 상기 ③의 경우 선출원 디자인권의 만료 당시 존재하는 선출원 디자인권에 대한 전용실시권자는 선출원 디자인권의 범위에서 후출원 디자인권에 대하여 통상실시권을 가지거나 선출원 디자인권의 존속기간 만료 당시 손재하는 후출원 디자인권의 전용실시권에 대하여 통상실시권을 가진다. 이 경우 후출원 디자인권자 또는 후출원 디자인권에 대한 전용실시권자에게 상당한 대가를 지급하여야 한다.

⑤ 후출원 디자인권자는 선출원 디자인권자에 대하여 그가 정당한 이유 없이 실시를 허락하지 아니하거나 그의 허락을 받을 수 없을 때에는 자기의 등록디자인 또는 등록디자인과 유사한 디자인의 실시에 필요한 범위에서 통상실시권 허락의 심판을 청구할 수 있다.

35 등록디자인의 보호범위에 관한 설명으로 옳지 <u>않은</u> 것은? (다툼이 있으면 판례에 따름)

① 일반적으로 디자인권은 신규성이 있는 디자인에 부여되는 것이므로 공지·공용의 사유를 포함한 출원에 의하여 디자인등록이 되었다 하더라도 공지·공용부분까지 독점적이고 배타적인 권리를 인정할 수는 없다.

② 디자인권의 권리범위를 정함에 있어 등록디자인과 그에 대비되는 디자인이 서로 공지부분에서 동일·유사하다고 하더라도, 등록디자인에서 공지부분을 제외한 나머지 특징적인 부분과 이에 대비되는 디자인의 해당부분이 서로 유사하지 않다면 대비되는 디자인은 등록된 디자인의 권리범위에 속한다고 할 수 없다.

③ 확인대상디자인이 등록디자인의 출원 전에 공지된 디자인과 동일·유사한 경우에는 등록디자인과 대비할 것도 없이 등록디자인의 권리범위에 속하지 않는다.

④ 등록된 디자인이 출원 전에 그 디자인이 속하는 분야에서 통상의 지식을 가진 자가 기존의 공지디자인들의 결합에 의하여 용이하게 창작할 수 있는 경우에는 그 등록무효심판의 유무와 관계없이 등록된 디자인의 권리범위가 부정된다.

⑤ 확인대상디자인이 등록디자인의 출원 전에 그것이 속하는 분야에서 통상의 지식을 가진 자가 국내에서 널리 알려진 형상·모양·색채 또는 이들의 결합에 의하여 용이하게 창작할 수 있는 것인 경우에는 등록디자인과 대비할 것도 없이 그 권리범위에 속하지 않게 된다.

36 디자인보호법상 선출원(제46조)에 관한 설명으로 옳지 <u>않은</u> 것은?

① 디자인보호법상 제46조 제2항 후단에 의하여 협의불성립으로 디자인등록거절결정이나 거절한다는 취지의 심결이 확정되더라도 그 디자인등록출원은 선출원의 지위를 상실하지 않는다.

② 선출원이 완성품이고 후출원이 그 부품 내지 부분인 경우이거나 선출원이 한 벌의 물품이고 후출원이 한 벌의 물품의 구성물품인 경우에는 선출원의 물품과 후출원의 물품이 서로 유사하지 않기 때문에 특별한 사정이 없는 한 선출원(제46조) 규정의 적용은 없다.

③ 무권리자가 한 디자인등록출원은 선출원(제46조) 규정의 적용에 있어 정당한 권리자와의 관계에서는 처음부터 없었던 것으로 보지만 제3자와의 관계에서는 그러하지 아니하다.

④ 둘 이상의 유사한 디자인을 같은 날에 동일인이 출원한 경우, 특허청장 명의로 출원인에게 하나의 출원을 선택하여 그 결과를 신고할 것을 요구함과 아울러 거절이유를 통지하고, 지정기간 내에 선택결과의 신고가 없는 경우에는 선택이 성립되지 않은 것으로 보아 모든 출원에 대하여 거절결정을 한다.

⑤ 디자인보호법상 선출원(제46조) 규정의 경우와는 달리 확대된 선출원(제33조 제3항)규정은 출원인이 동일한 경우에는 적용되지 않는다.

37 파리협약에 의한 디자인의 우선권 주장에 관한 설명으로 옳지 <u>않은</u> 것은?

① 제1국의 실용신안등록출원을 기초로 대한민국에 디자인등록출원을 할 때 우선권 주장 기간은 우선권 주장의 기초가 되는 최초 출원의 출원일로부터 6개월이다.

② 디자인등록출원시 우선권 주장을 하지 않은 경우, 출원일로부터 3개월 이내에 우선권 주장을 추가하는 보정을 할 수 있다.

③ 심사관은 출원된 디자인과 우선권 주장의 기초가 되는 디자인 간에 동일성이 인정되지 않는 경우에는 출원인에게 우선권불인정예고통지를 하고 기간을 정하여 의견서를 제출할 수 있는 기회를 주어야 한다.

④ 우선권 주장이 인정된 디자인등록출원은 우선권 주장기간 이내에 출원된 다른 디자인등록출원이나 공지된 디자인 등에 의해 거절결정이 되지 않는다.

⑤ 우선권 주장의 취지를 증명할 수 있는 서류가 출원일(국제디자인등록출원의 경우에는 국제공개일)로부터 3개월 이내에 제출되지 않으면, 우선권 주장은 효력을 상실한다.

38 비밀디자인제도에 관한 설명으로 옳지 <u>않은</u> 것은?

① 복수디자인등록출원된 디자인에 대한 비밀디자인청구는 출원된 디자인의 일부에 대하여도 청구할 수 있다.

② 디자인권자는 비밀디자인 청구시에 지정한 비밀기간을 청구에 의하여 단축하거나 연장할 수 있으나, 연장하는 경우에는 그 디자인권의 설정등록일부터 3년을 초과할 수 없다.

③ 비밀디자인으로 청구된 디자인등록출원에 대하여 출원공개신청이 있는 경우에는 비밀디자인 청구는 철회된 것으로 본다.

④ 비밀디자인으로 등록된 디자인일부심사등록에 대한 이의신청은 디자인권이 설정등록된 날부터 당해 디자인에 대한 비밀이 해제되어 비밀디자인의 도면 또는 사진 등이 게재된 등록디자인공보발행일 후 3개월 이내에 할 수 있다.

⑤ 비밀디자인으로 설정등록된 디자인권이 침해된 경우 디자인권자는 그 비밀디자인에 관한 특허청장의 증명을 받은 서면을 제시하여 경고한 후가 아니면 그 침해에 의하여 입은 손해의 배상을 청구할 수 없다.

39 한 벌의 물품의 디자인에 관한 설명으로 옳지 <u>않은</u> 것은? (다툼이 있으면 판례에 따름)

① '한 벌의 샐러드 그릇 및 포크 세트'가 한 벌의 물품으로 인정되기 위해서는 샐러드 그릇 및 포크가 상호 집합되어 하나의 그릇 형상을 표현하는 등 한 벌 전체로서 통일성이 있어야 한다.

② 둘 이상의 물품(동종의 물품 포함)이 한 벌로 동시에 사용되어야 하며, 이는 언제든지 반드시 동시에 사용되어야 한다는 것이 아니라 관념적으로 하나의 사용이 다른 것의 사용을 예상하게 하는 것을 말한다.

③ 한 벌의 물품의 경우 한 벌 물품 전체로서의 등록요건을 충족하여야 할 뿐만 아니라 각 구성물품의 디자인도 신규성, 창작비용이성, 선출원 등의 등록요건을 충족하고 있어야 한다.

④ 한 벌의 물품의 각 구성물품이 상호 집합되어 하나의 통일된 형상·모양 또는 관념을 표현하는 경우에는 구성물품이 조합된 상태의 1조의 도면과 각 구성물품에 대한 1조씩의 도면을 제출하여야 한다.

⑤ 한 벌의 각 구성물품의 형상·모양·색채 또는 이들의 결합이 동일한 표현방법으로 표현되어 한 벌 전체로서 통일성이 있다면 한 벌의 물품으로 인정될 수 있다.

40 디자인보호법상 출원공개에 관한 설명으로 옳지 <u>않은</u> 것은?

① 출원공개를 신청할 수 있는 자는 디자인등록출원인이며, 공동출원의 경우 대표자선정·신고절차를 밟지 않은 이상 공유자 전원이 신청하여야 한다.

② 출원공개의 신청은 그 디자인등록출원에 대한 최초의 디자인등록여부결정의 등본이 송달된 후에는 할 수 없다.

③ 출원공개된 디자인임을 알면서도 이를 업으로서 실시한 자에 대하여는 당해 디자인등록출원 디자인에 대한 디자인권의 설정등록이 있은 후에 보상금청구권을 행사할 수 있다.

④ 보상금청구권에 대하여는 민법상 불법행위로 인한 손해배상청구권의 소멸시효규정(민법 제766조)을 준용하되, 민법 제766조 제1항 중 "피해자나 그 법정대리인이 그 손해 및 가해자를 안 날"은 디자인등록출원이 공개된 날을 말한다.

⑤ 출원공개로 인한 보상금청구권의 행사는 디자인권의 행사에 영향을 미치지 아니한다.

2016년 제53회 기출문제

● Time   분 | 해설편 305p

01 甲은 2015년 7월 1일 동물뿐 아니라 인간의 신경계 질환을 치료하는 조성물과 그 조성물을 이용한 치료 방법을 세계 최초로 개발하였다. 이후 甲은 2015년 10월 5일 자신의 연구 내용이 기재된 논문을 공개된 학회에서 발표한 다음, 2015년 10월 12일 청구범위 제1항에는 '신경계 질환 치료용 조성물'에 관한 발명에 대해서, 제2항에는 '그 조성물 투여를 통한 신경계 질환 치료방법'에 관한 발명에 대해서 각각 기재하여 특허출원을 하였다(청구범위 제1항과 제2항 모두 동물에만 한정한다는 내용이 기재되어 있지는 않다). 한편, 乙은 위와 같은 치료용 조성물을 스스로 발명하여 2015년 10월 21일 특허출원(청구범위 제1항에 치료용 조성물에 관한 발명에 대하여 기재하였다)을 하였다. 乙이 발명한 조성물에 관한 발명은 甲이 발명한 조성물에 관한 발명과 기술적 사상이 같다. 다음 설명 중 옳지 <u>않은</u> 것은?

① 甲 출원 중 청구범위 제1항은 산업상 이용할 수 있는 발명에 해당한다.

② 甲 출원 중 청구범위 제2항은 특허를 받을 수 없다.

③ 甲 출원 중 청구범위 제2항의 경우 보정을 통해 동물에만 한정하여 명시한다면 이는 산업상 이용할 수 있는 발명이 된다.

④ 甲 출원의 경우 자기공지 예외 규정(특허법 제30조 제1항 제1호)에 해당한다는 취지가 특허출원서에 기재되어 있지 아니한 채 출원된 경우에는 자기공지 예외 규정의 적용을 받을 수 없다.

⑤ 乙의 출원은 특허를 받을 수 없다.

02 청구범위 해석의 원칙에 관한 설명으로 옳지 <u>않은</u> 것은? (다툼이 있으면 판례에 따름)

① 특허요건 판단의 대상이 되는 출원발명의 확정은 특별한 사정이 없는 한 청구 범위에 기재된 사항에 의하여야 하고 발명의 설명이나 도면 등 다른 기재에 의하여 청구범위를 확장하여 해석하는 것은 허용되지 않는다.

② 특허요건 판단의 대상이 되는 출원발명의 확정은 특별한 사정이 없는 한 청구범위에 기재된 사항에 의하여야 하지만, 청구범위가 통상적인 구조, 방법, 물질 등이 아니라 기능, 효과, 성질 등의 이른바 기능적 표현으로 기재된 경우에는 발명의 설명이나 도면 등 다른 기재에 의하여 청구범위를 제한하여 해석할 수 있다.

③ 청구범위에 기재된 사항은 그 문언의 일반적인 의미를 기초로 하면서도 발명의 실명, 노면 등을 침작하여 그 문언에 의하여 표현하고자 하는 기술적 의의를 고찰한 다음 객관적·합리적으로 해석하여야 한다.

④ 청구범위가 복수의 구성요소로 구성된 경우 유기적으로 결합된 전체로서의 기술적 사상으로 해석한다.

⑤ 청구범위 기재만으로 발명의 기술적 구성을 알 수 없거나 알 수 있더라도 기술적 범위를 확정할 수 없는 경우 명세서의 다른 기재에 의해 보충할 수 있다.

03 특허법상 다음 설명 중 옳지 <u>않은</u> 것은? (다툼이 있으면 판례에 따름)

① 선출원에 관한 특허법 제36조(선출원)에서 규정하는 발명의 동일성 판단시, 양 발명의 구성에 상이점이 있어도 통상의 기술자가 보통으로 채용하는 정도의 변경에 지나지 아니하고 발명의 목적과 작용효과에 특별한 차이를 일으키지 아니하는 경우에는 양 발명은 동일한 발명이다.

② 확대된 선출원에 관한 특허법 제29조(특허요건) 제3항에서 규정하는 발명의 동일성은 양 발명의 기술적 구성이 동일한지 여부에 의하되 발명의 효과도 참작하여 판단할 것인데, 기술적 구성에 차이가 있더라도 그 차이가 과제해결을 위한 구체적 수단에서 주지·관용기술의 부가·삭제·변경 등에 지나지 아니하여 새로운 효과가 발생하지 않는 정도의 미세한 차이에 불과하다면 양 발명은 서로 실질적으로 동일하다.

③ 특허법 제47조(특허출원의 보정) 제2항에서 규정하는 '최초로 첨부한 명세서 또는 도면'('최초 명세서 등')에 기재된 사항이란 최초명세서 등에 명시적으로 기재되어 있는 사항이거나 또는 명시적인 기재가 없더라도 통상의 기술자가 출원시의 기술상식에 비추어 보아 보정된 사항이 최초 명세서 등에 기재되어 있는 것과 마찬가지라고 이해할 수 있는 사항이어야 한다.

④ '우선권주장의 기초가 된 선출원의 최초 명세서 등에 기재된 사항'이란, 우선권주장의 기초가 된 선출원의 최초 명세서 등에 명시적으로 기재되어 있는 사항이거나 또는 명시적인 기재가 없더라도 통상의 기술자가 선출원일 당시의 기술상식에 비추어 보아 우선권주장을 수반하는 특허출원된 발명이 선출원의 최초 명세서 등에 기재되어 있는 것과 마찬가지라고 이해할 수 있는 사항이어야 한다.

⑤ 권리범위확인심판에서 특허발명의 각 구성요소와 그 구성요소 간의 유기적 결합관계가 확인대상발명에 그대로 포함되어 있지 않으면 그 확인대상발명은 항상 특허발명의 권리범위에 속하지 않는다.

04 제조방법이 기재된 물건의 발명에 관한 설명으로 옳지 <u>않은</u> 것은? (다툼이 있으면 판례에 따름)

① 제조방법이 기재된 물건발명을 그 제조방법에 의해서만 물건을 특정할 수밖에 없는 등의 특별한 사정이 있는지 여부로 구분하여, 그러한 특별한 사정이 없는 경우에만 그 제조방법 자체를 고려할 필요없이 청구범위의 기재에 의하여 특정되는 물건의 발명만을 선행기술과 대비하는 방법으로 진보성 결여 여부를 판단해야 한다.

② 제조방법이 기재된 물건발명의 특허성을 판단하는 경우, 그 기술적 구성을 제조방법의 기재를 포함하여 청구범위의 모든 기재에 의하여 특정되는 구조나 성질 등을 가지는 물건으로 파악하여 선행기술과 비교하여 신규성, 진보성 등을 결여하는지 여부를 살펴야 한다.

③ 제조방법이 기재된 물건발명은 발명의 유형 중 '물건'의 발명에 해당한다.

④ 제조방법이 기재된 물건발명에 대한 청구범위의 해석방법에 의하여 도출되는 특허발명의 권리범위가 명세서의 전체적인 기재에 의하여 파악되는 발명의 실체에 비추어 지나치게 넓다는 등의 명백히 불합리한 사정이 있는 경우에는 권리범위를 청구범위에 기재된 제조방법의 범위 내로 한정할 수 있다.

⑤ 물건발명의 청구범위에 기재된 제조방법은 최종 생산물인 물건의 구조나 성질 등을 특정하는 하나의 수단으로서의 의미를 가질 뿐이다.

05 특허법상 심결취소소송 절차에 관한 설명으로 옳지 <u>않은</u> 것은? (다툼이 있으면 판례에 따름)

① 특허법원에서 주장하지 아니하였다가 상고심에 이르러 비로소 주장하는 새로운 사실은 적법한 상고이 유가 될 수 없다.

② 심판의 당사자, 참가인뿐만 아니라 해당 심판에 참가를 신청하였으나 그 신청이 거부된 자도 심결취소 소송을 제기할 수 있다.

③ 심결취소소송에서 심리의 대상이 되는 것은 심결의 위법성 일반으로서 실체상의 판단의 위법과 심판절 차상의 위법이 포함된다.

④ 행정심판인 특허심판 및 행정소송인 심결취소소송에서는 원칙적으로 변론주의가 적용되므로 자백이 인정된다.

⑤ 심결취소소송에서 심결의 위법 여부는 심결 당시의 법령과 사실상태를 기준으로 판단하여야 한다.

06 특허법상 진보성에 관한 설명으로 옳지 <u>않은</u> 것을 모두 고른 것은? (다툼이 있으면 판례에 따름)

> ㄱ. 선행기술을 종합하는 데 각별한 곤란성이 있거나 그러한 종합으로 인하여 선행기술로부터 예측되는 효과 이상의 새로운 상승효과가 있다고 인정되는 경우에는 발명의 진보성을 인정할 수 있다.
>
> ㄴ. 해당 발명의 기술분야와 다른 기술분야의 선행기술은 진보성 판단의 대비자료가 될 수 없다.
>
> ㄷ. 특허발명의 유리한 효과가 발명의 설명에 기재되어 있지 아니한 경우에는 통상의 기술자가 발명의 기재로 부터 유리한 효과를 추론할 수 있다하더라도 이를 진보성 판단에 참작할 수 없다.
>
> ㄹ. 특허발명의 출원 당시의 기술수준, 기술상식, 해당 기술분야의 기술적 과제, 발전방향, 해당 업계의 요구 등에 비추어 보아 통상의 기술자가 해당 발명에 쉽게 이를 수 있다면 진보성이 부정된다.
>
> ㅁ. 청구범위가 복수의 구성요소로 되어 있는 경우에는 각 구성요소가 유기적으로 결합된 전체로서의 기술사상 이 진보성 판단의 대상이 되는 것이므로 각 구성요소가 독립적으로 진보성 판단의 대상이 되는 것은 아니다.

① ㄱ, ㄴ

② ㄱ, ㅁ

③ ㄴ, ㄷ

④ ㄷ, ㄹ

⑤ ㄹ, ㅁ

07 의약발명에 관한 설명으로 옳은 것은? (다툼이 있으면 판례에 따름)

① 대상 질병 또는 약효와 함께 투여용법 또는 투여용량을 부가한 의약발명의 진보성 판단에서 투여용법 또는 투여용량은 발명의 구성요소가 될 수 없다.

② 청구범위에 기재되어 있는 약리기전은 그 자체가 청구범위를 한정하는 구성요소가 된다.

③ 약리효과의 기재가 요구되는 의약발명에서는 출원 전에 명세서 기재의 약리효과를 나타내는 약리기전이 명확히 밝혀진 경우에도 특정 물질에 그와 같은 약리효과가 있다는 것을 약리데이터 등이 나타난 시험례로 기재하거나 또는 이에 대신할 수 있을 정도로 구체적으로 기재하여야만 명세서의 기재요건을 충족하였다고 볼 수 있다.

④ 의약용도발명의 청구범위에 기재되어 있는 약리기전은 특정 물질이 가지고 있는 의약용도를 특정하는 한도에서 발명의 구성요소로서 의미를 가진다.

⑤ 의약발명에서 새로운 투여용법 또는 투여용량이 부가되었다고 하더라도 그 발명은 단지 용법, 용량을 달리하는데 불과하므로 새로운 특허권이 부여될 수 없다.

08 특허협력조약(PCT)에 따른 국제출원 또는 국제특허출원에 관한 설명으로 옳지 <u>않은</u> 것은? (다툼이 있으면 판례에 따름)

① 국제특허출원의 외국어 명세서에 기재된 발명도 공개된 경우 확대된 선출원의 지위를 가진다.

② '국제출원일에 제출된 국제출원의 발명의 설명, 청구범위 또는 도면'('국제출원 명세서 등')에 기재된 사항이란 국제출원명세서 등에 명시적으로 기재되어 있는 사항이거나 또는 명시적인 기재가 없더라도 통상의 기술자라면 출원시의 기술상식에 비추어 보아 국제출원명세서 등에 기재되어 있는 것과 마찬가지라고 이해할 수 있는 사항이다.

③ 외국어로 기재된 국제특허출원의 번역문 제출에 대해서도 외국어 특허출원에 관한 특허법 제42조의3 (외국어특허출원 등)의 규정이 적용된다.

④ 국제출원이 '국제출원일 인정요건'을 갖추지 못한 경우 수리관청은 출원인에게 2개월 이내에 보완할 것을 통지하며, 출원인이 통지된 내용에 따라 2개월 이내에 서류를 보완한 경우, 그 보완서가 수리관청에 제출된 날이 국제출원일이 된다.

⑤ 국제예비심사는 출원인의 선택에 따라 수행되는 임의 절차이다.

09 외국어 특허출원에 관한 설명으로 옳지 <u>않은</u> 것은?

① 출원일을 인정받기 위해 특허출원서에 첨부하는 외국어 명세서 등에 기재할 수 있는 외국어는 영어로 한정된다.

② 명세서 등을 외국어로 적어 출원한 경우 출원인은 최우선일로부터 1년 2개월이 경과하면 국어번역문을 제출할 수 있는 기회를 갖지 못한다.

③ 국어번역문을 제출하면 특허출원서에 최초로 첨부한 외국어 명세서 등이 그 국어번역문에 따라 보정되는 효과를 갖는다.

④ 외국어 특허출원의 경우에도 출원일에 제출한 외국어 명세서 등에 기재되지 않은 사항을 포함한 국어번역문을 제출하여 심사 대상 명세서 등을 보정하거나, 일반 명세서 등의 보정에 따라 심사 대상 명세서 등에 원문에 없는 신규사항을 추가하는 것은 인정되지 않는다.

⑤ 도면(설명 부분에 한정)에 대한 국어번역문을 제출하지 않은 경우는 해당 특허출원을 취하한 것으로 보지 않지만, 도면의 기재요건 위반 등으로 보정 대상이 될 수 있다.

10 명세서 기재요건(특허법 제42조 제3항 및 제4항)에 관한 설명으로 옳지 <u>않은</u> 것은? (다툼이 있으면 판례에 따름)

① 특허법 제42조(특허출원) 제3항 제1호에서 요구하는 명세서 기재의 정도는 통상의 기술자가 출원시의 기술수준으로 보아 과도한 실험이나 특수한 지식을 부가하지 아니하고서도 명세서의 기재에 의하여 해당 발명을 정확하게 이해할 수 있고 동시에 재현할 수 있는 정도를 말한다.

② 발명의 설명에서의 기재 오류가 청구범위에 기재되어 있지 아니한 발명에 관한 것이거나 청구범위에 기재된 발명의 실시를 위하여 필요한 사항 이외의 부분에 관한 것이어서 그 오류에도 불구하고 통상의 기술자가 청구항에 기재된 발명을 정확하게 이해하고 쉽게 재현할 수 있다고 할지라도 이러한 기재 오류는 특허법 제42조(특허출원) 제3항 제1호에 위배된다.

③ 특허법 제42조(특허출원) 제4항 제1호가 규정하는 기재요건을 충족하는지 여부는 발명의 설명이 통상의 기술자가 그 발명을 쉽게 실시할 수 있도록 명확하고 상세하게 기재하고 있는지 여부에 의하여 판단하여서는 아니 된다.

④ 청구범위에 그림이나 도면으로 발명의 구성을 표현할 수 있다.

⑤ 출원발명의 내용이 통상의 기술자에 의하여 정확하게 이해되고 쉽게 재현될 수 있다면 그 발명이 부분적으로 불명확한 부분이 있다고 하더라도 이를 특허법 제42조(특허출원) 제4항 제2호의 기재불비라고 할 수 없다.

11 무권리자 甲은 발명 X를 2011년 11월 1일에 특허출원하였고, 그 출원은 2012년 10월 2일에 출원공개되었으며 2013년 3월 12일에 등록공고되었다. 이 사건 특허발명은 원래 乙이 발명한 것으로서 乙이 특허를 받을 수 있는 권리를 가지고 있는데 乙이 甲에게 그 발명을 기초로 한 사업을 제안하면서 그 발명의 내용을 甲에게 알려준 것을 계기로 甲이 乙로부터 특허를 받을 수 있는 권리를 양도받은 사실 없이 무단으로 특허출원하여 특허권의 설정등록을 받은 것이다. 다음 설명 중 옳지 않은 것은? (다툼이 있으면 판례에 따름) 기출 변형

① 乙이 발명 X를 2013년 10월 1일에 의사에 반한 공지예외적용 주장(특허법 제30조 제1항 제2호)을 수반하여 특허출원하였다면 특허를 받을 수 있다.

② 乙이 발명 X를 2015년 3월 11일에 특허출원하였다면, 乙의 출원은 2011년 11월 1일에 출원된 것으로 간주될 수 있다.

③ 乙은 甲의 특허발명에 대해 무효심판을 제기할 수 있다.

④ 乙이 甲의 특허발명 X에 대해 무권리자 특허임을 이유로 무효심판을 청구한 다음 무효심결이 2015년 3월 2일에 확정된 후 乙이 2015년 3월 30일에 특허출원한 경우, 동 출원은 2011년 11월 1일에 출원된 것으로 간주된다.

⑤ 乙이 甲의 특허발명 X에 대해 무권리자 특허임을 이유로 무효심판을 청구한 다음 무효심결이 2015년 3월 2일에 확정된 후 乙이 2015년 5월 2일에 특허출원한 경우, 동 출원은 2011년 11월 1일에 출원된 것으로 간주된다.

12 특허법상 벌칙에 관한 설명 중 옳지 않은 것은? (다툼이 있으면 판례에 따름) 기출 변형

① 간접침해(특허법 제127조의 '침해로 보는 행위')의 경우 특허권 침해죄가 성립하지 않는다.

② 특허권 침해죄는 반의사불벌죄이다.

③ 특허청 직원이었던 자에게도 특허법 제226조(비밀누설죄 등)의 규정이 적용된다.

④ 피고인의 행위가 특허권 침해죄에 해당하는지 여부를 판단함에 있어서도 특허 정정의 소급적 효력이 미친다.

⑤ '특허출원 전에 국내 또는 국외에서 반포된 간행물에 게재된 발명'으로서 특허를 받을 수 없는 발명임에도 불구하고 특허출원을 하였다는 사실만으로는 '거짓행위의 죄'(특허법 제229조)가 있었다고 볼 수 없다.

13 특허법상의 정정에 관한 설명으로 옳지 <u>않은</u> 것은? (다툼이 있으면 판례에 따름)

① 정정 후의 청구범위에 의하더라도 발명의 목적이나 효과에 어떠한 변경이 없고 발명의 설명 및 도면에 기재되어 있는 내용을 그대로 반영한 것이어서 정정 전의 청구범위를 신뢰한 제3자에게 예기치 못한 손해를 줄 염려가 없다면, 그 정정청구는 청구범위를 실질적으로 확장하거나 변경하는 것에 해당하지 아니한다.

② 특허무효심판절차에서의 정정청구의 적법 여부를 판단하는 특허무효심판이나 심결취소소송에서, 정정 의견제출통지서를 통하여 특허권자에게 의견서 제출 기회를 부여한 바 없는 별개의 사유를 들어 정정청구를 받아들이지 않는 심결을 하거나 심결에 대한 취소청구를 기각하는 것은 위법하다.

③ 특허법 제136조(정정심판) 제2항의 '명세서 또는 도면에 기재된 사항'에는 그곳에 기재되어 있지는 않지만 출원시의 기술상식으로 볼 때 통상의 기술자가 명시적으로 기재되어 있는 내용으로부터 그와 같은 기재가 있는 것과 마찬가지라고 명확하게 이해할 수 있는 사항이 포함된다.

④ 정정명세서에 관한 보정은 당초의 정정사항을 삭제하거나 정정청구의 내용이 실질적으로 동일하게 되는 범위 내에서 경미한 하자를 고치는 정도에서만 정정청구취지의 요지를 변경하지 않는 것으로서 허용된다.

⑤ 조약에 의한 우선권주장의 기초가 된 최초의 출원서 또는 출원공개된 출원서에 첨부된 명세서 또는 도면에 기재된 사항이 그 후 정정되었다면, 그 정정내용이 조약에 의한 우선권주장의 기초가 된 발명의 내용 또는 신규성·진보성 판단에 제공되는 선행기술로서의 발명의 내용에 영향을 미친다.

14 특허법상의 보정에 관한 설명으로 옳지 <u>않은</u> 것은? (다툼이 있으면 판례에 따름)

① 특허법 제51조(보정각하) 제1항이 규정하는 '청구항을 삭제하는 보정'의 경우에는 청구항을 한정·부가하는 보정 등 다른 경우와 달리 그로 인하여 새로운 거절이유가 발생하더라도 그와 같은 보정의 반복에 의하여 심사관의 새로운 심사에 따른 업무량 가중 및 심사절차 지연의 문제가 생기지 않는다.

② 보정 이후 발명에 대한 심사 결과 신규성이나 진보성 부정의 거절이유가 발견된다고 하더라도, 그러한 거절이유가 보정으로 청구항이 신설되거나 실질적으로 신설에 준하는 정도로 변경됨에 따라 비로소 발생한 경우와 같은 특별한 사정이 없는 한 심사관은 보정에 대한 각하결정을 하여서는 아니 되고, 신규성이나 진보성 부정의 거절이유를 출원인에게 통지하여 의견제출 및 보정의 기회를 부여하여야 한다.

③ 심사관이 특허출원의 보정에 대하여 각하결정을 한 후 보정 전의 특허출원에 대하여 거절결정을 하였고, 그에 대한 불복심판 절차에서 그 보정각하결정 및 거절결정이 적법하다는 이유로 심판청구를 기각하는 특허심판원의 심결이 있었던 경우, 심결취소소송에서 법원은 심사관 또는 심판관이 판단하지 않은 '보정 이후의 특허출원'에 대한 거절결정의 위법성을 스스로 심리하여 이 역시 위법한 경우에만 심결을 취소할 수 있다.

④ 청구항을 삭제하는 보정을 하면서 삭제한 청구항을 직·간접적으로 인용하던 종속항에서 인용번호를 잘못 변경함으로써 기재불비가 발생한 경우에도 특허법 제51조(보정각하)의 청구항을 삭제하는 보정에 따라 새로운 거절이유가 발생한 경우에 포함된다.

⑤ 보정의 정도가 확인대상발명에 관하여 심판청구서에 첨부된 설명서 및 도면에 표현된 구조의 불명확한 부분을 구체화한 것이거나 처음부터 당연히 있어야 할 구성 부분을 부가한 것에 지나지 아니하여 심판청구의 전체 취지에 비추어 볼 때 그 발명의 동일성이 유지된다고 인정되는 경우에는 특허법 제140조(심판청구방식) 제2항에서 말하는 요지의 변경에 해당하지 않는다.

15 甲은 '화합물 a를 유효성분으로 하는 천식치료제'에 대한 특허권자로 이 특허권('특허권 A')의 존속기간은 2016년 5월에 만료될 예정이다. 다음 중 옳지 <u>않은</u> 것은? (다툼이 있으면 판례에 따르며, 乙의 행위는 모두 권한 없이 업으로서 행해진 것으로 본다)

① 특허권 A의 존속기간 만료 후에 판매할 목적으로 '화합물 a를 유효성분으로 하는 천식치료제'에 대하여 약사법에 따른 품목허가신청에 필요한 시험을 하기 위해 화합물 a를 제조하고 이를 위 목적으로 사용한 乙의 행위는 특허권 침해에 해당하지 않는다.

② 특허권 A의 존속기간 만료 후에 판매할 목적으로 '화합물 a를 유효성분으로 하는 천식치료제'에 대하여 약사법에 따른 품목허가신청을 한 乙의 행위는 특허권 침해에 해당하지 않는다.

③ 특허권 A의 존속기간 만료 후에 판매할 목적으로 특허권 A의 존속기간 중에 '화합물 a를 유효성분으로 하는 천식치료제'를 제조하여 창고에 보관한 乙의 행위는 특허권 침해에 해당한다.

④ '화합물 a를 유효성분으로 하는 천식치료제'에 대하여 약사법에 따른 품목허가를 받은 후 아직 그 제품을 제조하지 않은 상태에서 특허권 A의 존속기간 만료 후의 판매를 위하여 특허권 A의 존속기간 중에 X병원에 대해 청약한 乙의 행위는 특허권 침해에 해당한다.

⑤ 乙이 '화합물 a를 유효성분으로 하는 천식치료제'에 대하여 약사법에 따른 품목허가를 받은 후 특허권 A의 존속기간 중에 '화합물 a를 유효성분으로 하는 천식치료제'('乙 제품')의 제조·판매를 하였고 존속기간 만료 후에도 계속 乙 제품의 제조·판매를 하고 있는 사실에 대해 甲이 특허권 A의 존속기간 만료 후에 알았다면, 甲은 乙 제품의 폐기를 주장할 수 있다.

16 甲은 발명 X에 대하여 특허권 등록을 받은 후, X기술이 구현된 제품을 생산·판매하고 있었다. 乙은 甲의 특허발명 X와 동일한 기술을 이용하여 정당한 권한 없이 제품을 생산·판매하였다. 甲은 乙에 대하여 특허권 침해를 주장하면서 침해금지 및 손해배상을 청구하는 소송을 제기하였다. 그러나 甲의 특허발명 X는 출원시 선행기술로부터 통상의 기술자가 쉽게 생각해 낼 수 있는 발명이었다. 다음 설명 중 옳은 것을 모두 고른 것은? (다툼이 있으면 판례에 따름)

> ㄱ. 甲의 침해금지 및 손해배상의 청구가 권리남용에 해당한다고 乙이 항변하는 경우, 법원은 권리남용항변의 당부를 살피기 위한 전제로서 특허발명의 진보성에 대하여 심리·판단할 수 있다.
> ㄴ. 甲의 청구는 권리남용에 해당하므로 甲의 乙에 대한 침해금지 및 손해배상 청구는 인용되지 않는다.
> ㄷ. 乙이 실시하는 발명이 통상의 기술자가 선행기술로부터 쉽게 실시할 수 있는 것이므로 乙의 실시가 특허발명의 권리범위에 속하지 않는다는 乙의 항변은 타당하다.
> ㄹ. 甲이 乙에 대하여 적극적 권리범위확인심판을 청구하는 경우, 심판관은 해당 특허발명이 진보성 결여를 이유로 무효할 것이 명백하므로 심판을 청구할 이익이 없다고 보아 甲의 청구를 각하하여야 한다.

① ㄱ, ㄴ, ㄷ
② ㄱ, ㄴ, ㄹ
③ ㄱ, ㄷ, ㄹ
④ ㄴ, ㄷ, ㄹ
⑤ ㄱ, ㄴ, ㄷ, ㄹ

17 물건발명 X에 관한 특허권자 A사는 B사가 Y물건을 생산·판매하자 B사를 상대로 특허권 침해금지 청구 소송을 제기하였다. 이 경우 B사의 주장으로 적절하지 **못한** 것은?

① B사는 A사보다 특허출원일이 늦기는 하지만 자신도 특허권이 있다고 주장한다.

② B사는 특허발명 X가 그 특허출원 전에 이미 공지된 기술과 동일하다고 주장한다.

③ B사는 Y물건이 A사의 특허출원 전에 이미 공지된 기술과 동일하다고 주장한다.

④ B사는 Y물건이 특허발명 X의 권리범위에 속하지 않는다고 주장한다.

⑤ B사는 A사의 특허출원 전에 선의로 국내에서 Y물건의 판매를 위한 생산을 시작하였다고 주장한다.

18 甲은 물건 X 발명의 특허권자이며, 물건 a는 물건 X의 생산에만 사용되는 물건이다. 乙은 물건 a를 우리나라에서 100개 생산한 다음 전량 미국에 수출하였고 미국에 수출된 물건 a는 모두 미국에서 물건 X를 생산하는 데 사용되었다. 한편, 丙은 일본에서 물건 a를 100개 생산한 다음 전량 우리나라에 수입하였고 우리나라에 수입된 물건 a는 모두 우리나라에서 물건 X를 생산하는 데 사용되었다. 또한, 丁은 물건 a를 우리나라에서 100개 생산한 다음 50개는 일본에 수출하고, 나머지 50개는 우리나라에서 판매하였는데 일본에 수출된 물건 a는 모두 일본에서 물건 X를 생산하는 데 사용되었고, 우리나라에서 판매된 물건 a도 모두 우리나라에서 물건 X를 생산하는 데 사용되었다. 乙, 丙, 丁의 행위는 모두 특허권 존속기간 중 권한 없이 업으로서 행해진 것이다. 다음 중 특허법 제127조에 따른 '침해로 보는 행위'에 해당하는 것을 모두 고른 것은? (다툼이 있으면 판례에 따름)

> ㄱ. 乙이 물건 a를 우리나라에서 생산한 행위
> ㄴ. 乙이 물건 a를 미국에 수출한 행위
> ㄷ. 丙이 물건 a를 우리나라에서 수입한 행위
> ㄹ. 丁이 물건 a를 우리나라에서 판매한 행위
> ㅁ. 丁이 물건 a를 일본에 수출한 행위

① ㄱ, ㄴ   ② ㄴ, ㄷ

③ ㄷ, ㄹ   ④ ㄱ, ㄷ, ㄹ

⑤ ㄷ, ㄹ, ㅁ

19 특허법상 일사부재리(특허법 제163조) 원칙에 관한 설명으로 옳은 것은? (다툼이 있으면 판례에 따름)

① 심결이 확정되어 등록되었을 때 일사부재리의 효력이 발생한다.

② 일사부재리 원칙 적용 여부의 판단 기준 시점은 해당 심판의 심결시이다.

③ 적극적 권리범위확인심판과 소극적 권리범위확인심판 사이에는 일사부재리 원칙이 적용되지 않는다.

④ 확정 심결과 확정 판결 사이에는 일사부재리 원칙이 적용되지 않는다.

⑤ 일사부재리의 효력은 당사자나 그 승계인에게만 미치며 제3자에게는 미치지 아니한다.

20 특허법상 권리범위확인심판(특허법 제135조)에 관한 설명으로 옳지 <u>않은</u> 것은? (다툼이 있으면 판례에 따름)

① 권리범위확인심판을 청구할 때 심판청구의 대상이 되는 확인대상발명은 해당 특허발명과 서로 대비할 수 있을 만큼 구체적으로 특정되어야 할 뿐만 아니라, 그에 앞서 사회통념상 특허발명의 권리범위에 속하는지를 확인하는 대상으로서 다른 것과 구별될 수 있는 정도로 구체적으로 특정되어야 한다.

② 확인대상발명의 특정에 미흡함이 있다면 심판의 심결이 확정되더라도 일사부재리의 효력이 미치는 범위가 명확하다고 할 수 없으므로 나머지 구성만으로 확인대상 발명이 특허발명의 권리범위에 속하는지 여부를 판단할 수 있는 경우라 하더라도 심판청구를 각하하여야 한다.

③ 확인대상발명의 구성이 기능, 효과, 성질 등의 이른바 기능적 표현으로 기재되어 있는 경우, 통상의 기술자가 확인대상발명의 설명서나 도면 등의 기재와 기술상식을 고려하여 그 구성의 기술적 의미를 명확하게 파악할 수 있을 정도로 기재되어 있지 않다면 특허발명과 서로 대비할 수 있을 만큼 확인대상 발명의 구성이 구체적으로 기재된 것으로 볼 수 없다.

④ 적극적 권리범위확인심판 청구에서 심판청구인이 특정한 확인대상발명과 피심판 청구인이 실시하고 있는 발명 사이에 동일성이 인정되지 않으면, 그 청구는 확인의 이익이 없다는 이유로 각하되어야 한다.

⑤ 등록실용신안의 권리범위확인심판에서 진보성이 없어 해당 실용신안등록을 무효로 할 수 있는 사유가 있는 경우, 특허의 경우와 다르게 무효심판절차를 거치지 않고 권리범위를 부정할 수 있다.

21 다음 행위 중 상표법상 상표권 침해에 해당하지 <u>않는</u> 경우를 모두 고른 것은? (단, 국내에 유효한 타인의 등록상표가 존속하고 있고 국내 상표권자인 타인은 외국 상표권자와 동일인으로 볼 수 없으며, 다툼이 있으면 판례에 따름)

ㄱ. 자동차부품 제조업자가 허락 없이 부품 포장상자에 부품이 사용되는 차종을 밝히기 위하여 완성차 제조회사의 등록상표를 표시한 경우

ㄴ. 타인의 저명상표와 유사한 상표를 허락 없이 비유사 상품에 사용한 경우

ㄷ. 타인의 등록상표가 인쇄된 트럼프 카드를 구입한 후 특수염료로 처리하여 육안으로 식별하기 불가능하게 한 후 유통시킨 경우

ㄹ. 진정상품을 일본국 내에서만 판매하기로 한 약정을 위반하여 일본의 수입업자가 대한민국으로 수출하여 유통시킨 경우

ㅁ. 타인의 등록상표가 각인된 일회용 카메라 용기를 재활용하여 새로운 필름을 장착한 후 그 등록상표를 가리지 않은 상태에서 자신의 상표를 붙인 포장지로 감싼 후 판매하는 경우

---

① ㄱ, ㄴ, ㄷ

② ㄱ, ㄹ, ㅁ

③ ㄴ, ㄷ, ㄹ

④ ㄱ, ㄴ, ㄷ, ㄹ

⑤ ㄱ, ㄴ, ㄷ, ㄹ, ㅁ

22 영화제작자 甲은 제작·흥행에 성공한 만화영화 주인공 캐릭터를 상표로 사용하기 전에 그 캐릭터 도형을 문방구류의 상품을 지정상품으로 하여 상표등록출원을 한 후, 제3자인 乙이 거의 동일한 캐릭터를 甲의 출원과 동일 또는 유사한 지정 상품에 선출원한 사실을 확인하였다. 사안에 대한 설명으로 옳은 것은? (식별력은 문제 삼지 않으며, 다툼이 있으면 판례에 따름)

① 乙의 상표등록출원이 거절결정이 확정되더라도 선출원의 지위가 유지되므로 甲의 출원은 乙의 선출원으로 인하여 등록받을 수 없다.

② 상표법에는 영화제작자로서 甲이 정보제공이나 이의신청을 통하여 乙의 등록을 저지할 수 있는 법적 근거가 있다.

③ 甲은 캐릭터에 대한 주지·저명상표의 권리자로서 乙의 출원에 대한 상표등록을 저지할 수 있다.

④ 乙이 상표등록을 받는다면 乙은 甲의 저작권과 저촉되는지 여부와 관계없이 甲의 동의를 얻지 아니하고 정당하게 그 등록상표를 사용할 수 있다.

⑤ 乙이 상표등록을 받는다면 乙이 甲의 동의를 받지 않고 등록상표를 사용하여도 상표의 정당한 사용이 아니라고 할 수 없으므로 불사용취소심판에 의해 등록이 취소될 수 없다.

23 상표법상 상표의 기능성 원리의 판단기준과 적용에 관한 설명으로 옳지 않은 것은?

① 입체상표로 출원한 상품의 사용에 있어서 그 형상 등으로 인해 상당한 사용상의 효율이 있다고 광고 선전을 하였을 경우 기능성이 있는 것으로 본다.

② 소화기에 쓰이는 빨간색은 소화기의 이용과 목적을 달성하기 위하여 반드시 필요한 것으로서 기능성이 있는 것으로 본다.

③ 기능성 원리는 상품의 기능을 확보하는 데 불가결한 입체적 형상 등에 적용되므로 상품 자체가 기능적인지 여부를 기준으로 판단하여야 한다.

④ 입체상표에서 해당 기능을 확보할 수 있는 대체 형상이 다수 존재하는 경우에도 입체적 형상 등이 해당 상품의 목적과 이용에 본질적인 것이라면 기능성이 있는 것으로 본다.

⑤ 상품의 포장의 기능을 확보하는 데 불가결한 입체적 형상만으로 된 상표는 상표법 제33조(상표등록의 요건) 제2항에 따른 사용에 의한 식별력을 취득하더라도 상표등록을 받을 수 없다.

24 상표법 제110조(손해액의 추정 등) 제4항의 통상사용료 상당액의 청구에 관한 설명으로 옳지 <u>않은</u> 것은? (다툼이 있으면 판례에 따름)

① 상표법 제110조 제4항은 상표권자 등이 상표권 등의 침해로 인하여 입은 손해의 배상을 청구하는 경우 손해에 관한 상표권자 등의 주장·증명책임을 경감해 주기 위한 규정이다.

② 상표권자가 상표법 제110조 제4항에 따라 손해배상을 청구하는 경우 손해의 발생에 관한 주장·증명의 정도는 손해 발생의 염려 내지 개연성의 존재를 주장·증명하는 것으로 충분하다.

③ 상표권자가 상표법 제110조 제4항에 따라 손해배상을 청구하는 경우에 상표권자가 침해자와 동종의 영업을 하고 있다 하여도 상표권 침해에 의하여 영업상의 손해를 입었음이 사실상 추정되지는 아니한다.

④ 타인의 상표권을 침해한 자는 그 침해행위에 대하여 과실이 있는 것으로 추정된다.

⑤ 상표법 제110조 제4항에 따라 상표권 침해로 인한 손해액을 산정하는 경우 피해자의 과실을 참작하여야 한다.

25 상표법 제33조(상표등록의 요건)에 관한 설명으로 옳지 <u>않은</u> 것은? (다툼이 있으면 판례에 따름)

① 상표법 제33조 제1항 제3호부터 제6호까지에 해당하는 상표라도 상표등록출원 전부터 그 상표를 사용한 결과 수요자 간에 특정인의 상품에 관한 출처를 표시하는 것으로 식별할 수 있게 된 경우에는 그 상표를 사용한 상품에 한하여 상표등록을 받을 수 있다.

② 출원상표가 식별력을 갖추고 있는지 여부에 관한 판단시점은 등록 여부 결정시이고, 거절결정에 대한 불복 심판에 의하여 등록 여부가 결정되는 경우에는 심결시이다.

③ 상품의 관용표장은 처음에는 특정인의 상표이던 것이 상표권자가 상표관리를 허술히 함으로써 동종업자들 사이에서 자유롭고 관용적으로 사용하게 된 상표를 의미한다.

④ 현저한 지리적 명칭만으로 된 상표라 하더라도 그 표장이 특정 상품에 대한 지리적 표시인 경우에는 그 지리적 표시를 사용한 상품과 유사한 상품을 지정상품으로 하여 지리적 표시 단체표장등록을 받을 수 있다.

⑤ 현저한 지리적 명칭 등이 다른 식별력 없는 표장과 결합되어 있는 경우라 하더라도 결합에 의하여 새로운 관념을 낳거나 새로운 식별력을 형성하는 경우에는 등록이 가능하다.

26 상표법상 법정손해배상제도에 관한 설명으로 옳은 것은?

① 법정손해배상의 청구는 한 · 미 자유무역협정이 발효된 2012년 3월 15일 이후에 등록된 상표권 또는 전용사용권에 기초하여 청구할 수 있다.

② 상표권자 또는 전용사용권자는 등록상표의 사용과 무관하게 법정손해배상을 청구할 수 있다.

③ 상표권자 또는 전용사용권자는 손해의 발생과 무관하게 소정의 법정손해배상액을 청구할 수 있으나 손해액 입증이 극히 곤란하다는 점을 증명하여야 한다.

④ 법정손해배상은 상표법 제66조의2(손해배상의 청구)에 의한 손해배상청구와 달리 유사범위의 상표권 침해에는 적용되지 아니하고 등록상표와 같거나 동일성 있는 상표를 그 지정상품과 같거나 동일성이 있는 상품에 사용하여 상표권 또는 전용사용권을 고의나 과실로 침해한 자에 대해서만 청구할 수 있다.

⑤ 상표법 제66조의2(손해배상의 청구)에 의한 손해배상청구를 한 상표권자 또는 전용사용권자는 그 청구를 법원의 판결이 확정되기 전까지 법정손해배상청구로 변경할 수 있다.

27 본래 식별력이 있던 X상표를 상표등록 한 甲이 상표관리를 소홀히 한 결과 지정상품의 효능을 표시하는 표장(일명 성질표시 상표)이 되어 등록상표 X가 식별력을 상실한 경우에 대한 법적 취급으로 옳은 것은?

① 상표등록에 원시적 흠결이 있는 것이 아니므로 무효심판 청구의 대상이 되지 않는다.

② 이해관계인은 X상표의 식별력 상실을 이유로 취소심판을 청구할 수 있으며 그 심판청구에 대하여 인용한다는 심결이 확정되면 甲의 상표권은 그때부터 소멸한다.

③ 상표권은 무효가 확정되기 전에는 유효하게 존속하는 것이므로 아직 무효심결확정 전이라면 경쟁업자 乙이 X상표와 동일 · 유사한 표장을 지정상품의 효능을 보통으로 사용하는 방법으로 표시하는 경우라도 등록상표권의 보호범위에 속하므로 甲의 상표권 침해가 성립한다.

④ X상표가 지정상품의 성질표시 상표로 되었더라도 甲이 다시 상표관리에 만전을 기한다면 X상표에 대한 사용에 의한 식별력을 다시 취득할 수도 있다.

⑤ 甲이 등록상표에 대한 존속기간 갱신등록을 신청한 경우 심사관은 그 식별력을 재심사하여 이를 거절결정할 수 있다.

28 상표법상 상표권의 권리범위확인심판에 관한 설명으로 옳은 것은? (다툼이 있으면 판례에 따름)

① 상표권자·전용사용권자·통상사용권자는 확인대상상표가 상표권의 권리범위에 속한다는 취지의 적극적 권리범위확인심판을 청구할 수 있다.

② 권리범위확인심판 사건에서 등록상표와 확인대상상표의 유사 여부를 판단하기 위한 요소가 되는 등록상표의 식별력은 상표의 유사 여부를 판단하는 기준시인 심결시를 기준으로 판단한다.

③ 소극적 권리범위확인심판에서의 확인대상상표는 심판청구인이 자기가 사용하는 표장 등에 대하여 상표권의 효력이 미치는지를 확인하는 권리확정을 목적으로 한 것이어서 심결이 확정되는 경우 제3자에게는 일사부재리의 효력이 미치지 않는다.

④ 적극적 권리범위확인심판 사건에서 인용하는 심결이 있는 때에는 피청구인은 심결문이 송달된 날로부터 1개월 이내에 특허법원에 심결취소소송을 제기하여야 한다.

⑤ 적극적 권리범위확인심판 사건에서 피청구인은 상표법 제57조의3의 '선사용에 따른 상표를 계속 사용할 권리(선사용권)'를 주장할 수 있고, 심판관은 선사용권의 존부에 대해서 심리·판단하여야 한다.

29 상표법 제119조(상표등록의 취소심판) 제1항 제2호 또는 제8호에 규정된 부정사용을 이유로 한 상표등록취소심판에 관한 설명으로 옳은 것은? (다툼이 있으면 판례에 따름)

① 전용사용권자 또는 통상사용권자가 고의로 지정상품에 등록상표를 사용함으로써 수요자로 하여금 상품의 품질의 오인 또는 타인의 업무에 관련된 상품과 혼동을 생기게 한 경우에만 상표등록의 취소심판을 청구할 수 있다.

② 부정사용을 이유로 한 상표등록취소심판 사건에서 등록상표의 지정상품 중 어느 하나에만 취소사유가 있는 경우 그 지정상품에 관한 상표등록만이 취소된다.

③ 부정사용을 이유로 한 상표등록취소심판이 청구된 후 심판청구사유에 해당하는 사실이 없어진 경우 특허심판원은 기각하는 심결을 하여야 한다.

④ 이해관계가 없는 자가 한 취소심판청구는 부적법한 심판청구로서 각하된다.

⑤ 상표권자가 지정상품에 등록상표와 유사한 상표를 사용하여 수요자로 하여금 타인의 업무에 관련된 상품과의 혼동을 생기게 한 경우에는 그 타인의 상표가 주지·저명하지 아니하더라도 상표등록은 부정사용을 이유로 한 취소심판에 의하여 취소될 수 있다.

30 상표법상 마드리드 의정서에 의한 국제출원에 관한 설명으로 옳은 것은?

① 국제등록명의인이 국제등록된 상표를 보호받고자 하는 국가를 추가로 지정하는 경우에는 국제등록된 지정상품의 전부에 대하여 사후지정을 하여야 한다.

② 국제상표등록출원의 상속 기타 일반승계는 출원인이 국제사무국에 명의변경신고를 하여야 효력이 발생한다.

③ 국제등록명의인은 지정상품에 대하여 국제등록명의를 변경하고자 할 때에는 지정상품 전부에 대하여 변경하여야 한다.

④ 국제등록이 소멸된 경우에 해당 국제등록의 등록명의인이 한 상표등록출원(재출원)은 소멸된 국제등록의 지정상품 및 상표와 동일·유사한 경우에만 국제등록일에 출원된 것으로 간주된다.

⑤ 대한민국, 미국, 일본을 지정국으로 지정한 마드리드 의정서에 의한 국제출원에 의하여 모든 지정국에서 상표권이 설정등록된 경우, 추후 국제등록의 존속기간 갱신 신청은 각국의 특허청에 해야 한다.

31 디자인보호법상 디자인등록출원의 심사에 관한 설명으로 옳지 않은 것은?

① 우선권 주장에 관한 서류 중 도면의 기재내용이 디자인등록출원서에 첨부된 도면과 동일한 부분은 한글 번역문의 제출을 생략할 수 있다.

② 디자인일부심사등록에 대해서는 누구든지 디자인보호법 제68조(디자인일부심사 등록 이의신청)에 따라 이의신청을 할 수 있고, 이의신청기간이 경과하여 이의 신청을 한 경우 등 보정이 불가능한 이의신청에 대하여는 결정으로 이를 각하한다.

③ 재심사가 청구된 경우 해당 디자인등록출원에 대하여 종전에 이루어진 디자인 등록거절결정은 취소된 것으로 간주되어 보정된 내용을 대상으로 심사가 이루어지게 되며, 재심사의 청구는 취하할 수 없다.

④ 재심사에 따른 디자인등록거절결정이 있거나 디자인등록거절결정에 대한 심판 청구가 있는 경우에는 재심사를 청구할 수 없다.

⑤ 관련디자인등록출원을 단독의 디자인등록출원으로 변경하거나 단독의 디자인등록출원을 관련디자인 등록출원으로 변경하는 보정은 재심사를 청구할 때에는 할 수 없다.

32 디자인보호법상 물품에 관한 설명으로 옳은 것은? (다툼이 있으면 판례에 따름)

① 물품이 부품인 경우에 디자인등록의 대상이 되기 위해서는 그 부품이 호환성을 가져야 하며, 반드시 실제 거래사회에서 현실적으로 거래되고 있어야 한다.

② 한글 글자체와 숫자 글자체는 유사한 물품으로 본다.

③ 화상디자인이 물품의 표시부에 일시적으로 구현되는 것이라면 화상을 표시한 상태로서 물품성을 갖추지 못한 것으로 본다.

④ 물품을 잘못 기재한 경우에는 공업상 이용가능성이 없는 디자인으로 보아 디자인등록을 받을 수 없는 것으로 한다.

⑤ 완성형태가 다양한 조립완구의 구성각편과 같이 독립거래의 대상이 되고 있는 것은 디자인등록의 대상이 된다.

33 디자인보호법상 출원의 분할에서 분할의 대상이 되지 <u>않는</u> 경우를 모두 고른 것은?

ㄱ. 1디자인 1디자인등록출원으로 출원한 완성품디자인에 관한 디자인등록출원을 각각의 부품별로 분할하는 것

ㄴ. 한 벌의 물품의 디자인의 요건을 충족하고 있는 디자인등록출원을 각 구성 물품별로 분할하는 것

ㄷ. 도면에 '의자'에 관하여 각각 다른 형태로 구성된 2 이상의 디자인을 도시한 것

ㄹ. 물리적으로 분리된 2 이상의 부분이 형태적 또는 기능적으로 일체성이 인정되어 1디자인 1디자인등록출원의 요건을 충족하는 부분디자인등록출원을 각각의 부분으로 분할하는 것

ㅁ. 복수디자인등록출원에 물품류가 다른 물품이 포함된 것

① ㄱ, ㄴ, ㄷ

② ㄱ, ㄴ, ㄹ

③ ㄱ, ㄷ, ㄹ

④ ㄴ, ㄹ, ㅁ

⑤ ㄷ, ㄹ, ㅁ

34 디자인의 유사 여부 판단에 관한 설명으로 옳지 <u>않은</u> 것은?

① 화상디자인의 유사 여부 판단에서 공지의 형상에 독특한 모양이 화체되어 새로운 미감을 일으키는 경우에는 모양에 비중을 두어 판단하는 것이 일반원칙이다.

② 한 벌의 물품의 디자인의 유사 여부는 한 벌의 물품의 전체로서 판단한다.

③ 공지된 부품을 이용한 완성품은 그 부품이 공지된 것을 이유로 거절한다.

④ 동적화상디자인 상호 간에는 그 정지상태, 동작의 내용 및 동작 중의 기본적인 주체를 이루는 자태 등을 전체로서 비교하여 유사 여부를 판단한다.

⑤ 정지 화상디자인과 동적화상디자인의 유사 여부 판단에서 정지 화상디자인이 동적화상디자인의 정지 상태 또는 동작 중의 기본적 주체를 이루는 자태와 유사하면 유사한 디자인으로 본다.

35 디자인보호법 제34조(디자인등록을 받을 수 없는 디자인)에 관한 설명으로 옳지 않은 것은?

① 비영리법인의 표장을 일부 구성요소로 포함한 디자인의 경우에도 타인의 업무와 관련된 물품과 혼동을 가져올 우려가 있는 디자인에 해당되는 것으로 볼 수 있다.

② 표준화된 규격을 정한 주목적이 기능의 발휘에 있지 않은 물품의 형상으로 된 디자인은 물품의 기능을 확보하는 데에 불가결한 형상만으로 된 디자인에 해당되지 않는 것으로 본다.

③ 물품의 기능을 확보하는 데에 불가결한 형상만으로 된 디자인에 관한 규정은 출원디자인의 일부 형상이 이에 해당하는 경우에도 적용된다.

④ 타인의 업무와 관련된 물품과 혼동을 가져올 우려가 있는 디자인에 해당하는지 여부는 출원시를 기준으로 판단한다.

⑤ 디자인의 대상이 되는 물품의 품질에 대한 인증을 나타내는 표지를 전체 디자인의 일부 구성요소로 포함하고 있는 디자인의 경우에 그 자체만으로 공공질서 등을 해칠 우려가 있다고 볼 수 없다.

36 디자인보호법상 관련디자인에 관한 내용으로 옳지 않은 것은?

① 甲의 출원디자인 A에만 유사한 甲 자신의 동일자 출원디자인 a는 관련디자인으로 등록될 수 있다.

② 관련디자인등록출원의 물품명칭이 기본디자인의 물품명칭보다 정당하거나 적합하더라도 기본디자인의 물품명칭에 일치시켜야 한다.

③ 기본디자인 출원에 대한 거절결정이 확정되지 않은 경우에는 관련디자인등록출원의 심사는 보류하는 것을 원칙으로 하고, 다만 국제디자인등록출원에 대하여는 가거절통지를 한 후 심사보류통지를 한다.

④ 관련디자인등록출원은 그 디자인이 기본디자인 이외의 자기의 선행하는 공지디자인과 유사할지라도 디자인보호법 제33조(디자인등록의 요건) 제1항의 신규성 규정에 의하여 거절결정이 되지 않는다.

⑤ 관련디자인으로 등록된 디자인권은 독자적으로 무효심판의 대상이 되고, 포기될 수도 있으며, 그 디자인권에 관한 권리범위확인심판의 청구도 가능하다.

37 디자인보호법상 신규성 상실의 예외에 관한 설명으로 옳은 것은?

① 신규성 상실의 예외는 공지디자인과 출원디자인이 각각 일정한 요건을 충족하기만 하면 양 디자인이 동일한지 또는 유사한지 여부를 불문하고 적용된다.

② 디자인이 공지될 당시에 그 디자인에 대하여 디자인등록을 받을 수 있는 권리를 가지는 자만이 신규성 상실의 예외를 주장할 수 있는 자에 해당한다.

③ 동일한 디자인이 여러 번 공지된 경우에는 마지막으로 공지된 날로부터 6개월 이내에 출원된 것이어야 신규성 상실의 예외가 적용될 수 있다.

④ 출원할 때 신규성 상실의 예외에 관한 취지를 디자인등록출원서에 적어 주장하지 않았어노 보완수+료를 납부한 경우에는 추가적으로 그 취지를 적은 서류를 제출하여 신규성 상실의 예외를 인정받을 수 있다.

⑤ 신규성 상실의 예외 주장을 인정할 수 없는 경우에 심사관은 출원인에게 불인정 예고통지를 할 필요가 없고, 바로 신규성의 상실로 인한 거절이유를 통지하여야 한다.

38 디자인보호법상 디자인등록출원서 및 도면에 관한 설명으로 옳지 <u>않은</u> 것은?

① 디자인등록출원서 및 이에 첨부된 도면은 디자인의 창작내용을 표현하는 것으로서 창작자 및 출원인을 특정하고 디자인의 구체적인 보호범위를 확정하는 기능을 한다.

② 복수디자인등록출원의 경우에는 각 디자인마다 도면이나 사진 또는 견본을 제출하여야 한다.

③ 사용상태도 등 디자인을 이해하는 데 도움을 주기 위한 참고도면은 디자인의 권리범위를 판단하는 기초가 되지 않는다.

④ 도면에서 디자인의 설명란의 기재내용에 흠이 있는 경우에는 방식을 위반한 것으로 보고, 디자인의 창작내용의 요점을 적지 않은 경우에는 공업상 이용가능성이 없는 디자인으로 본다.

⑤ 전개도, 단면도 및 확대도 등 디자인을 구체적이고 명확하게 표현하기 위해 필요한 부가도면은 디자인의 권리범위를 판단하는 기초가 된다.

39 디자인보호법상 디자인권자의 보호에 관한 설명으로 옳지 <u>않은</u> 것은?

① 등록디자인이나 이와 유사한 디자인에 관한 물품의 생산에만 사용하는 물품을 업으로서 수출하는 행위는 디자인권을 침해한 것으로 본다.

② 디자인권자는 자기의 권리를 침해한 자에 대하여 디자인권 침해금지가처분신청을 할 수 있다.

③ 디자인권을 침해함으로써 디자인권자의 업무상의 신용을 실추하게 한 경우, 디자인권자의 신용회복을 위하여 법원이 명할 수 있는 조치에는 피해자 승소판결의 신문 등에의 공고가 포함된다.

④ 타인의 디자인권 또는 전용실시권을 침해한 자는 그 침해행위에 대하여 과실이 있는 것으로 추정하되, 비밀디자인권으로 설정등록된 디자인권 또는 전용실시권의 침해에 대하여는 그러하지 아니하다.

⑤ 디자인권자가 디자인보호법 제115조(손해액의 추정 등) 제4항의 실시료 상당액으로 손해배상을 청구할 수 있음에도 불구하고 손해액의 초과액에 대하여도 손해배상을 청구하는 경우, 법원은 침해자에게 경과실만 있을 때에는 재량으로 배상액을 경감할 수 있다.

40 디자인보호법상 심판에 관한 설명으로 옳지 <u>않은</u> 것은?

① 심판장은 부적법한 심판청구로서 그 흠을 보정할 수 없을 때에는 피청구인에게 답변서 제출의 기회를 주지 아니하고 심결로써 각하하여야 한다.

② 심판에서는 당사자 또는 참가인이 신청하지 아니한 이유에 대하여 심리할 수 있으나, 청구인이 신청하지 아니한 청구의 취지에 대하여는 심리할 수 없다.

③ 심판청구는 심결이 확정될 때까지 취하할 수 있으나, 무효심판의 경우 답변서가 제출된 후에는 상대방의 동의를 받아야 한다.

④ 심판장은 심리종결을 통지한 후에도 당사자 또는 참가인의 신청에 의하여 또는 직권으로 심리를 재개할 수 있다.

⑤ 적극적 권리범위확인심판에서 확인대상디자인의 도면에 대하여 피청구인이 자신이 실제로 실시하고 있는 디자인과 다르다고 주장하는 경우에 청구인이 피청구인의 실시 디자인과 같게 하기 위하여 심판청구서의 확인대상디자인의 도면을 보정하는 것은 요지변경에 해당하지 않는다.

2015년 제52회 기출문제

● Time   분 | 해설편 318p

01 특허법 제2조(정의) 제3호에 규정된 실시에 해당되지 <u>않는</u> 것은?

① 특허발명이 시계라는 물건의 발명인 경우, 그 시계를 판매하기 위하여 전시하는 행위

② 특허발명이 살충제를 제조하는 방법의 발명인 경우, 농부가 그 제조방법으로 제조한 살충제를 자신의 농장에서 사용하는 행위

③ 특허발명이 영상녹화방법의 발명인 경우, 그 영상녹화방법에만 사용하는 영상녹화장치를 제조하는 행위

④ 특허발명이 의약품의 발명인 경우, 약사법에 따른 의약품의 품목허가를 위한 시험·연구에 그 의약품을 사용하는 행위

⑤ 특허발명이 화합물의 발명인 경우, 발명의 설명에 기재된 그 화합물의 제조방법과 다른 제조방법으로 생산된 동일한 화합물을 판매하는 행위

02 특허법 제30조(공지 등이 되지 아니한 발명으로 보는 경우)에 관한 설명으로 옳지 <u>않은</u> 것은?

① 공지 등이 있는 날로부터 12개월 이내에 공지예외적용 신청을 수반하여 선출원을 한 경우, 해당 선출원을 기초로 한 국내우선권주장출원을 위 공지 등이 있는 날로부터 12개월 이내에 하여야 특허법 제30조를 적용받을 수 있다.

② 특허법 제30조 제1항 제1호의 규정을 적용받으려면 출원서에 그 취지를 적어야 하고 이를 증명할 수 있는 서류를 출원일로부터 30일 이내에 특허청장에게 제출하여야 한다.

③ 특허법 제30조는 발명이 출원 전에 공지되었다 하더라도 일정요건을 갖춘 경우 신규성이나 진보성에 관한 규정을 적용할 때 그 발명을 선행기술로 사용하지 않도록 하는 규정이지 출원일이 소급되는 것은 아니다.

④ 甲의 발명이 공개된 후 12개월 이내에 동일 발명을 출원(A)하여 공지예외규정을 적용받았고, 상기 출원일과 같은 날에 동일 발명에 대하여 乙이 출원(B)을 한 경우, 특허법 제36조(선출원)를 적용하지 않더라도 乙은 특허를 받을 수 없다.

⑤ 우리나라에 출원된 것으로 보는 국제출원(국제특허출원)은 국제출원일에 공지예외 적용과 관련된 절차를 밟지 않았더라도 기준일 경과 후 30일 내에 공지예외주장 취지를 기재한 서면과 증명서류를 제출하면 특허법 제30조를 적용받을 수 있다.

03 특허법상 정정심판에 관한 설명으로 옳지 <u>않은</u> 것은?

① 특허권자는 청구범위를 감축하는 경우에는 특허발명의 명세서 또는 도면에 대하여 정정심판을 청구할 수 있지만, 청구범위를 실질적으로 확장하거나 변경하는 정정은 허용되지 않는다.

② 정정심판은 특허권의 설정등록 후부터 특허권이 소멸할 때까지만 청구할 수 있고, 특허를 무효로 한다는 심결이 확정된 후에는 청구할 수 없다.

③ 청구범위의 감축 및 잘못된 기재의 정정은 정정 후 청구범위에 기재되어 있는 사항이 특허출원을 하였을 때에 특허를 받을 수 있는 것이어야 한다.

④ 청구인에게 심리종결 통지가 있기 전에 한하여 심판청구서에 첨부된 정정 명세서 또는 도면에 대하여 보정을 할 수 있고, 정정 명세서 또는 도면은 청구 취지의 일부를 이루는 것이므로 보정을 함에 있어서 그 요지를 변경할 수 없다.

⑤ 무효심판이 특허심판원에 계속되고 있는 때에는 정정심판을 청구할 수 없지만, 무효심판의 심결에 대한 취소소송이 특허법원에 제기된 후에는 원칙적으로 정정 심판을 청구할 수 있다.

04 甲은 두통약 A의 제조방법을 비밀로 관리하면서 2013년 1월부터 A를 제조·판매하고 있다. 乙이 甲의 제조방법과 동일한 제조방법 및 그 제조방법에 의하여 생산되는 A를 각각 2013년 2월 우리나라에 특허출원을 한 경우, 다음 설명 중 옳은 것은? (甲의 제조방법은 공지되지 않은 것으로 보며, 설문에 주어진 상황 외에는 고려하지 않는다.)

① 甲이 乙의 출원발명과 동일한 제조방법으로 두통약 A를 제조·판매하고 있으므로, 乙의 제조방법은 신규성이 없어서 특허를 받을 수 없다.

② 甲의 제조방법과 동일한 제조방법으로 생산된 두통약 A가 이미 판매되고 있다고 하더라도, 그 제조방법이 공지되지 아니하였으므로 乙의 두통약 A는 신규성이 부정되지 않는다.

③ 두통약 A와 그 제조방법은 동일한 카테고리의 발명이므로 乙의 제조방법도 신규성이 부정되어 특허를 받을 수 없다.

④ 甲의 두통약 A가 판매되고 있다고 하더라도 당해 두통약 A의 제조방법은 공지되지 않았으므로 乙의 제조방법은 신규성이 부정되지 않는다.

⑤ 乙이 두통약 A의 제조방법에 대하여 특허를 받은 경우 그 제조방법에 의하여 제조된 두통약 A에도 특허권의 효력이 미치므로, 乙의 특허출원 전에 판매된 甲의 두통약 A에 대하여 특허권을 행사할 수 있다.

05 특허법상 대리인 제도에 관한 설명으로 옳지 않은 것은?

① 국내에 주소 또는 영업소가 있는 자(이하 "재내자"라 한다)로부터 특허에 관한 절차를 밟을 것을 위임받은 대리인은 특별히 권한을 위임받아야만 특허출원의 변경·포기·취하를 할 수 있다.

② 복수의 당사자 중 일부만 대리인을 선임한 경우 그 대리인은 전원을 대표하여 특허에 관한 절차를 밟을 수 있고, 특허법 제11조(복수당사자의 대표) 제1항 각 호에 규정된 절차에 관하여도 전원을 대표하여 절차를 밟을 수 있다.

③ 재내자와 재외자가 공동으로 출원한 경우 특허법 제11조 제1항 각 호에 규정된 절차를 제외하고 재내자는 단독으로 특허에 관한 절차를 밟을 수 있지만, 재외자는 국내에 체류하는 경우를 제외하고 특허관리인을 선임하지 않고서는 특허에 관한 절차를 밟을 수 없다.

④ 특허법 제3조(미성년자 등의 행위능력) 제1항의 법정대리인은 후견감독인의 동의없이 상대방이 청구한 심판에 대하여 절차를 밟을 수 있다.

⑤ 재외자인 국제특허출원의 출원인은 기준일까지는 특허법 제5조(재외자의 특허관리인) 제1항에도 불구하고 특허관리인에 의하지 않고 특허에 관한 절차를 밟을 수 있으나, 특허법 제201조(국제특허출원의 국어번역문) 제1항에 따라 국어번역문을 제출한 재외자는 기준일부터 2개월 내에 특허관리인을 선임하여 특허청장에게 신고하여야 한다.

06 특허권의 존속기간에 관한 설명으로 옳은 것은?

① 특허발명을 실시하기 위하여 다른 법령에 따라 허가를 받아야 하고, 그 허가를 위하여 필요한 유효성·안전성 등의 시험으로 인하여 장기간이 소요되는 경우에는 그 실시할 수 없었던 기간에 대하여 3년의 기간까지 그 특허권의 존속기간을 한 차례만 연장할 수 있다.

② 특허권이 공유인 경우 각 공유자는 단독으로도 특허권의 존속기간의 연장등록출원을 할 수 있다.

③ 허가 등에 따른 특허권의 존속기간의 연장등록출원은 의약품발명을 실시하기 위하여 약사법의 규정에 의한 허가를 받은 날부터 6개월 이내에 출원하여야 한다.

④ 특허권의 존속기간의 연장등록출원에 대하여 연장등록거절이유를 발견할 수 없어 심사관이 연장등록결정을 한 경우 특허청장은 존속기간의 연장을 특허원부에 등록하여야 한다.

⑤ 허가 등에 따른 특허권의 존속기간의 연장등록출원이 다른 법령의 규정에 의한 허가를 위하여 그 특허발명을 실시할 수 없었던 기간을 초과하는 경우에는 그 출원에 대하여 존속기간의 연장등록출원을 반려하여야 한다.

07 특허법 제29조(특허요건) 제3항부터 제7항(이른바 '확대된 선출원')과 제36조(선출원)에 관한 설명으로 옳지 <u>않은</u> 것은? (특허법 제36조 제4항 또는 제5항에 따라 출원이 처음부터 없었던 것으로 보는 경우는 고려하지 않고, 선출원은 후출원 후 공개된 것으로 보며, 선출원과 후출원은 모두 심사청구된 것으로 본다. 다툼이 있으면 판례에 따름)

① 선출원과 후출원의 발명자가 동일하고 청구범위가 동일한 경우에는 선출원 규정에 따라 후출원은 특허를 받을 수 없다.

② 선출원과 후출원의 출원인 및 발명자가 다르고 청구범위가 동일한 경우에는 확대된 선출원 규정 및 선출원 규정에 따라 후출원은 특허를 받을 수 없다.

③ 선출원이 공개되지 않아도, 후출원의 청구범위가 선출원의 청구범위와 동일한 경우에는 선출원규정에 따라 후출원은 특허를 받을 수 없다.

④ 선출원과 후출원의 청구범위에 기재된 발명의 구성에 상이점이 있어도 그 기술분야에서 통상의 지식을 가진 자가 보통으로 채용하는 정도의 변경에 지나지 아니하고 발명의 목적과 작용효과에 특별한 차이를 일으키지 아니하는 경우에는 선출원 규정에 따라 후출원은 특허를 받을 수 없다.

⑤ 후출원의 청구범위가 선출원의 청구범위와 다르지만 선출원 명세서의 발명의 설명 및 도면에 기재된 사항과 완전히 동일한 경우에는 선출원 규정에 따라 후출원은 특허를 받을 수 없다.

08 특허협력조약(PCT)에 따른 국제특허출원에 관한 설명으로 옳지 <u>않은</u> 것은?

① 국제특허출원의 출원인은 국내서면제출기간에 출원인의 성명 및 주소, 발명의 명칭 등을 기재한 서면을 특허청장에게 제출하여야 하는데, 그 서면을 국내서면제출기간에 제출하지 아니한 경우 특허청장은 보정기간을 정하여 보정을 명하여야 한다.

② 특허법 제201조(국제특허출원의 국어번역문) 제1항에 따라 국어번역문을 제출한 출원인은 국내서면제출기간(제201조 제1항 단서에 따라 취지를 적은 서면이 제출된 경우에는 연장된 국어번역문 제출기간을 말한다)에 그 국어번역문을 갈음하여 새로운 국어번역문을 제출할 수 있으나 출원인이 출원심사의 청구를 한 후에는 허용되지 않는다.

③ 국제특허출원을 외국어로 출원한 출원인이 국내서면제출기간(제201조 제1항 단서에 따라 취지를 적은 서면이 제출된 경우에는 연장된 국어번역문 제출기간을 말한다)에 발명의 설명 및 청구범위의 국어번역문을 제출하지 아니하면 그 국제특허출원을 취하한 것으로 본다.

④ 미국 기업이 미국 특허청을 수리관청으로 국제특허출원하고, 한국을 지정국으로 한 경우, 한국출원일은 한국 특허청에 발명의 설명·청구범위·도면의 국어번역문을 제출한 날로 본다.

⑤ 국제특허출원을 외국어로 출원한 출원인이 특허협력조약 제19조(1)의 규정에 따라 청구범위에 관한 보정을 한 경우에는 국제출원일까지 제출한 청구범위에 대한 국어번역문을 보정 후의 청구범위에 대한 국어번역문으로 대체하여 제출할 수 있다.

09 특허법상 권리범위 확인심판에 관한 설명으로 옳지 않은 것은? (다툼이 있으면 판례에 따름)

① 소극적 권리범위 확인심판을 청구할 수 있는 이해관계인은 권리범위에 속하는지 여부에 관하여 분쟁이 생길 염려가 있는 대상물을 업으로 실시하고 있는 자에 한하지 않는다.

② 권리범위 확인심판 청구는 특허권이 존속하는 동안에만 가능하다.

③ 권리범위 확인심판의 심판청구서에 확인대상발명을 첨부하지 아니한 경우 심판장은 기간을 정하여 그 흠결을 보정할 것을 명하고, 지정된 기간 이내에 보정을 하지 아니한 경우 결정으로 심판청구를 각하하여야 한다.

④ 권리범위 확인심판에서는 특허발명의 진보성이 부정된다는 이유로 그 권리범위를 부정하여서는 안 된다.

⑤ 피청구인이 실시하지 않고 있는 물품을 대상으로 한 적극적 권리범위 확인심판 청구는 확인의 이익이 없어 기각되어야 한다.

10 특허심판에 관한 설명으로 옳지 않은 것은? (다툼이 있으면 판례에 따름)

① 권리범위 확인심판청구의 대상이 되는 확인대상발명이 이른바 자유실시기술에 해당하는지 여부를 판단할 때에는, 심판청구인이 특정한 확인대상발명의 구성 전체를 가지고 그 해당 여부를 판단하여야 한다.

② 확인대상발명이 적법하게 특정되었는지 여부는 특허심판의 적법요건으로서 특허심판원이나 법원의 직권조사사항이다.

③ 심판청구서의 보정의 정도가 확인대상발명에 관하여 심판청구서에 첨부된 설명서 및 도면에 표현된 구조의 불명확한 부분을 구체화한 것에 지나지 아니하여 심판청구의 전체 취지에 비추어 볼 때 그 발명의 동일성이 유지된다고 인정되는 경우에는 요지의 변경에 해당하지 않는다.

④ 권리범위 확인심판청구의 대상이 되는 확인대상발명은 청구범위에 대응하여 구체적으로 구성을 기재한 확인대상발명의 설명 부분을 기준으로 파악하여야 하고, 확인대상발명의 설명서에 첨부된 도면에 의하여 위 설명 부분을 변경하여 파악하는 것은 허용되지 않는다.

⑤ 이전에 확정된 심결의 증거를 그 심결에서 판단하지 아니하였던 사항에 관한 증거로 들어 판단하거나, 이전에 확정된 심결에서 증거로 들었던 선행기술을 확정된 심결의 결론을 번복할 만한 유력한 증거의 선행기술에 추가적, 보충적으로 결합하여 판단하는 경우, 일사부재리 원칙에 반한다.

11 甲은 자신이 특허받은 제품을 매년 25,000개 생산할 수 있는 공장시설을 완공하여 2014년 1년간 10,000개를 제조·판매하였다. 甲의 제품 한 개당 판매가격은 11,000원이며, 한 개당 이익액은 1,000원이다. 乙은 甲의 특허제품과 동일한 제품을 2014년 1년간 15,000개를 제조·판매하였다. 乙의 제품 한 개당 판매가격은 10,000원이며, 한 개당 이익액은 2,000원이다. 한편, 甲의 특허제품의 실시에 대하여 합리적으로 받을 수 있는 금액은 매출액의 5%이다. 특허법 제128조(손해액의 추정 등)에 따른 甲의 2014년 1년간 손해액에 관한 설명으로 옳지 않은 것은? (단, 乙의 제조·판매 행위가 甲의 특허권을 침해한 것으로 보며, 특허권자 甲이 침해행위 외의 사유로 판매할 수 없었던 사정은 없는 것으로 본다.)

① 특허법 제128조 제1항 및 제2항에 따를 경우 乙의 판매수량 15,000개에 甲의 제품 한 개당 이익액 1,000원을 곱한 1,500만원을 甲의 손해액으로 할 수 있다.

② 만일 甲공장의 생산능력이 연간 20,000개라면, 특허법 제128조 제2항에 따를 경우 1,250만원을 甲의 손해액으로 할 수 있다.

③ 특허법 제128조 제5항에 따라 甲이 乙에게 손해배상을 청구하는 경우 甲의 손해액이 특허발명의 실시에 대해 합리적으로 받을 수 있는 금액을 초과하더라도 초과액에 대해서는 손해배상을 청구할 수 없다.

④ 특허법 제128조 제4항에 따를 경우 乙의 이익액인 3,000만원을 甲의 손해액으로 추정한다.

⑤ 특허법 제128조 제5항에 따를 경우 乙의 매출액 1억 5천만원의 5%인 750만원을 甲의 손해액으로 하여 손해배상을 청구할 수 있다.

12 진보성에 관한 설명으로 옳은 것을 모두 고른 것은? (다툼이 있으면 판례에 따름)

> ㄱ. 진보성은 인용발명의 기술적 구성을 기준으로 판단하는 것이므로 상업적 성공에 의한 모방품의 발생사실 등은 진보성 판단에 영향을 미칠 수 있다.
> ㄴ. 진보성 판단시 미완성 발명은 선행기술로 인용할 수 없다.
> ㄷ. 결합발명의 진보성을 판단함에 있어서 청구항에 기재된 발명의 구성요소 각각이 공지 또는 인용발명으로부터 자명하다고 하여 청구항에 기재된 발명의 진보성을 부정해서는 안 된다.
> ㄹ. 진보성의 판단대상이 되는 발명의 명세서에 개시되어 있는 기술을 알고 있음을 전제로 하여 사후적으로 통상의 기술자가 그 발명을 쉽게 발명할 수 있는지를 판단해서는 안 된다.

① ㄱ, ㄴ
② ㄱ, ㄷ
③ ㄴ, ㄷ
④ ㄴ, ㄹ
⑤ ㄷ, ㄹ

13 무권리자인 甲은 2012년 5월 10일에 발명 A를 출원하였고, 그 출원은 2013년 12월 10일에 출원공개되었으며, 2014년 5월 10일에 무권리자에 의한 출원이라는 이유로 거절결정이 확정되었다. 한편 무권리자인 乙은 2010년 6월 10일에 발명 B를 출원하였고, 그 출원은 2012년 1월 10일에 출원공개되었으며, 2012년 10월 5일에 등록공고되었으나, 무효심판이 제기되어 무권리자라는 이유로 2014년 9월 20일에 무효심결이 확정되었다. 다음 설명 중 옳지 <u>않은</u> 것은?

① 발명 A의 정당한 권리자 丙이 2014년 6월 1일에 자신의 발명 A를 특허출원하였다면, 丙의 출원은 2012년 5월 10일에 출원된 것으로 간주된다.

② 발명 A의 정당한 권리자 丙이 2014년 7월 1일에 자신의 발명 A를 특허출원하였다면, 丙출원의 출원일은 2012년 5월 10일로 소급되지 않는다.

③ 발명 B의 정당한 권리자 丁이 2014년 10월 1일에 자신의 발명 B를 특허출원하였다면, 丁의 출원은 2010년 6월 10일에 출원된 것으로 간주된다.

④ 발명 B의 정당한 권리자 丁이 2014년 10월 20일이 경과한 후 자신의 발명 B를 특허출원하면, 丁의 출원은 취하된 것으로 간주된다.

⑤ 발명 B의 정당한 권리자 丁이 2014년 10월 30일에 자신의 발명 B를 특허출원하였다면, 출원일 소급이 인정되지 않는다.

14 특허법상 실시권에 관한 설명으로 옳은 것은? (다툼이 있으면 판례에 따름)

① 재정에 의한 통상실시권은 실시사업과 함께 이전하는 경우 외에도 이전할 수 있다.

② 설정계약으로 전용실시권의 범위에 관하여 특별한 제한을 두고도 이를 등록하지 않으면, 전용실시권자가 등록되어 있지 않은 제한을 넘어 특허발명을 실시하더라도, 특허권 침해가 성립하는 것은 아니다.

③ 공공의 이익을 위하여 비상업적으로 특허발명을 실시하려는 경우 그 특허발명의 특허권자 또는 전용실시권자와의 협의 없이는 재정을 청구할 수 없다.

④ 전용실시권의 설정·이전·상속·변경·소멸·혼동은 등록하여야만 효력이 발생한다.

⑤ 특허권이 공유인 경우 각 공유자는 다른 공유자의 동의를 받지 아니하고 그 특허권에 대하여 통상실시권을 허락할 수 있다.

15 특허법상 출원공개제도에 관한 설명으로 옳은 것을 모두 고른 것은?

> ㄱ. 특허청장은 출원공개 전에 출원심사청구가 있는 경우에는 지체없이 그 취지를 특허공보에 게재해야 한다.
> ㄴ. 특허출원인은 특허법 제65조(출원공개의 효과)에 따른 경고를 받는 자에게 그 경고를 받았을 때부터 특허결정등본을 송달받는 날까지의 기간에 대해서만 보상금지급청구권을 행사할 수 있다.
> ㄷ. 국제특허출원의 경우 국제공개에 의해서도 보상금청구권 발생이 가능하다.

① ㄱ

② ㄴ

③ ㄷ

④ ㄱ, ㄷ

⑤ ㄱ, ㄴ, ㄷ

16 수치한정발명에 관련한 설명으로 옳은 것을 모두 고른 것은? (다툼이 있으면 판례에 따름)

> ㄱ. 공지된 발명과 비교하여 한정된 수치범위 내외에서 현저한 효과의 차이가 생기는 경우에는, 그 수치범위가 공지된 발명에 구체적으로 개시되어 있다고 할 수 없다.
> ㄴ. 특허등록된 발명이 그 출원 전에 공지된 발명이 가지는 구성요소의 범위를 수치로써 한정하여 표현한 경우에 있어, 그 특허발명의 과제 및 효과가 공지된 발명의 연장선상에 있고 수치한정의 유무에서만 차이가 있는 경우에는 그 한정된 수치범위 내외에서 현저한 효과의 차이가 생기지 않는다면 진보성이 부정된다.
> ㄷ. 성질 또는 특성 등에 의해 물(物)을 특정하려고 하는 기재를 포함하는 특허발명과, 이와 다른 성질 또는 특성 등에 의해 물(物)을 특정하고 있는 인용발명을 대비할 때, 특허발명의 청구범위에 기재된 성질 또는 특성을 다른 시험·측정방법에 의한 것으로 환산해 본 결과 인용발명의 대응되는 것과 동일·유사한 경우에는, 달리 특별한 사정이 없는 한, 양 발명은 실질적으로 동일·유사한 것으로 보아야 한다.
> ㄹ. 수치한정을 제외한 양 발명의 구성이 동일한 경우 그 수치한정이 공지된 발명과는 상이한 과제를 달성하기 위한 기술수단으로서의 의의를 가지고 그 효과가 이질적인 경우라면, 수치한정의 임계적 의의가 없다고 하여 특허발명의 진보성이 부정되지 않는다.

① ㄱ, ㄴ

② ㄴ, ㄷ

③ ㄷ, ㄹ

④ ㄱ, ㄴ, ㄷ

⑤ ㄱ, ㄴ, ㄷ, ㄹ

17 실용신안에 관한 설명으로 옳지 <u>않은</u> 것은? (다툼이 있으면 판례에 따름)

① 고안이 완성되었는지의 판단은 실용신안등록출원의 명세서에 기재된 고안의 목적, 구성 및 작용 효과 등을 전체적으로 고려하여 고안의 완성 여부 심사 당시의 기술수준에 입각하여 하여야 한다.

② 동일인에 의해 같은 날 특허출원 및 실용신안등록출원된 발명과 고안이 동일함에도 각각 특허권과 실용신안권으로 등록된 경우, 등록된 실용신안권에 대하여 사후에 권리자가 그 권리를 포기하더라도 특허권의 경우 특허법 제36조(선출원) 제3항에 따른 경합출원으로 인한 하자는 치유되지 않는다.

③ 실용신안권 침해소송을 담당하는 법원은 실용신안권자의 침해금지 또는 손해배상 등의 청구가 권리남용에 해당한다는 항변이 있는 경우 그 당부를 살피기 위한 전제로서 등록실용신안의 진보성 여부에 대하여 심리·판단할 수 있다.

④ 실용신안법 제4조(실용신안 등록의 요건) 제2항에서의 진보성 판단에 관한 '그 고안이 속하는 기술분야'란 원칙적으로 당해 등록고안이 이용되는 산업분야를 말한다.

⑤ 비교대상고안의 기술적 구성이 특정 산업분야에만 적용될 수 있는 구성이 아니고 등록고안의 산업 분야에서 통상의 기술을 가진 자가 등록고안의 당면한 기술적 문제를 해결하기 위하여 별다른 어려움 없이 이용할 수 있는 구성이라면, 이를 등록고안의 진보성을 부정하는 선행기술로 삼을 수 있다.

18 다음 설명 중 옳은 것은? (다툼이 있으면 판례에 따름)

① 특허출원의 보정에 대한 각하결정 후 '보정 전의 특허출원'에 대하여 거절결정이 있었고, 위 보정각하결정 및 거절결정이 적법하다는 기각 심결이 있은 후 그 심결에 대한 취소소송이 제기된 경우, 법원은 보정각하결정이 위법하다면 그것만을 이유로 곧바로 심결을 취소해야 한다.

② 출원발명에 대해 우선권주장의 불인정으로 인하여 거절이유가 생긴 경우, 우선권주장이 인정되지 아니한다는 취지 및 그 이유가 포함된 거절이유를 통지하지 않고 우선권주장의 불인정으로 인하여 생긴 거절이유를 들어 특허거절결정을 할 수 있다.

③ 특허청 심사관이 '발명이 명확하고 간결하게 기재되지 아니하여 기재불비가 있다'는 거절이유를 통지함에 따라 이를 해소하기 위한 보정이 이루어졌고 해당 보정에서 청구항이 신설되거나 이에 준하는 정도로 변경되지 않았는데 보정 이후 발명에 대한 심사 결과 신규성이나 진보성 부정의 거절이유가 발견된 경우, 특별한 사정이 없는 한 심사관은 그 보정에 대해 각하결정을 해야 한다.

④ 거절결정불복심판청구 기각심결의 취소소송절차에서 특허청장이 비로소 주장하는 사유는 심사 또는 심판 단계에서 의견제출기회를 부여한 거절이유와 주요한 취지가 부합하여 이미 통지된 거절 이유를 보충하는 경우라도 이를 심결의 당부를 판단하는 근거로 할 수 없다.

⑤ 특허무효심판에 대한 심결취소소송의 경우 특허무효심판 단계에서 주장하지 않았던 새로운 청구항에 대한 무효를 주장하는 것이 허용된다.

19 특허를 받을 수 있는 자 또는 무권리자의 특허출원에 관한 설명으로 옳은 것을 모두 고른 것은? (다툼이 있으면 판례에 따름) 기출 변형

ㄱ. 무권리자가 발명자의 발명의 구성을 일부 변경함으로써 그 기술적 구성이 발명자가 한 발명과 상이하게 되었다 하더라도, 그 변경이 그 기술분야에서 통상의 지식을 가진 사람이 보통으로 채용하는 정도의 기술적 구성의 부가·삭제·변경에 지나지 아니하고 그로 인하여 발명의 작용효과에 특별한 차이를 일으키지 아니하는 등 기술적 사상의 창작에 실질적으로 기여하지 않는 경우에는 그 특허발명은 무권리자의 특허출원에 해당하여 그 등록이 무효이다.

ㄴ. 화학발명에서 예측가능성 내지 실현가능성이 현저히 부족하여 실험데이터가 제시된 실험예가 없으면 완성된 발명으로 보기 어려운 경우에는 실제 실험을 통하여 발명을 구체화하고 완성하는 데 실질적으로 기여하였는지 여부의 관점에서 발명자인지의 여부를 결정해야 한다.

ㄷ. 양도인이 특허를 받을 수 있는 권리를 양수인에게 양도하고, 그에 따라 양수인이 특허권의 설정등록을 받았으나 그 양도계약이 무효나 취소 등의 사유로 효력을 상실하게 된 경우에, 그 특허를 받을 수 있는 권리와 설정등록이 이루어진 특허권이 동일한 발명에 관한 것이라도 양도인은 양수인에 대하여 특허권에 관하여 이전등록을 청구할 수 없다.

ㄹ. 정당한 권리자로부터 특허를 받을 수 있는 권리를 승계받은 바 없는 무권리자가 특허출원하여 특허권의 설정등록이 이루어졌더라도, 특허법이 정한 절차에 의하여 구제받을 수 있는 정당한 권리자로서는 특허법 상의 구제절차에 따르지 아니하고 무권리자에 대하여 직접 특허권의 이전등록을 구할 수는 없다.

① ㄴ, ㄷ
② ㄱ, ㄴ
③ ㄱ, ㄴ, ㄷ
④ ㄱ, ㄷ, ㄹ
⑤ ㄱ, ㄴ, ㄷ, ㄹ

20 특허법 제133조의2(특허무효심판절차에서의 특허의 정정), 특허법 제136조(정정심판) 및 특허법 제137조(정정의 무효심판)에 관한 설명으로 옳은 것을 모두 고른 것은? (다툼이 있으면 판례에 따름)

ㄱ. 특허발명에 대한 정정무효심판청구가 기각되고 난 후 해당 기각심결의 취소를 구하는 소송이 계속되던 중 그 특허발명에 대한 무효심결이 확정되었을 경우, 위 정정무효심판의 기각심결에 관한 소는 부적법하다.

ㄴ. 출원공개된 출원서에 첨부한 명세서 또는 도면에 기재된 사항이 그 후 정정심결이 확정되어 정정되었다면, 그 정정내용이 신규성·진보성 판단에 제공되는 선행기술로서의 발명의 내용에 영향을 미친다.

ㄷ. 피고인의 행위가 특허권 침해죄에 해당하는지 여부를 판단함에 있어 정정 후의 청구범위를 침해대상 특허발명으로 삼는 것이 피고인에게 불리한 결과를 가져오는 경우라도 정정의 소급적 효력은 당연히 인정된다.

ㄹ. 정정청구의 적법 여부를 판단하는 특허무효심판이나 그 심결취소소송에서 주된 취지에 있어서 정정의견제출통지서에 기재된 사유와 실질적으로 동일한 사유로 정정청구를 받아들이지 않는 심결을 하거나 그 심결에 대한 취소청구를 기각하는 것은 허용된다.

ㅁ. 특허무효심판절차에서 정정청구가 있는 경우, 정정청구 부분은 따로 확정되지 아니하고 무효심판의 심결이 확정되는 때에 함께 확정된다.

① ㄱ, ㅁ
② ㄷ, ㄹ
③ ㄱ, ㄹ, ㅁ
④ ㄱ, ㄴ, ㄷ, ㅁ
⑤ ㄱ, ㄴ, ㄹ, ㅁ

21 상표등록요건에 관한 설명으로 옳지 <u>않은</u> 것은? (다툼이 있으면 판례에 따름)

① 보통명칭의 경우 일반소비자들이 지정상품의 보통명칭으로 인식할 우려가 있다는 것만으로는 부족하고, 실제 거래계에서 그 명칭이 특정 상품의 일반명칭으로서 현실적으로 사용되고 있어야 한다.

② 자기의 성명·명칭 등을 상표로 출원하는 경우에도 저명한 동일명칭 소유주가 따로 있으면 그 타인의 승낙을 필요로 한다.

③ 기존의 상표사용자가 그 상표와 동일 또는 유사한 제3자의 상표가 이미 등록되어 있는 사실을 알면서 기존의 상표를 사용하여 특정인의 출처표시로 인식된 경우에는 상표법 제34조(상표등록을 받을 수 없는 상표) 제1항 제12호 적용 시의 인용상표가 될 수 없다.

④ 상품과 서비스업간에 동종성이 인정되어 수요자로 하여금 출처의 오인, 혼동을 초래할 우려가 있는 경우에는 상표와 서비스표 간에도 상표법 제34조(상표등록을 받을 수 없는 상표) 제1항 제7호가 적용될 수 있다.

⑤ 상품의 형상이 사용에 의하여 식별력을 취득한 경우라 하더라도 '품질오인의 우려'가 있거나 그 '상품의 기능을 확보하는 데 불가결한 입체적 형상만'으로 된 경우에는 상표등록을 받을 수 없다.

22 상표의 사용에 의한 식별력에 관한 설명으로 옳은 것은? (다툼이 있으면 판례에 따름)

① 사용에 의한 식별력 취득여부의 판단 시기는 원칙적으로 '상표등록여부 결정시'이지만, 권리범위확인심판절차에서 상표의 요부 해당 여부 판단 시에는 '심결 시'를 기준으로 판단할 수 있다.

② 상표법 제33조(상표등록의 요건) 제1항 제7호의 기타 식별력이 없는 상표에 해당하는 경우에는 사용에 의한 식별력을 취득하더라도 등록받을 수 없다.

③ 사용에 의하여 식별력을 취득한 상표는 실제로 상표가 사용된 상품뿐만 아니라 그와 동일성이 있거나 유사한 상품에 대해서도 그 등록이 허용된다.

④ 상표등록여부 결정시를 기준으로 본질적으로 식별력이 없는 상표가 과오로 등록된 후 사용에 의하여 식별력을 취득하면 그 무효사유의 하자가 치유되어 무효심판을 청구할 수 없다.

⑤ 등록상표의 구성에서 식별력이 없는 부분은 등록 후 사용에 의해 비로소 식별력을 취득하더라도 중심적 식별력을 인정할 수 없어 요부가 될 수 없다.

23 상표법 제58조(손실보상청구권)에 관한 설명으로 옳은 것은?

① 손실보상청구권은 제3자에게 공시의 의미를 갖는 출원공고가 있은 후에 반드시 서면에 의한 경고를 하여야 발생하며, 출원공고가 있기 전에는 발생할 수 없다.

② 출원인은 서면에 의한 경고 후 상표등록 결정등본을 송달받은 날까지의 기간에 대해서만 당해 상표의 사용에 관한 업무상 손실에 상당하는 보상금을 청구할 수 있다.

③ 지리적 표시 단체표장등록이 된 후에 그 등록단체표장을 구성하는 지리적 표시가 원산지 국가에서 보호가 중단된 것을 이유로 그 등록을 무효로 한다는 심결이 확정된 경우에 손실보상청구권은 처음부터 발생하지 않는 것으로 본다.

④ 손실보상청구권은 상표권의 설정등록일로부터 3년간 행사하지 아니하거나 제3자가 출원상표를 사용한 날로부터 10년을 경과한 때에는 시효로 인하여 소멸한다.

⑤ 손실보상청구권은 손해배상청구권 및 부당이득반환청구권의 성격을 가진 정지 조건부의 준물권적 권리로서 상표권 설정등록이 있은 후가 아니면 행사할 수 없다.

24 상표 또는 서비스표의 동일·유사에 관한 설명으로 옳지 <u>않은</u> 것은? (다툼이 있으면 판례에 따름)

① 상표법 제108조(침해로 보는 행위) 제1항 제1호에 규정된 '등록상표와 유사한 상표'에는 그 등록상표와 유사한 상표로서 색채를 등록상표와 동일하게 하면 등록상표와 동일한 상표라고 인정되는 상표는 포함되지 않는다.

② 등록상표를 그 지정상품에 사용한다고 함은 등록상표와 물리적으로 동일한 상표를 사용하여야 한다는 것을 의미하는 것은 아니고 거래사회의 통념상 이와 동일하게 볼 수 있는 형태의 사용도 포함된다.

③ 서비스표의 구성 부분이 식별력이 없거나 미약한지 여부는 그 구성 부분이 지니고 있는 관념, 지정서비스업과의 관계 및 거래사회의 실정 등을 감안하여 객관적으로 결정하여야 하는바, 사회 통념상 자타서비스업의 식별력을 인정하기 곤란하거나 공익상으로 보아 특정인에게 독점시키는 것이 적당하지 않은 경우에는 '식별력 있는 요부'에 해당한다고 볼 수 없다.

④ 외국어로 이루어진 상표의 호칭은 우리나라의 거래자나 일반수요자의 대부분이 실제로 그 외국어 상표를 특정한 발음으로 널리 호칭·인식하고 있다는 등의 구체적·개별적 사정이 있는 경우에는 이를 고려하여 외국어 상표의 호칭을 정할 수 있으며, 그와 같은 구체적·개별적 사정은 증거에 의해 명확하게 인정받을 필요까지는 없다.

⑤ 일반적·추상적·정형적으로는 양 상표가 서로 유사해 보인다 하더라도 거래실정과 상표의 주지 정도 및 당해 상품과의 관계 등을 종합적·전체적으로 고려하여 거래사회에서 수요자들이 구체적·개별적으로 상품의 출처에 관하여 오인·혼동할 염려가 없을 경우에는 그 등록된 상표를 무효라고 할 수 없다.

25 상표권 또는 전용사용권의 침해에 대한 구제에 관한 설명으로 옳은 것을 모두 고른 것은? (다툼이 있으면 판례에 따름)

> ㄱ. 상표권자는 자기가 사용하고 있는 등록상표와 유사한 상표를 그 지정 상품과 동일한 상품에 사용하여 자기의 상표권을 고의나 과실로 침해한 자에 대하여 상표법 제66조의2(손해배상의 청구)에 따른 손해배상을 청구하는 대신 5천만원 이하의 범위에서 상당한 금액을 손해액으로 하여 배상을 청구할 수 있다.
>
> ㄴ. 상표권 침해를 이유로 소가 제기된 경우 법원은 공소 제기가 없더라도 고소인의 신청에 따라 임시로 침해행위의 금지, 침해행위에 사용된 물건 등의 압류나 그 밖에 필요한 조치를 명할 수 있으며, 이 경우 법원은 고소인에게 담보를 제공하게 할 수 있다.
>
> ㄷ. 전용사용권자는 자기의 전용사용권을 고의는 물론 과실로 침해한 자에 대하여도 그 침해에 의하여 자기가 받은 손해의 배상을 청구할 수 있으며, 이때 권리를 침해한 자가 그 침해행위에 의하여 이익을 받은 때에는 그 이익의 액을 전용사용권자가 받은 손해액으로 추정한다.
>
> ㄹ. 상표권 침해행위로 인하여 영업상의 이익이 침해되었음을 이유로 상표법 제110조(손해액의 추정 등) 제3항과 제6항의 규정에 따라 영업상 손해의 배상을 구하는 상표권자로서는 스스로 업으로 등록상표를 사용하고 있음을 주장·입증할 필요가 있으며, 이때 등록상표를 사용하고 있는 경우란 등록상표를 지정상품 그 자체 또는 거래사회의 통념상 이와 동일하게 볼 수 있는 상품에 현실로 사용한 때를 말하고, 지정상품과 유사한 상품에 사용한 것만으로는 등록상표를 사용하였다고 볼 수 없다.

① ㄱ, ㄷ
② ㄱ, ㄹ
③ ㄴ, ㄷ
④ ㄴ, ㄹ
⑤ ㄷ, ㄹ

26 상표권자의 허락에 의한 사용권에 관한 설명으로 옳은 것은?

① 통상사용권을 목적으로 하는 질권을 상속하는 경우에는 지체없이 그 취지를 특허청장에게 신고해야 한다.

② 통상사용권을 목적으로 하는 질권을 설정한 경우 질권자는 당해 등록상표를 사용할 수 있다.

③ 전용사용권자는 반드시 그 상품에 자기의 성명이나 명칭을 표시하여야 하지만 통상사용권자는 그 상품에 자기의 성명이나 명칭을 표시할 의무가 없다.

④ 전용사용권의 설정등록은 제3자에 대한 대항요건으로서 등록을 하지 않더라도 효력이 발생하므로 등록을 하지 않은 전용사용권자는 그 후 상표권을 새롭게 양수받은 양수인에 대하여도 그 효력을 주장할 수 있다.

⑤ 전용사용권자로부터 통상사용권 허락을 받은 통상사용권자는 전용사용권자의 동의를 얻으면 상표권자의 동의를 얻지 않더라도 그 통상사용권을 목적으로 하는 질권을 설정할 수 있다.

27 甲의 등록상표의 사용이 그 사용상태에 따라 甲의 상표등록출원일 전에 출원되어 등록된 乙의 디자인권과 저촉되거나 선 발생한 丙의 저작권 등 타인의 선행 권리 또는 법적 지위와 저촉되는 경우, 다음 설명 중 옳은 것은?

① 甲은 선행권리자의 동의를 얻지 못하면 자기의 등록상표라도 사용할 수 없으며, 동의 없이 사용하면 乙의 디자인권과 丙의 저작권 등 선행권리의 침해가 성립하며, 동의 없는 사용은 상표법 제119조(상표등록의 취소심판) 제3항의 정당한 사용에 해당하지 아니하므로 결국 불사용을 이유로 취소된다.

② 甲으로부터 상표사용허락을 받은 통상사용권자 丁도 乙과 丙 등 타 선행권리자의 동의 없이 상표 사용을 할 수 없으며, 이들이 동의를 해주지 않는 경우 통상사용권허여심판을 청구하여 동의를 강제할 수 있다.

③ 丙의 저작권 존속기간이 만료된 경우 丙은 존속기간 만료 후에도 부정경쟁의 목적이 없는 한, 원 저작권의 범위 내에서 등록상표와 동일, 유사한 상표를 계속하여 사용할 수 있다.

④ 丙 등 선행권리자에게 인정되는 존속기간 만료 후에 상표를 사용하는 권리는 법정사용권에 해당하므로 상표권자인 甲의 동의를 받지 않고도 타인에게 그 상표를 사용할 권리를 이전할 수 있다.

⑤ 乙 등의 선행권리와 甲의 등록상표와의 저촉은 상표등록 무효사유에는 해당하지 않으나, 甲의 등록상표의 사용이 '부정경쟁방지 및 영업비밀보호에 관한 법률' 제2조(정의)의 일반조항을 위반하는 경우 상표등록취소사유가 될 수 있다.

28 甲의 상표권 침해주장에 대해 乙은 아래와 같은 사유로 특허심판원에 소극적권리범위 확인심판을 청구하려고 한다. 乙의 심판청구가 부적법 각하대상이 되지 <u>않는</u> 경우는? (다툼이 있으면 판례에 따름)

① 乙의 상표사용이 진정상품의 병행수입에 해당하여 등록상표의 권리범위에 속하지 않는다는 주장

② 乙의 상표사용이 상표법 제90조(상표권의 효력이 미치지 아니하는 범위) 제1항 제4호의 상표권의 효력이 제한되는 경우에 해당하므로 등록상표의 권리범위에 속하지 않는다는 주장

③ 乙의 상표사용이 甲의 허락에 의한 통상사용권에 기초하고 있어 등록상표의 권리범위에 속하지 않는다는 주장

④ 乙은 상표법 제99조(선사용에 따른 상표를 계속 사용할 권리)에서 규정하고 있는 선사용권이 있어 등록상표의 권리범위에 속하지 않는다는 주장

⑤ 甲의 등록상표에 명백한 무효사유가 있어 그 상표권 행사가 권리남용에 해당하므로 종국적으로 등록상표의 권리범위에 속하지 않는다는 주장

29 상표법 제119조(상표등록의 취소심판) 제3항에서 불사용 등록상표의 정당한 사용에 관한 설명으로 옳은 것은? (다툼이 있으면 판례에 따름)

① 등록상표의 지정상품이 국내에서 정상적으로 유통되고 있거나 유통될 것을 예정하고 있지 않더라도 그 지정상품에 관하여 명목상 광고한 사실이 있다면 등록상표의 정당한 사용에 해당한다.

② '등록상표의 사용' 여부 판단에서는 상표권자 또는 사용권자가 자타상품의 식별표지로서 사용하려는 의사에 터 잡아 등록상표를 사용한 것으로 볼 수 있는지가 문제될 뿐 일반 수요자나 거래자가 이를 상품의 출처표시로서 인식할 수 있는지는 등록상표의 사용 여부 판단을 좌우할 사유가 되지 못한다.

③ 지정상품이 의약품인 경우 보건복지부장관의 품목별 허가를 받지 않았다 하더라도 신문지상을 통하여 1년에 한 차례씩 그 상표를 광고하였거나 국내의 일부 특정지역에서 그 등록상표를 부착한 지정상품이 판매되었다면 상표의 정당한 사용이 있었다고 볼 수 있다.

④ 상표권자가 등록상표 "A"를 www.A.co.kr과 같은 인터넷 주소로 웹사이트를 개설하고 있는 것만으로도 등록상표가 표시된 지정상품을 광고하였다고 볼 수 있으므로 정당한 사용에 해당한다.

⑤ 등록서비스표는 독자적으로 사용되어야 등록서비스표의 사용에 해당하므로 다른 서비스표와 함께 등록서비스표가 표시된 경우에는 등록서비스표의 사용으로 인정되지 않는다.

30 마드리드 의정서에 의한 국제출원에 관한 설명으로 옳은 것은?

① 마드리드 의정서에 의한 국제출원은 대한민국 특허청을 경유하여 국제출원하거나 세계지식재산기구(WIPO) 국제사무국에 직접 국제출원할 수 있다.

② 마드리드 의정서에 의한 국제출원은 본인의 상표등록출원 또는 본인의 상표등록을 기초로 하여 국제출원할 수 있지만 본인의 상표등록출원 및 상표등록을 동시에 그 기초로 하여 국제출원할 수는 없다.

③ 국제등록명의인 또는 그 승계인은 국제등록명의를 변경할 수 있으며, 국제등록의 명의변경등록신청서는 특허청장에게 제출할 수도 있고, 국제사무국에 직접 제출할 수도 있다.

④ 국제등록명의인은 국제등록된 지정상품의 전부에 대해서만 사후지정을 할 수 있고, 일부에 대해서는 사후지정을 할 수 없다.

⑤ 사후지정은 국제출원과 마찬가지로 반드시 대한민국 특허청을 경유하여야 하고, WIPO 국제사무국에 직접 신청할 수는 없다.

31 디자인보호법에 관한 설명으로 옳지 <u>않은</u> 것은? (다툼이 있으면 판례에 따름)

① 물품 중 물리적으로 떨어져 있는 둘 이상의 부분에 관한 디자인이더라도 그들 사이에 형태적으로나 기능적으로 일체성이 있어서 보는 사람으로 하여금 그 전체가 일체로서 시각을 통한 미감을 일으키게 한다면, 그 디자인은 디자인보호법에서 규정한 '1디자인'에 해당하므로, 1디자인등록출원으로 디자인등록을 받을 수 있다.

② 공유인 디자인권의 디자인권자에 대하여 심판을 청구할 때에는 공유자 모두를 피청구인으로 하여야 한다.

③ 등록디자인의 등록을 무효로 하는 특허심판원의 심결에 대한 심결취소소송에서 당사자가 주장하지도 않은 사유에 기초하여 등록디자인이 비교대상디자인과 유사한 디자인에 해당하여 등록무효사유가 있다고 판단하더라도 변론주의 원칙에 위배되지는 않는다.

④ 복수디자인등록출원된 디자인등록에 대하여는 각 디자인마다 권리범위 확인심판을 청구하여야 한다.

⑤ 디자인권 또는 디자인등록을 받을 수 있는 권리의 공유자가 그 공유인 권리에 관하여 심판을 청구할 때에는 공유자 모두가 공동으로 청구하여야 한다.

32 디자인의 유사 판단에 관한 설명으로 옳지 <u>않은</u> 것은? (다툼이 있으면 판례에 따름)

① 등록디자인이 신규성이 있는 부분과 함께 공지의 형상과 모양을 포함하고 있는 경우 그 공지 부분에까지 독점적이고 배타적인 권리를 인정할 수는 없으므로 디자인권의 권리범위를 정함에 있어서는 공지 부분의 중요도를 낮게 평가하여야 한다.

② 양 디자인의 공통되는 부분이 그 물품으로서 당연히 있어야 할 부분 내지 디자인의 기본적 또는 기능적 형태인 경우에는 그 중요도를 낮게 평가하여야 하므로 이러한 부분들이 유사하다는 사정만으로는 곧바로 양 디자인이 서로 유사하다고 할 수는 없다.

③ 옛날부터 흔히 사용됐고 단순하며 여러 디자인이 다양하게 창작되었던 디자인이나 구조적으로 그 디자인을 크게 변화시킬 수 없는 것 등은 디자인의 유사 범위를 비교적 좁게 보아야 한다.

④ 디자인의 유사 여부는 이를 구성하는 각 요소를 분리하여 개별적으로 대비할 것이 아니라 그 외관을 전체적으로 대비 관찰하여 보는 사람으로 하여금 상이한 심미감을 느끼게 하는지의 여부에 따라 판단하여야 하고, 이 경우 그 디자인이 표현된 물품을 사용할 때의 외관이 아니라 거래할 때의 외관에 의한 심미감을 고려하여야 한다.

⑤ 디자인의 구성 중 물품의 기능에 관련된 부분에 대하여 그 기능을 확보할 수 있는 선택가능한 대체적인 형상이 그 외에 존재하는 경우에는, 그 부분의 형상은 물품의 기능을 확보하는 데에 불가결한 형상이라고 할 수 없으므로, 그 부분이 공지의 형상에 해당된다는 등의 특별한 사정이 없는 한 디자인의 유사 여부 판단에 있어서 그 중요도를 낮게 평가하여야 한다고 단정할 수 없다.

33 디자인의 창작성 판단에 관한 설명으로 옳지 <u>않은</u> 것은? (다툼이 있으면 판례에 따름)

① 해당 디자인 분야에서 흔한 창작수법이나 표현방법에 의해 이를 변경·조합하거나 전용하였음에 불과한 디자인 등과 같이 창작수준이 낮은 디자인은 그 디자인이 속하는 분야에서 통상의 지식을 가진 자가 용이하게 창작할 수 있는 것이어서 디자인등록을 받을 수 없다.

② 부분적으로는 창작성이 인정된다고 하여도 전체적으로 보아서 과거 및 현재의 디자인들과 다른 미감적 가치가 인정되지 아니한다면 그것은 단지 공지된 디자인의 상업적, 기능적 변형에 불과하여 창작성을 인정할 수 없다.

③ 디자인의 창작용이성의 판단시점은 신규성 판단과 마찬가지로 출원시를 기준으로 한다.

④ 디자인등록출원 전에 그 디자인이 속하는 분야에서 통상의 지식을 가진 사람이 디자인보호법 제33조(디자인등록의 요건) 제1항 제1호·제2호에 해당하는 디자인 또는 이들의 결합에 따라 쉽게 창작할 수 있는 디자인은 디자인등록을 받을 수 없다.

⑤ 디자인보호법이 요구하는 객관적 창작성이란 고도의 창작성, 즉 과거 또는 현존의 모든 것과 유사하지 아니한 독특함이 인정되어야 한다.

34 디자인보호법에 관한 설명으로 옳지 <u>않은</u> 것은?

① 디자인권은 디자인보호법 제90조(디자인권의 설정등록) 제1항에 따라 설정등록한 날부터 발생하여 디자인등록출원일 후 20년이 되는 날까지 존속한다.

② 산업디자인의 국제등록에 관한 헤이그협정에 따른 국제등록을 위하여 출원을 하려는 자는 특허청을 통하여 국제출원을 할 수 있다.

③ 기본디자인의 디자인권이 취소, 포기 또는 무효심결 등으로 소멸한 경우 그 기본디자인에 관한 2 이상의 관련디자인의 디자인권을 이전하려면 같은 자에게 함께 이전하여야 한다.

④ 디자인등록 무효심판의 경우 복수디자인등록출원된 디자인등록에 대하여는 각 디자인마다 청구하여야 한다.

⑤ 신규성상실의 예외규정을 적용하는 경우 출원시에만 그 취지를 기재한 서면 및 증명서류를 제출하여야 한다.

35 복수디자인등록출원에 관한 설명으로 옳지 <u>않은</u> 것은?

① 디자인등록출원을 하려는 자는 산업통상자원부령으로 정하는 물품류 구분에서 같은 물품류에 속하는 물품에 대하여는 100 이내의 디자인을 1디자인등록출원으로 할 수 있다.

② 복수디자인등록출원제도는 일부심사등록출원 대상이 되는 디자인에 대해서만 인정된다.

③ 비밀디자인 지정청구의 경우 복수디자인등록출원된 디자인에 대하여는 출원된 디자인의 전부 또는 일부에 대하여 청구할 수 있다.

④ 복수디자인등록출원에 대하여 디자인등록거절결정을 할 경우 일부 디자인에만 거절이유가 있으면 그 일부 디자인에 대하여만 디자인등록거절결정을 할 수 있다.

⑤ 복수디자인등록출원을 한 자는 디자인등록출원의 일부를 1 이상의 새로운 디자인등록출원으로 분할하여 디자인등록출원을 할 수 있다.

36 관련디자인에 관한 설명으로 옳은 것은?

① 관련디자인에 대하여는 그 기본디자인의 디자인등록출원일부터 2년 이내에 디자인등록출원된 경우에 한하여 관련디자인으로 디자인등록을 받을 수 있다.

② 디자인등록을 받은 관련디자인 또는 디자인등록출원된 관련디자인과만 유사한 디자인의 경우에도 디자인등록을 받을 수 있다.

③ 기본디자인의 디자인권에 디자인보호법 제97조(전용실시권)에 따른 전용실시권이 설정되어 있는 경우 그 기본디자인에 관한 관련디자인에 대하여도 디자인등록을 받을 수 있다.

④ 관련디자인으로 등록된 디자인권의 존속기간 만료일은 그 기본디자인의 디자인권존속기간 만료일로 한다.

⑤ 기본디자인의 디자인권과 관련디자인의 디자인권은 각각 다른 자에게 이전할 수 있다.

37 디자인보호법에 관한 설명으로 옳은 것을 모두 고른 것은?

> ㄱ. 디자인보호법에서의 심미성이란 반드시 미학적으로 높은 수준의 우아하고 고상한 것을 요구하는 것은
>   아니다.
> ㄴ. 디자인이 주는 의미나 내용 등이 일반인의 통상적인 도덕관념이나 선량한 풍속에 어긋나거나 공중의 위생
>   을 해칠 우려가 있는 디자인에 대하여는 디자인등록을 받을 수 없다.
> ㄷ. 타인의 업무와 관련된 물품과 혼동을 가져올 우려가 있는 디자인에 대하여는 디자인등록을 받을 수 없다.
> ㄹ. 타인의 디자인권 또는 전용실시권을 침해한 자는 그 침해행위에 대하여 과실이 있는 것으로 간주한다.

① ㄱ, ㄷ
② ㄱ, ㄹ
③ ㄴ, ㄹ
④ ㄴ, ㄷ, ㄹ
⑤ ㄱ, ㄴ, ㄷ, ㄹ

38 디자인보호법상 신규성에 관한 설명으로 옳지 <u>않은</u> 것은? (다툼이 있으면 판례에 따름)

① 해당 디자인과 동일한 형상 모양의 물품을 그 출원일 이전에 동종업자에게 납품한 사실이 있다면 그
  디자인은 일반사람의 눈에 띔으로써 바로 알려져 모방할 수 있는 것이므로 그의 신규성 내지 비밀성을
  잃어 공지로 된다.
② 비교대상디자인이 게재된 카탈로그가 제작되었다면 카탈로그의 배부범위, 비치장소 등에 관하여 구체
  적인 증거가 없다고 하더라도 그 카탈로그가 반포, 배부되었음을 부인할 수는 없다.
③ 甲(디자인권자)에게 등록디자인의 창작을 의뢰한 乙회사 및 그 직원은 신의칙상등록디자인이 표현된
  카세트테이프 수납케이스 완제품 샘플에 관하여 비밀로 할 의무가 있지만, 양 당사자 사이에 카세트테
  이프 수납케이스 제품의 개발에 관하여 경쟁관계가 있었다면 비밀유지의무가 없으므로 등록디자인이
  출원 전에 공지되었다고 보아야 한다.
④ 등록디자인의 등록이 무효로 될 수 있는 유일한 증거자료인 비교대상디자인이 게재된 카탈로그의 진정
  성립을 인정하기 어려울 때는 비교대상디자인은 등록디자인의 출원 전에 공지되었다고 볼 수 없다.
⑤ 디자인은 그 등록일 이후에는 불특정 다수인이 해당 디자인의 내용을 인식할 수 있는 상태에 놓여지게
  되어 공지되었다고 봄이 상당하고 디자인공보가 발행되어야만 비로소 그 디자인이 공지되었다고 볼
  수는 없다.

39 디자인보호법상 이전 및 공유에 관한 설명으로 옳지 않은 것은? (다툼이 있으면 판례에 따름)

① 디자인권이 공유인 경우에 민법상 공유물분할청구에 관한 규정이 적용되고 현물분할이 허용된다.

② 디자인권이 공유인 경우에는 각 공유자는 다른 공유자의 동의를 받지 아니하면 그 지분을 이전하거나 그 지분을 목적으로 하는 질권을 설정할 수 없다.

③ 디자인권이 공유인 경우에는 각 공유자는 계약으로 특별히 약정한 경우를 제외하고는 다른 공유자의 동의를 받지 아니하고 그 등록디자인 또는 이와 유사한 디자인을 단독으로 실시할 수 있다.

④ 디자인권이 공유인 경우에는 각 공유자는 다른 공유자의 동의를 받지 아니하면 그 디자인권에 대하여 전용실시권을 설정하거나 통상실시권을 허락할 수 없다.

⑤ 법원은 디자인권의 공유자의 분할청구를 받아들여, 대상디자인에 대하여 경매에 의한 대금분할을 명할 수 있다.

40 등록디자인의 권리범위에 관한 설명으로 옳지 않은 것은? (다툼이 있으면 판례에 따름)

① 디자인이 선 등록디자인을 이용하는 관계란 후 디자인이 전체로서는 타인의 선 등록디자인과 유사하지 않지만, 선 등록디자인의 요지를 전부 포함하고 선 등록디자인의 본질적 특징을 손상시키지 않은 채 그대로 자신의 디자인 내에 도입하고 있어, 후 디자인을 실시하면 필연적으로 선 등록디자인을 실시하는 관계에 있는 경우를 말한다.

② 등록된 디자인에 신규성 있는 창작이 가미되어 있지 아니하여 공지된 디자인이나 그 출원 전에 반포된 간행물에 기재된 디자인과 동일·유사한 경우에는 그 등록 무효심판의 유무와 관계없이 그 권리범위를 인정할 수 없다.

③ 등록디자인과 대비되는 디자인이 등록디자인의 디자인등록출원 전에 그 디자인이 속하는 분야에서 통상의 지식을 가진 자가 국내에서 널리 알려진 형상·모양·색채 또는 이들의 결합에 의하여 용이하게 창작할 수 있는 것인 때에는 등록디자인과 대비할 것도 없이 그 권리범위에 속하지 않게 된다.

④ 디자인권자·전용실시권자 또는 통상실시권자는 등록디자인 또는 이와 유사한 디자인이 그 디자인등록출원일 전에 등록되지 않은 타인의 저작물을 이용하는 경우에는 저작권자의 허락을 받지 아니하더라도 자기의 등록디자인 또는 이와 유사한 디자인을 업으로서 실시할 수 있다.

⑤ 등록디자인과 그에 대비되는 디자인이 서로 공지부분에서 동일·유사하다고 하더라도 등록디자인에서 공지부분을 제외한 나머지 특징적인 부분과 이에 대비되는 디자인의 해당 부분이 서로 유사하지 않다면 대비되는 디자인은 등록디자인의 권리범위에 속한다고 할 수 없다.

무언가를 시작하는 방법은
말하는 것을 멈추고, 행동을 하는 것이다.

– 월트 디즈니 –

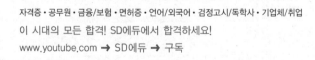

해설편
변리사 1차 산업재산권법

실패하는 길은 여럿이나 성공하는 길은 오직 하나다.

– 아리스토텔레스 –

2024년 제61회 정답 및 해설

문제편 005p

01	02	03	04	05	06	07	08	09	10	11	12	13	14	15	16	17	18	19	20
②	④	⑤	②	①	③	④	①	⑤	⑤	③	④	②	③	⑤	①	③	④	②	⑤
21	**22**	**23**	**24**	**25**	**26**	**27**	**28**	**29**	**30**	**31**	**32**	**33**	**34**	**35**	**36**	**37**	**38**	**39**	**40**
⑤	⑤	①, ③	⑤	③	③	②	④	④	①	③	①	①	③	②	⑤	④	⑤	②	③	④

01 답 ②

정답 해설

② 실용신안권 또는 전용실시권을 침해한 자는 7년 이하의 징역 또는 1억원 이하의 벌금에 처한다(실용신안법 제45조 제1항). 특허권 또는 전용실시권을 침해한 자는 7년 이하의 징역 또는 1억원 이하의 벌금에 처한다(특허법 제225조 제1항). 따라서 실용신안법은 실용신안권을 침해한 자에 대하여 특허권을 침해한 자보다 낮은 형량을 규정하고 있지 않다.

오답 해설

① 실용신안법 제6조 제2호
③ 특허법 제225조 제2항, 실용신안법 제45조 제2항
④ 특허법 제42조 제2항, 실용신안법 제8조 제2항
⑤ 특허법 제201조 제4항, 실용신안법 제36조 제1항, 제2항

02 답 ④

정답 해설

④ 발명은 사실행위이므로 법인은 발명자가 될 수 없고 자연인만이 발명자가 될 수 있다. 행위제한능력자인 미성년자, 피한정후견인, 피성년후견인도 자연인이므로 발명자가 될 수 있다.

오답 해설

① 특허법 제33조 제1항 참고

특허법 제33조(특허를 받을 수 있는 자)
① 발명을 한 사람 또는 그 승계인은 이 법에서 정하는 바에 따라 특허를 받을 수 있는 권리를 가진다. 다만, 특허청 직원 및 특허심판원 직원은 상속이나 유증(遺贈)의 경우를 제외하고는 재직 중 특허를 받을 수 없다.

② 특허권은 발명을 한 사람. 즉, 자연인만이 갖는 권리이므로 인공지능(AI)은 특허권을 갖지 못한다.
③ 특허법 제33조 제1항 본문, 제37조 제2항.
⑤ 특허법 제33조 제2항

03 답 ⑤

정답 해설

⑤ 특허법 제103조의2 참고

특허법 제103조의2(특허권의 이전청구에 따른 이전등록 전의 실시에 의한 통상실시권)
① 다음 각 호의 어느 하나에 해당하는 자가 제99조의2 제2항에 따른 특허권의 이전등록이 있기 전에 해당 특허가 제133조 제1항 제2호 본문에 해당하는 것을 알지 못하고 국내에서 해당 발명의 실시사업을 하거나 이를 준비하고 있는 경우에는 그 실시하거나 준비를 하고 있는 발명 및 사업목적의 범위에서 그 특허권에 대하여 통상실시권을 가진다.

1. 이전등록된 특허의 원(原)특허권자
2. 이전등록된 특허권에 대하여 이전등록 당시에 이미 전용실시권이나 통상실시권 또는 그 전용실시권에 대한 통상실시권을 취득하고 등록을 받은 자. 다만, 제118조 제2항에 따른 통상실시권을 취득한 자는 등록을 필요로 하지 아니한다.

오답 해설

① A는 기술적 사상의 창작에 실질적인 기여를 한 바 없기 때문에 '무권리자'에 해당한다. 무권리자의 특허출원 후 정당한 권리자의 특허출원은 무효로 된 그 특허의 출원 시에 특허출원한 것으로 본다(특허법 제35조 참고).

특허법 제35조(무권리자의 특허와 정당한 권리자의 보호)
제33조 제1항 본문에 따른 특허를 받을 수 있는 권리를 가지지 아니한 사유로 제133조 제1항 제2호에 해당하여 특허를 무효로 한다는 심결이 확정된 경우에는 그 무권리자의 특허출원 후에 한 정당한 권리자의 특허출원은 무효로 된 그 특허의 출원 시에 특허출원한 것으로 본다. 다만, 심결이 확정된 날부터 30일이 지난 후에 정당한 권리자가 특허출원을 한 경우에는 그러하지 아니하다.

② 특허를 받을 수 있는 권리를 가지지 아니한 C가 특허출원하여 특허 등록되었을 경우에 정당한 권리자 D는 특허권의 이전청구를 할 수 있다(특허법 제99조의2 제1항 참고).

특허법 제99조의2(특허권의 이전청구)
① 특허가 제133조 제1항 제2호 본문에 해당하는 경우에 특허를 받을 수 있는 권리를 가진 자는 법원에 해당 특허권의 이전(특허를 받을 수 있는 권리가 공유인 경우에는 그 지분의 이전을 말한다)을 청구할 수 있다.

③ 다른 공유자의 동의를 얻지 아니하더라도 그 지분의 이전을 청구할 수 있다(특허법 제99조의2 제3항).
④ 특허권이 이전등록된 경우에는 특허권과 보상금청구권은 특허권이 설정등록된 날부터 이전등록을 받은 자에게 있는 것으로 본다(특허법 제99조의2 제2항).

04 답 ②

정답 해설

② 구 특허법(2001.2.3. 법률 제6411호로 개정되기 전의 것) 제29조 제1항 제1호 소정의 '특허출원 전에 국내에서 공지되었거나 공연히 실시된 발명'에서 '특허출원 전'의 의미는 발명의 공지 또는 공연 실시된 시점이 특허출원 전이라는 의미이지 그 공지 또는 공연 실시된 사실을 인정하기 위한 증거가 특허출원 전에 작성된 것을 의미하는 것은 아니므로, 법원은 특허출원 후에 작성된 문건들에 기초하여 어떤 발명 또는 기술이 특허출원 전에 공지 또는 공연 실시된 것인지 여부를 인정할 수 있다(判例 2006후2660).

오답 해설

① 判例 2021후10732
③ 전기통신회선을 통하여 공개되었다 하더라도 암호화 방법을 통해 불특정 다수인이 접근할 수 없다면 공중이 이용 가능하게 된 발명이라고 볼 수 없다.
④ 判例 98후270
⑤ 심사기준

05 답 ①

정답 해설

① '통상의 기술자'란 '특허발명의 출원 시를 기준으로 국내외를 막론하고, 출원 시 당해 기술분야에 관한 기술수준에 있는 모든 것을 입수하여 자신의 지식으로 할 수 있으며, 연구개발을 위하여 통상의 수단 및 능력을 자유롭게 구사할 수 있다고 가정한 자연인'을 말하는 것이다(判例 2009허1965). 즉, '통상의 기술자'는 심사관, 심판관합의체, 법관이 진보성 판단에 객관성을 부여하기 위해 가정한 상상의 인물이다.

오답 해설

② 判例 2006후3052
③ 判例 2013후2620
④ 判例 2007후3820
⑤ 判例 2013허2811

06

정답 해설

③ 특허권의 설정등록을 받으려는 자 또는 특허권자는 제79조 제3항에 따른 납부기간이 지난 후에도 6개월 이내에 특허료를 추가로 낼 수 있다. 이 경우 내야 할 특허료의 2배 범위에서 산업통상자원부령으로 정하는 금액을 납부하여야 한다(특허법 제81조 제1항·제2항).

오답 해설

① 특허법 제79조 제1항
② 특허법 제80조
④ 특허법 제81조의3 제1항
⑤ 특허법 제82조 제2항

07

정답 해설

④ 국어로 출원한 국제특허출원에 관하여 출원공개 전에 이미 특허협력조약(PCT) 제21조에 따라 국제공개가 된 경우에는 국제공개가 된 때 출원공개가 된 것으로 본다(특허법 제207조 제2항).

오답 해설

① 특허법 제60조 제2항
② 특허법 제65조 제3항·제4항
③ 특허법 제65조 제6항
⑤ 특허법 제207조 제3항

08

정답 해설

① 누구든지 특허출원에 대하여 특허출원일로부터 3년 이내에 특허청장에게 출원심사를 청구할 수 있다(특허법 제59조 제2항). 출원심사의 청구는 취하할 수 없다(특허법 제59조 제4항).

오답 해설

② 判例 2003후182
③ 특허법 제63조의3
④ 특허법 제44조
⑤ 判例 2011다67705

09

정답 해설

⑤ 서류의 통지 등은 그 통지 등을 받을 자가 자신이 사용하는 전산정보처리조직을 통하여 그 서류를 확인한 때 특허청 또는 특허심판원에서 사용하는 발송용 전산정보처리조직의 파일에 기록된 내용으로 도달한 것으로 본다(특허법 제28조의5 제3항).

오답 해설

① 특허법 제28조의3 제1항
② 특허법 제28조의5 제1항·제2항
③ 특허법 제28조 제1항
④ 특허법 제28조 제2항 단서

10

정답 해설

⑤ 특허권·전용실시권 또는 통상실시권을 포기한 때에는 특허권·전용실시권 또는 통상실시권은 그때부터 소멸된다(특허법 제120조).

오답 해설

① 특허권의 상속이 개시된 때 상속인이 없는 경우에는 그 특허권은 소멸된다(특허법 제124조 제1항).
② 특허권인 공유인 경우에는 각 공유자는 계약으로 특별히 약정한 경우를 제외하고는 다른 공유자의 동의를 받지 아니하고 그 특허발명을 자신이 실시할 수 있다(특허법 제99조 제3항).
③ 청산절차가 진행 중인 법인의 특허권은 법인의 청산종결등기일(청산종결등기가 되었더라도 청산사무가 사실상 끝나지 아니한 경우에는 청산사무가 사실상 끝난 날과 청산종결등기일부터 6개월이 지난 날 중 빠른 날로 한다. 이하 이 항에서 같다)까지 그 특허권의 이전등록을 하지 아니한 경우에는 청산종결등기일의 다음 날에 소멸한다(특허법 제124조 제2항).
④ 특허청장이 정한 대가와 보상금액에 관하여 확정된 결정은 집행력 있는 집행권원(執行權原)과 같은 효력을 가진다. 이 경우 집행력 있는 정본은 특허청 소속 공무원이 부여한다(특허법 제125조의2).

11 답 ③

③ 보정명령을 받은 자가 지정된 기간에 보정을 하지 아니하면 해당 국제특허출원을 무효로 할 수 있다(특허법 제203조 제4항).

① 判例 2005후3130
② 判例 2015후2259
④ 특허법 제47조 제2항
⑤ 判例 2015후2259

12 답 ④

④ 심판관은 특허취소신청에 관하여 특허취소신청인, 특허권자 또는 참가인이 제출하지 아니한 이유에 대해서도 심리할 수 있다(특허법 제132조의10 제1항).

① 누구든지 특허권의 설정등록일부터 등록공고일 후 1년이 되는 날까지 특허취소신청을 할 수 있다(특허법 제132조의2 제1항).
② 특허권에 관하여 권리를 가진 자 또는 이해관계를 가진 자는 특허취소신청에 대한 결정이 있을 때까지 특허권자를 보조하기 위하여 그 심리에 참가할 수 있다(특허법 제132조의9 제1항).
③ 특허취소결정이 확정된 때에는 그 특허권은 처음부터 없었던 것으로 본다(특허법 제132조의13 제3항).
⑤ 공유인 특허권의 특허권자 중 1인에게 특허취소신청절차의 중단 또는 중지의 원인이 있으면 모두에게 그 효력이 발생한다(특허법 제132조의8 제2항).

13 답 ②

② 심판청구는 심결이 확정될 때까지 취하할 수 있다. 다만, 답변서가 제출된 후에는 상대방의 동의를 받아야 한다(특허법 제161조 제1항).

① 특허법 제163조
③ 判例 2013후1054
④ 判例 2017후1779
⑤ 특허법 제136조 제12항·제13항

14 답 ③

③ 재심사유가 특허취소결정 또는 심결 확정 후에 생겼을 때에는 3년의 기간은 그 사유가 발생한 날의 다음 날부터 기산한다(특허법 제180조 제4항).

① 특허법 제178조 제2항 준용 민사소송법 제451조 제2항
② 특허법 제178조 제1항
④ 특허법 제183조
⑤ 특허법 제180조 제2항

15 답 ⑤

⑤ 소송은 심결·결정 또는 재정의 등본을 송달받은 날부터 30일 이내에 제기하여야 한다(특허법 제190조 제2항).

① 특허법 제186조 제1항
② 특허법 제164조 제2항
③ 특허법 제132조
④ 특허법 제189조 제1항

16 답 ①

① 비밀유지명령을 신청한 자의 고소가 없으면 공소를 제기할 수 없다(특허법 제229조의2 제1항).

② 특허법 제232조 제1항 제3호
③ 특허법 제229조
④ 특허법 제226조
⑤ 특허법 제227조

17 답 ③

③ 어느 주지관용의 기술이 소송상 공지 또는 현저한 사실이라고 볼 수 있을 만큼 일반적으로 알려져 있지 아니한 경우에 그 주지관용의 기술은 심결취소소송에 있어서는 증명을 필요로 하고, 이때 법원은 자유로운 심증에 의하여 증거 등 기록에 나타난 자료를 통하여 주지관용의 기술을 인정할 수 있으나, 변론종결 후 제출된 참고자료까지 여기의 '증거 등 기록에 나타난 자료'에 포함된다고 볼 수는 없다(判例 2012후436).

① 判例 98후1921
② 判例 2006허9197
④ 判例 2010후3509
⑤ 判例 2018후11360

18 답 ④

④ WTO/TRIPs의 3대 원칙 : 최소보호의 원칙, 내국민대우의 원칙, 최혜국대우의 원칙

① WTO/TRIPs는 최소보호의 원칙을 제시하므로 각국은 자신들의 고유한 법 제도나 관행을 토대로 본 협정의 모든 규정을 이행하는 적절한 방법들을 자유롭게 결정할 수 있다.

② 특허실체법통일화 조약은 SPLT이고 PLT는 특허절차법 통일화 조약에 해당한다.

③ 국제기탁기관의 요건은 부다페스트 조약 제6조, 제7조에 규정되어 있다. 정부, 지방자치단체, 정부투자기관 중 하나에 한정되지 않는다.

특허절차상 미생물 기탁의 국제적 승인에 관한 부다페스트 조약

제6조(국제기탁기관의 지위)

1. 국제기탁기관의 지위를 취득하기 위하여는 어떠한 기탁기관도 체약국의 영토에 위치하고 있어야 하며 동 기관이 2항에서 정하는 요건을 충족하며 계속하여 충족할 것이라는 동 체약국에 의한 보증을 향유하여야 한다. 동 보증은 정부간 공업소유권 기구에 의하여 부여될 수도 있으며, 이 경우에도 기탁기관은 동 정부간 공업소유권기구의 일 회원국의 영토에 위치하여야 한다.

2. 국제기탁기관으로서의 기탁기관은 다음의 요건을 충족하여야 한다.
   가. 영속적으로 존재할 것.
   나. 이 조약에 따라 과학적이며 관리적인 업무를 수행하기 위하여 규칙에 정한 필요한 직원 및 시설을 갖출 것.
   다. 공평하며 객관적일 것.
   라. 미생물 기탁의 목적상 어떠한 기탁자에 대하여도 동일한 조건하에서 이용이 가능할 것.
   마. 규칙이 정하는 바에 따라 모든 또는 특정 종류의 미생물을 수탁하며 그 미생물에 대하여 생존시험을 하고 보관할 것.
   바. 규칙이 정하는 바에 따라 기탁자에게 수탁증을 발행하며 필요한 경우에 생존에 관한 증명서를 발행할 것.
   사. 기탁된 미생물에 대하여 규칙이 정하는 바에 따라 비밀의 유지요건을 충족시킬 것.
   아. 규칙이 정하는 조건과 절차에 의하여 기탁된 미생물의 시료를 분양할 것.

3. 규칙은 다음 경우에 있어서 취할 조치를 정한다.
   가. 국제기탁기관이 기탁된 미생물에 대하여 그의 업무 수행을 일시적으로나 확정적으로 정지할 경우, 또는 제공된 보증하에서 그 국제기탁기관이 수탁하여야만 하는 어떤 종류의 미생물에 대하 수탁을 거부할 경우,
   나. 국제기탁기관에 대하여 국제기탁기관으로서의 지위를 정지시키거나 또는 제한할 경우.

제7조(국제기탁기관의 지위 취득)

1.

가. 기탁기관은 체약국이 자국 영토 내에 있는 기탁기관에 대하여 동 기관이 제6조 2항에 규정된 요건을 충족하며 계속하여 충족한다는 취지의 보증선언을 포함한 서면을 사무국장에게 통고함으로써 국제기탁기관으로서의 지위를 취득한다. 동 지위는 정부간 공업소유권기구가 사무국장에 대하여 상기 선언을 포함한 서면의 통고를 함으로써도 취득될 수 있다.

나. 동 통고에는 규칙이 정하는 바에 따라 기탁기관에 관한 정보도 포함되며 국제기탁기관으로서의 지위취득일이 표시될 수 있다.

2.

가. 만일 동 통고가 요구되는 선언을 포함하고 있으며 모든 요구되는 정보를 수령한 것으로 사무국장이 인정하는 경우에는 동 통고는 국제사무국에 의하여 신속히 공표되어야 한다.

나. 국제기탁기관의 지위는 동 통고의 공표일 또는 1항 나호의 규정에 의하여 날짜가 표시되며 그 날짜가 동 통고의 공표일보다 늦을 경우에는 그 표시된 날로부터 취득된다.

3. 1항 및 2항에 의한 절차의 세부사항은 규칙으로 정한다.

19 답 ②

정답 해설

② 判例 2015후321

오답 해설

① 당사자가 주장한 사항에 대한 구체적·직접적인 판단이 판결 이유에 표시되어 있지 않았더라도 판결 결과에 영향이 없다면 판단누락의 위법이 있다고 할 수 없다(判例 2017다289903).

③ 이른바 고유필수적 공동소송이 아닌 사건에서 소송 도중에 당사자를 추가하는 것은 허용될 수 없고, 동일한 특허권에 관하여 2인 이상의 자가 공동으로 특허의 무효심판을 청구하여 승소한 경우에 그 특허권자가 제기할 심결취소소송은 심판청구인 전원을 상대로 제기하여야만 하는 고유필수적 공동소송이라고 할 수 없으므로, 위 소송에서 당사자의 변경을 가져오는 당사자추가신청은 명목이 어떻든 간에 부적법하여 허용될 수 없다(判例 2007후1510).

④ 권리범위확인심판 제도의 성질과 기능, 특허법의 규정 내용과 취지 등에 비추어 보면, 침해소송이 계속 중이어서 그 소송에서 특허권의 효력이 미치는 범위를 확정할 수 있더라도 이를 이유로 침해소송과 별개로 청구된 권리범위확인심판의 심판청구의 이익이 부정된다고 볼 수는 없다(判例 2016후328).

⑤ 특허청이 출원발명에 대한 최초의 거절이유 통지부터 출원거절의 심결을 내릴 때까지 출원발명의 진보성을 문제삼았을 뿐이고 출원인에게 출원발명이 신규성이 없다는 이유로 의견서 제출통지를 하여 그로 하여금 명세서를 보정할 기회를 부여한 바 없는 경우, 법원이 출원 발명의 요지가 신규성이 없다는 이유로 위 심결을 유지할 수 없다(判例 2000후1177).

20 답 ⑤

정답 해설

⑤ 특허무효심판에 대한 심결취소소송의 사실심 변론종결 이후에 특허발명의 명세서 또는 도면에 대하여 정정을 한다는 심결이 확정된 경우에는 정정된 청구범위가 아니라 정정 전 청구범위를 기초로 하여 무효사유가 있는지 판단한다(判例 2016후2522). 등록무효심판의 심결 후에 정정심결이 확정되어 특허발명의 청구범위 일부가 삭제된 경우, 삭제된 부분에 대한 특허권은 처음부터 없었던 것으로 보아야 하므로 그 부분에 대한 심결의 취소를 구할 법률상 이익이 없다(判例 2005허10213).

오답 해설

① 특허법 제164조 제1항
② 특허법 제92조 제2항, 제92조의5 제2항
③ 특허법 제128조 제4항
④ 특허법 제188조 제4항

21 　　　　　　　　　　답 ⑤

정답 해설

⑤ '국가·인종·민족·공공단체·종교 또는 저명한 고인 (故人)과의 관계를 거짓으로 표시하거나 이들을 비방 또는 모욕하거나 이들에 대한 평판을 나쁘게 할 우려가 있는 상표'는 상표등록을 받을 수 없는 상표에 해당한다(상표법 제34조 제1항 제2호).

오답 해설

① 상표법 제34조 제1항 제6호
② 상표법 제34조 제1항 제2호
③ 상표법 제34조 제1항 제12호
④ 상표법 제34조 제1항 제6호

22 　　　　　　　　　　답 ⑤

정답 해설

ㄴ. (○) 심사관은 상표등록출원이 다음 각 호의 어느 하나에 해당하는 경우에는 상표등록거절결정을 하여야 한다. 이 경우 상표등록출원의 지정상품 일부가 다음 각 호의 어느 하나에 해당하는 경우에는 그 지정상품에 대하여만 상표등록거절결정을 하여야 한다(상표법 제54조 참고). 제54조에 따른 상표등록거절결정을 받은 자는 그 결정 등본을 송달받은 날부터 3개월(제17조 제1항에 따라 제116조에 따른 기간이 연장된 경우에는 그 연장된 기간을 말한다) 이내에 지정상품 또는 상표를 보정하여 해당 상표등록출원에 관한 재심사를 청구할 수 있다. 다만, 재심사를 청구할 때 이미 재심사에 따른 거절결정이 있거나 제116조에 따른 심판청구가 있는 경우에는 그러하지 아니하다(상표법 제55조의2 제1항).

ㄹ. (○) 부분거절제도는 국제상표등록출원 특례사유가 아니므로 국제상표등록출원에도 그 적용이 있다.

오답 해설

ㄱ. (×) 거절되지 않은 상품에 대해 '조기등록'을 받으려면 거절된 상품에 대해 보정·분할출원 등의 조치를 해야 한다.

ㄷ. (×) 부분거절결정이 확정된 후에 출원공고를 하여 최종 등록된다.

23 　　　　　　　　　　답 ①, ③

정답 해설

① 국제상표등록출원을 하려는 자가 상표의 부기적(附記的) 인 부분을 삭제한 경우에는 상표등록출원의 요지를 변경한 것으로 볼 수 있다. 상표의 보정이 허용되지 않는다.

③ 마드리드 의정서 제182조, 상표법 시행규칙 제86조 제2호 개정법령에 따라 ③도 옳지 않은 지문으로 되어 복수정답으로 인정되었다.

개정 전 [시행 2021.2.1.]	상표법 시행규칙 제86조(단체표장 또는 증명표장에 관한 정관 또는 규약의 제출기간) 법 제182조 제3항 전단에서 "산업통상자원부령으로 정하는 기간"이란 다음 각 호의 어느 하나에 해당하는 기간을 말한다. 2. 법 제180조 제2항 본문에 따른 국제등록일(대한민국을 사후지정한 경우에는 사후지정일)부터 3개월
개정 후 [시행 2022.4.20.]	상표법 시행규칙 제86조(단체표장 또는 증명표장에 관한 정관 또는 규약의 제출기간) 법 제182조 제3항 전단에서 "산업통상자원부령으로 정하는 기간"이란 다음 각 호의 어느 하나에 해당하는 기간을 말한다. 2. 국제사무국이 마드리드 의정서 제3조의3에 따른 영역확장의 통지를 한 날부터 3개월

오답 해설

② 마드리드 의정서 제181조
④ 마드리드 의정서 제170조
⑤ 마드리드 의정서 제172조 제1항

24 　　　　　　　　　　답 ⑤

정답 해설

⑤ 상표의 구성 중 식별력이 없거나 미약한 부분과 동일한 표장이 거래사회에서 오랜 기간 사용된 결과 상표의 등록 또는 지정상품 추가등록 전부터 수요자 간에 누구의 업무에 관련된 상품을 표시하는 것인가가 현저하게 인식되어 있는 경우에는 그 부분은 사용된 상품에 관하여 식별력 있는 요부로 보아 상표의 유사 여부를 판단할 수 있으나, 그렇다고 하더라도 그 부분이 사용되지 아니한 상품에 대해서까지 당연히 식별력 있는 요부가 됨을 전제로 하여 상표의 유사 여부를 판단할 수 없다(判例 2005후2977).

오답 해설

① 상품의 유사판단에 있어 가장 중요한 기준은 '상품 출처의 오인·혼동 가능성 여부'의 고려 이다.

② 상표의 유사여부 관찰방법은 전체적, 객관적, 이격적 관찰을 원칙으로 하되 상표 구성 중 인상적인 부분(요부)에 대해 중점적으로 비교하는 방식으로 한다. 이때 소리·냄새 등은 같은 유형의 상표간에 시각적 표현을 기준으로 유사여부를 비교하여 판단한다.

③ 상표의 유사 판단은 두 개의 상표 자체를 나란히 놓고 대비하는 것이 아니라 때와 장소를 달리하여 두 개의 상표를 대비하는 일반 수요자에게 상품 출처에 관하여 오인·혼동을 일으킬 우려가 있는지의 관점에서 이루어져야 한다(判例 2015후1348).

④ 判例 2019후11121

25

답 ③

정답 해설

③ 등록요건은 지정상품별로 판단하고 일부 상품에 거절사유가 있는 경우에는 부분거절을 하게 된다.

26

답 ②

정답 해설

② 불법행위가 계속적으로 행하여지는 결과 손해도 역시 계속적으로 발생하는 경우에는 특별한 사정이 없는 한 그 손해는 날마다 새로운 불법행위에 기하여 발생하는 손해이므로, 민법 제766조 제1항에서 정한 불법행위로 인한 손해배상청구권의 소멸시효는 그 각 손해를 안 때부터 각별로 진행된다고 보아야 한다(判例 2012다6035).

오답 해설

① 상표법 제110조 제7항
③ 상표법 제111조 제1항
④ 상표법 제112조
⑤ 상표법 제104조의2

27

답 ④

정답 해설

④ 상표법 제119조 제1항 제9호, 제119조 제5항 참고

> **상표법 제119조(상표등록의 취소심판)**
> ① 등록상표가 다음 각 호의 어느 하나에 해당하는 경우에는 그 상표등록의 취소심판을 청구할 수 있다.
>   9. 증명표장과 관련하여 다음 각 목의 어느 하나에 해당하는 경우
>   마. 증명표장권자가 그 증명표장을 사용할 수 있는 자에 대하여 정당한 사유 없이 정관 또는 규약으로 사용을 허락하지 아니하거나 정관 또는 규약에 충족하기 어려운 사용조건을 규정하는 등 실질적으로 사용을 허락하지 아니한 경우
> ⑤ 제1항에 따른 취소심판은 누구든지 청구할 수 있다. 다만, 제1항 제4호 및 제6호에 해당하는 것을 사유로 하는 심판은 이해관계인만이 청구할 수 있다.

오답 해설

① 고의가 필요한 경우는 상표법 제119조 제1항 제1호이다.

> **상표법 제119조(상표등록의 취소심판)**
> ① 등록상표가 다음 각 호의 어느 하나에 해당하는 경우에는 그 상표등록의 취소심판을 청구할 수 있다.
>   1. 상표권자가 고의로 지정상품에 등록상표와 유사한 상표를 사용하거나 지정상품과 유사한 상품에 등록상표 또는 이와 유사한 상표를 사용함으로써 수요자에게 상품의 품질을 오인하게 하거나 타인의 업무와 관련된 상품과 혼동을 불러일으키게 한 경우
>   2. 전용사용권자 또는 통상사용권자가 지정상품 또는 이와 유사한 상품에 등록상표 또는 이와 유사한 상표를 사용함으로써 수요자에게 상품의 품질을 오인하게 하거나 타인의 업무와 관련된 상품과의 혼동을 불러일으키게 한 경우. 다만, 상표권자가 상당한 주의를 한 경우는 제외한다.

② 상표법 제119조 제1항 제2호는 등록상표를 변형하였을 것을 요건으로 규정한 것은 아니다.

③ 상표법 제119조 제1항 제4호 및 제6호는 심판 청구 이후 사정변경이 인정되는 경우이다.

⑤ 심판장은 상표등록취소심판이 청구된 경우에는 그 취지를 해당 상표권의 전용사용권자와 그 밖에 상표에 관한 권리를 등록한 자에게 통지하여야 한다(상표법 제119조 제7항).

정답 해설

④ 상표권이나 서비스표권에 관하여 전용사용권이 설정된 경우 이로 인하여 상표권자나 서비스표권자의 상표 또는 서비스표의 사용권이 제한받게 되지만, 제3자가 그 상표 또는 서비스표를 정당한 법적 권한 없이 사용하는 경우에는 그 상표권자나 서비스표권자가 그 상표권이나 서비스권에 기하여 제3자의 상표 또는 서비스의 사용에 대한 금지를 청구할 수 있는 권리까지 상실하는 것은 아니고, 이러한 경우에 그 상표나 서비스표에 대한 전용사용권을 침해하는 상표법 위반죄가 성립함은 물론 상표권자나 서비스권자의 상표권 또는 서비스표권을 침해하는 상표법 위반죄도 함께 성립한다(判例 2006도1580).

오답 해설

① 상표법 제53조에서 등록상표가 그 등록출원 전에 발생한 저작권과 저촉되는 경우에 저작권자의 동의 없이 그 등록상표를 사용할 수 없다고 한 것은 저작권자에 대한 관계에서 등록상표의 사용이 제한됨을 의미하는 것이므로, 저작권자와 관계없는 제3자가 등록상표를 무단으로 사용하는 경우에는 상표권자는 그 사용금지를 청구할 수 있다(判例 2006마232).
② 상표등록출원일부터 30일 이내에 특허청장에게 제출하여야 한다(상표법 제47조 제2항).
③ 당사자는 심결 확정 후 재심 사유를 안 날부터 30일 이내에 재심을 청구하여야 한다(상표법 제159조 제1항).
⑤ 경고를 한 출원인은 경고 후 상표권을 설정등록할 때까지의 기간에 발생한 해당 상표의 사용에 관한 업무상 손실에 상당하는 보상금의 지급을 청구할 수 있다(상표법 제58조 제2항).

정답 해설

① 존속기간갱신등록신청을 하면 상표권의 존속기간이 갱신된 것으로 본다(상표법 제85조 제1항).

오답 해설

② 상표권 공유자의 지분권 포기는 등록되지 않으면 효력이 발생하지 않는다(상표법 제96조 제1항 제2호). 사례처럼 공유자 중 일부가 갱신신청한 경우라면 적법한 갱신이 되며 무효사유에 해당하지 않는다(상표법 제118조 제1항 제2호).
③ 갱신신청은 상표권자만 가능하다(상표법 제118조 제1항 제2호).
④ 시기적 요건에 대한 무효사유는 제척기간이 존재한다(상표법 제122조 제1항).

> **상표법 제122조(제척기간)**
> ① 제34조 제1항 제6호부터 제10호까지 및 제16호, 제35조, 제118조 제1항 제1호 및 제214조 제1항 제3호에 해당하는 것을 사유로 하는 상표등록의 무효심판, 존속기간갱신등록의 무효심판 또는 상품분류전환등록의 무효심판은 상표등록일, 존속기간갱신등록일 또는 상품분류전환등록일부터 5년이 지난 후에는 청구할 수 없다.

⑤ 존속기간갱신등록은 원등록(原登錄)의 효력이 끝나는 다음 날부터 효력이 발생한다(상표법 제85조 제2항).

정답 해설

③ 선사용권은 선사용자 및 그 지위승계인에게 이전 가능하다(상표법 제97조 제3항 참고).

오답 해설

① 상표법 제99조
② 상표법 제99조 제3항
④ 상표법 제99조 제2항 제1호
⑤ 상표법 제99조 제1항 제1호

정답 해설

① 법정대리인은 후견감독인의 동의 없이 상대방이 청구한 디자인일부심사등록 이의신청, 심판 또는 재심에 대한 절차를 밟을 수 있다(디자인보호법 제4조 제2항).

오답 해설

② 그 기간의 만료일부터 2개월 이내에 같은 항에 규정된 서류 또는 서면을 특허청장에게 제출할 수 있다(디자인보호법 제51조 제3항).

디자인보호법 제51조(조약에 따른 우선권 주장)
② 제1항에 따라 우선권을 주장하려는 자는 우선권 주장의 기초가 되는 최초의 출원일부터 6개월 이내에 디자인등록출원을 하지 아니하면 우선권을 주장할 수 없다.
③ 제1항에 따라 우선권을 주장하려는 자는 디자인등록출원 시 디자인등록출원서에 그 취지와 최초로 출원한 국명 및 출원연월일을 적어야 한다.
⑤ 제3항에 따라 우선권을 주장한 자가 정당한 사유로 제4항의 기간 내에 같은 항에 규정된 서류 또는 서면을 제출할 수 없었던 경우에는 그 기간의 만료일부터 2개월 이내에 같은 항에 규정된 서류 또는 서면을 특허청장에게 제출할 수 있다. 〈신설 2023.6.20.〉

③ 디자인보호법에는 정정심판제도가 존재하지 않는다.
④ 철회된 것으로 간주한다(디자인보호법 제43조).
⑤ 디자인보호법 제43조

디자인보호법 제43조(비밀디자인)
① 디자인등록출원인은 디자인권의 설정등록일부터 3년 이내의 기간을 정하여 그 디자인을 비밀로 할 것을 청구할 수 있다. 이 경우 복수디자인등록출원된 디자인에 대하여는 출원된 디자인의 전부 또는 일부에 대하여 청구할 수 있다.
② 디자인등록출원인은 디자인등록출원을 한 날부터 최초의 디자인등록료를 내는 날까지 제1항의 청구를 할 수 있다. 다만, 제86조 제1항 제1호 및 제2항에 따라 그 등록료가 면제된 경우에는 제90조 제2항 각 호의 어느 하나에 따라 특허청장이 디자인권을 설정등록할 때까지 할 수 있다.

정답 해설

ㄱ. (○) 디자인보호법 제35조 제1항

디자인보호법 제35조(관련디자인)
① 디자인권자 또는 디자인등록출원인은 자기의 등록디자인 또는 디자인등록출원한 디자인(이하 "기본디자인"이라 한다)과만 유사한 디자인(이하 "관련디자인"이라 한다)에 대하여는 그 기본디자인의 디자인등록출원일부터 3년 이내에 디자인등록출원된 경우에 한하여 제33조 제1항 각 호 및 제46조 제1항·제2항에도 불구하고 관련디자인으로 디자인등록을 받을 수 있다. 다만, 해당 관련디자인의 디자인권을 설정등록할 때에 기본디자인의 디자인권이 설정등록되어 있지 아니하거나 기본디자인의 디자인권이 취소, 포기 또는 무효심결 등으로 소멸한 경우에는 그러하지 아니하다. 〈개정 2023.6.20.〉

ㄴ. (○) 디자인보호법 제121조 참고

디자인보호법 제121조(디자인등록의 무효심판)
① 이해관계인 또는 심사관은 디자인등록이 다음 각 호의 어느 하나에 해당하는 경우에는 무효심판을 청구할 수 있다. 이 경우 제41조에 따라 복수디자인등록출원된 디자인등록에 대하여는 각 디자인마다 청구하여야 한다. 〈개정 2023.6.20.〉
2. 제27조, 제33조부터 제35조까지, 제39조 및 제46조 제1항·제2항에 위반된 경우

오답 해설

ㄷ. (×) 디자인보호법에 변경출원제도는 규정되어 있지 않다.
ㄹ. (×) 디자인보호법 제35조 제3항 참고

디자인보호법 제35조(관련디자인)
③ 기본디자인의 디자인권에 제97조에 따른 전용실시권(이하 "전용실시권"이라 한다)이 설정되어 있는 경우에는 그 기본디자인에 관한 관련디자인에 대하여는 제1항에도 불구하고 디자인등록을 받을 수 없다.

ㅁ. (×) 디자인보호법 제96조 참고

디자인보호법 제96조(디자인권의 이전 및 공유 등)
① 디자인권은 이전할 수 있다. 다만, 기본디자인의 디자인권과 관련 디자인의 디자인권은 같은 자에게 함께 이전하여야 한다.

33

정답 해설

③ 조약에 따른 우선권주장의 기초가 되는 디자인등록출원(해당 디자인등록출원을 기초로 하는 우선권주장에 의하여 외국 특허청에서 디자인에 관한 절차가 진행 중인 것으로 한정한다)(디자인보호법 시행령 제6조 제9호)

> **디자인보호법 시행령 제6조(우선심사의 대상)**
> 법 제61조 제1항 제2호에서 "대통령령으로 정하는 디자인등록출원"이란 다음 각 호의 어느 하나에 해당하는 것으로서 특허청장이 정하는 디자인등록출원을 말한다.
> 1. 방위산업 분야의 디자인등록출원
> 2. 「기후위기 대응을 위한 탄소중립·녹색성장 기본법」에 따른 녹색기술과 직접 관련된 디자인등록출원
> 3. 수출 촉진과 직접 관련된 디자인등록출원
> 4. 국가나 지방자치단체의 직무에 관한 디자인등록출원(「고등교육법」에 따른 국립·공립학교의 직무에 관한 디자인등록출원으로서 「기술의 이전 및 사업화 촉진에 관한 법률」 제11조 제1항에 따라 국립·공립학교에 설치된 기술이전·사업화에 관한 업무를 전담하는 조직이 낸 디자인등록출원을 포함한다)
> 5. 「벤처기업육성에 관한 특별조치법」 제25조에 따라 벤처기업 확인을 받은 기업의 디자인등록출원
> 6. 「중소기업 기술혁신 촉진법」 제15조에 따라 기술혁신형 중소기업으로 선정된 기업의 디자인등록출원
> 7. 「발명진흥법」 제11조의2에 따라 직무발명보상 우수기업으로 선정된 기업의 디자인등록출원
> 7의2. 「발명진흥법」 제24조의2에 따라 지식재산 경영인증을 받은 중소기업의 디자인등록출원
> 7의3. 「산업디자인진흥법」 제6조에 따라 디자인이 우수한 상품으로 선정된 상품에 관한 디자인등록출원
> 8. 「국가연구개발혁신법」에 따른 국가연구개발사업의 결과물에 관한 디자인등록출원
> 9. 조약에 따른 우선권주장의 기초가 되는 디자인등록출원(해당 디자인등록출원을 기초로 하는 우선권주장에 의하여 외국 특허청에서 디자인에 관한 절차가 진행 중인 것으로 한정한다)
> 10. 디자인등록출원인이 디자인등록출원된 디자인을 실시하고 있거나 실시를 준비 중인 디자인등록출원
> 11. 삭제 〈2023.12.19.〉
> 12. 특허청장이 외국 특허청장과 우선심사하기로 합의한 디자인등록출원
> 13. 삭제 〈2023.12.19.〉
> 14. 인공지능, 사물인터넷 등 4차 산업혁명과 관련된 기술을 활용한 디자인등록출원

34

정답 해설

② 디자인의 등록요건을 판단할 때 디자인의 유사 여부는 이를 구성하는 각 요소를 분리하여 개별적으로 대비할 것이 아니라 외관을 전체적으로 대비·관찰하여 보는 사람으로 하여금 다른 심미감을 느끼게 하는지에 따라 판단해야 하므로, 지배적인 특징이 유사하다면 세부적인 점에 다소 차이가 있을지라도 유사하다고 보아야 하고, 이러한 법리는 디자인보호법 제2조 제1호의2에서 정한 글자체에 대한 디자인의 경우에도 마찬가지로 적용된다(判例 2012후597). 즉 글자체 디자인이라 해서 일반디자인과 다른 판단기준이 적용되는 것은 아니다.

오답 해설

① · ③ 判例 2010다23739
⑤ 判例 2016다219150

35

정답 해설

⑤ 1, 2, 3, 5, 9, 11, 19류가 일부심사등록출원의 대상이다.

36

정답 해설

④ 디자인보호법 제63조 제1항 제2호

> **디자인보호법 제63조(거절이유통지)**
> ① 심사관은 다음 각 호의 어느 하나에 해당하는 경우에는 디자인등록출원인에게 미리 거절이유(제62조 제1항부터 제3항까지에 해당하는 이유를 말하며, 이하 "거절이유"라 한다)를 통지하고 기간을 정하여 의견서를 제출할 수 있는 기회를 주어야 한다.
> 1. 제62조에 따라 디자인등록거절결정을 하려는 경우
> 2. 제66조의2 제1항에 따른 직권 재심사를 하여 취소된 디자인등록결정 전에 이미 통지한 거절이유로 디자인등록거절결정을 하려는 경우

2024년 제61회 정답 및 해설 **215**

오답 | 해설

① 디자인보호법 제195조

> **디자인보호법 제195조(직권보정의 특례)**
> 국제디자인등록출원에 대하여는 제66조를 적용하지 아니한다.

② 디자인보호법 제66조

> **디자인보호법 제66조(직권보정)**
> ③ 디자인등록출원인은 직권보정 사항의 전부 또는 일부를 받아들일 수 없는 경우에는 제79조 제1항에 따라 디자인등록료를 낼 때까지 그 직권보정 사항에 대한 의견서를 특허청장에게 제출하여야 한다.
> ④ 디자인등록출원인이 제3항에 따라 의견서를 제출한 경우 해당 직권보정 사항의 전부 또는 일부는 처음부터 없었던 것으로 본다.
> ⑤ 제4항에 따라 직권보정의 전부 또는 일부가 처음부터 없었던 것으로 보는 경우 심사관은 그 디자인등록결정을 취소하고 처음부터 다시 심사하여야 한다.

③ 의견제출통지를 통한 보정 또는 출원인의 자진보정을 통해 오류시정을 해야 한다.

⑤ 디자인보호법 제71조

> **디자인보호법 제71조(디자인일부심사등록 이의신청 심사에서의 직권심사)**
> ② 디자인일부심사등록 이의신청에 관한 심사를 할 때에는 이의신청인이 신청하지 아니한 등록디자인에 관하여는 심사할 수 없다.

37

답 ⑤

정답 | 해설

⑤ 갑의 신규성 상실의 예외 주장 기준은 2020.2.6.이므로 이로부터 12개월이 지나 2021.3.15. 대한민국에 출원한 경우이므로 디자인 A는 신규성 상실의 예외에 해당하지 않는다.

38

답 ②

정답 | 해설

② 乙이 丙의 공유지분에만 국한하여 무효심판을 청구하는 것은 불가능하다.

오답 | 해설

① 다른 공유디자인권자의 동의가 없어도 '실시'는 가능하다.
③ 단독으로 심결에 대한 취소소송의 제기는 가능하다.
④ 공유디자인권자의 동의를 받아 압류명령을 신청한 경우이므로 가능하다.
⑤ 디자인권에 대한 공유물분할청구가 가능하며 경매 시 대금분할도 가능하다.

39

답 ③

정답 | 해설

③ 선출원에 후출원이 포함되지 않으므로 확대된 선출원이 적용되지 않는다.

40

답 ④

정답 | 해설

④ '소극적' 권리범위확인심판청구는 '확인의 이익'이 인정된다.

오답 | 해설

① 피심판청구인이 실시하지 않고 있는 물품을 대상으로 한 적극적 권리범위확인 심판청구는 확인의 이익이 없어 부적법하고 각하되어야 한다(判例 2002후2419).
② '등록디자인의 무효심결이 확정'된 경우이므로 '소극적 권리범위확인심판 청구'는 확인의 이익이 없다.
③ 양 디자인이 이용관계에 있지 않은 경우라면 권리 대 권리 간 권리범위확인심판이므로 부적법하다.
⑤ 확인대상디자인의 특정이 되지 않은 경우이므로 부적법하다.

2023년 제60회 정답 및 해설

● 문제편 024p

01	02	03	04	05	06	07	08	09	10	11	12	13	14	15	16	17	18	19	20
③	④	⑤	④	⑤	⑤	④	①	③	⑤	①	②	③	④	전항 정답	②	⑤	②	②	④
21	22	23	24	25	26	27	28	29	30	31	32	33	34	35	36	37	38	39	40
③	③	④	③	⑤	①	①	④	⑤	④	③	②	④	⑤	②	⑤	⑤	④	②	①

01
답 ③

정답 해설

③ 특허에 관한 절차에서 기간의 마지막 날이 공휴일에 해당하면 기간은 그 다음 날로 만료한다(특허법 제14조 제4호). 기산일이 공휴일인 것에 의하여 기간 계산이 달라지지 않는다.

오답 해설

① 월 또는 연의 처음부터 기간을 기산(起算)하지 아니하는 경우에는 마지막의 월 또는 연에서 그 기산일에 해당하는 날의 전날로 기간이 만료한다. 다만, 월 또는 연으로 정한 경우에 마지막 월에 해당하는 날이 없으면 그 월의 마지막 날로 기간이 만료한다(특허법 제14조 제3호).

② 특허에 관한 절차에서 기간의 마지막 날이 공휴일에 해당하면 기간은 그 다음 날로 만료한다(특허법 제14조 제4호). 국내우선권주장에 있어서 "선출원의 취하로 보는 시점"에 관한 기간은 특허에 관한 절차에 관한 기간이 아니다. 특허법 제14조 제4호의 취지는 절차를 수행할 수 없었던 사유가 있다면, 이를 보완하여 절차적 권리를 보호하고자 함에 있다. 선출원의 취하로 보는 시점을 계산함에 있어서, 출원인이 제출할 것이 있지 않으므로, 출원인의 절차적 권리를 보호할 이유 없다.

④ 특허청장은 청구에 따라 또는 직권으로 제132조의17에 따른 심판의 청구기간을 30일 이내에서 한 차례만 연장할 수 있다(특허법 제15조 제1항). 지정기간은 특허청장 등에 의하여 지정되므로, 연장 대상에 제한이 없다.

⑤ 법정기간은 법으로 정해진 기간이어서 단축할 수 없으나, 지정기간은 특허청장 등에 의하여 지정되므로, 당사자의 청구에 의하여 단축 가능하다(특허법 제15조 제2항).

02
답 ④

정답 해설

④ 국제특허출원의 출원인은 국내서면제출기간에 발명자의 성명 및 주소의 사항을 적은 서면을 특허청장에게 제출하여야 한다(특허법 제203조 제1항 제4호).

오답 해설

① 특허법 제2조는 "발명"을 정의할 뿐, "발명자"를 정의하지 않는다.

② 특허법 제42조 제1항은 출원인과 발명자의 성명 및 주소를 기재하라고 요구할 뿐, 출원인과 발명자가 동일한 경우의 취급에 대하여 별도로 언급하고 있지 않다.

③ 특허법 제87조는 발명자의 성명 및 주소를 생략할 수 있는 경우를 언급하고 있지 않다.

⑤ 공개특허공보에는 다음 각 호의 사항을 게재한다. 다만, 공공의 질서 또는 선량한 풍속을 문란하게 하거나 공중의 위생을 해칠 염려가 있다고 인정되는 사항은 게재하지 아니한다(특허법 시행령 제19조 제3항).

03　답 ⑤

정답 해설

⑤ 미성년자·피한정후견인 또는 피성년후견인은 법정대리인에 의하지 아니하면 특허에 관한 출원·청구, 그 밖의 절차(이하 "특허에 관한 절차"라 한다)를 밟을 수 없다. 다만, 미성년자와 피한정후견인이 독립하여 법률행위를 할 수 있는 경우에는 그러하지 아니하다(특허법 제3조 제1항). 미성년자는 법정대리인의 동의가 없어도 제3자로부터 특허를 받을 수 있는 권리를 무상으로 양도받을 수 있다. 무상 양도는 미성년자의 법적 지위를 위험하게 할 염려없는 행위이기 때문이다.

오답 해설

① 묵시적 동의도 동의의 일종이므로, 양도의 묵시적 동의도 양도의 의사표시로서 인정될 수 있다(判例 2011다67705, 67712).
② 발명을 한 사람 또는 그 승계인은 이 법에서 정하는 바에 따라 특허를 받을 수 있는 권리를 가진다. 다만, 특허청 직원 및 특허심판원 직원은 상속이나 유증(遺贈)의 경우를 제외하고는 재직 중 특허를 받을 수 없다(특허법 제33조 제1항). 그러나, 특허청 직원이 아닌 자는 특허를 받을 권리의 양도의 대상이 될 수 있고, 특허도 받을 수 있다.
③ 특허를 받을 수 있는 권리 역시 재산권이므로 성질에 반하지 아니하는 범위에서는 민법의 공유에 관한 규정을 준용할 수 있다(민법 제278조 참조). 따라서 특허를 받을 수 있는 권리의 공유자 사이에 지분에 대한 별도의 약정이 있으면 그에 따르되, 약정이 없는 경우에는 민법 제262조 제2항에 의하여 지분의 비율은 균등한 것으로 추정된다(判例 2011다77313, 77320).

④ 특허를 받을 수 있는 권리의 상속, 그 밖의 일반승계가 있는 경우에는 승계인은 지체 없이 그 취지를 특허청장에게 신고하여야 한다(특허법 제38조 제5항). 특허청 직원에게 특허를 받을 수 있는 권리를 승계한 것이 아니라, 일반인에게 특허를 받을 수 있는 권리를 승계한다고 하더라도, 그 취지를 특허청장에게 신고하여야 한다.

04　답 ④

정답 해설

ㄴ. (○) 국내우선권주장출원 할 수 있다. 선출원일로부터 1년의 기간이 아직 지나지 않았기 때문이다.
ㄷ. (○) 특허거절결정을 받은 자는 제132조의17에 따른 심판청구가 기각된 경우 그 심결의 등본을 송달받은 날부터 30일(제186조 제5항에 따라 심판장이 부가기간을 정한 경우에는 그 기간을 말한다) 이내에 그 특허출원의 출원서에 최초로 첨부된 명세서 또는 도면에 기재된 사항의 범위에서 그 특허출원의 일부를 새로운 특허출원으로 분리할 수 있다(특허법 제52조의2 제1항).

오답 해설

ㄱ. (×) 분할출원은 할 수 없다. 거절결정등본을 송달받은 후 3개월의 기간이 도과하였기 때문이다.
ㄹ. (×) 재심사청구는 할 수 없다. 특허거절결정의 등본을 송달받은 후 3개월이 도과하였기 때문이다.

05　답 ⑤

정답 해설

⑤ 출원발명의 진보성 판단에 제공되는 선행기술은 기술 구성 전체가 명확하게 표현된 것뿐만 아니라, 자료의 부족으로 표현이 불충분하거나 일부 내용에 흠결이 있다고 하더라도 그 기술분야에서 통상의 지식을 가진 자가 기술상식이나 경험칙에 의하여 쉽게 기술내용을 파악할 수 있는 범위 내에서는 대비대상이 될 수 있다(判例 2004후2307).

오답 해설

① 신규성은 인용발명이 단일한 경우에만 적용된다(判例 2013후2873, 2880).
② 신규성과 진보성의 거절이유는 동시에 통지 가능하다(심사기준).

③ 진보성 판단의 대상이 된 발명의 명세서에 개시되어 있는 기술을 알고 있음을 전제로 하여 사후적으로 통상의 기술자가 그 발명을 용이하게 발명할 수 있는지를 판단해서는 안 된다(判例 2007후3660).

④ 종속항은 독립항의 특징을 포함하고 있으므로, 독립항의 진보성이 인정되는 경우, 종속항의 진보성이 인정된다(判例 94후1657).

06

정답 ⑤

정답 해설

⑤ 외형 사진만이 간행물에 게재되어 있다면, 내부에 있는 특징이 게재되어 있다고 보기 어려우므로, 그 발명이 게재되어 있다고 보기 어렵다(判例 97후433).

오답 해설

① 특허법 제29조 제1항 제1호에서 규정하고 있는 "국내 또는 국외에서 공지되었거나 공연히 실시된 발명"에서 '공지된 발명'이라 함은 반드시 불특정다수인에게 인식되었을 필요는 없다 하더라도 적어도 불특정다수인이 인식할 수 있는 상태에 놓여져 있는 발명을 말하고, '불특정 다수인'이라 함은 일반 공중을 의미하는 것이 아니고 발명의 내용을 비밀로 유지할 의무가 없는 사람이라면 그 인원의 많고 적음을 불문하고 불특정 다수인에 해당된다(判例 95후19).

② '특허출원 전'이란 특허출원일의 개념이 아닌 특허출원의 시, 분, 초까지도 고려한 자연시(외국에서 공지된 경우 한국시간으로 환산한 시간) 개념이다(判例 2006후2660).

③ 불특정인에게 공장을 견학시킨 경우, 그 제조상황을 보면 그 기술분야에서 통상의 지식을 가진 자가 그 기술내용을 알 수 있는 상태인 때에는 '공연히 실시'된 것으로 본다. 또한, 그 제조상황을 보았을 경우에 제조공정의 일부에 대하여는 장치의 외부를 보아도 그 제조공정의 내용을 알 수 없는 것으로서, 그 내용을 알지 못하면 그 기술의 전체를 알 수 없는 경우에도 견학자가 그 장치의 내부를 볼 수 있거나 그 내부에 대하여 공장의 종업원에게 설명을 들을 수 있는 상황(공장 측에서 설명을 거부하지 않음)으로서 그 내용을 알 수 있을 때에는 그 기술은 공연히 실시된 것으로 본다(判例 99허6596).

④ 카탈로그는 제작되었으면 배부, 반포되는 것이 사회통념이라 하겠으며 제작한 카탈로그를 배부, 반포하지 아니하고 사장하고 있다는 것은 경험칙상 수긍할 수 없는 것이어서 카탈로그의 배부범위, 비치장소 등에 관하여 구체적인 증거가 없다고 하더라도 그 카탈로그의 반포, 배부되었음을 부인할 수는 없다(判例 91후1410).

07

정답 ④

정답 해설

④ 인간의 수술, 치료 또는 진단에 사용하기 위한 의료기기 그 자체, 의약품 그 자체 등은 산업상 이용할 수 있는 발명에 해당한다(심사기준).

오답 해설

① 인체를 처치하는 방법이 치료 효과와 비치료 효과(예 미용 효과)를 동시에 가지는 경우, 치료 효과와 비치료 효과를 구별 및 분리할 수 없는 방법은 치료방법으로 간주되어 산업상 이용 가능한 것으로 인정하지 않는다(심사기준).

② 인간을 수술, 치료 또는 진단하는 방법의 발명은 산업상 이용 가능성이 없는 것으로 보나, 그것이 인간 이외의 동물에만 한정한다는 사실이 청구범위에 명시되어 있으면 산업상 이용할 수 있는 발명으로 취급한다(判例 90후250).

③ 의료인에 의한 의료행위가 아니더라도 발명의 목적, 구성 및 효과 등에 비추어 보면 인간의 질병을 치료, 예방 또는 건강상태의 증진 내지 유지 등을 위한 처치방법의 발명인 경우에는 산업상 이용 가능성이 없는 것으로 취급한다(判例 2012허9587).

⑤ 의료기기의 작동방법 또는 의료기기를 이용한 측정방법 발명은 그 구성에 인체와 의료기기 간의 상호작용이 인체에 직접적이면서 일시적이 아닌 영향을 주는 경우 또는 실질적인 의료행위를 포함하는 경우를 제외하고는 산업상 이용 가능한 것으로 취급한다(심사기준).

정답 해설

① 특허결정등본 송달일로부터 3개월이 지났으므로, 제30조의 적용을 받을 수 없다.

특허법 제30조(공지 등이 되지 아니한 발명으로 보는 경우)

② 제1항 제1호를 적용받으려는 자는 특허출원서에 그 취지를 적어 출원하여야 하고, 이를 증명할 수 있는 서류를 산업통상자원부령으로 정하는 방법에 따라 특허출원일부터 30일 이내에 특허청장에게 제출하여야 한다.

③ 제2항에도 불구하고 산업통상자원부령으로 정하는 보완수수료를 납부한 경우에는 다음 각 호의 어느 하나에 해당하는 기간에 제1항 제1호를 적용받으려는 취지를 적은 서류 또는 이를 증명할 수 있는 서류를 제출할 수 있다.

1. 제47조 제1항에 따라 보정할 수 있는 기간
2. 제66조에 따른 특허결정 또는 제176조 제1항에 따른 특허거절결정 취소심결(특허등록을 결정한 심결에 한정하되, 재심심결을 포함한다)의 등본을 송달받은 날부터 3개월 이내의 기간. 다만, 제79조에 따른 설정등록을 받으려는 날이 3개월보다 짧은 경우에는 그날까지의 기간

오답 해설

② 분할출원과 함께 공지예외 주장을 할 수 있다(判例 2020후11479).

③ 선출원보다 늦게 공지되었다면, 공지일로부터 1년 이내에 후출원을 한 경우이므로, 30조의 주장이 가능하다(심사기준).

④ 발명자로부터 지득한 자에 의한 공지는 의사에 반한 공지이다(심사기준).

⑤ 출원서에 기재된 발명 공개 행위의 후속 절차로서 통상적으로 이루어지는 반복 공개 행위는 출원서에 기재된 발명의 공개 행위의 연장선에 있다고 볼 수 있으므로, 비록 출원서에 기재되어 있지 않거나 증명서류가 첨부되어 있지 않더라도 당연히 특허법 제30조의 공지 등의 예외 적용을 적용받을 수 있다(判例 2015허7308).

정답 해설

③ 제조방법이 기재된 물건발명의 특허요건을 판단함에 있어서 그 기술적 구성을 제조방법 자체로 한정하여 파악할 것이 아니라 제조방법의 기재를 포함하여 특허청구범위의 모든 기재에 의하여 특정되는 구조나 성질 등을 가지는 물건으로 파악하여 출원 전에 공지된 선행기술과 비교하여 신규성, 진보성 등이 있는지 여부를 살펴야 한다(判例 2013후1726).

오답 해설

① 수치한정발명에 있어, 수치 범위가 개시된 경우, 수치한정의 임계적 의의가 있어야 진보성을 인정할 수 있다(判例 2007후1299).

② 파라미터발명은 청구항의 기재 자체만으로는 기술적 구성을 명확하게 이해할 수 없는 경우가 있으므로, 파라미터발명의 진보성은 발명의 설명 또는 도면 및 출원시의 기술상식을 참작하여 발명이 명확하게 파악되는 경우에 한하여 판단한다(심사기준).

④ 결정형 발명은, 특별한 사정이 없는 한 선행발명에 공지된 화합물이 갖는 효과와 질적으로 다른 효과를 갖고 있거나 질적인 차이가 없더라도 양적으로 현저한 차이가 있는 경우에 한하여 그 진보성이 부정되지 않는다(判例 2010후2865). 진보성은 구성의 곤란성이 인정되어야 인정될 수 있는 개념이므로, 결정형 발명의 경우, 효과의 현저성이 구성의 곤란성을 추론하게 할 수 있는 근거가 될 수 있다는 말이 된다.

⑤ 선행 또는 공지의 발명에 구성요소가 상위개념으로 기재되어 있고, 위 상위개념에 포함되는 하위개념만을 구성요소 중의 전부 또는 일부로 하는 선택발명의 진보성이 부정되지 않기 위해서는, 선택발명에 포함되는 하위개념들 모두가 선행발명이 갖는 효과와 질적으로 다른 효과를 갖고 있거나, 질적인 차이가 없더라도 양적으로 현저한 차이가 있어야 한다. 이때 선택발명의 명세서 중 발명의 상세한 설명에는 선행발명에 비하여 위와 같은 효과가 있음을 명확히 기재하여야 하는데, 이러한 기재가 있다고 하려면 발명의 상세한 설명에 질적인 차이를 확인할 수 있는 구체적인 내용이나 양적으로 현저한 차이가 있음을 확인할 수 있는 정량적 기재가 있어야 한다(判例 2012후3664).

10

정답 해설

⑤ 제1항에 따른 특허료 및 수수료의 반환청구는 제2항에 따른 통지를 받은 날부터 5년이 지나면 할 수 없다(특허법 제84조 제3항).

> **특허법 제84조(특허료 등의 반환)**
> ① 납부된 특허료 및 수수료는 다음 각 호의 어느 하나에 해당하는 경우에만 납부한 자의 청구에 의하여 반환한다.
>   1. 잘못 납부된 특허료 및 수수료
>   3. 특허권의 존속기간의 연장등록을 무효로 한다는 심결이 확정된 해의 다음 해부터의 특허료 해당분
> ② 특허청장 또는 특허심판원장은 납부된 특허료 및 수수료가 제1항 각 호의 어느 하나에 해당하는 경우에는 그 사실을 납부한 자에게 통지하여야 한다.
> ③ 제1항에 따른 특허료 및 수수료의 반환청구는 제2항에 따른 통지를 받은 날부터 5년이 지나면 할 수 없다.

오답 해설

① 납부된 특허료 및 수수료는 다음 각 호의 어느 하나에 해당하는 경우에만 납부한 자의 청구에 의하여 반환한다(특허법 제84조 제1항).
② 잘못 납부된 특허료 및 수수료(특허법 제84조 제1항)
③ 특허권의 존속기간의 연장등록을 무효로 한다는 심결이 확정된 해의 다음 해부터의 특허료 해당분(특허법 제84조 제1항 제3호)
④ 특허청장 또는 특허심판원장은 납부된 특허료 및 수수료가 제1항 각 호의 어느 하나에 해당하는 경우에는 그 사실을 납부한 자에게 통지하여야 한다(특허법 제84조 제2항).

11

정답 해설

① 특허발명의 실시가 공공의 이익을 위하여 특히 필요하여 하는 재정의 경우, 특허청장은 재정을 받은 자에게 통상실시권은 국내수요충족을 위한 공급을 주목적으로 하여야 한다는 조건을 붙여야 한다(특허법 제107조 제4항 제1호).

오답 해설

② 공공의 이익을 위하여 비상업적으로 실시하려는 경우와 제4호에 해당하는 경우에는 협의 없이도 재정을 청구할 수 있다(특허법 제107조 제1항 단서).
③ 반도체 기술에 대해서는 제1항 제3호(공공의 이익을 위하여 비상업적으로 실시하는 경우만 해당한다) 또는 제4호의 경우에만 재정을 청구할 수 있다(특허법 제107조 제6항).
④ 특허출원일부터 4년이 지나지 아니한 특허발명에 관하여는 제1항 제1호 및 제2호를 적용하지 아니한다(특허법 제107조 제2항).

> **특허법 제107조(통상실시권 설정의 재정)**
> ① 특허발명을 실시하려는 자는 특허발명이 다음 각 호의 어느 하나에 해당하고, 그 특허발명의 특허권자 또는 전용실시권자와 합리적인 조건으로 통상실시권 허락에 관한 협의(이하 이 조에서 "협의"라 한다)를 하였으나 합의가 이루어지지 아니하는 경우 또는 협의를 할 수 없는 경우에는 특허청장에게 통상실시권 설정에 관한 재정(裁定)(이하 "재정"이라 한다)을 청구할 수 있다. 다만, 공공의 이익을 위하여 비상업적으로 실시하려는 경우와 제4호에 해당하는 경우에는 협의 없이도 재정을 청구할 수 있다.
>   1. 특허발명이 천재지변이나 그 밖의 불가항력 또는 대통령령으로 정하는 정당한 이유 없이 계속하여 3년 이상 국내에서 실시되고 있지 아니한 경우
>   2. 특허발명이 정당한 이유 없이 계속하여 3년 이상 국내에서 상당한 영업적 규모로 실시되고 있지 아니하거나 적당한 정도와 조건으로 국내수요를 충족시키지 못한 경우
> ② 특허출원일부터 4년이 지나지 아니한 특허발명에 관하여는 제1항 제1호 및 제2호를 적용하지 아니한다.

⑤ 제107조에 따른 통상실시권은 실시사업과 함께 이전하는 경우에만 이전할 수 있다(특허법 제107조 제3항).

12 답 ②

② 하나의 특허와 관련하여 연장등록출원의 대상이 되는 유효성분 A, B 및 C에 대하여 각각 허가 A, B 및 C를 받았다면 각 유효성분 중에서 연장받고자 하는 허가 하나만을 선택하여 1회에 한해 연장등록출원 할 수 있다(심사기준).

오답 해설

① 허가등에 따른 특허권존속기간 연장등록출원은 대상이 되는 특허발명의 특허권이 존속되는 경우에만 가능하다. 따라서 그 특허권이 무효 또는 취소되거나 특허료를 납부하지 않아 소멸한 경우에는 특허권존속기간연장등록출원이 인정되지 않는다(허가등에 따른 특허권의 존속기간 연장의 제도에 관한 규정(3)).

③ 특허발명을 실시하기 위하여 다른 법령에 따라 허가를 받거나 등록 등을 하여야 하고, 그 허가 또는 등록 등(이하 "허가등"이라 한다)을 위하여 필요한 유효성·안전성 등의 시험으로 인하여 장기간이 소요되는 대통령령으로 정하는 발명인 경우에는 제88조 제1항에도 불구하고 그 실시할 수 없었던 기간에 대하여 5년의 기간까지 그 특허권의 존속기간을 한 차례만 연장할 수 있다(특허법 제89조 제1항).

④ 임상시험기간은 '최초 피험자 선정일로부터 최종 피험자 관찰기간종료일'까지의 기간이고, 허가신청 관련서류의 검토기간은 '품목허가신청 접수일로부터 품목허가승인을 알게 된 날'까지의 기간으로서 그중 허가등을 받은 자의 책임 있는 사유로 발생한 보완기간은 제외한다. 한편 해당 관청의 심사부서 중 어느 한 부서의 보완요구로 인하여 보완기간이 소요되었다 하더라도, 다른 부서에서 허가를 위한 심사 등의 절차가 계속 진행되고 있었던 경우에는 그 보완기간 중 다른 부서에서 심사가 진행되고 있는 기간과 중첩되는 기간에 관한 한 허가등을 받은 자의 책임있는 사유로 인하여 허가가 지연되었다고 볼 수 없으므로 위 중첩되는 기간은 그 특허발명을 실시할 수 없었던 기간에서 제외할 수 없다(判例 2017후882).

⑤ 특허권이 공유인 경우에는 공유자 모두가 공동으로 특허권의 존속기간의 연장등록출원을 하여야 한다(특허법 제90조 제3항).

13 답 ③

정답 해설

③ 작용효과가 실질적으로 동일한지 여부는 선행기술에서 해결되지 않았던 기술과제로서 특허발명이 해결한 과제를 특허권침해소송의 상대방이 제조 등을 하는 제품 또는 사용하는 방법(이하 '침해제품 등'이라고 한다)도 해결하는지를 중심으로 판단하여야 한다. 따라서 발명의 상세한 설명의 기재와 출원 당시의 공지기술 등을 참작하여 파악되는 특허발명에 특유한 해결수단이 기초하고 있는 기술사상의 핵심이 침해제품 등에서도 구현되어 있다면 작용효과가 실질적으로 동일하다고 보는 것이 원칙이다(判例 2018다267252).

오답 해설

① 전용실시권을 설정받은 전용실시권자는 그 설정행위로 정한 범위에서 그 특허발명을 업으로서 실시할 권리를 독점한다(특허법 제100조 제2항). 전용실시권자는 특허권에 기초한 권리 행사와 마찬가지로, 기계의 제거를 청구할 수 있다.

② 투여용법과 투여용량은 의료행위 자체가 아니라 의약이라는 물건이 효능을 온전하게 발휘하도록 하는 속성을 표현함으로써 의약이라는 물건에 새로운 의미를 부여하는 구성요소가 될 수 있다(判例 2014후768).

④ 나아가 '특허 물건의 생산에만 사용하는 물건'에 해당하기 위하여는 사회통념상 통용되고 승인될 수 있는 경제적, 상업적 내지 실용적인 다른 용도가 없어야 한다(判例 2007후3356). 시장에서 다른 용도로 판매되고 있다는 사정은, 특허물건의 사회통념상 통용되는 상업적인 다른 용도가 있다는 의미이므로, 간접침해의 대상이 될 수 없다.

⑤ 법원은 타인의 특허권 또는 전용실시권을 침해한 행위가 고의적인 것으로 인정되는 경우에는 제1항에도 불구하고 제2항부터 제7항까지의 규정에 따라 손해로 인정된 금액의 3배를 넘지 아니하는 범위에서 배상액을 정할 수 있다(특허법 제128조 제8항).

14

정답 해설

④ 특허무효심판 또는 정정의 무효심판이 특허심판원에 계속 중인 기간에는 정정심판을 청구할 수 없다(특허법 제136조 제2항 제2호).

오답 해설

① 乙은 권리범위확인심판을 청구할 수 있는 이해관계인이다(특허법 제135조 제2항).
② 丙은 무효심판에 대응하여 정정청구를 할 수 있다(특허법 제133조의2).
③ 甲과 乙은 공동으로 무효심판을 청구할 수 있다(특허법 제139조 제1항).
⑤ 심판청구는 심결이 확정될 때까지 취하할 수 있다. 다만, 답변서가 제출된 후에는 상대방의 동의를 받아야 한다(특허법 제161조 제1항).

15

답 전항정답

정답 해설

ㄱ. 특허취소결정 또는 심결 확정 후 3년이 지나면 재심을 청구할 수 없다(특허법 제180조 제3항). 甲은 2023.1.27.로부터 3년이 지난, 2026.1.26.까지 재심을 청구할 수 있다.
ㄴ. (○) 당사자는 특허취소결정 또는 심결 확정 후 재심사유를 안 날부터 30일 이내에 재심을 청구하여야 한다(특허법 제180조 제1항). 甲은 재심사유를 알게 된 날인 2023.2.6.로부터 30일 이내인 2023.3.8.까지 재심을 청구할 수 있다.
ㄷ. (×) 재심사유가 특허취소결정 또는 심결 확정 후에 생겼을 때에는 제3항의 기간은 그 사유가 발생한 날의 다음 날부터 기산한다(특허법 제180조 제4항). 재심사유가 생긴 날의 다음 날부터 3년이 지난 2026.2.2.까지 재심 청구 가능하다.
ㄹ. (○) 대리권의 흠을 이유로 재심을 청구하는 경우에 제1항의 기간은 청구인 또는 법정대리인이 특허취소결정등본 또는 심결등본의 송달에 의하여 특허취소결정 또는 심결이 있는 것을 안 날의 다음 날부터 기산한다(특허법 제180조 제2항). 2023.2.13. 다음 날부터 30일을 기산하면 2023.3.15.까지이다.
┃참고┃ 가답안 정답 ②번으로 발표된 이후, 해당 문제의 설정이 불명확해 수험생들이 정답을 선택하는 데에 혼란을 초래한다고 판단하여 전항정답으로 처리된 문제.

16

정답 해설

ㄱ. (○) 특허취소결정, 결정계 심판 등은 특허청장을 피고로 하여 청구하여야 한다(특허법 제187조).
ㄷ. (○) 심판관 합의체는 특허취소신청이 제132조의2 제1항 각 호의 어느 하나에 해당하지 아니하거나 같은 조 제2항을 위반한 것으로 인정되는 경우에는 결정으로 그 특허취소신청을 기각하여야 한다. 제4항에 따른 기각결정에 대해서는 불복할 수 없다(특허법 제132조의13 제4항·제5항).

오답 해설

ㄴ. (×) 무효심판의 심결취소소송은 유사필수적 공동소송이므로, 당사자변경을 가져오는 당사자추가신청은 허용되지 않는다(判例 2007후1510).
ㄹ. (×) 심결취소소송은 자기의 법률상 이익이 침해되는 자의 원고적격이 요구된다(특허법 제186조 제2항).

> **특허법 제186조(심결 등에 대한 소)**
> ① 특허취소결정 또는 심결에 대한 소 및 특허취소신청서·심판청구서·재심청구서의 각하결정에 대한 소는 특허법원의 전속관할로 한다.
> ② 제1항에 따른 소는 다음 각 호의 자만 제기할 수 있다.
> 　1. 당사자
> 　2. 참가인
> 　3. 해당 특허취소신청의 심리, 심판 또는 재심에 참가신청을 하였으나 신청이 거부된 자

17

정답 해설

⑤ 특허발명의 신규성 또는 진보성 판단과 관련하여 특허발명의 구성요소가 출원 전에 공지된 것인지는 사실인정의 문제이고, 공지사실에 관한 증명책임은 신규성 또는 진보성이 부정된다고 주장하는 당사자에게 있다. 따라서 권리자가 자백하거나 법원에 현저한 사실로서 증명을 필요로 하지 않는 경우가 아니라면, 공지사실은 증거에 의하여 증명되어야 하는 것이 원칙이다(判例 2013후37).

오답 해설

① 심결 또는 결정의 취소판결이 확정된 경우, 심판원으로 환송되어 심판관의 심리 절차가 다시 개시된다(특허법 제189조 제2항).

② 심판은 특허심판원에서의 행정절차이며 심결은 행정처분에 해당하고, 그에 대한 불복의 소송인 심결취소소송은 항고소송에 해당하여 그 소송물은 심결의 실체적·절차적 위법 여부이므로, 당사자는 심결에서 판단되지 않은 처분의 위법사유도 심결취소소송단계에서 주장·입증할 수 있고, 심결취소소송의 법원은 특별한 사정이 없는 한 제한 없이 이를 심리·판단하여 판결의 기초로 삼을 수 있으며, 이와 같이 본다고 하여 심급의 이익을 해한다거나 당사자에게 예측하지 못한 불의의 손해를 입히는 것이 아니다(判例 2007후4410).

③ 자백의 대상은 사실에 한하는 것이고 사실에 대한 법적 판단 또는 평가는 그 대상이 될 수 없는 것이다(判例 2000후1542). 선행발명이 어떤 구성요소를 가지고 있다는 것은 주요 사실에 대한 것이어서 자백의 대상이 된다.

④ 법원은 자유심증주의에 따라 자유로이 판단할 수 있으므로, 주지관용기술 여부는 법원이 자유로운 심증에 의하여 증거 등을 통하여 인정할 수 있다(判例 2012후436).

18
답 ②

정답 해설

ㄱ. (×) 침해죄는 피해자의 명시적인 의사에 반하여 공소를 제기할 수 없다(실용신안법 제45조).

ㄷ. (×) 전문심리위원 또는 전문심리위원이었던 자가 그 직무수행 중에 알게 된 다른 사람의 비밀을 누설하는 경우에는 2년 이하의 징역이나 금고 또는 1천만원 이하의 벌금에 처한다(특허법 제226조 제2항). 특허법에 관한 설명이다. 실용신안법에는 해당 규정이 없다.

ㅁ. (×) 침해죄(제45조 제1항)에 해당하는 침해행위를 조성한 물품 또는 그 침해행위로부터 생긴 물품은 몰수하거나 피해자의 청구에 따라 그 물품을 피해자에게 교부할 것을 선고할 수 있다(실용신안법 제51조 제1항).

오답 해설

ㄴ. (○) 특허청 또는 특허심판원 소속 직원이거나 직원이었던 사람이 특허출원 중인 발명(국제출원 중인 발명을 포함한다)에 관하여 직무상 알게 된 비밀을 누설하거나 도용한 경우에는 5년 이하의 징역 또는 5천만원 이하의 벌금에 처한다(실용신안법 제46조).

ㄹ. (○) 비밀유지명령 위반죄는 비밀유지명령을 신청한 자의 고소가 없으면 공소를 제기할 수 없다(실용신안법 제49조의2).

19
답 ②

정답 해설

② 발명을 한 자 또는 그 승계인은 특허법에서 정하는 바에 의하여 특허를 받을 수 있는 권리를 갖고(특허법 제33조 제1항 본문), 특허를 받을 수 있는 권리는 이전할 수 있으므로(특허법 제37조 제1항), 후출원의 출원인이 후출원 시에 '특허를 받을 수 있는 권리'를 승계하였다면 우선권 주장을 할 수 있고, 후출원 시에 선출원에 대하여 특허출원인변경신고를 마쳐야만 하는 것은 아니다. 특허출원 후 특허를 받을 수 있는 권리의 승계는 상속 기타 일반승계의 경우를 제외하고는 특허출원인변경신고를 하지 아니하면 그 효력이 발생하지 아니한다고 규정한 특허법 제38조 제4항은 특허에 관한 절차에서 참여자와 특허를 등록받을 자를 쉽게 확정함으로써 출원심사의 편의성 및 신속성을 추구하고자 하는 규정으로 우선권 주장에 관한 절차에 적용된다고 볼 수 없다. 따라서 후출원의 출원인이 선출원의 출원인과 다르더라도 특허를 받을 수 있는 권리를 승계받았다면 우선권 주장을 할 수 있다고 보아야 한다(判例 2016두58543).

오답 해설

① 특허권자·전용실시권자 또는 통상실시권자는 특허발명이 그 특허발명의 특허출원일 전에 출원된 타인의 특허발명·등록실용신안 또는 등록디자인이나 그 디자인과 유사한 디자인을 이용하거나 특허권이 그 특허발명의 특허출원일 전에 출원된 타인의 디자인권 또는 상표권과 저촉되는 경우에는 그 특허권자·실용신안권자·디자인권자 또는 상표권자의 허락을 받지 아니하고는 자기의 특허발명을 업으로서 실시할 수 없다(특허법 제98조).

③ 특허권침해소송의 상대방이 제조 등을 하는 제품 또는 사용하는 방법(이하 '침해제품 등'이라고 한다)이 특허발명의 특허권을 침해한다고 할 수 있기 위해서는 특허발명의 특허청구범위에 기재된 각 구성요소와 그 구성요소 간의 유기적 결합관계가 침해제품 등에 그대로 포함되어 있어야 한다(判例 2013다14361).

④ 특허를 받을 수 있는 권리를 양도를 한 경우, 양도인은 특허를 받을 수 있는 권리를 가지고 있지 않으므로, '정당한 권리자가 아닌 사람'이다(判例 2020후10087).

⑤ 마찬가지로 특허심판에서 중복심판청구 금지는 심판청구의 적법요건으로, 심결 시를 기준으로 전심판의 심판계속이 소멸되면 후심판은 중복심판청구 금지에 위반되지 않는다고 보아야 한다(判例 2016후2317).

20

답 ④

정답 해설

④ 특허권은 발명실시에 대한 독점권으로서 그 대상은 형체가 없을 뿐만 아니라 각 공유자에게 특허권을 부여하는 방식의 현물분할을 인정하면 하나의 특허권이 사실상 내용이 동일한 복수의 특허권으로 증가하는 부당한 결과를 초래하게 되므로, 특허권의 성질상 그러한 현물분할은 허용되지 아니한다(判例 2013다41578).

오답 해설

① 특허를 받을 수 있는 권리가 공유인 경우, 공유자 전부를 출원인으로 하지 않으면, 당사자적격을 상실하여 등록거절사유, 등록무효사유가 된다(특허법 제44조, 제62조 제1호, 제133조 제1항 제2호).

② 특허를 받을 수 있는 권리는 질권의 목적으로 할 수 없다(특허법 제37조 제2항).

③ 특허처분은 하나의 특허출원에 대하여 하나의 특허권을 부여하는 단일한 행정행위이므로, 설령 그러한 특허처분에 의하여 수인을 공유자로 하는 특허등록이 이루어졌다고 하더라도, 그 특허처분 자체에 대한 무효를 청구하는 제도인 특허무효심판에서 그 공유자 지분에 따라 특허를 분할하여 일부 지분만의 무효심판을 청구하는 것은 허용할 수 없다(判例 2012후2432).

⑤ 공유인 특허권의 특허권자에 대하여 심판을 청구할 때에는 공유자 모두를 피청구인으로 하여야 한다(특허법 제139조 제2항). 특허권 또는 특허를 받을 수 있는 권리의 공유자가 그 공유인 권리에 관하여 심판을 청구할 때에는 공유자 모두가 공동으로 청구하여야 한다(특허법 제139조 제3항).

21

답 ③

정답 해설

③ 상표법에 특별 수권 사항으로 규정된 바 없다.

오답 해설

① 상표법 제7조 제2호
② 상표법 제7조 제7호
④ 상표법 제7조 제8호
⑤ 상표법 제7조 제5호

상표법 제7조(대리권의 범위)

국내에 주소나 영업소가 있는 자로부터 상표에 관한 절차를 밟을 것을 위임받은 대리인(상표관리인을 포함한다. 이하 같다)은 특별히 권한을 위임받지 아니하면 다음 각 호에 해당하는 행위를 할 수 없다.

1. 제36조에 따른 상표등록출원(이하 "상표등록출원"이라 한다)의 포기 또는 취하
2. 제44조에 따른 출원의 변경
3. 다음 각 목의 어느 하나에 해당하는 신청 또는 출원의 취하
   가. 제84조에 따른 상표권의 존속기간 갱신등록(이하 "존속기간갱신등록"이라 한다)의 신청(이하 "존속기간갱신등록신청"이라 한다)
   나. 제86조 제1항에 따라 추가로 지정한 상품의 추가등록출원(이하 "지정상품추가등록출원"이라 한다)
   다. 제211조에 따른 상품분류전환 등록(이하 "상품분류전환등록"이라 한다)을 위한 제209조 제2항에 따른 신청(이하 "상품분류전환등록신청"이라 한다)
4. 상표권의 포기
5. 신청의 취하
6. 청구의 취하
7. 제115조 또는 제116조에 따른 심판청구
8. 복대리인(復代理人)의 선임

22

답 ③

정답 해설

ㄴ. (×) "사용방법"을 증명하고 관리할 수 있음을 증명하려는 서류는 필요 없다(상표법 제36조 제4항).

ㄷ. (×) 지리적 표시 상품의 생산지를 증명하려는 서류는 필요 없다. 다만, 지리적 표시 정의에 일치함을 증명할 수 있는 서류는 필요하다(상표법 제36조 제5항).

오답 해설

ㄱ. (○) 상표법 제36조 제3항
ㄹ. (○) 상표법 제36조 제6항

24

정답 해설

③ 상표에 관한 절차를 밟는 자의 대리인의 대리권은 서면으로 증명하여야 한다(상표법 제8조).

오답 해설

① 국내에 주소나 영업소가 없는 자(이하 "재외자"라 한다)는 재외자(법인인 경우에는 그 대표자를 말한다)가 국내에 체류하는 경우를 제외하고는 그 재외자의 상표에 관한 대리인으로서 국내에 주소나 영업소가 있는 자(이하 "상표관리인"이라 한다)에 의해서만 상표에 관한 절차를 밟거나 이 법 또는 이 법에 따른 명령에 따라 행정청이 한 처분에 대하여 소(訴)를 제기할 수 있다(상표법 제6조 제1항).

② 행위능력 또는 법정대리권이 없거나 상표에 관한 절차를 밟는 데 필요한 권한의 위임에 흠이 있는 자가 밟은 절차는 보정(補正)된 당사자나 법정대리인이 추인(追認)하면 행위를 한 때로 소급하여 그 효력이 발생한다(상표법 제9조).

④ 상표법에 규정된 절차의 추후 보완 사유에는 "심결에 관한 소"에 대한 규정이 없다.

⑤ 제22조에 따라 특허청 또는 특허심판원에 계속 중인 절차가 중단된 경우에는 다음 각 호의 구분에 따른 자가 그 절차를 수계(受繼)하여야 한다(상표법 제23조). 제22조 제3호 및 제4호의 경우 : 절차를 밟을 능력을 회복한 당사자 또는 법정대리인이 된 자

23

정답 해설

ㄴ. (○) 상표법 제34조 제1항 제20호
ㄹ. (○) 상표법 제34조 제1항 제2호

오답 해설

ㄱ. (×) 등록된 지리적 표시 단체 표장과 동일 유사한 상표는 그 지정상품과 동일한 상품에 대하여 등록받을 수 없다(상표법 제34조 제1항 제7호·제8호).

ㄷ. (×) 수요자에게 현저하게 인식되어 있는 상표여야 한다(상표법 제34조 제1항 제11호).

25

답 ⑤

정답 해설

⑤ 상표권을 목적으로 하는 질권의 설정 · 이전(상속이나 그 밖의 일반승계에 의한 경우는 제외한다) · 변경 · 소멸(권리의 혼동에 의한 경우는 제외한다) 또는 처분의 제한에 해당하는 사항은 등록하지 아니하면 그 효력이 발생하지 아니한다(상표법 제96조 제1항 제2호).

오답 해설

① 상표를 사용할 권리는 지정상품과 동일한 상품에 관하여 그 권리를 가진다(상표법 제89조).
② 전용사용권자는 물상대위권을 행사할 수 없다(상표법 제105조).
③ 통상사용권에서의 등록은 제3자 대항요건이다(상표법 제100조). 다만, 통상사용권자는 그 상품에 자신의 이름이나 명칭과 상표에 관한 표시를 할 필요는 없다.
④ 해당 상표권자 또는 전용사용권자는 제1항 또는 제2항에 따라 상표를 사용할 권리를 가진 자에게 그 자의 업무에 관한 상품과 자기의 업무에 관한 상품 간에 혼동을 방지하는 데 필요한 표시를 하도록 청구할 수 있다(상표법 제98조 제4항). 통상사용권자는 이러한 권리가 없다.

26

답 ①

정답 해설

① 국제등록 명의의 변경에 따라 국제등록 지정상품의 전부 또는 일부가 분할되어 이전된 경우에는 국제상표등록출원은 변경된 국제등록명의인에 의하여 각각 출원된 것으로 본다(상표법 제184조 제2항).

오답 해설

② 특허청장 또는 심판장은 상표에 관한 절차가 특허청 또는 특허심판원에 계속(繫屬) 중일 때 상표권 또는 상표에 관한 권리가 이전된 경우에는 그 상표권 또는 상표에 관한 권리의 승계인에게 그 절차를 속행(續行)하게 할 수 있다(상표법 제21조).
③ 통상사용권은 상속이나 그 밖의 일반승계의 경우를 제외하고는 상표권자(전용사용권에 관한 통상사용권의 경우에는 상표권자 및 전용사용권자를 말한다)의 동의를 받지 아니하면 이전할 수 없다(상표법 제97조 제3항).
④ 상표권자(공유인 상표권을 분할청구한 경우에는 분할청구를 한 공유자를 제외한 나머지 공유자를 말한다)는 상표권을 목적으로 하는 질권설정 또는 공유인 상표권의 분할청구 전에 지정상품에 관하여 그 등록상표를 사용하고 있는 경우에는 그 상표권이 경매 등에 의하여 이전되더라도 그 상표권에 대하여 지정상품 중 사용하고 있는 상품에 한정하여 통상사용권을 가진다(상표법 제104조의2).
⑤ 상표권자가 사망한 날부터 3년 이내에 상속인이 그 상표권의 이전등록을 하지 아니한 경우에는 상표권자가 사망한 날부터 3년이 되는 날의 다음 날에 상표권이 소멸된다(상표법 제106조).

27 답 ①

① 상표권자 등이 국내에서 등록상표가 표시된 상품을 양도한 경우에는 당해 상품에 대한 상표권은 그 목적을 달성한 것으로서 소진되고, 그로써 상표권의 효력은 당해 상품을 사용, 양도 또는 대여한 행위 등에는 미치지 않는다고 할 것이나(判例 2002도3445), 권리소진은 적법한 양도가 이루어졌을 경우에 인정되는 것이다.

② 공유자 1인의 손해배상청구는 보존행위이므로 가능하다.
③ 통상사용권 설정행위는 처분행위이므로, 공유자 전원의 동의가 필요하다(상표법 제93조 제3항).
④ 증명표장의 양도는 영업 일체의 양도와 함께 이루어져야 한다(상표법 제93조 제7항).
⑤ 업무표장권, 제34조 제1항 제1호 다목 단서, 같은 호 라목 단서 또는 같은 항 제3호 단서에 따른 상표권, 단체표장권 또는 증명장권을 목적으로 하는 질권은 설정할 수 없다(상표법 제93조 제8항).

28 답 ④

④ 상표권이 포기된 경우, 상표권 취소심판의 심리를 진행할 이익이 없어, 심리가 종결된다.

① 전용사용권자 또는 통상사용권자가 지정상품 또는 이와 유사한 상품에 등록상표 또는 이와 유사한 상표를 사용함으로써 수요자에게 상품의 품질을 오인하게 하거나 타인의 업무와 관련된 상품과의 혼동을 불러일으키게 한 경우. 다만, 상표권자가 상당한 주의를 한 경우는 제외한다(상표법 제119조 제1항 제2호).
② 제92조 제2항에 해당하는 상표가 등록된 경우에 그 상표에 관한 권리를 가진 자가 해당 상표등록일부터 5년 이내에 취소심판을 청구한 경우에 취소심판 가능하므로(상표법 제119조 제1항 제6호), 가능하다.
③ 증명표장권자가 제3조 제3항 단서를 위반하여 증명표장을 자기의 상품에 대하여 사용하는 경우(상표법 제119조 제1항 제9호 나목)

⑤ 자신의 상표가 아니라 주문자가 요구하는 상표로 상품을 생산하여 주는 주문자상표부착생산 방식(이른바 OEM 방식)에 의한 수출의 경우 상품제조에 대한 품질관리 등 실질적인 통제가 주문자에 의하여 유지되고 있고 수출업자의 생산은 오직 주문자의 주문에만 의존하며 생산된 제품 전량이 주문자에게 인도되는 것이 보통이므로, 상표법 제119조 제1항 제3호에 의한 상표등록취소심판에서 누가 상표를 사용한 것인지를 판단하면서는 특별한 사정이 없는 한 주문자인 상표권자나 사용권자가 상표를 사용한 것으로 보아야 한다(判例 2012후740).

29 답 ⑤

⑤ 확인대상표장에 대하여 상표권의 효력이 미치는지를 확인하는 권리확정을 목적으로 한 것으로 심결이 확정된 경우 심판의 당사자뿐만 아니라 제3자에게도 일사부재리의 효력이 미친다. 그런데 적극적 권리범위확인 심판청구의 상대방이 확인대상표장에 관하여 상표법 제99조의 "선사용에 따른 상표를 계속 사용할 권리"(이하 '선사용권'이라고 한다)를 가지고 있다는 것은 대인적(對人的)인 상표권 행사의 제한사유일 뿐이어서 상표권의 효력이 미치는 범위에 관한 권리확정과는 무관하므로, 상표권 침해소송이 아닌 적극적 권리범위확인심판에서 선사용권의 존부에 대해서까지 심리·판단하는 것은 허용되지 않는다(判例 2011후3872).

① 업무표장권의 적극적 권리범위확인심판에서 심판대상으로 삼고 있는 확인대상표장과 피심판청구인이 실제로 사용하는 표장이 동일하지 않은 경우에는 확인의 이익이 없어 그 심판청구는 부적법하나, 확인대상표장과 실사용 표장이 차이가 있더라도 그 차이나는 부분이 부기적인 것에 불과하여 양 표장이 동일성의 범위 내에 있는 경우에는 확인의 이익이 있다(判例 2010후1268).
② 권리범위확인심판의 판단 시점은 심결 시이다.
③ 상표권의 권리범위확인심판에서 등록상표와 확인대상표장의 유사 여부는 외관, 호칭 및 관념을 객관적, 전체적, 이격적으로 관찰하여 지정상품의 거래에서 일반 수요자들이 상표에 대하여 느끼는 직관적 인식을 기준으로 상품의 출처에 관하여 오인·혼동을 일으키게 할 우려가 있는지에 따라 판단하여야 한다(判例 2018후10848).

④ 상표권의 권리범위확인은 등록된 상표를 중심으로 어떠한 미등록상표가 적극적으로 등록상표의 권리범위에 속한다거나 소극적으로 이에 속하지 아니함을 확인하는 것이므로 상대방의 상표가 등록상표인 경우에는 설사 그것이 청구인의 선등록상표와 동일 또는 유사한 것이라 하더라도 상대방의 상표 내용이 자기의 등록상표의 권리범위에 속한다는 확인을 구하는 것은 상대방의 그 등록이 상표법 소정의 절차에 따라 무효심결이 확정되기까지는 그 무효를 주장할 수 없는 것임에도 그에 의하지 아니하고 곧 상대방의 등록상표의 효력을 부인하는 결과가 되므로 상대방의 등록상표가 자신의 등록상표의 권리범위에 속한다는 확인을 구하는 심판청구는 부적법하다고 하여야 할 것이다(判例 92후605).

30

답 ④

정답 해설

④ 제109조에 따른 손해배상을 청구하는 경우 그 등록상표의 사용에 대하여 합리적으로 받을 수 있는 금액에 상당하는 금액을 상표권자 또는 전용사용권자가 받은 손해액으로 하여 그 손해배상을 청구할 수 있다(상표법 제110조 제4항).

오답 해설

① 그 표장이 상표의 본질적인 기능이라고 할 수 있는 자타상품의 출처표시를 위하여 사용되는 것으로 볼 수 있는 경우에는 상표로서의 사용이라고 보아야 할 것이다(判例 2006후2265). 상표로서의 사용이 되어야 상표권을 침해하였다고 할 수 있다.

② 상표법은 등록상표가 일정한 사유에 해당하는 경우 별도로 마련한 상표등록의 무효심판절차를 거쳐 등록을 무효로 할 수 있도록 규정하고 있으므로, 상표는 일단 등록된 이상 비록 등록무효사유가 있다고 하더라도 이와 같은 심판에 의하여 무효로 한다는 심결이 확정되지 않는 한 대세적(對世的)으로 무효로 되는 것은 아니다. 그런데 상표등록에 관한 상표법의 제반 규정을 만족하지 못하여 등록을 받을 수 없는 상표에 대해 잘못하여 상표등록이 이루어져 있거나 상표등록이 된 후에 상표법이 규정하고 있는 등록무효사유가 발생하였으나 상표등록만은 형식적으로 유지되고 있을 뿐임에도 그에 관한 상표권을 별다른 제한 없이 독점·배타적으로 행사할 수 있도록 하는 것은 상표의 사용과 관련된 공공의 이익을 부당하게 훼손할 뿐만 아니라 상표를 보호함으로써 상표사용자의 업무상

신용유지를 도모하여 산업발전에 이바지함과 아울러 수요자의 이익을 보호하고자 하는 상표법의 목적에도 배치되는 것이다. 또한 상표권도 사적 재산권의 하나인 이상 그 실질적 가치에 부응하여 정의와 공평의 이념에 맞게 행사되어야 할 것인데, 상표등록이 무효로 될 것임이 명백하여 법적으로 보호받을 만한 가치가 없음에도 형식적으로 상표등록이 되어 있음을 기화로 그 상표를 사용하는 자를 상대로 침해금지 또는 손해배상 등을 청구할 수 있도록 용인하는 것은 상표권자에게 부당한 이익을 주고 그 상표를 사용하는 자에게는 불합리한 고통이나 손해를 줄 뿐이므로 실질적 정의와 당사자들 사이의 형평에도 어긋난다. 이러한 점들에 비추어 보면, 등록상표에 대한 등록무효심결이 확정되기 전이라고 하더라도 상표등록이 무효심판에 의하여 무효로 될 것임이 명백한 경우에는 상표권에 기초한 침해금지 또는 손해배상 등의 청구는 특별한 사정이 없는 한 권리남용에 해당하여 허용되지 아니한다고 보아야 하고, 상표권침해소송을 담당하는 법원으로서도 상표권자의 그러한 청구가 권리남용에 해당한다는 항변이 있는 경우 그 당부를 살피기 위한 전제로서 상표등록의 무효 여부에 대하여 심리·판단할 수 있다고 할 것이며, 이러한 법리는 서비스표권의 경우에도 마찬가지로 적용된다(判例 2010다103000).

③ 법원은 상표권 또는 전용사용권의 침해에 관한 소가 제기된 경우에는 그 취지를 특허심판원장에게 통보하여야 한다. 그 소송절차가 끝난 경우에도 또한 같다(상표법 제151조 제3항).

⑤ 상표권자 또는 전용사용권자는 자기가 사용하고 있는 등록상표와 같거나 동일성이 있는 상표를 그 지정상품과 같거나 동일성이 있는 상품에 사용하여 자기의 상표권 또는 전용사용권을 고의나 과실로 침해한 자에 대하여 제109조에 따른 손해배상을 청구하는 대신 1억원(고의적으로 침해한 경우에는 3억원) 이하의 범위에서 상당한 금액을 손해액으로 하여 배상을 청구할 수 있다. 이 경우 법원은 변론 전체의 취지와 증거조사의 결과를 고려하여 상당한 손해액을 인정할 수 있다(상표법 제111조 제1항).

31

정답 해설

③ 모인출원은 출원인이 실제와 다르게 기재된 경우를 말한다.

오답 해설

① "디자인을 창작한 자"란 법 제2조 제1호의 "디자인" 창작 행위를 한 사람으로, 디자인의 전체적인 심미감에 영향을 미치는 요부 내지 지배적인 특징 부분을 착상하거나 그 착상을 구체화한 경우와 같이 실질적으로 해당 디자인을 창작하는데 기여한 자를 말한다(심사기준).
② 디자인보호법 제37조, 제179조
④ 디자인보호법 제3조
⑤ 디자인등록출원 전에 그 디자인이 속하는 분야에서 통상의 지식을 가진 사람이 다음 각 호의 어느 하나에 따라 쉽게 창작할 수 있는 디자인(제1항 각 호의 어느 하나에 해당하는 디자인은 제외한다)은 제1항에도 불구하고 디자인등록을 받을 수 없다(디자인보호법 제33조 제2항).

32

답 ②

정답 해설

② 글자체는 단순히 미적 감상의 대상이 아니고, 기록이나 표시 또는 인쇄 등에 사용하기 위한 실용적 목적으로 창작된 것이어야 한다(심사기준).

디자인 심사기준

2.3 글자체 디자인의 성립요건

2.3.1 글자체 디자인이 다음의 요건을 구비하지 못한 경우에는 법 제2조(정의) 제1호에 따른 디자인의 정의에 합치되지 않는 것으로 본다.
   (1) 기록이나 표시 또는 인쇄 등에 사용하기 위한 것일 것
      (가) 글자체는 단순히 미적 감상의 대상이 아니고, 기록이나 표시 또는 인쇄 등에 사용하기 위한 실용적 목적으로 창작된 것이어야 한다.
      (나) 실용적인 목적이 아닌 미적 감상의 대상으로 창작된 서예나, 회사 또는 상품의 이름 등을 표상하기 위한 조립문자인 로고타입 등은 성립요건의 위반으로 디자인보호법상의 글자체 디자인에 해당되지 않는다.

   (2) 공통적인 특징을 가진 형태로 만들어진 것일 것
      (가) "공통적인 특징을 가진 형태"란 개개의 글자꼴이 지니는 형태, 규모, 색채, 질감 등이 서로 비슷하여 시각적으로 서로 닮아 있거나 같은 그룹으로 보이는 형태로 글자들 간에도 통일과 조화를 이루도록 만들어진 것을 말한다.
   (3) 한 벌의 글자꼴일 것
      (가) "한 벌의 글자꼴"이란 개개의 글자꼴이 모인 그 전체로서의 조합을 의미하므로 디자인보호법상 "글자체"란 글자꼴 하나 하나를 가리키는 것이 아니라, 개개 글자꼴들 간에 공통적인 특징을 가지도록 만들어진 한 벌의 글자꼴을 말한다.

오답 해설

① 로카르노협정의 물품류에 글자체가 명시되어 있고, 이것을 근거로 현행법은 글자체가 등록 가능하게 개정되었다.
③ 한편 글자체 디자인은 물품성을 요구하지 않고, 인류가 문자생활을 영위한 이래 다수의 글자체가 다양하게 개발되어왔고 문자의 기본형태와 가독성을 필수적인 요소로 고려하여 디자인하여야 하는 관계상 구조적으로 디자인을 크게 변화시키기 어려운 특성이 있으므로, 이와 같은 글자체 디자인의 고유한 특성을 충분히 참작하여 유사 여부를 판단하여야 한다(判例 2021후597).
④ 도면기재불비에 해당하는 경우 디자인보호법 제33조 제1항에 따른 거절이유에 해당한다.
⑤ 글자체가 디자인권으로 설정등록된 경우 그 디자인권의 효력은 타자·조판 또는 인쇄 등의 통상적인 과정에서 글자체를 사용하는 경우, 글자체의 사용으로 생산된 결과물인 경우에 해당하는 경우에는 미치지 아니한다.

33

답 ④

정답 해설

④ 분할의 기초가 된 디자인등록출원이 제51조, 제51조의2 또는 제51조의3에 따라 우선권을 주장한 디자인등록출원인 경우에는 제1항에 따라 분할출원을 한 때에 그 분할출원에 대해서도 우선권 주장을 한 것으로 보며, 분할의 기초가 된 디자인등록출원에 대하여 제51조, 제51조의2 또는 제51조의3에 따라 제출된 서류 또는 서면이 있는 경우에는 그 분할출원에 대해서도 해당 서류 또는 서면이 제출된 것으로 본다.

① 디자인등록출원을 하려는 자는 제40조 제1항에도 불구하고 산업통상자원부령으로 정하는 물품류 구분에서 같은 물품류에 속하는 물품에 대하여는 100 이내의 디자인을 1디자인등록출원(이하 "복수디자인등록출원"이라 한다)으로 할 수 있다. 이 경우 1디자인마다 분리하여 표현하여야 한다(디자인보호법 제41조).

② 옳은 설명이다. (심사기준)

③ 옳은 설명이다. (심사기준)

⑤ 제1항에 따라 분할된 디자인등록출원(이하 "분할출원"이라 한다)이 있는 경우 그 분할출원은 최초에 디자인등록출원을 한 때에 출원한 것으로 본다. 다만, 제36조 제2항 제1호 또는 제51조 제3항 및 제4항을 적용할 때에는 그러하지 아니하다(디자인보호법 제50조 제2항).

34 답 ⑤

⑤ 전사지와 전사지가 전사된 물품은 물품이 유사하지 않아 신규성 상실의 근거가 될 수 없다.

① 부품과 실질적으로 동일하다고 보는 완성품 디자인의 경우가 그러하다. (심사기준)

② 부분디자인에서의 점선이 전체디자인의 형상을 포함하는지 여부에 따라 신규성 상실 여부가 달라진다. (심사기준)

③ 옳은 설명이다. (심사기준)

④ 디자인의 유사는 물품의 유사성이 전제되어야 한다. (심사기준)

35 답 ②

ㄱ. (○) (심사기준)

ㄷ. (○)

ㄹ. (○) 디자인등록출원한 디자인이 그 출원을 한 후에 제52조, 제56조 또는 제90조 제3항에 따라 디자인공보에 게재된 다른 디자인등록출원(그 디자인등록출원일 전에 출원된 것으로 한정한다)의 출원서의 기재사항 및 출원서에 첨부된 도면·사진 또는 견본에 표현된 디자인의 일부와

동일하거나 유사한 경우에 그 디자인은 제1항에도 불구하고 디자인등록을 받을 수 없다. 다만, 그 디자인등록출원의 출원인과 다른 디자인등록출원의 출원인이 같은 경우에는 그러하지 아니하다(디자인보호법 제33조 제3항).

ㄴ. (×) 취하를 권고하지 않는다. 특허청장은 제2항의 경우에 디자인등록출원인에게 기간을 정하여 협의의 결과를 신고할 것을 명하고 그 기간 내에 신고가 없으면 제2항에 따른 협의는 성립되지 아니한 것으로 본다(디자인보호법 제46조 제5항).

ㅁ. (×) 공지부분을 포함하는 경우, 등록 요건 판단 시 유사성을 넓게 보고, 침해 판단 시 유사성을 좁게 본다.

36 답 ⑤

⑤ 디자인권의 상속이 개시되었으나 상속인이 없는 경우에는 그 디자인권은 소멸된다(디자인보호법 제111조).

① 국내를 통과하는 데에 불과한 선박·항공기·차량 또는 이에 사용되는 기계·기구·장치, 그 밖의 물건에 디자인권의 효력이 미치지 않는다(디자인보호법 제94조 제1항 제2호).

② 등록디자인의 보호범위는 디자인등록출원서의 기재사항 및 그 출원서에 첨부된 도면·사진 또는 견본과 도면에 적힌 디자인의 설명에 따라 표현된 디자인에 의하여 정하여진다(디자인보호법 제93조).

③ 디자인권자는 디자인권을 포기할 수 있다. 이 경우 복수디자인등록된 디자인권은 각 디자인권마다 분리하여 포기할 수 있다(디자인보호법 제105조).

④ 디자인권·전용실시권 또는 통상실시권을 목적으로 하는 질권을 설정하였을 때에는 질권자는 계약으로 특별히 정한 경우를 제외하고는 해당 등록디자인을 실시할 수 없다(디자인보호법 제108조).

37

정답 해설

⑤ 국제등록디자인권의 존속기간은 헤이그협정 제17조(2)에 따라 5년마다 갱신할 수 있다(디자인보호법 제99조 제2항).

오답 해설

① 디자인권은 제90조 제1항에 따라 설정등록한 날부터 발생하여 디자인등록출원일 후 20년이 되는 날까지 존속한다(디자인보호법 제91조 제1항 본문).
② 제35조에 따라 관련디자인으로 등록된 디자인권의 존속기간 만료일은 그 기본디자인의 디자인권 존속기간 만료일로 한다(디자인보호법 제91조 제1항 단서).
③ 이러한 규정은 없다.
④ 추가납부기간 내에 등록료를 내지 아니하였거나 보전기간 내에 보전하지 아니하여 등록디자인의 디자인권이 소멸한 경우 그 디자인권자는 추가납부기간 또는 보전기간 만료일부터 3개월 이내에 등록료의 2배를 내고 그 소멸한 권리의 회복을 신청할 수 있다. 이 경우 그 디자인권은 계속하여 존속하고 있던 것으로 본다(디자인보호법 제84조 제3항).

38
답 ④

정답 해설

④ 디자인보호법 제35조 제1항

오답 해설

① 등록디자인과 대비되는 디자인이 등록디자인의 출원 전에 그 디자인이 속하는 분야에서 통상의 지식을 가진 사람이 공지디자인 또는 이들의 결합에 따라 쉽게 실시할 수 있는 것인 때에는 등록디자인과 대비할 것도 없이 그 등록디자인의 권리범위에 속하지 않는다고 보아야 한다(判例 2016후878).
② 디자인보호법 제34조 제4호
③ 디자인권의 권리범위확인심판의 청구는 현존하는 디자인권의 범위를 확정하려는 데 그 목적이 있으므로, 일단 적법하게 발생한 디자인권이라 할지라도 그 권리가 소멸된 이후에는 그에 대한 권리범위확인을 구할 이익이 없어진다(判例 99후3595).

⑤ 디자인보호법 제2조 제1호에서 말하는 '물품'이란 독립성이 있는 구체적인 유체동산을 의미하는 것으로서, 이러한 물품이 디자인등록의 대상이 되기 위해서는 통상의 상태에서 독립된 거래의 대상이 되어야 하고, 그것이 부품인 경우에는 다시 호환성을 가져야 하나, 이는 반드시 실제 거래사회에서 현실적으로 거래되고 다른 물품과 호환될 것을 요하는 것은 아니고, 그러한 독립된 거래의 대상 및 호환의 가능성만 있으면 디자인등록의 대상이 된다(判例 2003후274).

39
답 ②

정답 해설

디자인보호법 제19조(절차의 추후 보완)
디자인에 관한 절차를 밟은 자가 책임질 수 없는 사유로 다음 각 호에 따른 기간을 지키지 못한 경우에는 그 사유가 소멸한 날부터 2개월 이내에 지키지 못한 절차를 추후 보완할 수 있다. 다만, 그 기간의 만료일부터 1년이 지났을 때에는 그러하지 아니하다.

디자인보호법 제48조 제4항 제3호(출원의 보정과 요지변경)
제120조에 따라 디자인등록거절결정에 대한 심판을 청구하는 경우에는 그 청구일부터 30일 이내

디자인보호법 제138조 제2항(제척 또는 기피의 소명)
제척 또는 기피의 원인은 신청한 날부터 3일 이내에 소명하여야 한다.

40
답 ①

정답 해설

① 디자인보호법에서는 국제사무국에 직접 출원하는 방식에 대하여 규정하고 있지 않다. 「산업디자인의 국제등록에 관한 헤이그협정」(1999년 세계지식재산기구에 의하여 제네바 외교회의에서 채택된 조약을 말하며, 이하 "헤이그협정"이라 한다) 제1조(vi)에 따른 국제등록(이하 "국제등록"이라 한다)을 위하여 출원을 하려는 자는 특허청을 통하여 헤이그협정 제1조(vii)에 따른 국제출원(이하 "특허청을 통한 국제출원"이라 한다)을 할 수 있다(디자인보호법 제173조). 직접출원은 규정하고 있지 않다.

2022년 제59회 정답 및 해설

문제편 044p

01	02	03	04	05	06	07	08	09	10	11	12	13	14	15	16	17	18	19	20
⑤	②	④	③	①	③	⑤	②	④	①	①	④	⑤	③	①	②	⑤	⑤	④	③
21	22	23	24	25	26	27	28	29	30	31	32	33	34	35	36	37	38	39	40
③	④	⑤	①	④	①	②	②	④	③	②	③	①	⑤	②	③	③	①	⑤	④

01

답 ⑤

정답 해설

⑤ 특허권 및 특허에 관한 권리의 등록신청서류와 「특허협력조약」 제2조(vii)에 따른 국제출원(이하 "국제출원"이라 한다)에 관한 서류를 우편으로 제출하는 경우에는 그 서류가 특허청장 또는 특허심판원장에게 도달한 날부터 효력이 발생한다(특허법 제28조 제2항 단서).

오답 해설

① 특허법은 수출을 실시행위로 규정하고 있지 않다(특허법 제2조 제3호).

특허법 제2조(정의)

3. "실시"란 다음 각 목의 구분에 따른 행위를 말한다.
   가. 물건의 발명인 경우 : 그 물건을 생산 · 사용 · 양도 · 대여 또는 수입하거나 그 물건의 양도 또는 대여의 청약(양도 또는 대여를 위한 전시를 포함한다. 이하 같다)을 하는 행위
   나. 방법의 발명인 경우 : 그 방법을 사용하는 행위 또는 그 방법의 사용을 청약하는 행위
   다. 물건을 생산하는 방법의 발명인 경우 : 나목의 행위 외에 그 방법에 의하여 생산한 물건을 사용 · 양도 · 대여 또는 수입하거나 그 물건의 양도 또는 대여의 청약을 하는 행위

② 법인이 아닌 사단 또는 재단으로서 대표자나 관리인이 정하여져 있는 경우에는 그 사단 또는 재단의 이름으로 출원심사의 청구인, 특허취소신청인, 심판의 청구인 · 피청구인 또는 재심의 청구인 · 피청구인이 될 수 있다(특허법 제4조).

③ 특허법 제5조 제1항

④ 특허청장 · 특허심판원장 · 심판장 또는 제57조 제1항에 따른 심사관(이하 "심사관"이라 한다)은 이 법에 따라 특허에 관한 절차를 밟을 기간을 정한 경우에는 청구에 따라 그 기간을 단축 또는 연장하거나 직권으로 그 기간을 연장할 수 있다. 이 경우 특허청장 등은 그 절차의 이해관계인의 이익이 부당하게 침해되지 아니하도록 단축 또는 연장 여부를 결정하여야 한다(특허법 제15조 제2항).

02

답 ②

정답 해설

② 특허출원 전에 이루어진 특허를 받을 수 있는 권리의 승계는 그 승계인이 특허출원을 하여야 제3자에게 대항할 수 있다(특허법 제38조 제1항). 특허출원 전에 이루어진 특허를 받을 수 있는 권리의 승계는 특허를 받을 수 있는 권리를 가진 자로부터 승계한 때 승계의 효력이 발생하며, 승계인의 특허출원은 제3자 대항요건이다.

① 특허법 제38조 제4항
③ 특허를 받을 수 있는 권리는 발명의 완성과 동시에 발명자에게 원시적으로 귀속되지만, 이는 재산권으로 양도성을 가지므로 계약 또는 상속 등을 통하여 전부 또는 일부 지분을 이전할 수 있고(특허법 제37조 제1항), 그 권리를 이전하기로 하는 계약은 명시적으로는 물론 묵시적으로도 이루어질 수 있고, 그러한 계약에 따라 특허등록을 공동출원한 경우에는 출원인이 발명자가 아니라도 등록된 특허권의 공유지분을 가진다(判例 2011다67705).
④ 특허법 제41조 제2항·제4항
⑤ 특허법 제38조 제6항

03

④ 제3자의 출원은 무권리자 출원과 신규성 요건을 충족하지 않으므로 선출원의 지위를 갖지 않으며, 이러한 제3자의 출원에 의해 선출원주의 위반에 해당하지 않는다.

① 발명의 신규성 또는 진보성 판단에 제공되는 대비발명은 그 기술적 구성 전체가 명확하게 표현된 것뿐만 아니라, 미완성 발명 또는 자료의 부족으로 표현이 불충분하거나 일부 내용에 오류가 있다고 하더라도 그 기술분야에서 통상의 지식을 가진 자가 발명의 출원 당시 기술상식을 참작하여 기술내용을 용이하게 파악할 수 있다면 선행기술이 될 수 있다(判例 2006후1957).
② 선행 또는 공지의 발명에 구성요건이 상위개념으로 기재되어 있고 위 상위개념에 포함되는 하위개념만을 구성요건 중의 전부 또는 일부로 하는 이른바 선택발명의 신규성을 부정하기 위해서는 선행발명이 선택발명을 구성하는 하위개념을 구체적으로 개시하고 있어야 하고, 이에는 선행발명을 기재한 선행문헌에 선택발명에 대한 문언적인 기재가 존재하는 경우 외에도 그 발명이 속하는 기술분야에서 통상의 지식을 가진 자가 선행문헌의 기재 내용과 출원시의 기술 상식에 기초하여 선행문헌으로부터 직접적으로 선택발명의 존재를 인식할 수 있는 경우도 포함된다(判例 2008후3520).

③ 구성요소의 범위를 수치로써 한정하여 표현한 발명이 그 출원 전에 공지된 발명과 사이에 수치한정의 유무 또는 범위에서만 차이가 있는 경우에는, 그 한정된 수치범위가 공지된 발명에 구체적으로 개시되어 있거나, 그렇지 않더라도 그러한 수치한정이 그 발명이 속하는 기술분야에서 통상의 지식을 가진 자(이하 '통상의 기술자'라고 한다)가 적절히 선택할 수 있는 주지·관용의 수단에 불과하고 이에 따른 새로운 효과도 발생하지 않는다면 그 신규성이 부정된다(判例 2011후2015).
⑤ 특허법 제2조 제3호는 발명을 '물건의 발명', '방법의 발명', '물건을 생산하는 방법의 발명'으로 구분하고 있는바, 특허청구범위가 전체적으로 물건으로 기재되어 있으면서 그 제조방법의 기재를 포함하고 있는 발명(이하 '제조방법이 기재된 물건발명'이라고 한다)의 경우 제조방법이 기재되어 있다고 하더라도 발명의 대상은 그 제조방법이 아니라 최종적으로 얻어지는 물건 자체이므로 위와 같은 발명의 유형 중 '물건의 발명'에 해당한다. 물건의 발명에 관한 특허청구범위는 발명의 대상인 물건의 구성을 특정하는 방식으로 기재되어야 하는 것이므로, 물건의 발명의 특허청구범위에 기재된 제조방법은 최종 생산물인 물건의 구조나 성질 등을 특정하는 하나의 수단으로서 그 의미를 가질 뿐이다. 따라서 제조방법이 기재된 물건발명의 특허요건을 판단함에 있어서 그 기술적 구성을 제조방법 자체로 한정하여 파악할 것이 아니라 제조방법의 기재를 포함하여 특허청구범위의 모든 기재에 의하여 특정되는 구조나 성질 등을 가지는 물건으로 파악하여 출원 전에 공지된 선행기술과 비교하여 신규성, 진보성 등이 있는지 여부를 살펴야 한다(判例 2011후927).

04

③ 특허법 제52조 제2항 제2호

① 특허출원인은 그 특허출원의 출원서에 최초로 첨부된 명세서 또는 도면에 기재된 사항의 범위에서 그 일부를 하나 이상의 특허출원으로 분할할 수 있다. 다만, 그 특허출원이 외국어특허출원인 경우에는 그 특허출원에 대한 국어번역문이 제출된 경우에만 분할할 수 있다(특허법 제52조 제1항).
② 분할출원은 원출원이 출원된 때에 출원한 것으로 보므로, 동일한 발명에 대해 같은 날 2 이상의 출원이 있는 것으로 보아 특허법 제36조 제2항 위반 거절이유가 발생한다.

④ 분할출원은 원출원의 출원서에 최초로 첨부된 명세서 또는 도면에 기재된 사항의 범위에서 할 수 있다. 또한, 분할출원의 경우에도 청구범위제출유예제도가 적용된다.

⑤ 분할출원은 특허결정등본을 송달받은 날부터 3개월 이내의 기간에 가능하며, 설정등록을 받으려는 날이 3개월보다 짧은 경우에는 그날까지의 기간에 분할출원이 가능하다(특허법 제52조 제1항 제3호 단서).

05

답 ①

정답 해설

① 특허출원인의 의사에 반한 공지가 있는 경우, 발명이 공지된 날로부터 12개월 이내에 출원해야 하며(특허법 제30조 제1항 제2호), 공지에 의한 거절이유통지가 있을 때 의견서제출기회를 통해 발명이 공지된 과정이 자신의 의사에 반한 것이었다는 사실의 입증을 할 수 있다.

오답 해설

② 특허법 제59조 제3항
③ 특허법 제52조 제6항
④ 특허법 제63조 제1항 단서
⑤ 특허법 제53조 제8항

06

답 ③

정답 해설

③ 명세서 또는 도면의 보정은 특허출원서에 최초로 첨부한 명세서 또는 도면에 기재된 사항의 범위에서 하여야 한다(특허법 제47조 제2항). 요약서는 명세서 또는 도면에 해당하지 않으므로 신규사항 추가 여부를 판단하는 기준이 되는 최초 명세서 등에 포함되지 아니한다(심사기준).

오답 해설

② 특허청장 또는 특허심판원장은 제46조에 따른 보정명령을 받은 자가 지정된 기간에 그 보정을 하지 아니하면 특허에 관한 절차를 무효로 할 수 있다. 다만, 제82조 제2항에 따른 심사청구료를 내지 아니하여 보정명령을 받은 자가 지정된 기간에 그 심사청구료를 내지 아니하면 특허출원서에 첨부한 명세서에 관한 보정을 무효로 할 수 있다(특허법 제16조 제1항).

④ 특허출원인은 제1항 후단에 따라 특허출원서에 최초로 첨부한 명세서에 청구범위를 적지 아니한 경우에는 제64조 제1항 각 호의 구분에 따른 날부터 1년 2개월이 되는 날까지 명세서에 청구범위를 적는 보정을 하여야 한다. 다만, 본문에 따른 기한 이전에 제60조 제3항에 따른 출원심사청구의 취지를 통지받은 경우에는 그 통지를 받은 날부터 3개월이 되는 날 또는 제64조 제1항 각 호의 구분에 따른 날부터 1년 2개월이 되는 날 중 빠른 날까지 보정을 하여야 한다(특허법 제42조의2 제2항).

⑤ 특허법 제42조 제4항 제1호는 특허청구범위에 보호받고자 하는 사항을 기재한 청구항이 발명의 상세한 설명에 의하여 뒷받침될 것을 규정하고 있는데, 이는 특허출원서에 첨부된 명세서의 발명의 상세한 설명에 기재되지 아니한 사항이 청구항에 기재됨으로써 출원자가 공개하지 아니한 발명에 대하여 특허권이 부여되는 부당한 결과를 막으려는 데에 취지가 있다. 따라서 특허법 제42조 제4항 제1호가 정한 위와 같은 명세서 기재요건을 충족하는지는 위 규정 취지에 맞게 특허출원 당시의 기술수준을 기준으로 하여 통상의 기술자의 입장에서 특허청구범위에 기재된 발명과 대응되는 사항이 발명의 상세한 설명에 기재되어 있는지에 의하여 판단하여야 하므로, 특허출원 당시의 기술수준에 비추어 발명의 상세한 설명에 개시된 내용을 특허청구범위에 기재된 발명의 범위까지 확장 또는 일반화할 수 있다면 그 특허청구범위는 발명의 상세한 설명에 의하여 뒷받침된다고 볼 수 있다(判例 2014후2061).

07

답 ⑤

정답 해설

ㄴ. (○) 특허발명의 진보성을 판단할 때에는 청구항에 기재된 복수의 구성을 분해한 후 각각 분해된 개별 구성요소들이 공지된 것인지 여부만을 따져서는 아니 되고, 특유의 과제 해결원리에 기초하여 유기적으로 결합된 전체로서의 구성의 곤란성을 따져 보아야 하며, 이때 결합된 전체 구성으로서의 발명이 갖는 특유한 효과도 함께 고려하여야 한다(判例 2019후10609).

ㄷ. (○) 효과의 현저성은 특허발명의 명세서에 기재되어 통상의 기술자가 인식하거나 추론할 수 있는 효과를 중심으로 판단하여야 하고, 만일 그 효과가 의심스러울 때에는 그 기재 내용의 범위를 넘지 않는 한도에서 출원일 이후에 추가적인 실험 자료를 제출하는 등의 방법으로 그 효과를 구체적으로 주장·증명하는 것이 허용된다(判例 2019후10609).

ㄹ. (○) 의약용도발명에서는 통상의 지식을 가진 사람이 선행발명들로부터 특정 물질의 특정 질병에 대한 치료효과를 쉽게 예측할 수 있는 정도에 불과하다면 진보성이 부정되고, 이러한 경우 선행발명들에서 임상시험 등에 의한 치료효과가 확인될 것까지 요구된다고 볼 수 없다(判例 2016후502).

오답 해설

ㄱ. (×) 구성의 곤란성 여부의 판단이 불분명한 경우라고 하더라도, 특허발명이 선행발명에 비하여 이질적이거나 양적으로 현저한 효과를 가지고 있다면 <u>진보성이 부정되지 않는다</u>(判例 2019후10609).

08 답 ②

정답 해설

② 특허법 제66조의3

특허법 제66조의3(특허결정 이후 직권 재심사)
① 심사관은 특허결정된 특허출원에 관하여 명백한 거절이유를 발견한 경우에는 직권으로 특허결정을 취소하고, 그 특허출원을 다시 심사(이하 "직권 재심사"라 한다)할 수 있다. 다만, 다음 각 호의 어느 하나에 해당하는 경우에는 그러하지 아니하다.
  1. 거절이유가 제42조 제3항 제2호, 같은 조 제8항 및 제45조에 따른 요건에 관한 것인 경우
  2. <u>그 특허결정에 따라 특허권이 설정등록된 경우</u>
  3. 그 특허출원이 취하되거나 포기된 경우
② 제1항에 따라 심사관이 직권 재심사를 하려면 특허결정을 취소한다는 사실을 특허출원인에게 통지하여야 한다.
③ <u>특허출원인이 제2항에 따른 통지를 받기 전에 그 특허출원이 제1항 제2호 또는 제3호에 해당하게 된 경우에는 특허결정의 취소는 처음부터 없었던 것으로 본다.</u>

정답 해설

① 심사관의 직권재심사는 특허결정에 따라 특허권이 설정등록된 경우에는 할 수 없다(특허법 제66조의3 제1항 제2호).
③ 심사관의 직권보정 사항에 대해 특허출원인이 의견서를 제출한 경우 해당 직권보정 사항의 전부 또는 일부는 처음부터 없었던 것으로 본다. 이 경우 그 특허결정도 함께 취소된 것으로 본다(특허법 제66조의2 제4항).

④ 재심사 청구는 취하할 수 없다(특허법 제67조의2 제4항). 재심사가 청구된 경우 거절결정은 취소된 것으로 보므로 거절결정등본을 송달받은 날로부터 30일 이내에 할 수 있는 행위(거절결정 불복심판 및 분할출원)를 할 수 없다.
⑤ 출원공개 후 특허를 무효로 한다는 심결(후발적 무효사유에 따른 무효 심결은 제외)이 확정된 경우에는 보상금 청구권은 처음부터 발생하지 아니한 것으로 본다(특허법 제65조 제6항 제4호).

09 답 ④

정답 해설

④ 특허법 제84조 제3항

특허법 제84조(특허료 등의 반환)
① 납부된 특허료 및 수수료는 다음 각 호의 어느 하나에 해당하는 경우에만 납부한 자의 청구에 의하여 반환한다.
  1. 잘못 납부된 특허료 및 수수료
③ 제1항에 따른 특허료 및 수수료의 반환청구는 제2항에 따른 통지를 받은 날부터 3년이 지나면 할 수 없다.
③ 제1항에 따른 특허료 및 수수료의 반환청구는 제2항에 따른 통지를 받은 날부터 5년이 지나면 할 수 없다.
[시행 2022.10.18.]

정답 해설

① 추가납부기간에 특허료를 내지 아니한 경우(추가납부기간이 끝나더라도 제81조의2 제2항에 따른 보전기간이 끝나지 아니한 경우에는 그 보전기간에 보전하지 아니한 경우를 말한다)에는 특허권의 설정등록을 받으려는 자의 특허출원은 "포기"한 것으로 본다(특허법 제81조 제3항).
② 특허권의 설정등록을 받으려는 자 또는 특허권자가 "정당한 사유"로 추가납부기간에 특허료를 내지 아니하였거나 보전기간에 보전하지 아니한 경우에는 그 사유가 소멸한 날부터 "2개월" 이내에 그 특허료를 내거나 보전할 수 있다(특허법 제81조의3 제1항).
③ 특허권의 존속기간의 연장등록을 무효로 한다는 심결이 확정된 경우 특허권의 존속기간의 연장등록을 무효로 한다는 심결이 확정된 해의 "다음 해부터의" 특허료 해당분은 납부한 자의 청구에 의하여 반환한다(특허법 제84조 제1항 제3호).
⑤ 특허청장은 제2항에 따른 특허료 및 수수료 감면을 거짓이나 그 밖의 부정한 방법으로 받은 자에 대하여는 산업통상자원부령으로 정하는 바에 따라 감면받은 <u>특허료 및 수수료의 2배액을 징수할 수 있다</u>(특허법 제83조 제4항).

10

정답 해설

① 특허를 받을 수 있는 권리가 공유인 경우에는 공유자 모두가 공동으로 특허출원을 하여야 한다(특허법 제44조). 이를 위반시 거절이유에 해당한다.

오답 해설

② 특허권이 공유인 경우에는 각 공유자는 다른 공유자 모두의 동의를 받아야만 그 지분을 양도하거나 그 지분을 목적으로 하는 질권을 설정할 수 있다(특허법 제99조 제2항).

③ 특허권의 공유자 상호 간에 이해관계가 대립되는 경우 등에 그 공유관계를 해소하기 위한 수단으로서 각 공유자에게 민법상의 공유물분할청구권을 인정하더라도 공유자 이외의 제3자에 의하여 다른 공유자 지분의 경제적 가치에 위와 같은 변동이 발생한다고 보기 어려워서 위 특허법 제99조 제2항 및 제4항에 반하지 아니하고, 달리 분할청구를 금지하는 특허법 규정도 없으므로, 특허권의 공유관계에 민법상 공유물분할청구에 관한 규정이 적용될 수 있다(判例 2013다41578).

④ 특허권은 발명실시에 대한 독점권으로서 그 대상은 형체가 없을 뿐만 아니라 각 공유자에게 특허권을 부여하는 방식의 현물분할을 인정하면 하나의 특허권이 사실상 내용이 동일한 복수의 특허권으로 증가하는 부당한 결과를 초래하게 되므로, 특허권의 성질상 그러한 현물분할은 허용되지 아니한다. 그리고 위와 같은 법리는 디자인권의 경우에도 마찬가지로 적용된다(判例 2013다41578).

⑤ 특허법 제140조 제2항 제1호

특허법 제140조(심판청구방식)
① 심판을 청구하려는 자는 다음 각 호의 사항을 적은 심판청구서를 특허심판원장에게 제출하여야 한다.
  1. 당사자의 성명 및 주소(법인인 경우에는 그 명칭 및 영업소의 소재지)
② 제1항에 따라 제출된 심판청구서의 보정은 그 요지를 변경할 수 없다. 다만, 다음 각 호의 어느 하나에 해당하는 경우에는 그러하지 아니하다.
  1. 제1항 제1호에 따른 당사자 중 특허권자의 기재를 바로잡기 위하여 보정(특허권자를 추가하는 것을 포함하되, 청구인이 특허권자인 경우에는 추가되는 특허권자의 동의가 있는 경우로 한정한다)하는 경우

11

정답 해설

① 반도체 기술에 대해서는 제1항 제3호(공공의 이익을 위하여 비상업적으로 실시하는 경우만 해당한다) 또는 "제4호의 경우"에만 재정을 청구할 수 있다(특허법 제107조 제6항).

오답 해설

② 특허법 제87조 제4항
③ 특허법 제94조 제2항
④ 특허법 제106조의2 제1항
⑤ 특허법 제124조 제2항

12

정답 해설

④ 判例 2004후3553

오답 해설

① 행정소송인 심결취소소송에서도 원칙적으로 변론주의가 적용되고, 따라서 자백 또는 의제자백도 인정된다 함은 상고이유에서 지적하는 바와 같으나, 자백의 대상은 사실이고, 이러한 사실에 대한 법적 판단 내지 평가는 자백의 대상이 되지 아니하는 것이다(判例 2000후1542). 특허발명의 진보성 판단에 제공되는 선행발명이 어떤 구성요소를 가지고 있는지는 주요사실로서 당사자의 자백의 대상이 된다고 할 것이다(判例 2004후905).

② 특허발명의 보호범위는 특허청구범위에 기재된 사항에 의하여 정하여지는 것이 원칙이므로, 특허청구범위의 기재만으로 기술적 범위가 명백한 경우에는 명세서의 다른 기재에 의하여 특허청구범위의 기재를 제한해석할 수 없다. 다만 그 기재만으로 특허발명의 기술적 구성을 알 수 없거나 기술적 범위를 확정할 수 없는 경우에는 명세서의 다른 기재에 의해 보충할 수 있으나, 그러한 경우에도 명세서의 다른 기재에 의하여 특허청구범위를 확장해석하는 것은 허용되지 않는다(判例 2010후2605).

③ 선 특허발명과 후 발명이 이용관계에 있는 경우에는 후 발명은 선 특허발명의 권리범위에 속하게 되고, 이러한 이용관계는 후 발명이 선 특허발명의 기술적 구성에 새로운 기술적 요소를 부가하는 것으로서 후 발명이 선 특허발명의 요지를 전부 포함하고 이를 그대로 이용하되, 후 발명 내에 선 특허발명이 발명으로서의 일체성을 유지하는 경우에 성립하는 것이며, 이는 선 특허발명과 동일한 발명뿐만 아니라 균등한 발명을 이용하는 경우도 마찬가지이다(判例 98후522).

⑤ 특허권침해소송의 상대방이 제조 등을 하는 제품 또는 사용하는 방법(이하 '침해대상제품 등'이라 한다)이 특허발명의 특허권을 침해한다고 할 수 있기 위해서는 특허발명의 특허청구범위에 기재된 각 구성요소와 그 구성요소 간의 유기적 결합관계가 침해대상제품 등에 그대로 포함되어 있어야 한다(判例 2010다65818).

13
답 ⑤

정답 해설

⑤ 일사부재리 원칙에 관한 특허법 제163조는 "이 법에 따른 심판의 심결이 확정되었을 때에는 그 사건에 대해서는 누구든지 동일 사실 및 동일 증거에 의하여 다시 심판을 청구할 수 없다. 다만 확정된 심결이 각하심결인 경우에는 그러하지 아니하다."라고 규정하고 있다. 따라서 확정된 심결이 심판청구의 적법요건을 갖추지 못하여 각하된 심결인 경우에는 특허법 제163조 단서에 따라 일사부재리의 효력이 없다. 다음과 같은 점을 고려하면, 위 단서 규정은 새로 제출된 증거가 선행 확정 심결을 번복할 수 있을 만큼 유력한 증거인지에 관한 심리·판단이 이루어진 후 선행확정 심결과 동일 증거에 의한 심판청구라는 이유로 각하된 심결인 경우에도 동일하게 적용된다고 보아야 한다(判例 2021후10077).

오답 해설

① 확인대상발명의 일부 구성이 불명확하여 다른 것과 구별될 수 있는 정도로 구체적으로 특정되어 있지 않다면, 특허심판원은 요지변경이 되지 아니하는 범위 내에서 확인대상발명의 설명서 및 도면에 대한 보정을 명하는 등 조치를 취해야 하며, 그럼에도 그와 같은 특정에 미흡함이 있다면 심판의 심결이 확정되더라도 일사부재리의 효력이 미치는 범위가 명확하다고 할 수 없으므로, 나머지 구성만으로 확인대상발명이 특허발명의 권리범위에 속하는지를 판단할 수 있는 경우라 하더라도 심판청구를 각하하여야 한다(判例 2010후3356).

② 判例 2013후37

③ 判例 2003후427

④ 判例 2007허1787

14
답 ③

정답 해설

ㄱ. (○) 특허권자 또는 전용실시권자는 자신의 특허발명의 보호범위를 확인하기 위하여 특허권의 권리범위 확인심판을 청구할 수 있다(특허법 제135조 제1항).

ㄷ. (○) 특허권자, 전용실시권자 또는 통상실시권자는 해당 특허발명이 제98조에 해당하여 실시의 허락을 받으려는 경우에 그 타인이 정당한 이유 없이 허락하지 아니하거나 그 타인의 허락을 받을 수 없을 때에는 자기의 특허발명의 실시에 필요한 범위에서 통상실시권 허락의 심판을 청구할 수 있다(특허법 제138조 제1항).

ㄹ. (○) 특허법 제156조

> **특허법 제156조(참가의 신청 및 결정)**
> ① 심판에 참가하려는 자는 참가신청서를 심판장에게 제출하여야 한다.
> ② 심판장은 참가신청이 있는 경우에는 참가신청서 부본을 당사자 및 다른 참가인에게 송달하고, 기간을 정하여 의견서를 제출할 수 있는 기회를 주어야 한다.
> ③ 참가신청이 있는 경우에는 심판으로 그 참가 여부를 결정하여야 한다.
> ④ 제3항에 따른 결정은 서면으로 하여야 하며, 그 이유를 붙여야 한다.
> ⑤ 제3항에 따른 결정에 대해서는 불복할 수 없다.

오답 해설

ㄴ. (✕) 심판장은 구술심리로 심판을 할 경우에는 특허심판원장이 지정한 직원에게 기일마다 심리의 요지와 그 밖에 필요한 사항을 적은 조서를 작성하게 하여야 한다(특허법 제154조 제5항). 조서에는 심판의 심판장 및 조서를 작성한 직원이 "기명날인"하여야 한다(특허법 제154조 제6항).

ㅁ. (✕) 부적법한 심판청구로서 그 흠을 보정할 수 없을 때에는 피청구인에게 답변서 제출의 기회를 주지 아니하고, 심결로써 그 청구를 각하할 수 있다(특허법 제142조).

15

정답 해설

① 당사자는 특허취소결정 또는 심결 확정 후 재심사유를 안 날부터 30일 이내에 재심을 청구하여야 한다(특허법 제180조 제1항). 대리권의 흠을 이유로 재심을 청구하는 경우에 제항의 기간은 청구인 또는 법정대리인이 특허취소결정등본 또는 심결등본의 송달에 의하여 특허취소결정 또는 심결이 있는 것을 안 날의 다음 날부터 기산한다(특허법 제180조 제2항).

오답 해설

② 특허법 제180조 제3항·제4항
③ 특허법 제179조
④ 특허법 제181조 제1항 제4호
⑤ 특허법 제182조

16

정답 해설

② 동일한 특허발명에 대하여 정정심판 사건이 특허심판원에 계속 중에 있다는 이유로 상고심에 계속 중인 그 특허발명에 관한 특허무효심결에 대한 취소소송의 심리를 중단하여야 하는 것은 아니다(判例 2018후11353).

오답 해설

① 권리범위확인심판 제도의 성질과 기능, 특허법의 규정 내용과 취지 등에 비추어 보면, 침해소송이 계속 중이어서 그 소송에서 특허권의 효력이 미치는 범위를 확정할 수 있더라도 이를 이유로 침해소송과 별개로 청구된 권리범위확인심판의 심판청구의 이익이 부정된다고 볼 수는 없다(判例 2016후328).
③ 특허권자가 정정심판을 청구하여 특허무효심판에 대한 심결취소소송의 사실심 변론종결 이후에 특허발명의 명세서 또는 도면에 대하여 정정을 한다는 심결이 확정되더라도 정정 전 명세서 등으로 판단한 원심판결에 재심사유가 있다고 볼 수 없다(判例 2016후2522).
④ 이른바 고유필수적 공동소송이 아닌 사건에서 소송 도중에 당사자를 추가하는 것은 허용될 수 없고, 동일한 특허권에 관하여 2인 이상의 자가 공동으로 특허의 무효심판을 청구하여 승소한 경우에 그 특허권자가 제기할 심결취소소송은 심판청구인 전원을 상대로 제기하여야만 하는 고유필수적 공동소송이라고 할 수 없으므로, 위 소송에서

당사자의 변경을 가져오는 당사자추가신청은 명목이 어떻든 간에 부적법하여 허용될 수 없다(判例 2007후1510).
⑤ 법원은 제186조 제1항에 따른 소 또는 같은 조 제8항에 따른 상고가 제기되었을 때에는 지체 없이 그 취지를 특허심판원장에게 통지하여야 한다(특허법 제188조 제1항).

17

오답 해설

① 특허청장은 국제출원이 특허청에 도달한 날을 「특허협력조약」 제11조의 국제출원일(이하 "국제출원일"이라 한다)로 인정하여야 한다. 다만, 제193조 제1항에 따른 발명의 설명 또는 청구범위가 제출되지 아니한 경우에는 그러하지 아니하다(특허법 제194조 제1항 제3호).
② 법령의 규정에 의하여 특허청장에게 제출하는 국제출원에 관한 서류로서 제출기간이 정하여져 있는 것을 등기우편에 의하여 제출하는 경우 우편의 지연으로 인하여 당해 서류가 제출기간내에 도달되지 아니하는 때에는 출원인은 당해서류를 제출기간의 만료일 5일 이전에 우편으로 발송하였다는 사실을 증명하는 증거를 특허청장에게 제출할 수 있다. 다만, 당해서류를 항공우편으로 발송할 수 있고 또한 항공우편 외의 방법으로는 도달에 통상 3일 이상 소요되는 것이 명백한 경우 당해서류를 항공우편으로 발송하지 아니한 때에는 그러하지 아니하다(특허법 시행규칙 제86조 제1항). 제1항의 규정에 의하여 제출된 증거에 의하여 당해서류가 제출기간내에 도달되지 아니한 원인이 우편의 지연으로 인한 것이라고 인정되는 경우에는 당해서류는 제출기간내에 제출된 것으로 "본다"(특허법 시행규칙 제86조 제3항).
③ 출원인이 우선권주장을 보정 또는 추가하고자 하는 경우에는 우선일부터 1년 4월(우선권주장의 보정 또는 추가로 인하여 우선일이 변경된 경우에는 변경된 우선일부터 1년 4월과 우선일부터 1년 4월 중 먼저 만료되는 날)과 국제출원일부터 4월 중 늦게 만료되는 날 이내에 보정 또는 추가하여야 한다(특허법 시행규칙 제102조 제1항).
④ 특허청장은 우선권주장의 기초가 되는 선출원이 국어 또는 영어 외의 언어로 기재되어 있는 경우에는 기간을 정하여 국어번역문을 제출할 것을 출원인에게 명할 수 있다(특허법 시행규칙 제106조의11 제2항).

18 답 ⑤

정답 해설

⑤ 법인의 대표자나 법인 또는 개인의 대리인, 사용인, 그 밖의 종업원이 그 법인 또는 개인의 업무에 관하여 <u>침해죄, 허위표시의 죄 또는 거짓행위의 죄의 어느 하나에 해당하는 위반행위를 하면</u> 그 행위자를 벌하는 외에 그 법인에는 6천만원 이하의 벌금형을, 그 개인에게는 해당 조문의 벌금형을 과한다. 다만, 법인 또는 개인이 그 위반행위를 방지하기 위하여 해당 업무에 관하여 상당한 주의와 감독을 게을리하지 아니한 경우에는 그러하지 아니하다(특허법 제230조).

오답 해설

① 침해죄는 피해자의 명시적인 의사에 반하여 공소(公訴)를 제기할 수 없다(특허법 제225조 제2항). 비밀유지명령위반죄는 비밀유지명령을 신청한 자의 고소가 없으면 공소를 제기할 수 없다(특허법 제229조의2 제2항).

② 위증죄를 범한 자가 그 사건의 특허취소신청에 대한 결정 또는 심결이 확정되기 전에 자수한 경우에는 그 형을 감경 또는 면제할 수 있다(특허법 제227조 제2항).

③ 특허심판원으로부터 증인·감정인 또는 통역인으로 소환된 자로서 정당한 이유 없이 소환에 따르지 아니하거나 선서·진술·증언·감정 또는 통역을 거부한 자에게는 50만원 이하의 과태료를 부과한다(특허법 제232조 제1항 제3호).

④ 특허법 제231조 제2항

19 답 ④

정답 해설

ㄱ. (×) '국내출원 B'가 등록되면 '국내출원 B'의 출원일부터 20년이 되는 날까지 존속한다. 공지예외의 적용 및 우선권주장출원 시 출원일이 소급하지 않는다.

ㄴ. (×) '국내출원 B'의 공지예외의 적용을 받기 위한 증명서류의 제출은 '국내출원 B'의 출원일로부터 30일 이내에 하여야 한다.

ㄹ. (×) 조약우선권주장출원의 경우 국내우선권주장출원과 달리 선출원이 취하간주 되지 않는다.

20 답 ③

정답 해설

③ 어느 고안이 실용신안 등록고안의 권리범위에 속하는지를 판단함에 있어서 등록고안과 대비되는 고안이 공지의 기술만으로 이루어지거나 그 기술분야에서 통상의 지식을 가진 자가 공지기술로부터 극히 용이하게 고안해 낼 수 있는 경우에는 등록고안과 대비할 필요 없이 등록고안의 권리범위에 속하지 않게 되고, 그와 같은 경우에는 그 등록내용과 동일·유사한 물품을 제작·판매하였다고 하여 실용신안권침해죄를 구성할 수 없다(判例 2005도4341).

오답 해설

① 등록고안의 청구범위에 기재된 구성요소는 모두 그 등록고안의 구성에 없어서는 안 되는 필수적 구성요소로 보아야 하므로, 구성요소 중 일부를 권리행사의 단계에서 등록고안에서 비교적 중요하지 않은 사항이라고 하여 무시하는 것은 사실상 청구범위의 확장적 변경을 사후에 인정하는 것이 되어 허용될 수 없다(判例 2019도9547).

② 判例 2006도1819

④ 判例 2004후3096

⑤ 실용신안법 제45조

실용신안법 제45조(침해죄)
① 실용신안권 또는 전용실시권을 침해한 자는 7년 이하의 징역 또는 1억원 이하의 벌금에 처한다.
② 제1항의 죄는 피해자가 명시한 의사에 반하여 공소를 제기할 수 없다.
〈개정 2022.6.10.〉

21

③ 상표법 제34조 제1항 제7호 해당여부는 등록여부결정시를 기준으로 판단한다.

① 상표법 제34조 제1항 제15호

> **상표법 제34조(상표등록을 받을 수 없는 상표)**
> ① 제33조에도 불구하고 다음 각 호의 어느 하나에 해당하는 상표에 대해서는 상표등록을 받을 수 없다.
> 15. 상표등록을 받으려는 상품 또는 그 상품의 포장의 기능을 확보하는 데 꼭 필요(서비스의 경우에는 그 이용과 목적에 꼭 필요한 경우를 말한다)한 입체적 형상, 색채, 색채의 조합, <u>소리</u> 또는 냄새만으로 된 상표

② 기타 식별력이 없는 상표에 해당하더라도, 사용에 의한 식별력을 취득한 경우 더 이상 식별력이 없는 표장이 아니므로 등록이 가능하다고 볼 수 있다.

④ 判例 96다56382

22

④ 여기서 선사용상표가 특정인의 상품을 표시하는 것이라고 인식되어 있다는 것은 일반 수요자를 표준으로 하여 거래의 실정에 따라 인정되는 객관적인 상태를 말하는 것이다. 이때 선사용상표에 관한 권리자의 명칭이 구체적으로 알려지는 것까지 필요한 것은 아니고, 권리자가 누구인지 알 수 없더라도 동일하고 일관된 출처로 인식될 수 있으면 충분하다. 따라서 선사용상표의 사용기간 중에 상표에 관한 권리의 귀속 주체가 변경되었다고 하여 곧바로 위 규정의 적용이 배제되어야 한다거나 변경 전의 사용실적이 고려될 수 없는 것은 아니다. <u>이와 같은 변경에도 불구하고 선사용상표가 수요자들에게 여전히 동일하고 일관된 출처로서 인식되어 있거나 변경 전의 사용만으로도 특정인의 상품을 표시하는 것이라고 인식되어 있는 등의 경우에는 그 변경 전의 사용실적을 고려하여 위 규정이 적용될 수 있다</u>(判例 2020후11431).

23

⑤ 존속기간갱신등록신청 절차의 보정에 관하여는 제39조를 준용한다(상표법 제88조 제1항).

① 상표권의 존속기간은 설정등록이 있는 날부터 10년으로 하고, 존속기간갱신등록신청에 의하여 10년씩 갱신할 수 있다(상표법 제83조 제1항·제2항).

② 상표법 제84조 제2항

③ 구 상표법 제84조 제3항에서 '상표권이 공유인 경우에는 공유자 모두가 공동으로 존속기간갱신등록신청을 하여야 한다.'고 명시되었으나, 2019.4.23. 삭제되어 공유자 단독으로 존속기간갱신등록신청이 가능하다.

④ 상표법 제85조 제1항

(오른쪽 상단 - 이어지는 21번 해설)

① 상표법 제34조 제2항에 의해 출원시를 기준으로 결정한다.

> **상표법 제34조(상표등록을 받을 수 없는 상표)**
> ① 제33조에도 불구하고 다음 각 호의 어느 하나에 해당하는 상표에 대해서는 상표등록을 받을 수 없다.
> 13. 국내 또는 외국의 수요자들에게 특정인의 상품을 표시하는 것이라고 인식되어 있는 상표(지리적 표시는 제외한다)와 동일·유사한 상표로서 부당한 이익을 얻으려 하거나 그 특정인에게 손해를 입히려고 하는 등 부정한 목적으로 사용하는 상표
> ② 제1항 및 상표등록출원인(이하 "출원인"이라 한다)이 해당 규정의 타인에 해당하는지는 다음 각 호의 어느 하나에 해당하는 결정(이하 "상표등록여부결정"이라 한다)을 할 때를 기준으로 하여 결정한다. 다만, 제1항 제11호·제13호·제14호·제20호 및 제21호의 경우는 상표등록출원을 한 때를 기준으로 하여 결정한다.

24

정답 해설

① 어떤 상표가 정당하게 출원·등록된 이후에 그 등록상표와 동일·유사한 상표를 그 지정상품과 동일·유사한 상품에 정당한 이유 없이 사용한 결과 그 사용상표가 국내의 일반 수요자들에게 알려지게 되었다고 하더라도, 그 사용상표와 관련하여 얻은 신용과 고객흡인력은 등록상표의 상표권을 침해하는 행위에 의한 것으로서 보호받을 만한 가치가 없고 그러한 상표의 사용을 용인한다면 우리 상표법이 취하고 있는 등록주의 원칙의 근간을 훼손하게 되므로, 위와 같은 상표 사용으로 인하여 시장에서 형성된 일반 수요자들의 인식만을 근거로 하여 그 상표 사용자를 상대로 한 등록상표의 상표권에 기초한 침해금지 또는 손해배상 등의 청구가 권리남용에 해당한다고 볼 수는 없다(判例 2012다6035).

오답 해설

② 등록상표에 대한 등록무효심결이 확정되기 전이라고 하더라도 상표등록이 무효심판에 의하여 무효로 될 것임이 명백한 경우에는 상표권에 기초한 침해금지 또는 손해배상 등의 청구는 특별한 사정이 없는 한 권리남용에 해당하여 허용되지 아니한다고 보아야 하고, 상표권침해소송을 담당하는 법원으로서도 상표권자의 그러한 청구가 권리남용에 해당한다는 항변이 있는 경우 그 당부를 살피기 위한 전제로서 상표등록의 무효 여부에 대하여 심리·판단할 수 있다(判例 2010다103000).

③ 상표권의 권리범위확인청구는 단순히 그 상표자체의 기술적 범위를 확인하는 사실확정을 목적으로 한 것이 아니라 그 기술적 범위를 기초로 하여 구체적으로 문제가 된 상대방의 사용상표와의 관계에 있어서 그 상표에 대하여 등록상표권의 효력이 미치는 여부를 확인하는 권리확정을 목적으로 한 것이므로, 상대방의 사용상표가 상표법 제90조 각 호에 규정된 상표권의 효력이 미치지 아니하는 상표에 해당하는 경우에는 이는 등록상표의 권리범위에 속하지 아니한다(判例 84후49).

④ 단순한 가공이나 수리의 범위를 넘어 상품의 동일성을 해할 정도로 본래의 품질이나 형상에 변경을 가한 경우에 해당된다 할 것이고 이는 실질적으로 새로운 생산행위에 해당한다고 할 것이므로, 이 사건 등록상표의 상표권자인 후지필름은 여전히 상표권을 행사할 수 있다고 보아야 할 것이다(判例 2002도3445).

25

정답 해설

④ 지리적 표시 단체표장권자나 그 소속 단체원이 제223조를 위반하여 단체표장을 사용함으로써 수요자에게 상품의 품질을 오인하게 하거나 지리적 출처에 대한 혼동을 불러일으키게 한 경우 그 상표등록의 취소심판을 청구할 수 있다(상표법 제119조 제1항 제8호 나목).

오답 해설

① 상표법 제98조 제4호
② 상표법 제99조 제3호
③ 상표법 제223조
⑤ 등록을 하지 아니한 상표 또는 상표등록출원을 하지 아니한 상표를 등록상표 또는 등록출원상표인 것같이 상품에 표시하는 행위를 해서는 아니 된다(상표법 제224조 제1항 제1호). 이를 위반한 자는 3년 이하의 징역 또는 3천만원 이하의 벌금에 처한다(상표법 제233조).

26

정답 해설

① 상표법 제119조 제1항 제1호에 정한 실사용 상표와 타인의 상표 사이의 혼동 유무는 당해 실사용 상표의 사용으로 인하여 수요자로 하여금 그 타인의 상표의 상품과의 사이에 상품 출처의 혼동을 생기게 할 우려가 객관적으로 존재하는가의 여부에 따라 결정하면 충분하므로, 그 타인의 상표가 당해 등록상표의 권리범위에 속하거나 상표법상의 등록상표가 아니라고 하더라도 그 혼동의 대상이 되는 상표로 삼을 수 있다(判例 2002후1225).

상표법 제119조(상표등록의 취소심판)

① 등록상표가 다음 각 호의 어느 하나에 해당하는 경우에는 그 상표등록의 취소심판을 청구할 수 있다.

1. 상표권자가 고의로 지정상품에 등록상표와 유사한 상표를 사용하거나 지정상품과 유사한 상품에 등록상표 또는 이와 유사한 상표를 사용함으로써 수요자에게 상품의 품질을 오인하게 하거나 타인의 업무와 관련된 상품과 혼동을 불러일으키게 한 경우

27

답 ②

정답 해설

ㄱ. (×) 상표권의 권리범위확인은 등록된 상표를 중심으로 어떠한 미등록상표가 적극적으로 등록상표의 권리범위에 속한다거나 소극적으로 이에 속하지 아니함을 확인하는 것이므로 상대방의 상표가 등록상표인 경우에는 설사 그것이 청구인의 선등록상표와 동일 또는 유사한 것이라 하더라도 상대방의 상표 내용이 자기의 등록상표의 권리범위에 속한다는 확인을 구하는 것은 상대방의 등록이 상표법 소정의 절차에 따라 무효심결이 확정되기까지는 그 무효를 주장할 수 없는 것임에도 그에 의하지 아니하고 곧 상대방의 등록상표의 효력을 부인하는 결과가 되므로 상대방의 등록상표가 자신의 등록상표의 권리범위에 속한다는 확인을 구하는 심판청구는 부적법하다(判例 92후605).

ㄴ. (×) 상표법 제98조는 상표등록출원일 전에 발생한 특허권, 실용신안권, 또는 디자인권과 상표권이 저촉되는 경우 특허권 등의 존속기간 만료 후 상표를 사용하는 권리를 규정하고 있다.

ㅁ. (×) 상표법은 저촉되는 지식재산권 상호 간에 선출원 또는 선발생 권리가 우선함을 기본원리로 하고 있음을 알 수 있고, 이는 상표권 사이의 저촉관계에도 그대로 적용된다고 봄이 타당하다. 따라서 상표권자가 상표등록출원일 전에 출원·등록된 타인의 선출원 등록상표와 동일·유사한 상표를 등록받아(이하 '후출원 등록상표'라고 한다) 선출원 등록상표권자의 동의 없이 이를 선출원 등록상표의 지정상품과 동일·유사한 상품에 사용하였다면 후출원 등록상표의 적극적 효력이 제한되어 후출원 등록상표에 대한 등록무효 심결의 확정 여부와 상관없이 선출원 등록상표권에 대한 침해가 성립한다(判例 2018다253444).

28

답 ②

29

정답 해설

④ 타인의 등록상표 또는 이와 "유사"한 상표가 표시된 지정상품과 동일·유사한 상품을 양도 또는 인도하기 위하여 소지하는 행위는 상표권 또는 전용사용권을 침해한 것으로 본다(상표법 제108조 제1항 제4호).

30

답 ③

정답 해설

③ 상표법 제106조 제1항

오답 해설

① 상표등록을 받을 수 있는 자가 정부가 개최하는 박람회에 출품한 상품에 사용한 상표를 그 출품일부터 "6개월" 이내에 그 상품을 지정상품으로 하여 상표등록출원을 한 경우에는 그 상표등록출원은 그 출품을 한 때에 출원한 것으로 본다(상표법 제47조 제1항).

② 출원공고가 있는 경우에는 누구든지 출원공고일부터 "2개월" 내에 거절이유 등에 해당한다는 것을 이유로 특허청장에게 이의신청을 할 수 있다(상표법 제60조 제1항).

④ 상표법 제35조에 해당하는 것을 사유로 하는 상표등록의 무효심판은 상표등록일부터 5년이 지난 후에는 청구할 수 없다(상표법 제122조 제1항).

⑤ 제척 또는 기피의 원인은 신청한 날부터 3일 이내에 소명(疎明)하여야 한다(상표법 제137조 제2항).

31

답 ②

정답 해설

ㄴ. (○) 디자인보호법 제18조 제1항
ㄷ. (○) 디자인보호법 제23조 제1호

오답 해설

ㄱ. (×) 특허청장은 청구에 따라 또는 직권으로 제69조에 따른 디자인일부심사등록 이의신청 이유 등의 보정기간을 30일 이내에서 한 차례만 연장할 수 있다. 다만, 교통이 불편한 지역에 있는 자의 경우에는 산업통상자원부령으로 정하는 바에 따라 그 횟수 및 기간을 추가로 연장할 수 있다(디자인보호법 제17조 제1항).

ㄹ. (×) 당사자에게 특허청 또는 특허심판원에 계속 중인 절차를 속행할 수 없는 장애사유가 생긴 경우에는 특허청장 또는 심판관은 결정으로 장애사유가 해소될 때까지 그 절차의 중지를 명할 수 있다(디자인보호법 제25조 제2항). 특허청장 또는 심판관은 제2항에 따른 결정을 취소할 수 있다(디자인보호법 제25조 제3항).

32

답 ③

정답 해설

③ 2021.4.20. 개정법에 따라 한 벌의 물품에 관한 부분디자인이 인정된다. 부분디자인에서 한 벌의 물품의 부분은 한 벌의 물품의 디자인으로서 인정되는 한 벌의 물품의 부분을 말하는 것인바, 부분디자인이 다른 디자인과 대비의 대상이 될 수 있는 부분으로서 하나의 창작단위로 인정되는 부분일 것을 구비하지 못한 경우에는 법 제2조(정의) 제1호에 따른 디자인의 정의에 합치되지 않는 것으로 본다(심사기준).

33

답 ①

정답 해설

① 디자인보호법 시행규칙 소정의 물품 구분표는 디자인등록 사무의 편의를 위한 것으로서 동종의 물품을 법정한 것은 아니므로 용도와 기능이 상이하더라도 양 물품의 형상, 모양, 색채 또는 그 결합이 유사하고 서로 섞어서 사용할 수 있는 것은 유사물품으로 보아야 한다(判例 2002후2570).

34

답 ⑤

정답 해설

⑤ 구성물품 외의 물품이 포함된 경우에는 한 벌의 물품으로 정해진 물품과 동시에 사용되는 것이 상거래 관행상 해당 업계에서 인정될 수 있는 경우에는 정당한 한 벌의 물품으로 본다. 다만, "한 벌의 태권도복 세트"와 같은 전문 운동복 세트의 구성물품에는 모자, 양말, 신발, 보호장구 등은 포함하지 아니한다. 또한 동시에 사용될 가능성이 없는 물품끼리 된 경우(예 태권도복 상의와 등산복 하의를 출원한 경우)에는 한 벌의 물품으로 동시에 사용되지 않는 것으로 본다(심사기준 2.1.4(3)).

35 답②

정답 해설

② 디자인보호법 제33조 제2항은 그 디자인이 속하는 분야에서 통상의 지식을 가진 자가 제1항 제1호 또는 제2호에 해당하는 디자인의 결합에 의하여 용이하게 창작할 수 있는 것은 디자인등록을 받을 수 없도록 규정하고 있는데, 여기에는 위 각 호에 해당하는 디자인의 결합뿐만 아니라 위 디자인 각각에 의하여 용이하게 창작할 수 있는 디자인도 포함된다고 봄이 타당하다(判例 2008후2800).

36 답③

정답 해설

③ 디자인일부심사등록 이의신청은 제71조 제1항 후단에 따른 의견진술의 통지 또는 제74조 제2항에 따른 결정등본이 송달된 후에는 취하할 수 없다(디자인보호법 제75조 제1항).

오답 해설

① 디자인보호법 제71조 제2항
② 디자인보호법 제68조 제3항
④ 디자인보호법 제69조
⑤ 디자인보호법 제73조 제5항・제6항

37 답③

정답 해설

③ 디자인권이 공유인 경우에는 각 공유자는 계약으로 특별히 약정한 경우를 제외하고는 다른 공유자의 동의를 받지아니하고 그 등록디자인 또는 이와 유사한 디자인을 단독으로 실시할 수 있다(디자인보호법 제96조 제3항).

오답 해설

① 디자인보호법 제97조 제3항
② 디자인보호법 제97조 제6항
④ 디자인보호법 제104조 제1항
⑤ 디자인보호법 제104조 제2항

38 답①

오답 해설

② 디자인권 또는 디자인등록을 받을 수 있는 권리의 공유자가 그 공유인 권리에 관하여 심판을 청구할 때에는 공유자 모두가 공동으로 청구하여야 한다(디자인보호법 제125조 제1항).
③ 1디자인 1출원(디자인보호법 제40조) 위반은 절차적 요건 또는 출원 형식의 하자에 불과하기 때문에 무효사유에 해당하지 않는다(디자인보호법 제121조 제1항).
④ 심판장은 필요하다고 인정하면 제3항에 따라 심리종결을 통지한 후에도 당사자 또는 참가인의 신청에 의하여 또는 직권으로 심리를 재개할 수 있다(디자인보호법 제150조 제4항).
⑤ 디자인권의 권리범위확인심판의 청구는 현존하는 디자인권의 범위를 확정하려는 데 그 목적이 있으므로, 일단 적법하게 발생한 디자인권이라 할지라도 그 권리가 소멸된 이후에는 그에 대한 권리범위확인을 구할 이익이 없어진다(判例 2019후10746).

39 답⑤

정답 해설

⑤ 특허청장은 보완명령을 받은 자가 지정기간 내에 디자인등록출원을 보완한 경우에는 그 절차보완서가 특허청장에게 도달한 날을 출원일로 본다. 다만, 제41조에 따라 복수디자인등록출원된 디자인 중 일부 디자인에만 보완이 필요한 경우에는 그 일부 디자인에 대한 절차보완서가 특허청장에게 도달한 날을 복수디자인 전체의 출원일로 본다(디자인보호법 제38조 제4항).

오답 해설

① 디자인보호법 제50조 제1항 제2호
② 심사관은 디자인등록출원에 대하여 거절이유를 발견할 수 없을 때에는 디자인등록결정을 하여야 한다. 이 경우 복수디자인등록출원된 디자인 중 일부 디자인에 대하여 거절이유를 발견할 수 없을 때에는 그 일부 디자인에 대하여 디자인등록결정을 하여야 한다(디자인보호법 제65조).
③ 디자인보호법 제68조 제1항
④ 디자인보호법 제121조 제1항

40

정답 해설

④ 심사관은 디자인등록결정을 할 때에 디자인등록출원서 또는 도면에 적힌 사항이 명백히 잘못된 경우에는 직권으로 보정(이하 "직권보정"이라 한다)을 "할 수 있다"(디자인보호법 제66조 제1항). 제1항에 따라 심사관이 직권보정을 한 경우에는 디자인등록결정 등본의 송달과 함께 그 직권보정 사항을 디자인등록출원인에게 알려야 한다(디자인보호법 제66조 제2항).

오답 해설

① 디자인보호법 제48조 제1항
② 디자인보호법 제93조
③ 디자인보호법 제175조 제3항
⑤ 디자인보호법 제126조 제3항

2021년 제58회 정답 및 해설

문제편 063p

01	02	03	04	05	06	07	08	09	10	11	12	13	14	15	16	17	18	19	20
③	①	⑤	②	③	②, ④	④	③	②	④	⑤	④	②	①	전항정답	①	⑤	④	②	⑤
21	22	23	24	25	26	27	28	29	30	31	32	33	34	35	36	37	38	39	40
③	③	②	②	⑤	④	③	①	④	①, ⑤	④	②	③	④	②	④, ⑤	⑤	①	⑤	①

01

답 ③

정답 해설

③ 투여용법과 투여용량은 의료행위 자체가 아니라 의약이라는 물건이 효능을 온전하게 발휘하도록 하는 속성을 표현함으로써 의약이라는 물건에 새로운 의미를 부여하는 구성요소가 될 수 있고, 투여용법과 투여용량이라는 새로운 의약 용도가 부가되어 신규성과 진보성 등의 특허요건을 갖춘 의약에 대해서는 새롭게 특허권이 부여될 수 있다(判例 2014후768).

오답 해설

① 특허를 받을 수 있는 발명은 완성된 것이어야 하고 완성된 발명이란 그 발명이 속하는 분야에서 통상의 지식을 가진 자가 반복실시하여 목적하는 기술적 효과를 얻을 수 있을 정도까지 구체적, 객관적으로 구성되어 있는 발명으로 그 판단은 특허출원의 명세서에 기재된 발명의 목적, 구성 및 작용효과 등을 전체적으로 고려하여 출원 당시의 기술 수준에 입각해서 신중히 하여야 하고 반드시 발명의 상세한 설명 중의 구체적 실시예에 한정되어 인정되는 것은 아니다(判例 92후1806).

② 의약의 용도발명에서는 특정 물질이 가지고 있는 의약의 용도가 발명의 구성요건에 해당하므로, 발명의 특허청구범위에는 특정 물질의 의약용도를 대상 질병 또는 약효로 명확히 기재하는 것이 원칙이나, 특정 물질의 의약용도가 약리기전만으로 기재되어 있다 하더라도 발명의 상세한 설명 등 명세서의 다른 기재나 기술상식에 의하여 의약으로서의 구체적인 용도를 명확하게 파악할 수 있는 경우에는 특허법 제42조 제4항 제2호에 정해진 청구항의 명확성 요건을 충족하는 것으로 볼 수 있다(判例 2006후3564).

④ 이때에 그 미생물이 반드시 국내에 현존하는 것이어야 할 필요는 없고 국외에 현존하는 것이라 하더라도 국내의 당업자가 이를 용이하게 입수할 수 있다고 인정될 때에는 이를 기탁하지 아니할 수 있다고 보아야 한다(判例 90후1260).

⑤ 출원발명의 명세서에는 그 기술분야의 평균적 기술자가 출원발명의 결과물을 재현할 수 있도록 그 과정이 기재되어 있어야 하는 것이고, 식물발명이라 하여 그 결과물인 식물 또는 식물소재를 기탁함으로써 명세서의 기재를 보충하거나 그것에 대체할 수 없다(判例 96후2531).

02

답 ①

정답 해설

ㄱ. (×) 인간을 수술, 치료 또는 진단하는 방법은 산업상 이용 가능성이 인정되지 않는다.

ㄴ. (×) 인체를 처치하는 방법이 치료효과와 비치료효과(예 미용효과)를 동시에 가지는 경우, 치료효과와 비치료효과를 구별 및 분리할 수 없는 방법은 치료방법으로 간주되어 산업상 이용가능성이 인정되지 않는다.

오답 해설

ㄷ. (○) 피부미용법은 미용효과를 가지는 비치료방법에 해당하여 산업상 이용가능성이 인정된다.

ㄹ. (○) 수술, 치료 또는 진단방법 발명이 동물에만 한정한다는 사실이 청구항에 명시되어 있으면 산업상 이용할 수 있는 발명으로 인정된다.

03

답 ⑤

정답 해설

ㄱ. 위증죄 : 5천만원 이하의 벌금(특허법 제227조)

ㄴ. 침해죄 : 1억원 이하의 벌금(특허법 제225조)

ㄷ. 양벌규정 - 허위표시의 죄 : 6천만원 이하의 벌금(특허법 제230조 제2호)

ㄹ. 양벌규정 - 침해죄 : 3억원 이하의 벌금(특허법 제230조 제1호)

ㅁ. 거짓행위의 죄 : 3천만원 이하의 벌금(특허법 제229조)

04

답 ②

정답 해설

② 특허발명 실시계약에 의하여 특허권자는 실시권자의 특허발명 실시에 대하여 특허권 침해로 인한 손해배상이나 금지 등을 청구할 수 없게 될 뿐만 아니라 특허가 무효로 확정되기 이전에 존재하는 특허권의 독점적·배타적 효력에 의하여 제3자의 특허발명 실시가 금지되는 점에 비추어 보면, 특허발명 실시계약의 목적이 된 특허발명의 실시가 불가능한 경우가 아닌 한 특허무효의 소급효에도 불구하고 그와 같은 특허를 대상으로 하여 체결된 특허발명 실시계약이 계약 체결 당시부터 원시적으로 이행불능 상태에 있었다고 볼 수는 없고, 다만 특허무효가 확정되면 그때부터 특허발명 실시계약은 이행불능 상태에 빠지게 된다고 보아야 한다(判例 2012다42666).

오답 해설

① 특허발명 실시계약 체결 이후에 특허가 무효로 확정되었더라도 특허발명 실시계약이 원시적으로 이행불능 상태에 있었다거나 그 밖에 특허발명 실시계약 자체에 별도의 무효사유가 없는 한, 특허권자는 원칙적으로 특허발명 실시계약이 유효하게 존재하는 기간 동안 실시료의 지급을 청구할 수 있다(判例 2018다287362). 즉, 실시계약이 원시적으로 이행불능 상태라면 실시료의 지급을 청구할 수 없다.

③ 권리범위확인심판에서는 특허발명의 진보성이 부정된다는 이유로 그 권리범위를 부정하여서는 안 된다(判例 2012후4162).

④ 특허발명에 대하여 특허권자가 제3자와 사이에 특허권 실시계약을 맺고 실시료를 받은 바 있다면 그 계약 내용을 침해자에게도 유추적용하는 것이 현저하게 불합리하다는 특별한 사정이 없는 한 그 실시계약에서 정한 실시료를 참작하여 위 금액을 산정하여야 하며, 그 유추적용이 현저하게 불합리하다는 사정에 대한 입증책임은 그러한 사정을 주장하는 자에게 있다(判例 2003다15006).

⑤ 설정계약으로 전용실시권의 범위에 관하여 특별한 제한을 두고도 이를 등록하지 않으면 그 효력이 발생하지 않는 것이므로, 전용실시권자가 등록되어 있지 않은 제한을 넘어 특허발명을 실시하더라도, 특허권자에 대하여 채무불이행 책임을 지게 됨은 별론으로 하고 특허권 침해가 성립하는 것은 아니다(判例 2011도4645).

05

답 ③

정답 해설

③ 하자가 치유된다.

오답 해설

② 특허법 제25조 제2항

④ 특허를 받을 수 있는 권리는 발명의 완성과 동시에 발명자에게 원시적으로 귀속되지만, 이는 재산권으로 양도성을 가지므로 계약 또는 상속 등을 통하여 전부 또는 일부 지분을 이전할 수 있고(특허법 제37조 제1항), 그 권리를 이전하기로 하는 계약은 명시적으로는 물론 묵시적으로도 이루어질 수 있고, 그러한 계약에 따라 특허등록을 공동출원한 경우에는 출원인이 발명자가 아니라도 등록된 특허권의 공유지분을 가진다(判例 2011다67705, 67712).

⑤ 특허법 제34조

06

답 ②, ④

정답 해설

② 2019.9.1. 판매한 A제품의 공지에 의하여 제1항은 신규성이 없으므로 특허를 받을 수 없다.

④ 甲의 출원이 丙의 출원보다 출원일이 늦지만, 2020.5.1. 甲의 신제품(A+B) 판매가 B의 공지행위가 맞다고 본다면, 丙은 타인인 甲의 발명에 대해서 신규성 위반으로 거절될 것이며, 丙의 출원이 만약 출원공개 전 거절결정이 확정되어 출원공개되지 않는다면, 丙의 출원에 대해서는 선원지위·확대된 선원지위가 발생하지 않을 것이므로, 甲의 출원은 丙의 출원에 의해 거절되지 않을 수 있다.

오답 해설

① 특허법 제30조

⑤ 丁의 특허출원 제1항, 제2항은 신규성 위반으로 특허를 받을 수 없다.

07 답 ④

정답 해설

④ 발명의 명세서에 개시되어 있는 기술을 알고 있음을 전제로 하여 사후적으로 통상의 기술자가 그 발명을 용이하게 발명할 수 있는지를 판단해서는 안 된다(사후적 고찰 금지). 따라서 명세서의 실시예에 기재된 구성요소 B를 전제로 결합하여 진보성을 판단하여서는 안 된다.

08 답 ③

정답 해설

③ 출원인이 외국어특허출원을 한 경우 출원일로부터 1년 2개월 또는 제3자의 심사청구가 있어 그 취지를 통지받은 경우 그 통지를 받은 날로부터 3개월이 되는 날 중 빠른 날까지 명세서 및 도면의 국어번역문을 제출하여야 한다(특허법 제42조의3 제2항). 따라서 영문저널에 게재된 날이 아닌 출원일로부터 1년 2개월이 되는 날까지 국어번역문을 제출하여야 한다.

오답 해설

② 특허법 제30조 제1항
④ 특허법 제42조의3 제4항
⑤ 특허법 제42조의3 제6항

09 답 ②

정답 해설

② 특허법 제194조 제4항

오답 해설

① 특허청장은 국제특허출원에서 청구범위가 기재되어 있지 않은 경우, 기간을 정하여 서면으로 절차를 보완할 것을 명하여야 한다(특허법 제194조 제2항).
③ 통지를 받은 자가 산업통상자원부령으로 정하는 기간에 도면을 제출하지 아니한 경우에는 그 도면에 관한 기재는 없는 것으로 본다(특허법 제194조 제4항).
④ 제195조에 따른 보정명령을 받은 자가 지정된 기간에 보정을 하지 아니한 경우 국제출원은 취하된 것으로 본다(특허법 제196조 제1항).

⑤ 2인 이상이 공동으로 국제출원을 하는 경우 제198조(수수료)에 따른 절차는 출원인의 대표자가 밟을 수 있으며(특허법 제197조 제1항), 제1항의 절차를 대리인에 의하여 밟으려는 자는 제3조에 따른 법정대리인을 제외하고는 변리사를 대리인으로 하여야 한다(특허법 제197조 제3항).

10 답 ④

정답 해설

④ 구법상(특허법 제128조 제3항)의 내용으로, 2020.6.9.에 삭제되었다.

오답 해설

① 특허법 제128조 제7항
② 특허법 제128조 제1항·제4항
③ 특허법 제128조 제5항·제6항
⑤ 특허법 제128조 제8항

11 답 ⑤

정답 해설

⑤ 프로그램 그 자체는 물건으로 인정받지 못하므로, 특허법 제127조 제2호(간접침해) 규정에 해당하지 않는다.

오답 해설

③ 특허법 제127조 제1호

> **특허법 제127조(침해로 보는 행위)**
> 다음 각 호의 구분에 따른 행위를 업으로서 하는 경우에는 특허권 또는 전용실시권을 침해한 것으로 본다.
> 1. 특허가 물건의 발명인 경우 : 그 물건의 생산에만 사용하는 물건을 생산·양도·대여 또는 수입하거나 그 물건의 양도 또는 대여의 청약을 하는 행위
> 2. 특허가 방법의 발명인 경우 : 그 방법의 실시에만 사용하는 물건을 생산·양도·대여 또는 수입하거나 그 물건의 양도 또는 대여의 청약을 하는 행위

12

정답 | 해설

④ 특허법 제47조 제1항 제3호, 제51조

오답 | 해설

① 최초로 첨부한 명세서 또는 도면에 기재된 사항 범위 내에서 하여야 한다(특허법 제47조 제2항).
② 신규사항추가금지의 범위 내에서 보정이 가능하므로, 거절이유에 기재되지 않은 사항에 대하여도 보정이 가능하다.
③ 최후거절이유통지에 대한 보정이므로 제47조 제3항 각 호의 범위 내에서 보정해야 하며 a+b를 a와 b 각각 청구항으로 작성하는 것은 청구범위 감축이 아니므로 부적법한 보정이다.
⑤ 도면뿐만 아니라 명세서도 보정이 가능하다.

13

답 ②

정답 | 해설

② 잘못된 기재를 정정하는 경우란 정정 전의 기재내용과 정정 후의 기재내용이 동일함을 객관적으로 인정할 수 있는 경우로서, 청구범위의 기재가 오기인 것이 명세서 기재 내용으로 보아 자명한 것으로 인정되거나, 주지의 사항 또는 경험칙으로 보아 명확한 경우 그 오기를 정확한 내용으로 고치는 것을 말한다(判例 2006후2301). 따라서 잘못된 기재의 정정으로 볼 수 없으며, 명세서에 기재된 범위를 넘어 신규사항추가에 해당한다.

오답 | 해설

③ 특허취소신청이 특허심판원에 계속 중인 때부터 그 결정이 확정될 때까지의 기간에는 정정심판을 청구할 수 없다(특허법 제136조 제2항 제1호).
④ 특허무효심판의 심결 또는 정정의 무효심판의 심결에 대한 소가 특허법원에 계속 중인 경우에는 특허법원에서 변론이 종결(변론 없이 한 판결의 경우에는 판결의 선고를 말한다)된 날까지 정정심판을 청구할 수 있다(특허법 제136조 제2항 제1호).
⑤ 특허법 제136조 제3항

14

답 ①

정답 | 해설

① 특허법 제91조 제1항 제2호

오답 | 해설

② 허가 등을 받는 자의 책임있는 사유로 발생한 보완기간은 연장받을 수 있는 기간에서 제외한다(判例 2017후882). 따라서 존속기간연장 기간은 6개월을 제외한 3년이다.
③ 허가 등을 받은 날로부터 3개월 이내에 출원하여야 한다(특허법 제90조 제2항).
④ 하나의 특허에 포함된 복수의 유효성분에 대하여 복수의 허가가 있는 경우 복수의 허가 중에서 하나를 선택하여 1회에 한해 존속기간 연장이 가능하다.
⑤ 최대 5년의 기간까지 연장할 수 있다(특허법 제89조 제1호).

15

답 전항정답

정답 | 해설

① 이용관계에 대해서는 적극적, 소극적 모두 청구할 수 있고, 저촉관계에 대해서만 적극적 권리범위확인심판 청구가 제한된다.
② 선 특허발명과 후 발명이 이용관계에 있는 경우에는 후 발명은 선 특허발명의 권리범위에 속하게 된다. 여기서 두 발명이 이용관계에 있는 경우라고 함은 후 발명이 선 특허발명의 기술적 구성에 새로운 기술적 요소를 부가하는 것으로서, 후 발명이 선 특허발명의 요지를 전부 포함하고 이를 그대로 이용하되, 후 발명 내에서 선 특허발명이 발명으로서의 일체성을 유지하는 경우를 말한다(判例 2015후161).
③ 특허법 제138조 제1항
④ 특허법 제138조 제2항
⑤ 특허법 제98조

250   변리사 1차 산업재산권법 기출문제집(해설편)

16

답 ①

정답 해설

① 국제특허출원된 발명에 대하여 공지예외적용을 받으려는 자는 취지를 적은 서면 및 증명서류를 기준일이 지난 후 30일에 특허청장에게 제출할 수 있다(특허법 제200조).

오답 해설

② 특허법 제201조 제1항
③ 특허법 제201조 제3항
④ 특허법 제199조
⑤ 특허법 제204조 제2항

17

답 ⑤

정답 해설

⑤ '특허출원 전'의 개념은 출원의 시, 분, 초까지 고려한 자연시 개념이다.

오답 해설

① '공지되었다'고 함은 반드시 불특정다수인에게 인식되었을 필요는 없다 하더라도 적어도 불특정다수인이 인식할 수 있는 상태에 놓인 것을 의미하고(判例 2000후1238), '공연히 실시되었다'고 함은 발명의 내용이 비밀유지약정 등의 제한이 없는 상태에서 양도 등의 방법으로 사용되어 불특정다수인이 인식할 수 있는 상태에 놓인 것을 의미한다(判例 2003후2218, 2011후4011).

② 카탈로그는 제작되었으면 배부, 반포되는 것이 사회통념이라 하겠으며 제작한 카탈로그를 배부, 반포하지 아니하고 사장하고 있다는 것은 경험칙상 수긍할 수 없는 것이어서 카탈로그의 배부범위, 비치장소 등에 관하여 구체적인 증거가 없다고 하더라도 그 카탈로그의 반포, 배부되었음을 부인할 수는 없다(判例 85후47).

③ 일반적으로는 논문이 일단 논문심사에 통과된 이후에 인쇄 등의 방법으로 복제된 다음 공공도서관 또는 대학도서관 등에 입고되거나 주위의 불특정 다수인에게 배포됨으로써 비로소 일반 공중이 그 기재내용을 인식할 수 있는 반포된 상태에 놓이게 되거나 그 내용이 공지되는 것이라고 봄이 경험칙에 비추어 상당하다(判例 95후19).

④ 구 특허법(2001.2.3. 법률 제6411호로 개정되기 전의 것) 제29조 제1항 제1호 소정의 '특허출원 전에 국내에서 공지되었거나 공연히 실시된 발명'에서 '특허출원 전'의 의미는 발명의 공지 또는 공연 실시된 시점이 특허출원 전이라는 의미이지 그 공지 또는 공연 실시된 사실을 인정하기 위한 증거가 특허출원 전에 작성된 것을 의미하는 것은 아니므로, 법원은 특허출원 후에 작성된 문건들에 기초하여 어떤 발명 또는 기술이 특허출원 전에 공지 또는 공연 실시된 것인지 여부를 인정할 수 있다(判例 2006후2660).

18

답 ④

정답 해설

④ 근로자의 날은 공휴일에 해당하므로 기간은 그 다음 날로 만료한다. 따라서 2019.5.2. 제출된 의견서는 적법한 서류이다.

오답 해설

① 병 회사의 프로브 교체행위는 용접기의 사용의 일환으로서 허용되는 수리의 범주에 해당하여 여전히 특허권 소진의 효력이 미치므로, 병 회사가 갑 회사의 특허권을 침해하였다고 볼 수 없다고 한 사례(判例 2017나1001).

② 방법의 발명에 대한 특허권자가 우리나라에서 그 방법의 실시에만 사용하는 물건을 양도한 경우에도 양수인 또는 전득자가 그 물건을 이용하여 해당 방법발명을 실시하는 것과 관련하여서는 특허권이 소진되며, 위에서 본 특허권 소진의 근거에 비추어 볼 때 물건의 양도가 계약에 의한 경우뿐만 아니라 경매절차에 의한 경우에도 특별한 사정이 없는 한 특허권 소진의 법리는 적용된다(判例 2008허13299).

③ 특허법 제130조는 타인의 특허권 또는 전용실시권을 침해한 자는 그 침해행위에 대하여 과실이 있는 것으로 추정한다고 정하고 있다. 그 취지는 특허발명의 내용은 특허공보 또는 특허등록원부 등에 의해 공시되어 일반 공중에게 널리 알려져 있을 수 있고, 또 업으로서 기술을 실시하는 사업자에게 당해 기술분야에서 특허권의 침해에 대한 주의의무를 부과하는 것이 정당하다는 데 있다. 위 규정에도 불구하고 타인의 특허발명을 허락 없이 실시한 자에게 과실이 없다고 하기 위해서는 특허권의 존재를 알지 못하였다는 점을 정당화할 수 있는 사정이 있다거나 자신이 실시하는 기술이 특허발명의 권리범위에 속하지 않는다고 믿은 점을 정당화할 수 있는 사정이 있다는 것을 주장·증명하여야 한다(判例 2019다222782, 222799).

⑤ 특허는 성질상 특허등록 이후에 무효로 될 가능성이 내재되어 있는 점을 감안하면, 특허발명 실시계약 체결 이후에 계약 대상인 특허의 무효가 확정되었더라도 특허의 유효성이 계약 체결의 동기로서 표시되었고 그것이 법률행위의 내용의 중요부분에 해당하는 등의 사정이 없는 한, 착오를 이유로 특허발명 실시계약을 취소할 수는 없다(判例 2012다42666).

19 답 ②

정답 해설

② 동일한 특허발명에 대하여 특허무효심판과 정정심판이 특허심판원에 동시에 계속 중에 있는 경우에는 정정심판 제도의 취지상 정정심판을 특허무효심판에 우선하여 심리·판단하는 것이 바람직하나, 그렇다고 하여 반드시 정정심판을 먼저 심리·판단하여야 하는 것은 아니다(判例 2001후713).

오답 해설

① 실용신안법 제11조, 특허법 제133조 제1항

> **특허법 제133조(특허의 무효심판)**
> ① 이해관계인(제2호 본문의 경우에는 특허를 받을 수 있는 권리를 가진 자만 해당한다) 또는 심사관은 특허가 다음 각 호의 어느 하나에 해당하는 경우에는 무효심판을 청구할 수 있다. 이 경우 청구범위의 청구항이 둘 이상인 경우에는 청구항마다 청구할 수 있다. 2. 제33조 제1항 본문에 따른 특허를 받을 수 있는 권리를 가지지 아니하거나 제44조를 위반한 경우. 다만, 제99조의2 제2항에 따라 이전등록된 경우에는 제외한다.

③ 실용신안법 제25조 제2항이 심사관으로 하여금 실용신안등록의 무효심판을 청구할 수 있도록 규정한 것은 심사관 개인을 이해관계인으로 보아서가 아니라 실용신안제도의 원활한 목적달성을 위한 공익적 견지에서 나온 것이므로 그 심사관은 심판제기 당시 실용신안의 등록출원에 대한 심사를 담당하고 있는 자이면 되고 반드시 당해 실용신안등록을 심사하여 등록사정한 심사관에 한하거나 심결당시에 그 심사관의 지위에 있어야만 하는 것은 아니다(判例 86후171).

④ 특허를 무효로 한다는 심결이 확정된 때에는 당해 특허는 제3자와의 관계에서도 무효로 되므로, 동일한 특허권에 관하여 2인 이상의 자가 공동으로 특허의 무효심판을 청구하는 경우 그 심판은 심판청구인들 사이에 합일확정을 필요로 하는 이른바 유사필수적 공동심판에 해당한다(判例 2007후1510).

⑤ 권리범위확인심판청구가 (가)호 표장이 등록상표의 권리범위에 속하지 아니한다는 소극적 확인심판청구인 경우에 있어, (가)호 표장이 등록상표의 권리범위에 속한다고 인정되면 심판청구를 기각하면 되는 것이지 (가)호 표장이 등록상표의 권리범위에 속한다는 심결은 할 수 없다(判例 92후148).

20 답 ⑤

정답 해설

ㄱ. (○) 특허법 제42조의3 제7항
ㄴ. (○) 실용신안법 제9조 제1항
ㄷ. (○) 특허법 제226조 제1항
ㄹ. (○) 실용신안법 제12조

21 답 ③

정답 해설

③ '상품'은 그 자체가 교환가치를 가지고 독립된 상거래의 목적물이 되는 물품을 의미한다. 다른 상품의 판매촉진이나 광고를 하기 위하여 무상으로 제공되는 볼펜, 마약 등 거래가 금지되는 물품, 대리점에서 판매되는 즉석건강식품의 원재료를 보여주기 위해서 곡물마다 별도로 유리용기에 담은 상품의 견본, 종전부터 발행하여 오던, 월간잡지의 독자들에게 보답하기 위하여 사은품으로 제공한 외국의 영화배우들 사진을 모은 책자들은 상품이 아니다.

22

답 ③

정답 해설

③ 상표등록출원이 포기·취하·무효가 되거나 상표등록거절결정이 확정된 경우, 손실보상청구권은 처음부터 발생하지 않은 것으로 본다(상표법 제58조 제6호).

오답 해설

① 출원인은 출원공고 후 해당 상표등록출원에 관한 지정상품과 동일·유사한 상품에 대하여 해당 상표등록출원에 관한 상표와 동일·유사한 상표를 사용하는 자에게 서면으로 경고할 수 있고, 출원인이 해당 상표등록출원의 사본을 제시하는 경우에는 출원공고 전이라도 서면으로 경고할 수 있다(상표법 제58조 제1항).

② 상표법 제58조(손실보상청구권) 제1항에 따라 경고를 한 출원인은 경고 후 상표권을 설정등록할 때까지의 기간에 발생한 해당 상표의 사용에 관한 업무상 손실에 상당하는 보상금의 지급을 청구할 수 있다(상표법 제58조 제2항).

④ 손실보상청구권은 해당 상표등록출원에 대한 상표권의 설정등록 전까지는 행사할 수 없다(상표법 제58조 제3항).

⑤ 손실보상청구권을 행사할 때 상표법 제110조(손해액의 추정 등)가 준용되지 않기 때문에 업무상 손실에 관한 사항은 청구권자가 입증하여야 한다(상표법 제58조 제5항).

23

답 ②

정답 해설

② 상표법에 따라 선서한 증인으로서 특허심판원에 대하여 거짓의 진술·감정을 하여 위증죄를 범한 자가 그 사건의 상표등록여부결정 또는 심결의 확정 전에 자수하였을 경우에는 필요적으로 그 형을 감경하거나 면제할 수 있다(상표법 제232조 제2항).

오답 해설

① 상표권 침해행위는 권리자에게 피해를 주는 것 이외에 상품 출처의 오인·혼동을 발생시킴으로써 거래질서를 혼란하게 할 우려도 있으므로, 상표권 침해죄는 특허권 침해죄와는 달리 비친고죄이나.

③ 상표법상 비밀유지명령위반죄는 비밀유지명령을 신청한 자의 고소가 있어야 공소를 제기할 수 있는 친고죄이다(상표법 제231조 제2항).

④ 거짓이나 그 밖의 부정한 행위를 하여 상표등록, 지정상품의 추가등록, 존속기간갱신등록, 상품분류전환등록 또는 심결을 받은 자는 거짓행위의 죄에 해당되는데 이 죄는 비친고죄이다.

⑤ 상표권 침해행위에 제공되거나 그 침해행위로 인하여 생긴 침해물과 그 침해물 제작에 주로 사용하기 위하여 제공된 제작 용구 또는 재료는 필요적 몰수의 대상이지만, 상품이 그 기능 및 외관을 해치지 아니하고 상표 또는 포장과 쉽게 분리될 수 있는 경우에는 그 상품은 몰수하지 아니할 수 있다(상표법 제236조).

24

답 ②

정답 해설

ㄴ. (O) 본원상표는 단순히 고인의 성명 그 자체를 상표로 사용한 것에 지나지 아니할 뿐 동인과의 관련성에 관한 아무런 표시가 없어 이를 가리켜 상표법 제7조 제1항 제2호 소정의 고인과의 관계를 허위로 표시한 상표에 해당한다고 볼 수 없고, 또한 본원상표 자체의 의미에서 선량한 도덕관념이나 국제신의에 반하는 내용이 도출될 수는 없으며, 본원상표와 같은 표장을 사용한 상품이 국내에서 유통됨으로써 국내의 일반 수요자들에게 어느 정도라도 인식되었음을 인정할 자료가 없는 이상 국내의 일반거래에 있어서 수요자나 거래자들이 본원상표를 타인의 상품 표장으로서 인식할 가능성은 없으므로, 본원상표를 상표법 제7조 제1항 제4호 소정의 공공의 질서 또는 선량한 풍속을 문란하게 할 염려가 있는 상표라거나 상표법 제7조 제항 제11호 소정의 수요자를 기만할 염려가 있는 상표라고도 볼 수 없다(判例 96후2173).

ㄷ. (O) 원심은 1991.1.28. 상표권존속기간갱신등록이 출원된 본원상표 'KSB'가 한국방송공사의 저명한 업무표장인 'KBS' 관념은 상이하나 외관에 있어서 외국문자에 익숙치 않은 우리나라 일반거래자의 수준에 비추어 볼 때 그 직관적 시감이 유사하고 칭호에 있어서도 양 상표는 각각 '케이 에스 비' 및 '케이 비 에스'로 호칭될 것이어서 칭호에서 중요시되는 앞부분이 동일하여 그 전체적 청감이 유사하므로 상표법 제45조 제항 제호를 적용하여 상표권존속기간갱신등록을 거절한 원사정은 정당하다고 판단하였다. 그러나 두 상표의 유사 여부는 그 지정상품의 거래에서 일반적인 수요자나 거래자가 상표에 대하여 느끼는 직관적 인식을 기준으로 상품의 출처에 대하여 오인 혼동의 우려가 있는지의 여부에 따라 판단하여야 하고 두 상표의 외관, 칭호, 관념 중 어느 하나가 유사하다 하더라도 다른 점도 고려할 때 전체로서는 명확히 출처의 혼동을 피할 수 있는 경우에는 유사상표라고 할 수 없다고 할 것이다(判例 93후2011).

ㄱ, ㄹ, ㅁ, ㅂ은 아래의 각 조항에 해당하여 상표등록을 받을 수 없다.

ㄱ. (✕) 상표법 제34조 제1항 제1호

ㄹ. (✕) 상표법 제34조 제1항 제6호, 判例 2012후1033

상표법 제34조(상표등록을 받을 수 없는 상표)

① 제33조에도 불구하고 다음 각 호의 어느 하나에 해당하는 상표에 대해서는 상표등록을 받을 수 없다.

1. 국가의 국기(國旗) 및 국제기구의 기장(記章) 등으로서 다음 각 목의 어느 하나에 해당하는 상표
   가. 대한민국의 국기, 국장(國章), 군기(軍旗), 훈장, 포장(褒章), 기장, 대한민국이나 공공기관의 감독용 또는 증명용 인장(印章) · 기호와 동일 · 유사한 상표

6. 저명한 타인의 성명 · 명칭 또는 상호 · 초상 · 서명 · 인장 · 아호(雅號) · 예명(藝名) · 필명(筆名) 또는 이들의 약칭을 포함하는 상표. 다만, 그 타인의 승낙을 받은 경우에는 상표등록을 받을 수 있다.

ㅁ. (✕) 상표법 제33조 제1항 제7호

ㅂ. (✕) 상표법 제33조 제1항 제3호

상표법 제33조(상표등록의 요건)

① 다음 각 호의 어느 하나에 해당하는 상표를 제외하고는 상표등록을 받을 수 있다.

3. 그 상품의 산지(産地) · 품질 · 원재료 · 효능 · 용도 · 수량 · 형상 · 가격 · 생산방법 · 가공방법 · 사용방법 또는 시기를 보통으로 사용하는 방법으로 표시한 표장만으로 된 상표

7. 제1호부터 제6호까지에 해당하는 상표 외에 수요자가 누구의 업무에 관련된 상품을 표시하는 것인가를 식별할 수 없는 상표

25

답 ⑤

정답 해설

⑤ 수요자를 기만할 염려가 있는 상표가 특정인의 상표나 상품이라고 인식되었다고 인정되려면 선사용상표가 국내 상당한 지역 내에 걸쳐 수요자와 거래자에게 알려지면 충분하고, 특정인의 상표 등으로 인식되었는지 여부는 구체적인 사안에서 개별적으로 새로운 관념이나 식별력이 생겼는지를 판단하여야 한다.

오답 해설

① 사회통념상 자타상품의 식별력을 인정하기 곤란하거나 공익상 특정인에게 상표를 독점시키는 것이 적당하지 않다고 인정되는 경우에 그 상표는 식별력이 없다(상표법 제33조 제1항 제7호).

② 둘 이상의 문자 또는 도형의 조합으로 이루어진 결합상표는 구성 부분 전체의 외관, 호칭, 관념을 기준으로 상표의 유사 여부를 판단하는 것이 원칙이나, 상표 중에서 일반 수요자에게 그 상표에 관한 인상을 심어주거나 기억 · 연상을 하게 함으로써 그 부분만으로 독립하여 상품의 출처표시기능을 수행하는 부분, 즉 요부가 있는 경우 적절한 전체관찰의 결론을 유도하기 위해서는 요부를 가지고 상표의 유사 여부를 대비 · 판단하는 것이 필요하다(判例 2015후1690).

③ 결합상표의 구성 부분 전부가 식별력이 없거나 미약한 경우에는 그중 일부만이 요부가 된다고 할 수 없으므로 상표 전체를 기준으로 유사 여부를 판단하여야 한다(判例 2017후2208).

④ 현저한 지리적 명칭과 대학교라는 단어의 결합으로 본래의 현저한 지리적 명칭을 떠나 새로운 관념을 낳거나 새로운 식별력을 형성한 경우에는 상표등록을 할 수 있고, 이 경우에 현저한 지리적 명칭과 대학교라는 단어의 결합만으로 새로운 관념이나 식별력이 생긴다고 볼 수는 없다(判例 2015후1454).

26

정답 해설

④ 도형상표들에서 상표의 유사 여부 판단은 두 개의 상표 자체를 나란히 놓고 대비하는 것이 아니라 때와 장소를 달리 하여 두 개의 상표를 대하는 일반 수요자에게 상품 출처에 관하여 오인·혼동을 일으킬 우려가 있는지의 관점에서 이루어져야 한다(判例 2015후1348).

오답 해설

① 도형상표에 있어서는 그 외관이 지배적인 인상을 남긴다 할 것이므로 외관이 동일·유사하여 양 상표를 다 같이 동종 상품에 사용하는 경우 일반 수요자로 하여금 상품의 출처에 관하여 오인·혼동을 일으킬 염려가 있다면 양 상표는 유사하다고 보아야 한다(判例 2011후1548).

② 상표의 유사 여부 판단에서 상품 출처의 오인·혼동을 일으킬 우려가 있는지 여부는 보통의 주의력을 가진 우리나라의 일반 수요자나 거래자를 기준으로 판단하여야 한다(判例 2015후1690).

③ 대비되는 상표 사이에 유사한 부분이 있다고 하더라도 그 부분만으로 분리인식될 가능성이 희박하거나 전체적으로 관찰할 때 명확히 출처의 혼동을 피할 수 있는 경우에는 유사상표라고 할 수 없다(判例 2014후2399).

⑤ 유사상표의 사용행위에 해당하는지에 대한 판단은 두 상표가 해당 상품에 관한 거래실정을 바탕으로 외관, 호칭, 관념 등에 의하여 일반 수요자에게 주는 인상, 기억, 연상 등을 전체적으로 종합할 때, 두 상표를 때와 장소를 달리하여 대하는 일반 수요자가 상품 출처에 관하여 오인·혼동할 우려가 있는지의 관점에서 이루어져야 한다(判例 2006후1964).

27

답 ③

정답 해설

③ 업무표장권은 이전할 수 없다. 다만, 그 업무와 함께 이전할 경우에는 이전할 수 있다(상표법 제93조 제4항).

오답 해설

① 단체표장권은 이전할 수 없다. 다만, 법인의 합병의 경우에는 특허청장의 허가를 받아 이전할 수 있다(상표법 제93조 제6항).

② 단체표장권, 업무표장권 또는 증명표장권에 관하여는 전용사용권을 설정할 수 없다(상표법 제95조 제2항).

④ 상표권은 그 지정상품마다 분할하여 이전할 수 있다. 이 경우 유사한 지정상품은 함께 이전하여야 한다(상표법 제93조 제1항).

⑤ 상표권의 이전(상속이나 그 밖의 일반승계에 의한 경우는 제외한다)·변경·포기에 의한 소멸, 존속기간의 갱신, 상품분류전환, 지정상품의 추가 또는 처분의 제한에 해당하는 사항은 등록하지 아니하면 그 효력이 발생하지 아니한다(상표법 제96조 제1항 제1호).

28

답 ①

정답 해설

① 상표권자에 대하여 상표권에 관한 이전약정에 기하여 이전등록절차의 이행을 청구할 권리를 가지는 사람이 이미 그 상표를 실제로 사용하고 있더라도 상표권에 관한 이전등록절차 이행청구권의 소멸시효는 진행된다(判例 2001후1259).

오답 해설

② 타인의 상표권을 침해한 자는 그 침해행위에 대하여 과실이 있는 것으로 추정되고, 타인의 상표권을 침해한 자에게 과실이 없다고 하기 위하여는 상표권의 존재를 알지 못하였다는 점을 정당화할 수 있는 사정이 있다거나 자신이 사용하는 상표가 등록상표의 권리범위에 속하지 아니한다고 믿은 점을 정당화할 수 있는 사정이 있다는 것을 주장·증명하여야 한다(判例 2013다21666).

③ 상표법 제109조(손해배상의 청구)에 따른 손해배상을 청구하는 경우 그 등록상표의 사용에 대하여 합리적으로 받을 수 있는 금액에 상당하는 금액을 상표권자 또는 전용사용권자가 받은 손해액으로 하여 그 손해배상을 청구할 수 있다(상표법 제110조 제4항).

④ 상표권은 등록되어 있는 상표를 타인이 사용하였다는 것만으로 당연히 통상 받을 수 있는 상표권 사용료 상당액이 손해로 인정되는 것은 아니고, 상표권자가 그 상표를 영업 등에 실제 사용하고 있었음에도 불구하고 상표권 침해행위가 있었다는 등 구체적 피해 발생이 전제되어야 인정될 수 있다(判例 2014다59712).

⑤ 상표권의 행사가 상표제도의 목적이나 기능을 일탈하여 공정한 경쟁질서와 상거래 질서를 어지럽히고 수요자 사이에 혼동을 초래하거나 상대방에 대한 관계에서 신의성실의 원칙에 위배되는 등 법적으로 보호받을 만한 가치가 없다고 인정되는 경우에는 그 상표권의 행사는 권리행사의 외형을 갖추었다 하더라도 등록상표에 관한 권리를 남용하는 것으로서 허용될 수 없다(判例 2005다67223).

정답 해설

④ 상표법 제120조(전용사용권 또는 통상사용권 등록의 취소심판) 제1항에 따라 전용사용권 또는 통상사용권 등록의 취소심판을 청구한 후 그 심판청구사유에 해당하는 사실이 없어진 경우에 취소 사유에 영향을 미치지 아니한다(상표법 제120조 제1항·제2항).

오답 해설

① 지정상품추가등록출원의 기초가 된 등록상표에 대하여 무효심판 또는 취소심판이 청구되거나 그 등록상표가 무효심판 또는 취소심판 등으로 소멸된 경우에 지정상품추가등록출원을 한 출원인은 상표등록출원으로 변경할 수 없다(상표법 제44조 제2항).

② 전용사용권자 또는 통상사용권자가 지정상품 또는 이와 유사한 상품에 등록상표 또는 이와 유사한 상표를 사용함으로써 수요자에게 상품의 품질을 오인하게 하거나 타인의 업무와 관련된 상품과의 혼동을 불러일으키게 한 경우에는 상표권자가 상당한 주의를 한 경우에는 그 상표등록의 취소심판을 청구할 수 없다(상표법 제119조 제1항 제2호 단서).

③ 상표권의 이전으로 유사한 등록상표가 각각 다른 상표권자에게 속하게 되고 그중 1인이 자기의 등록상표의 지정상품과 동일·유사한 상품에 부정경쟁을 목적으로 자기의 등록상표를 사용함으로써 수요자에게 상품의 품질을 오인하게 하거나 타인의 업무와 관련된 상품과 혼동을 불러일으키게 한 경우를 사유로 하는 취소심판은 누구든지 청구할 수 있다(상표법 제119조 제5항).

⑤ 상표권자·전용사용권자 또는 통상사용권자 중 어느 누구도 정당한 이유 없이 등록상표를 그 지정상품에 대하여 취소심판청구일 전 계속하여 3년 이상 국내에서 사용하고 있지 아니하였음을 이유로 상표등록을 취소한다는 심결이 확정되었을 경우에는 그 상표권은 심판청구일부터 소멸된다(상표법 제119조 제6항).

정답 해설

① 상표법에 따른 심판의 심결이 확정되었을 경우에 그 사건에 대해서 누구든지 같은 사실 및 같은 증거에 의하여 다시 심판을 청구할 수 없다. 다만, 확정된 심결이 각하심결인 경우에는 다시 심판을 청구할 수 있다(상표법 제150조).

⑤ 심판청구인은 심판청구서를 제출한 후 요지를 변경할 수 없으나 청구의 이유를 보정하는 것은 허용된다(특허법 제140조 제2항 참조). 따라서 특허심판원은 심판청구 후 심결 시까지 보정된 사실과 이에 대한 증거를 모두 고려하여 심결 시를 기준으로 심판청구가 선행 확정 심결과 동일한 사실·증거에 기초한 것이라서 일사부재리 원칙에 위반되는지 여부를 판단하여야 한다. 대법원 2012.1.19. 선고 2009후2234 전원합의체 판결은 '일사부재리의 원칙에 따라 심판청구가 부적법하게 되는지를 판단하는 기준 시점은 심판청구를 제기하던 당시로 보아야 한다.'고 하였는데, 이는 선행 심결의 확정을 판단하는 기준 시점이 쟁점이 된 사안에서 특허법상 일사부재리 원칙의 대세효로 제3자의 권리 제한을 최소화하기 위하여 부득이하게 선행 심결의 확정과 관련해서만 기준 시점을 심결 시에서 심판청구 시로 변경한 것이다(判例 2018후11360).

오답 해설

② 확정심결에 일사부재리의 효력을 인정하는 이유는 서로 모순·저촉되는 심결방지와 확정심결의 신뢰성확보·권위 유지, 심판청구의 남발 방지, 확정심결에 대한 법적 안정성에 있다(判例 2009후2234).

③ 확정심결의 일사부재리는 심결당사자, 그 승계인뿐만 아니라 제3자에 대하여도 대세적 효력이 있다(判例 2009후2234).

④ 대법원은 동일 증거에는 전에 확정된 심결의 증거와 동일한 증거만이 아니라 그 심결을 번복할 수 있을 정도로 유력하지 아니한 증거가 부가되는 것도 포함하는 것이므로, 확정된 심결의 결론을 번복할 만한 유력한 증거가 새로 제출된 경우에는 일사부재리의 원칙에 반하지 않는다고 판시하였다(判例 2020후10810).

31

정답 해설

④ 디자인보호법 제24조 제4항·제5항

오답 해설

① 특허청장 또는 특허심판원장은 청구에 따라 또는 직권으로 디자인보호법 제119조(보정각하결정에 대한 심판)에 따른 심판의 청구기간을 30일 이내에서 한 차례만 연장할 수 있다. 다만, 교통이 불편한 지역에 있는 자의 경우에는 산업통상자원부령으로 정하는 바에 따라 그 횟수 및 기간을 추가로 연장할 수 있다(디자인보호법 제17조 제1항).

② 특허청장 또는 특허심판원장은 제47조(절차의 보정)에 따른 보정명령을 받은 자가 지정된 기간 내에 그 보정을 하지 않아 디자인에 관한 절차가 무효로 된 경우에 지정된 기간을 지키지 못한 것이 보정명령을 받은 자가 책임질 수 없는 사유에 의한 것으로 인정하면 그 사유가 소멸한 날부터 2개월 이내에 보정명령을 받은 자의 청구에 따라 그 무효처분을 취소할 수 있다(디자인보호법 제18조 제1항·제2항).

③ 특허청장 또는 심판관은 제22조(절차의 중단)에 따라 중단된 절차에 관한 수계신청에 대하여 직권으로 조사하여 이유 없다고 인정하면 결정으로 기각하여야 한다(디자인보호법 제24조 제3항).

⑤ 특허청장 또는 심판관이 천재지변이나 그 밖의 불가피한 사유로 그 직무를 수행할 수 없을 때에는 특허청 또는 특허심판원에 계속 중인 절차는 그 사유가 없어질 때까지 중지된다(디자인보호법 제25조 제1항).

32

정답 해설

② 디자인등록출원인은 디자인등록출원을 한 날부터 최초의 디자인등록료를 내는 날까지 그 디자인을 비밀로 할 것을 청구할 수 있으며, 디자인보호법 제86조(등록료 및 수수료의 감면)에 따라 그 등록료가 면제된 경우에는 특허청장이 디자인권을 설정등록할 때까지 그 디자인을 비밀로 할 것을 청구할 수 있다(디자인보호법 제43조 제2항).

오답 해설

① 디자인등록출원인은 디자인권의 설정등록일부터 3년 이내의 기간을 정하여 그 디자인을 비밀로 할 것을 청구할 수 있다. 이 경우 복수디자인등록출원된 디자인에 대하여는 출원된 디자인의 전부 또는 일부에 대하여 청구할 수 있다(디자인보호법 제43조 제1항).

③ 디자인등록출원인이 비밀디자인으로 청구된 디자인등록출원에 대하여 출원공개신청을 한 경우에는 그 디자인에 대한 비밀청구는 철회된 것으로 본다(디자인보호법 제43조 제6항).

④ 디자인권자의 동의를 받은 자가 비밀디자인을 열람청구하여 해당 비밀디자인을 열람하게 된 경우에 그 열람한 내용을 무단으로 촬영·복사 등의 방법으로 취득하거나 알게 된 내용을 누설하여서는 아니 되며, 누설하는 경우에는 2년 이하의 징역 또는 2천만원 이하의 벌금에 처한다(디자인보호법 제225조 제3항).

⑤ 비밀디자인으로 청구한 디자인의 디자인권자 및 전용실시권자는 그 디자인에 관한 특허청장으로부터 증명을 받은 서면을 제시하여 경고한 후가 아니면 권리침해자에 대하여 침해금지 또는 예방청구를 할 수 없다(디자인보호법 제113조 제2항).

33

정답 해설

ㄴ. (×) 디자인권자는 디자인권을 포기할 수 있고, 복수디자인등록된 디자인권은 각 디자인권마다 분리하여 포기할 수 있다(디자인보호법 제105조).

ㄷ. (×) 기본디자인의 디자인권이 취소, 포기 또는 무효심결 등으로 소멸한 경우 그 기본디자인에 관한 2 이상의 관련디자인의 전용실시권을 설정하려면 같은 자에게 함께 설정하여야 한다(디자인보호법 제97조 제6항).

ㄹ. (×) 정당한 권리자의 디자인등록출원이 디자인보호법 제44조 및 제45조에 따라 디자인권이 설정등록된 경우에는 디자인권의 존속기간의 무권리자의 디자인등록출원일 다음 날부터 기산한다(디자인보호법 제91조 제2항).

ㄱ. (○) 글자체가 디자인권으로 설정등록된 경우 그 디자인권의 효력은 타자·조판 또는 인쇄 등의 통상적인 과정에서 글자체의 사용으로 생산된 결과물인 경우에는 미치지 아니한다(디자인보호법 제94조 제2항 제2호).

ㅁ. (○) 디자인보호법에 따라 특허청장이 정한 대가와 보상금액에 관하여 확정된 결정은 집행력 있는 집행권원과 같은 효력을 가지며, 이 경우 집행력 있는 정본은 특허청 소속 공무원이 부여한다(디자인보호법 제112조).

34

답 ④

정답 해설

④ 심사관은 디자인등록출원의 심사에 필요한 경우에는 심결이 확정될 때까지 또는 소송절차가 완결될 때까지 그 절차를 중지할 수 있으며, 그 중지에 대하여는 불복할 수 없다(디자인보호법 제77조 제1항·제3항).

오답 해설

① 디자인일부심사등록 이의신청이 이유 있다고 인정될 때에는 그 등록디자인을 취소한다는 취지의 결정을 하여야 하며, 그 결정에는 불복할 수 있다(디자인보호법 제73조 제3항·제6항의 반대해석).

② 심판의 참가신청이 있는 경우에는 심판으로 그 참가 여부를 결정하여야 하며, 그 결정에는 불복할 수 없다(디자인보호법 제144조 제3항·제5항).

③ 법원은 필요한 경우에는 디자인등록출원에 대한 결정이 확정될 때까지 그 소송절차를 중지할 수 있으며, 그 중지에 대하여는 불복할 수 없다(디자인보호법 제77조 제2항·제3항).

⑤ 심판관의 제척 또는 기피 신청이 있으면 심판으로 결정하여야 하며, 그 결정에는 불복할 수 없다(디자인보호법 제139조 제1항·제4항).

35

답 ②

정답 해설

② 일부심사등록출원의 거절이유는 디자인보호법 제68조 제2항에 나열된 것과 같이, 제3조 제1항 본문에 따른 디자인등록을 받을 수 있는 권리를 가지지 아니하거나 같은 항 단서에 따라 디자인등록을 받을 수 없는 경우, 제27조, 제33조(제1항 각 호 외의 부분 및 제2항 제2호만 해당한다), 제34조, 제37조 제4항 및 제39조부터 제42조까지의 규정에 따라 디자인등록을 받을 수 없는 경우, 조약에 위반된 경우 중 어느 하나에 해당하는 경우에는 심사관은 디자인등록거절결정을 하여야 한다. 따라서, 나열된 거절이유 중, ㄱ, ㄷ, ㅁ만 해당한다.

36

답 ④, ⑤

정답 해설

④ 디자인보호법 제160조 제2항

디자인보호법 제160조(재심청구의 기간)
① 당사자는 심결 확정 후 재심사유를 안 날부터 30일 이내에 재심을 청구하여야 한다.
② 대리권의 흠을 이유로 재심을 청구하는 경우에 제1항의 기간은 청구인 또는 법정대리인이 심결등본의 송달에 의하여 심결이 있은 것을 안 날의 다음 날부터 기산한다.

⑤ 심결에 대한 소는 당사자, 참가인 또는 해당 심판이나 재심에 참가신청을 하였으나 그 신청이 거부된 자만 제기할 수 있다(디자인보호법 제166조 제2항).

오답 해설

① 제42조(한 벌의 물품의 디자인)는 디자인등록무효사유에서 제외되어 있다.

② 디자인권이 공유인 경우에 같은 디자인권에 관하여 디자인등록무효심판을 청구하는 자가 2인 이상이면 각자 또는 모두가 공동으로 심판을 청구할 수 있다(디자인보호법 제125조 제2항).

③ 특허심판원장은 디자인보호법 제119조(보정각하결정)에 따른 심판이 청구된 경우에 그 청구가 이유있다고 인정될 때에는 심결만 할 수 있을 뿐, 보정각하결정을 취소할 수 없다.

37

정답 ⑤

⑤ 심사관은 디자인일부심사등록출원으로서 관련디자인등록출원이 기본디자인과 유사하지 아니한 경우에는 디자인등록거절결정을 하여야 한다(디자인보호법 제62조 제3항).

① 관련디자인으로 등록되기 위해서는 그 디자인의 대상이 되는 물품이 기본디자인의 물품과 동일하거나 유사한 물품이어야 한다.

② 관련디자인의 출원인은 디자인등록출원서에 관련디자인의 디자인등록출원 여부를 적어 특허청장에게 제출하여야 한다(디자인보호법 제37조 제1항).

③ 관련디자인은 기본디자인과의 관계에서 신규성이나 선출원에 대한 예외를 인정할 뿐이고, 이를 제외한 나머지 등록요건을 만족하여야 관련디자인으로 등록될 수 있다(디자인보호법 제35조 제1항).

④ 무효심판 계류 중인 등록디자인을 기본디자인으로 한 관련디자인등록출원이 관련디자인으로 인정될 경우에는 그 심사를 보류한다(디자인보호법 제77조 제1항).

38

답 ①

① 디자인등록출원의 보정은 디자인등록여부결정의 통지서가 발송되기 전까지 할 수 있다(디자인보호법 제48조 제4항 제1호).

② 복수디자인등록출원을 한 자는 디자인등록출원의 일부를 1 이상의 새로운 디자인등록출원으로 분할하여 디자인등록출원을 할 수 있다(디자인보호법 제50조 제1항 제2호).

③ 디자인등록출원인은 디자인일부심사등록출원을 디자인심사등록출원으로, 디자인심사등록출원을 디자인일부심사등록출원으로 변경하는 보정을 할 수 있다(디자인보호법 제48조 제3항).

④ 국제디자인등록출원에 대하여는 디자인일부심사등록출원을 디자인심사등록출원으로, 디자인심사등록출원을 디자인일부심사등록출원으로 변경하는 보정을 할 수 없다(디자인보호법 제186조 제2항).

⑤ 한 벌 물품의 디자인 성립요건을 충족하지 못한 경우는 제40조 위반에 해당되어 각 구성 물품을 분할하여 디자인등록출원할 수 있다(디자인보호법 제50조 제1항 제1호).

39

답 ⑤

⑤ 디자인보호법 제2조(정의)에서 말하는 '물품'이 디자인등록의 대상이 되기 위해서는 통상의 상태에서 독립된 거래의 대상이 되어야 하고, 그것이 부품인 경우에는 다시 호환성을 가져야 하나, 이는 반드시 실제 거래사회에서 현실적으로 거래되고 다른 물품과 호환될 것을 요하는 것은 아니고, 그러한 독립된 거래의 대상 및 호환의 가능성만 있으면 디자인등록의 대상이 되는 것이다(判例 2003후274).

① 디자인의 유사 여부는, 디자인을 구성하는 요소들을 각 부분으로 분리하여 대비할 것이 아니라 전체와 전체를 대비·관찰하여, 보는 사람의 마음에 환기될 미적 느낌과 상이 유사한지 여부에 따라 판단하되, 그 물품의 성질, 용도, 사용형태 등에 비추어 보는 사람의 시선과 주의를 가장 끌기 쉬운 부분을 중심으로 대비·관찰하여 일반 수요자(보는 사람)의 심미감에 차이가 생기게 하는지 여부의 관점에서 판단하여야 한다(判例 2016후1710).

② 등록디자인에 대한 등록무효심결이 확정되기 전이라도 그 디자인등록이 무효심판에 의하여 무효로 될 것임이 명백한 경우에는 그 디자인권에 기초한 침해금지 또는 손해배상 등의 청구는 특별한 사정이 없는 한 권리남용에 해당하여 허용되지 아니한다고 보아야 하며, 디자인권침해소송을 담당하는 법원은 디자인권자의 그러한 청구가 권리남용에 해당한다는 항변이 있는 경우에 그 당부를 살피기 위한 전제로서 디자인등록의 무효 여부에 대하여 심리·판단할 수 있다(判例 2016다219150).

③ 디자인보호법 제33조(디자인등록의 요건)에 따라 창작수준을 판단할 때는 공지디자인의 대상 물품이나 주지형태의 알려진 분야, 공지디자인이나 주지형태의 외관적 특징들의 관련성, 해당 디자인 분야의 일반적 경향 등에 비추어 통상의 디자이너가 용이하게 그와 같은 결합에 이를 수 있는지를 함께 살펴보아야 한다(判例 2013후2613).

④ 등록디자인의 보호범위는 디자인등록출원서의 기재사항
및 그 출원서에 첨부한 도면과 도면의 기재사항·사진·
모형 또는 견본에 표현된 디자인에 의하여 정하여지므로,
등록디자인은 통상의 지식을 가진 자가 그 보호범위를
명확하게 파악하여 동일한 형태와 모양의 물품을 반복
생산할 수 있을 정도로 구체성을 갖춰야 한다(判例 2014
후614).

40 답 ①

정답 해설

① 특허청장은 국제출원서의 기재사항이 영어로 기재되어
있지 않은 경우에 국제출원인에게 상당한 기간을 정하여
보완에 필요한 대체서류의 제출을 명하여야 하며, 이때
제출명령을 받은 자가 지정기간 이후에 대체서류를 제출
한 경우에는 이를 출원인 또는 제출인에게 반려하여야
한다(디자인보호법 제177조 제2항).

오답 해설

② 특허청을 통한 국제출원을 하려는 자는 국제출원서 및
그 출원에 필요한 서류를 특허청장에게 제출해야 하는데,
이때 국제출원서에는 사진을 포함하여 도면을 첨부하여
야 하지만, 헤이그협정 제5조(국제출원의 내용)에 따른
수수료의 납부방법까지 적어야 한다(디자인보호법 제175
조 제2항 제7호).
③ 특허청을 통한 국제출원을 하려는 자가 헤이그협정 제5
조(국제출원의 내용)에 따른 공개연기신청을 하려는 경우
에는 국제출원서에 도면을 대신하여 산업통상자원부령으
로 정하는 바에 따른 견본을 첨부할 수 있다(디자인보호
법 제175조 제3항).
④ 특허청장은 국제출원서가 도달한 날을 국제출원서에 적
어 관계 서류와 함께 헤이그협정 제1조(약어적 표현)에
따른 국제사무국에 보내고, 그 국제출원서의 사본을 특허
청을 통한 국제출원을 한 자에게 보내야 한다(디자인보호
법 제177조 제1항).
⑤ 특허청장은 특허청을 통한 국제출원을 하려는 자가 송달
료를 내지 아니한 경우에는 상당한 기간을 정하여 보정을
명하여야 하고, 보정명령을 받은 자가 지정된 기간에 송달
료를 내지 아니한 경우에는 해당 절차를 무효로 할 수
있다(디자인보호법 제178조 제3항·제4항).

2020년 제57회 정답 및 해설

● 문제편 083p

01	02	03	04	05	06	07	08	09	10	11	12	13	14	15	16	17	18	19	20
①	⑤	③	③	⑤	③	②	④	③	①	②	④	②	④	②	④	③	⑤	②	①
21	22	23	24	25	26	27	28	29	30	31	32	33	34	35	36	37	38	39	40
①	②	④	④	⑤	③	③	①	②	⑤	②	③	④	③	⑤	①	④	⑤	②	①

01

답 ①

오답 해설

② 발명의 각 단계가 온라인 상에서 처리되는 것이 아니라 오프라인 상에서 처리되는 것이고, 소프트웨어와 하드웨어가 연계되는 시스템이 구체적으로 실현되고 있는 것이 아니어서 비즈니스모델 발명의 범주에 속하지 아니하므로 산업상 이용할 수 있는 발명이라 할 수 없다(判例 2001후3149).

③ 유성 · 무성생식 관계없이 특허등록의 대상이다.

④ 분할출원시 기탁 증명서류 원용의 취지를 명기하여야 한다(심사기준).

⑤ 인간의 치료방법은 산업상 이용할 수 없는 발명에 속하여 특허를 받을 수 없다.

02

답 ⑤

오답 해설

① 존속기간의 말일이 공휴일(근로자의 날 및 토요일을 포함한다)이면 그날로 만료한다.

② 특허권자의 특허발명이 이용 · 저촉발명에 해당하는 경우 타인의 허락을 받지 아니하고는 자기의 특허발명을 업으로서 실시할 수 없다.

③ 정당한 권리자의 특허출원이 특허된 경우에는 특허권자의 존속기간은 무권리자 특허출원일의 다음 날부터 기산한다(특허법 제88조 제2항).

④ 실시계약 자체에 별도의 무효사유가 없는 한 특허권자가 실시권자로부터 지급받은 특허실시료 중 실시계약이 유효하게 존재하는 기간에 상응하는 부분을 실시권자에게 부당이득으로 반환할 의무가 있다고 할 수 없다(判例 2012다42666).

03

답 ③

오답 해설

① 특허취소를 신청할 수 있는 사항 또는 심판을 청구할 수 있는 사항에 관한 소는 특허취소결정이나 심결에 대한 것이 아니면 제기할 수 없다(특허법 제186조 제6항).

② 당사자계 심판에 대한 심결취소소송의 심리범위는 판례에 따라 무제한설을 따르므로 당사자는 심결에서 판단되지 않는 처분의 위법사유도 심결취소소송단계에서 주장 · 입증할 수 있다.

④ 무효심판에 대한 심결취소소송에서 원고의 청구가 기각되어 상고심 계속 중, 제3자에 의한 무효심판청구가 인용되어 특허권이 소급소멸한 경우 존재하지 아니한 특허를 대상으로 판단한 심결은 위법하게 되나, 무효로 확정된 이상 심판의 심결취소를 구할 법률상 이익도 없어졌다고 봄이 상당하다(判例 98후1921).

⑤ 결정에 대한 소를 제기하는 경우에는 특허청장을 피고로 하여야 한다(특허법 제187조).

04 답 ③

① 거절결정이 있는 때에는 거절결정등본을 송달받은 날로부터 3개월 이내에 분할출원을 할 수 있으며, 특허결정 또는 특허거절결정 취소심결의 등본송달일로부터 3개월 이내의 기간(설정등록을 받으려는 날이 3개월보다 짧은 경우 그날까지의 기간)에 분할출원을 할 수 있다(특허법 제52조 제1항 제3호).
② 실용신안등록출원도 특허출원으로 변경출원을 할 수 있다.
④ 보정을 각하하고 보정 전의 명세서로 심사하여야 한다.
⑤ 국제출원서는 국어번역문의 대상에서 제외된다. 발명의 설명 및 청구범위의 국어번역문 미제출시 국제특허출원을 취하한 것으로 보며(특허법 제201조 제4항), 도면의 설명 부분 미제출시 도면의 설명부분은 없었던 것으로 본다.

05 답 ⑤

① 특정 물질의 의약용도가 약리기전만으로 기재되어 있다 하더라도 발명의 설명 등 명세서의 다른 기재나 기술상식에 의하여 의약으로서의 구체적인 용도를 명확히 파악할 수 있는 경우에는 특허법 제42조 제4항 제2호가 정한 청구항의 명확성 요건을 충족하는 것으로 볼 수 있다(判例 2007후5215).
② 약사법에 따라 품목허가를 받은 의약품과 특허침해 의약품이 약학적으로 허용 가능한 염 등에서 차이가 있더라도, 통상의 기술자가 이를 쉽게 선택할 수 있는 정도에 불과하고 그 치료효과나 용도가 실질적으로 동일하다면 존속기간이 연장된 특허권의 효력이 침해제품에 미치는 것으로 보아야 한다(判例 2017다245798).
③ 투여용법과 투여용량은 의료행위 그 자체가 아니라 의약이라는 물건이 효능을 온전히 발휘하도록 하는 속성을 표현함으로써 의약이라는 물건에 새로운 의미를 부여하는 구성요소가 될 수 있다(判例 2014후768).
④ 의약용도발명에서는 통상의 기술자가 선행발명들로부터 특정 물질의 특정 질병에 대한 치료효과를 쉽게 예측할 수 있는 정도에 불과하다면 그 진보성이 부정되고, 이러한 경우 선행발명들에서 임상시험 등에 의한 치료효과가 확인될 것까지 요구된다고 볼 수 없다(判例 2016후502).

06 답 ③

③ "산업통상자원부령이 정하는 언어"란 국어, 영어 또는 일본어를 말한다(특허법 제41조).

① 특허법 제201조 제3항
② 특허법 제198조 제3항
④ 특허법 제203조 제4항
⑤ 특허법 제211조

07 답 ②

② 특허취소신청과 무효심판은 청구범위의 청구항이 둘 이상인 경우 청구항마다 청구할 수 있다(특허법 제132조의2 제1항, 제133조 제1항). 권리범위확인심판도 마찬가지이다(특허법 제135조 제3항).

08 답 ④

④ 지정된 기간이 경과하여 제출된 보정서는 불수리되고, 의견서는 수리된다(시행규칙 11).

① 특허법 제63조 제1항
② 判例 2006후1766
③ 특허법 제47조 제4항
⑤ 특허법 제63조 제2항

09 답 ③

정답 해설

③ 제조방법이 기재된 물건발명의 특허요건을 판단함에 있어서 그 기술적 구성을 제조방법 자체로 한정하여 파악할 것이 아니라 제조방법의 기재를 포함하여 특허청구범위의 모든 기재에 의하여 특정되는 구조나 성질 등을 가지는 물건으로 파악하여 출원 전에 공지된 선행기술과 비교하여 신규성, 진보성 등이 있는지 여부를 살펴야 한다(判例 2011후927).

오답 해설

① 判例 2001후2658
② 判例 2007후1299
④ 심사기준
⑤ 判例 2005후3284

10 답 ①

정답 해설

① 특허출원이 외국어특허출원인 경우에는 그 특허출원에 대한 제42조의3 제2항에 따른 국어번역문이 제출된 경우에만 분할할 수 있다(특허법 제52조 제1항 단서).

오답 해설

② 특허법 제52조 제3항
③ 특허법 제52조 제8항
④ 심사기준
⑤ 특허법 제52조 제6항

11 답 ②

정답 해설

② 특허청 심사관이 특허출원의 보정에 대한 각하결정을 한 후 '보정 전의 특허출원'에 대하여 거절결정을 하였고, 그에 대한 불복심판 절차에서 위 보정각하결정 및 거절결정이 적법하다는 이유로 심판청구를 기각하는 특허심판원의 심결이 있었는데 보정각하결정이 위법한 경우, 심결취소소송에서 법원은 그것만을 이유로 곧바로 심결을 취소하여야 한다(判例 2012후3121).

① 判例 2016허4160
③ 判例 2015후1997
④ 判例 2001후1617
⑤ 判例 2005후1202

12 답 ④

정답 해설

④ 침해행위의 구체적 행위태양을 진실한 것으로 인정할 수 있다(특허법 제126조의2 제4항). 따라서 재량사항이다.

오답 해설

① 특허법 제126조 제1항
② 특허법 제126조 제2항
③ 특허법 제126조의2 제항
⑤ 특허법 제128조 제8항

13 답 ②

정답 해설

② 무효심판을 청구할 수 있는 이해관계인이란 당해 특허발명의 권리존속으로 인하여 법률상 어떠한 불이익을 받거나 받을 우려가 있어 그 소멸에 관하여 직접적이고도 현실적인 이해관계를 가진 사람을 말하고, 이에는 당해 특허발명과 같은 종류의 물품을 제조·판매하거나 제조·판매할 사람도 포함된다. 이러한 법리에 의하면 특별한 사정이 없는 한 특허권의 실시권자가 특허권자로부터 권리의 대항을 받거나 받을 염려가 없다는 이유만으로 무효심판을 청구할 수 있는 이해관계가 소멸되었다고 볼 수 없다(判例 2017후2819).

오답 해설

① 특허발명 실시계약의 목적이 된 특허발명의 실시가 불가능한 경우가 아니라면 특허 무효의 소급효에도 불구하고 그와 같은 특허를 대상으로 하여 체결된 특허발명 실시계약이 그 계약의 체결 당시부터 원시적으로 이행불능 상태에 있었다고 볼 수는 없고, 다만 특허 무효가 확정되면 그때부터 특허발명 실시계약은 이행불능 상태에 빠지게 된다고 보아야 한다(判例 2018다287362).

③ 특허처분은 하나의 특허출원에 대하여 하나의 특허권을 부여하는 단일한 행정행위이므로, 설령 그러한 특허처분에 의하여 수인을 공유자로 하는 특허등록이 이루어졌다고 하더라도, 그 특허처분 자체에 대한 무효를 청구하는 제도인 특허무효심판에서 그 공유자 지분에 따라 특허를 분할하여 일부 지분만의 무효심판을 청구하는 것은 허용할 수 없다(判例 2012후2432).

④ 判例 2003도6283

⑤ 判例 2007후1053

14
답 ④

정답 해설

ㄱ. (○) 특허법 제2조 제3호 가목
ㄷ. (○) 判例 2017다289903
ㄹ. (○) 判例 2003다15006

오답 해설

ㄴ. (×) '생산'이란 발명의 구성요소 일부를 결여한 물건을 사용하여 발명의 모든 구성요소를 가진 물건을 새로 만들어내는 모든 행위를 의미하므로, 공업적 생산에 한하지 않고 가공, 조립 등의 행위도 포함된다(判例 2007후3356).

15
답 ②

정답 해설

ㄹ. (×) 침해행위를 조성한 물품 또는 그 침해행위로부터 생긴 물품은 몰수하거나 피해자의 청구에 따라 그 물품을 피해자에게 교부할 것을 선고할 수 있다(실용신안법 제51조 제1항).

오답 해설

ㄱ. (○) 실용신안법 제12조 제1항
ㄴ. (○) 실용신안법 제12조 제4항
ㄷ. (○) 실용신안법 제17조 제2항

16
답 ④

정답 해설

④ 최초거절이유통지에 따라 의견서 제출기간 내에 제출한 보정이 신규사항추가(특허법 제47조 제2항)에 해당하면 최후거절이유통지를 하여야 한다.

오답 해설

① 특허법 제51조 제1항
② 심사기준
③ 심사기준
⑤ 判例 2013후2101

17
답 ③

정답 해설

③ 判例 2013다41578

오답 해설

① 발명의 기술적 과제를 해결하기 위한 구체적인 착상을 새롭게 제시·부가·보완하거나, 실험 등을 통하여 새로운 착상을 구체화하거나, 발명의 목적 및 효과를 달성하기 위한 구체적인 수단과 방법의 제공 또는 구체적인 조언·지도를 통하여 발명을 가능하게 한 경우 등과 같이 기술적 사상의 창작행위에 실질적으로 기여하기에 이르러야 공동발명자에 해당한다(判例 2009후75178).

②·④ 특허에 대한 판례는 없으나, 상표에 대한 판례에서 공유자 중 1인이라도 단독으로 심결의 취소를 구할 수 있다고 판시하여 유사필수적 공동소송으로 본다(判例 2002후567).

⑤ 상표권이 공유인 경우에 각 공유자는 다른 공유자의 동의를 얻지 아니하면 그 지분을 양도하거나 그 지분을 목적으로 하는 질권을 설정할 수 없고 그 상표권에 대하여 전용사용권 또는 통상사용권을 설정할 수도 없는 등 일정한 제약을 받아 그 범위에서 합유와 유사한 성질을 가지지만, 이러한 제약은 상표권이 무체재산권인 특수성에서 유래한 것으로 보일 뿐이고, 상표권의 공유자들이 반드시 공동목적이나 동업관계를 기초로 조합체를 형성하여 상표권을 소유한다고 볼 수 없을 뿐만 아니라 상표법에 상표권의 공유를 합유관계로 본다는 명문의 규정도 없는 이상, 상표권의 공유에도 상표법의 다른 규정이나 그 본질에 반하지 아니하는 범위 내에서는 민법상의 공유의 규정이 적용될 수 있다고 할 것이다(判例 2002후567). (특허권도 마찬가지로 적용)

18

정답 해설

⑤ 형사소송법 제254조 제4항이 "공소사실의 기재는 범죄의 시일, 장소와 방법을 명시하여 사실을 특정할 수 있도록 하여야 한다."라고 규정한 취지는, 심판의 대상을 한정함으로써 심판의 능률과 신속을 꾀함과 동시에 방어의 범위를 특정하여 피고인의 방어권 행사를 쉽게 해 주기 위한 것이므로, 검사로서는 위 세 가지 특정요소를 종합하여 다른 사실과의 식별이 가능하도록 범죄 구성요건에 해당하는 구체적 사실을 기재하여야 한다. 그리고 피고인이 생산 등을 하는 물건 또는 사용하는 방법(이하 '침해제품 등'이라고 한다)이 특허발명의 특허권을 침해하였는지가 문제로 되는 특허법 위반 사건에서 다른 사실과 식별이 가능하도록 범죄 구성요건에 해당하는 구체적 사실을 기재하였다고 하기 위해서는, 침해의 대상과 관련하여 특허 등록번호를 기재하는 방법 등에 의하여 침해의 대상이 된 특허발명을 특정할 수 있어야 하고, 침해의 태양과 관련하여서는 침해제품 등의 제품명, 제품번호 등을 기재하거나 침해제품 등의 구성을 기재하는 방법 등에 의하여 침해제품 등을 다른 것과 구별할 수 있을 정도로 특정할 수 있어야 한다(判例 2015도17674).

19

정답 해설

ㄱ. (○) 判例 2017후1632
ㄷ. (○) 判例 2016후328
ㄹ. (○) 判例 2016후366

오답 해설

ㄴ. (×) 어느 발명이 특허발명의 권리범위에 속하는지를 판단함에 있어서 특허발명과 대비되는 발명이 공지의 기술만으로 이루어지거나 그 기술분야에서 통상의 지식을 가진 자가 공지기술로부터 용이하게 실시할 수 있는 경우에는 특허발명과 대비할 필요 없이 특허발명의 권리범위에 속하지 않게 된다(判例 2002다60610). 따라서 자유실시기술인 경우 특허발명과 대비할 필요가 없다.

ㅁ. (×) 소극적 권리범위확인심판에서는 현재 실시하는 것만이 아니라 장래 실시 예정인 것도 심판대상으로 삼을 수 있다. 그러나 당사자 사이에 심판청구인이 현재 실시하고 있는 기술이 특허권의 권리범위에 속하는지에 관하여만 다툼이 있을 뿐이고, 심판청구인이 장래 실시할 예정이라고 주장하면서 심판대상으로 특정한 확인대상발명이 특허권의 권리범위에 속하지 않는다는 점에 관하여는 아무런 다툼이 없는 경우라면, 그러한 확인대상발명을 심판대상으로 하는 소극적 권리범위확인심판은 심판청구의 이익이 없어 허용되지 않는다(判例 2014후2849).

20

정답 해설

① 간접침해의 요건인 '타용도가 없을 것'을 만족하지 않으므로 간접침해에 해당하지 않는다.

오답 해설

② 判例 2007후3356
③ 방법의 발명(이하 '방법발명'이라고 한다)에 관한 특허권자로부터 허락을 받은 실시권자가 제3자에게 그 방법의 실시에만 사용하는 물건(이하 '전용품'이라고 한다)의 제작을 의뢰하여 그로부터 전용품을 공급받아 방법발명을 실시하는 경우에 있어서 그러한 제3자의 전용품 생산·양도 등의 행위를 특허권의 간접침해로 인정하면, 실시권자의 실시권에 부당한 제약을 가하게 되고, 특허권이 부당하게 확장되는 결과를 초래한다. 또한, 특허권자는 실시권을 설정할 때 제3자로부터 전용품을 공급받아 방법발명을 실시할 것까지 예상하여 실시료를 책정하는 등의 방법으로 당해 특허권의 가치에 상응하는 이윤을 회수할 수 있으므로, 실시권자가 제3자로부터 전용품을 공급받는다고 하여 특허권자의 독점적 이익이 새롭게 침해된다고 보기도 어렵다. 따라서 방법발명에 관한 특허권자로부터 허락을 받은 실시권자가 제3자에게 전용품의 제작을 의뢰하여 그로부터 전용품을 공급받아 방법발명을 실시하는 경우에 있어서 그러한 제3자의 전용품 생산·양도 등의 행위는 특허권의 간접침해에 해당한다고 볼 수 없다(判例 2017다290095).
④ 判例 92도3350
⑤ 간접침해 제도는 어디까지나 특허권이 부당하게 확장되지 아니하는 범위에서 그 실효성을 확보하고자 하는 것이다. 그런데 특허권의 속지주의 원칙상 물건의 발명에 관한 특허권자가 그 물건에 대하여 가지는 독점적인 생산·사용·양도·대여 또는 수입 등의 특허실시에 관한 권리는 특허권이 등록된 국가의 영역 내에서만 효력이 미치는 점을 고려하면, 특허법 제127조 제1호의 '그 물건의 생산에만 사용하는 물건'에서 말하는 '생산'이란 국내에서의

생산을 의미한다고 봄이 타당하다. 따라서 이러한 생산이 국외에서 일어나는 경우에는 그 전 단계의 행위가 국내에서 이루어지더라도 간접침해가 성립할 수 없다(判例 2014다42110).

21

정답 해설

① 상표의 구성 중 식별력이 없거나 미약한 부분과 동일한 표장이 거래사회에서 오랜 기간 사용된 결과 수요자 간에 누구의 업무에 관련된 상품을 표시하는 것인가 현저하게 인식되어 있는 경우에는 그 부분은 '사용된 상품에 관하여' 식별력 있는 요부로 보아 상표의 유사 여부를 판단할 수 있으나, 그렇다고 하더라도 그 부분이 사용되지 아니한 상품에 대해서까지 당연히 식별력 있는 요부가 됨을 전제로 하여 상품의 유사 여부를 판단할 수 없다(判例 2005후2977).

오답 해설

② 상품의 식별력으로 구분했을 때 보통명칭 표장, 기술적 표장, 암시적 표장, 임의 표장, 조어 표장이 있다.

구분	특징	등록 여부	식별력
보통명칭 표장	상품의 보통명사, 관용적 명칭	등록 불가	식별력 낮음
기술적 표장	상품의 품질, 효능, 재료와 같은 특성을 드러내는 표장	원칙적으로 등록 불가, 예외적 인정 (사용에 의한 식별력 취득)	
암시적 표장	상품의 특성을 암시하는 표장	등록 가능, 효력 약함	
임의 표장	상품과 관련 없는 단어나 도형으로 구성된 표장	등록 가능	
조어 표장	새롭게 만든 단어	등록 가능	식별력 높음

③ 상표법 제33조 제2항

상표법 제33조(상표등록의 요건)
① 다음 각 호의 어느 하나에 해당하는 상표를 제외하고는 상표등록을 받을 수 있다.
　6. 간단하고 흔히 있는 표장만으로 된 상표
② 제1항 제3호부터 제6호까지에 해당하는 상표라도 상표등록출원 전부터 그 상표를 사용한 결과 수요자 간에 특정인의 상품에 관한 출처를 표시하는 것으로 식별할 수 있게 된 경우에는 그 상표를 사용한 상품에 한정하여 상표등록을 받을 수 있다.

④ 判例 2007후2834, 2011도13441
⑤ 상품의 '식별력'이란 ⅰ) 협의의 의미로는 이른바 '자타상품식별력(自他商品識別力)'으로서 거래상 자타 상품을 식별케 하는 힘을 의미하며, ⅱ) 광의의 의미로는 이에 더하여 자유사용의 필요성을 뜻하는 '독점적응성(獨占適應性)'의 유무를 포함하는 개념으로 사용된다.

22

정답 해설

② 사용에 의한 식별력을 취득하는 상표는 실제로 사용한 상표 그 자체에 한하고 그와 유사한 상표에 대하여까지 식별력 취득을 인정할 수는 없지만, 그와 동일성이 인정되는 상표의 장기간의 사용은 위 식별력 취득에 도움이 되는 요소라 할 것이다(判例 2006후2288). 즉, 유사한 상표에 대하여는 식별력 취득을 인정할 수 없다.

오답 해설

① 상표법 제33조 제1항
③ 어떤 상표가 상품의 원재료를 표시하는 것인가의 여부는 그 상표의 관념, 지정상품과의 관계, 현실 거래사회의 실정 등에 비추어 객관적으로 판단하여야 할 것이므로, 그 상표가 상품의 원재료를 표시하는 것이라고 하기 위해서는 당해 상표가 뜻하는 물품이 지정상품의 원재료로서 현실로 사용되고 있는 경우라든가 또는 그 상품의 원재료로서 사용되는 것으로 일반수요자나 거래자가 인식하고 있는 경우이어야 할 것이다(判例 2004후3454).
④ 判例 2017후1342

⑤ "흔히 있는 성 또는 명칭"이란 현실적으로 다수가 존재하는 경우는 물론 관념상으로 다수가 존재하는 것으로 인식되고 있는 자연인의 성이나 법인, 단체, 상호임을 표시하는 명칭을 말한다(심사기준). "본호에서 규정하는 '명칭'에는 법인명, 단체명, 법인격 없는 단체명, 상호, 아호, 예명, 필명 또는 그 약칭을 포함하며, 회장·총장·사장 등 일반적인 직위를 나타내는 명칭도 본호의 흔한 명칭에 해당한다(심사기준)."

23 팁 ④

정답 해설

④ 사용상표가 도안화가 되어 있으나 그 정도에 있어 품질, 성질 등을 표시하는 것으로 직감할 수 있을 정도로 도안화가 되어 있다면, 결국 도안화에도 불구하고 품질, 성능을 직감할 수 있는 성질표시에 해당하는 것이므로 제90조 제1항 제2호에 따라 효력이 미치지 않는다.

오답 해설

① 자기의 성명·명칭 또는 상호·초상·서명·인장 또는 저명한 아호·예명·필명과 이들의 저명한 약칭을 상거래 관행에 따라 사용하는 상표에 대하여는 상표권의 효력이 미치지 아니한다(상표법 제90조 제1항 제1호). 다만, 상표권의 설정등록이 있은 후에 부정경쟁의 목적으로 자기의 성명·명칭 또는 상호·초상·서명·인장 또는 저명한 아호·예명·필명과 이들의 저명한 약칭을 사용하는 경우에는 위 제90조 제1항 제1호를 적용하지 아니한다(상표법 제90조 제3항).

② 아호·예명·필명 및 약칭에 한하여 저명성을 요한다.

③ 침해금지청구소송에서는 '사실심 변론종결 시'를 기준으로 한다.

⑤ 상표법 제90조 소정의 상표권의 효력이 미치지 아니하는 부분이 확인대상표장에 포함되어 있다면, 확인대상표장 중 그 부분을 제외한 나머지 부분에 의하여 등록상표와 사이에 상품출처에 관하여 오인·혼동을 일으키게 할 염려가 있는지를 기준으로 하여 확인대상표장이 등록상표의 권리범위에 속하는지 여부를 판단해야 한다(判例 2013후2446).

24 팁 ④

정답 해설

④ 국제등록의 효력은 기초출원(등록)에 의존하게 되는데 이를 국제등록의 종속성이라고 하고 종속기간은 '기초출원일로부터 5년'이 아니라 '국제등록일로부터 5년'이다.

오답 해설

① 국제상표등록출원의 기초가 되는 국제등록의 전부 또는 일부가 소멸된 경우에는 그 소멸된 범위에서 해당 국제상표등록출원은 지정상품의 전부 또는 일부에 대하여 취하된 것으로 본다(상표법 제202조 제1항).

② 상표법 제172조. 특히 사후지정은 국제등록된 지정상품의 전부 또는 일부에 대하여 가능하다.

③ 국제출원은 반드시 본국관청에 계속 중인 상표출원 및 또는 상표등록을 기초로 출원하여야 한다.

⑤ 국제출원서와 그 출원에 필요한 서류는 특허청장에게 도달한 날부터 그 효력이 발생한다. 우편으로 제출된 경우에도 또한 같다(상표법 제170조).

25 팁 ⑤

정답 해설

ㄱ. (×) ㄴ. (○) 상표법 제33조 제2항의 사용에 의한 식별력 취득여부의 판단은 '상표등록여부결정을 할 때'를 기준으로 한다.

ㄷ. (○) 특정인의 상품표지로서의 인식은 익명의 존재로서의 추상적 출처이면 족하지, 구체적으로 특정인의 성명이나 명칭까지 인식하여야 하는 것은 아니다(判例 90후410).

ㄹ. (○) 상표법 제33조 제2항에 의하여 식별력을 취득한 상표는 제90조 제1항 제2호에 의한 상표권의 효력 제한을 받지 아니한다.

26
답 ③

정답 | 해설

③ 상표권의 본래적 효력이란 무엇인지, 직접침해와 간접침해(침해로 보는 행위)를 구분할 수 있는지를 묻는 문제이다. 일단 앞의 2개는 제108조 제1항 제4호 소정의 간접침해이고, 그 뒤 나머지 3개는 제2조 제항 제1호 나목 소정의 상표의 사용행위로 직접침해에 해당한다. 한편, 문제에서는 제89조(상표권의 효력)에 규정된 상표권자의 독점권을 침해하는 행위가 무엇인지를 묻고 있는데, "상표권자는 지정상품에 관하여 그 등록상표를 사용할 권리를 독점하고(상표법 제89조 본문), 이에 따라 상표권자는 이른바 동일영역 안에서의 전용권과 이를 실효적으로 보장하기 위한 유사영역 안에서의 금지권을 가진다."는 점에서 직접침해행위만이 문제의 답이 될 수 있고, 간접침해는 제외된다.

27
답 ③

정답 | 해설

③ 상표권의 권리범위확인심판 사건에서 확인을 구하는 표장이 등록상표의 권리범위에 속한다고 하려면 상표로 사용할 것이 전제되어야 할 것이므로 상표적 사용인지 여부는 권리범위확인심판의 판단대상으로 확인의 이익이 있다.

오답 | 해설

① 권리범위 확인심판에서 일사부재리 효력 외 다른 형성적 효력이 있는지 문제되나, 법률에 명문의 규정이 없는 이상 무효심결 등에서 인정되는 형성적 효력은 인정할 수 없다고 봄이 통설적 견해이다.
② 확인대상표장은 청구취지의 일부를 구성하므로 그 변경은 청구취지의 변경에 해당하게 된다. 따라서 확인대상표장은 제125조 제2항 제3호의 예외를 제외하고는 그 요지를 변경할 수 없으므로, 확인대상표장의 보정은 확인대상표장의 불명확한 부분을 구체화하는 등 심판청구의 전체적인 취지에 비추어 볼 때 확인대상표장의 동일성이 유지되는 범위(요지변경이 아닌 범위)에서만 인정된다.
④·⑤ 제99조 소정의 선사용권 또는 상표권자의 상표등록출원행위가 심판청구인에 대한 관계에서 사회질서에 위반된다는 등의 대인적(對人的) 상표권 행사의 제한사유는 상표권의 효력이 미치는 범위에 관한 권리확정과는 무관하므로 상표권 침해소송이 아닌 권리범위확인심판에서 이를 심리·판단하는 것은 허용되지 않는다. 따라서 다른 점에 대한 다툼이 없어 이를 이유로 제기한 소극적 권리범위확인심판은 확인의 이익이 없다.

28
답 ①

오답 | 해설

② 전용사용권이 설정된 경우에도 상표권의 소극적 효력은 제한되지 않는다고 할 것이므로 전용사용권을 설정한 상표권자도 침해금지청구 등을 행사할 수 있다.
③ 상표권을 목적으로 하는 질권의 설정·이전(상속이나 그 밖의 일반승계에 의한 경우는 제외한다)·변경·소멸(권리의 혼동에 의한 경우는 제외한다) 또는 처분의 제한은 등록하지 아니하면 그 효력이 발생하지 아니한다(상표법 제96조 제1항 제2호).
④ 전용사용권 또는 통상사용권의 설정·이전(상속이나 그 밖의 일반승계에 의한 경우는 제외한다)·변경·포기에 의한 소멸 또는 처분의 제한은 등록하지 아니하면 제3자에게 대항할 수 없다(상표법 제100조 제1항 제1호).
⑤ 상표권자는 지정상품에 관하여 그 등록상표를 사용할 권리를 독점하는 범위에서는 그러하지 아니하다(상표법 제89조). 따라서 지문의 경우 전용사용권 침해가 성립된다.

29
답 ②

정답 | 해설

② 의약품의 경우 허가를 받지 않고 유통하였다면 행정법규의 목적·특성, 그 상품의 용도·성질 및 판매형태, 거래 실정상 거래자나 일반수요자가 그 상품에 대하여 느끼는 인식 등을 고려해볼 때 오로지 불사용취소를 면하기 위한 형식적 사용에 불과하다(判例 89후1240, 1257).

오답 | 해설

① 상표에 대한 선전, 광고행위는 지정상품에 관련하여, 즉 지정상품이 특정되어 행하여져야 하는 것인데, 지문의 경우 그 광고문안의 취지상 지정상품과 관련하여 광고된 것이라고 보기 어렵다. 따라서 제2조 제1항 제1호 소정의 광고행위로서의 상표의 사용이라 보기 어렵다.
③ 상품의 선전광고나 판매촉진 또는 고객에 대한 서비스 제공 등의 목적으로 그 상품과 함께 또는 이와 별도로 고객에게 무상으로 배부되어 거래시장에서 유통될 가능성이 없는 이른바 '광고매체가 되는 물품'은 비록 그 물품에 상표가 표시되어 있다고 하더라도, 물품에 표시된 상표 이외의 다른 문자나 도형 등에 의하여 광고하고자 하는 상품의 출처 표시로 사용된 것으로 인식할 수 있는 등의 특별한 사정이 없는 한, 그 자체가 교환가치를 가지고 독립된 상거래의 목적물이 되는 물품이라고 볼 수 없고, 따라서 이러한 물품에 상표를 표시한 것은 상표의 사용이라고 할 수 없다(判例 98후58).

30

답 ⑤

정답 해설

⑤ 상표의 사용권 및 양도에 관한 요건은 각국의 재량에 따라 정할 수 있으나, 상표의 강제사용권은 허용되지 아니하며 상표의 양도는 반드시 영업과 함께 이루어질 필요는 없다 (TRIPs 제21조).

오답 해설

① 등록을 유지하기 위해 상표의 사용이 요구되는 경우에는 불사용에 대한 정당한 이유가 없는 한, 적어도 3년간의 계속적인 불사용 이후에만 취소될 수 있다(TRIPs 제19조).
②·③·④ 상표법 제27조(외국인의 권리능력) 제1호·제3호

31

답 ②

정답 해설

② 글자체디자인에서 타자·조판 또는 인쇄 등의 통상적인 과정에서 글자체를 사용하는 경우에는 디자인권의 효력이 미치지 않는다(디자인보호법 제94조 제2항).

오답 해설

① 특허청장은 디자인권의 설정등록을 하였을 때에는 산업통상자원부령으로 정하는 바에 따라 디자인권자에게 디자인등록증을 발급하여야 한다(디자인보호법 제89조 제1항).
③ 디자인등록출원인은 디자인권의 설정등록일부터 3년 이내의 기간을 정하여 그 디자인을 비밀로 할 것을 청구할 수 있다(디자인보호법 제43조 제1항).
④ 디자인권자는 디자인권을 포기할 수 있다(디자인보호법 제105조). 디자인권은 포기하였을 때부터 효력이 소멸된다(디자인보호법 제107조).
⑤ 디자인등록취소결정이 확정된 때에는 그 디자인권은 처음부터 없었던 것으로 본다(디자인보호법 제73조 제4항).

32

답 ③

정답 해설

③ 공유인 디자인권의 디자인권자에 대하여 심판을 청구할 때에는 공유자 모두를 피청구인으로 하여야 한다(디자인보호법 제125조 제3항).

오답 해설

① 복수디자인권은 개별된 권리이므로 권리범위확인심판 청구시 각 디자인마다 청구하여야 한다.
② 디자인등록을 받을 수 있는 권리의 공유자가 그 공유인 권리에 관하여 심판을 청구할 때에는 공유자 모두가 공동으로 청구하여야 한다(디자인보호법 제125조 제1항).
④ 심사 또는 디자인일부심사등록 이의신청 절차에서 밟은 디자인에 관한 절차는 디자인등록거절결정 또는 취소결정에 대한 심판에서도 그 효력이 있다(디자인보호법 제156조).
⑤ 등록디자인에 대한 무효심결이 확정되기 전이라도 등록디자인이 공지디자인 등에 의하여 용이하게 창작될 수 있어 디자인등록이 무효심판에 의하여 무효로 될 것이 명백한 경우, 디자인권에 기초한 침해금지 또는 손해배상 등의 청구는 특별한 사정이 없는 한 권리남용에 해당하여 허용되지 아니한다(判例 2016다219150).

33

답 ④

정답 해설

④ 형태 변화 전후에 따라 서로 같은 상태에서 대비한 다음 이를 전체적으로 판단하여야 한다(判例 2010다23739).

오답 해설

① 등록디자인이 공지의 형상과 모양을 포함하고 있는 경우에 공지 부분의 중요도를 낮게 평가하여야 한다.
② 글자체 디자인의 고유한 특성을 충분히 참작하여 유사판단 하여야 한다.
③ 디자인이 공지의 형상 부분이 있다고 하여도 특별한 사정이 없는 한 그것까지 포함하여 전체로서 관찰하여 느껴지는 장식적 심미감에 따라 판단하여야 한다.
⑤ 보는 방향에 따라 미감이 같기도 하고 다르기도 할 경우에는 그 미감이 같게 느껴지는 방향으로 판단하여야 한다.

34　답 ③

③ 특허청장은 디자인권 침해의 경고를 받은 사실을 소명한 자가 열람청구한 경우 비밀디자인 열람청구에 응하여야 한다.

① 출원공개신청을 한 경우에는 비밀디자인 청구는 철회된 것으로 본다(디자인보호법 제43조 제6항).
② 국제디자인등록출원에 대하여는 제43조를 적용하지 아니한다(디자인보호법 제184조).
④ 비밀디자인을 열람한 자는 그 열람한 내용을 무단으로 촬영·복사 등의 방법으로 취득하거나 알게 된 내용을 누설하여서는 아니 된다(디자인보호법 제43조 제5항).
⑤ 비밀디자인으로 설정등록된 디자인권 또는 전용실시권의 침해에 대하여는 과실이 있는 것으로 추정하지 않는다(디자인보호법 제116조 제1항 단서).

35　답 ⑤

⑤ 디자인일부심사등록 이의신청에 대한 각하결정 및 이의신청기각결정에 대하여는 불복할 수 없다(디자인보호법 제73조 제6항).

① 사단 또는 재단의 이름으로 이의신청을 할 수 있다.
② 일부심사대상출원으로만 출원할 수 있다.
③ 누구든지 디자인일부심사등록출원에 따라 디자인권이 설정등록된 날부터 디자인일부심사등록 공고일 후 3개월이 되는 날까지 특허청장에게 디자인일부심사등록 이의신청을 할 수 있다(디자인보호법 제68조 제1항).
④ 심사관은 디자인등록출원의 심사에 필요한 경우에는 심결이 확정될 때까지 또는 소송절차가 완결될 때까지 그 절차를 중지할 수 있다(디자인보호법 제77조 제1항).

36　답 ①

① 공업적 생산방법에는 기계적, 화학적, 전기적 생산 방법은 물론 수공업적 생산방법도 포함된다.

② 통상의 디자이너가 디자인의 요지를 충분히 특정할 수 있는 경우 공업적 생산방식에 의하여 동일물품을 양산할 수 있다.
③ 화상디자인이 물품에 일시적으로 구현된 경우에는 공업상 이용가능성이 있다.
④ 식품디자인이 판매 시까지 동일한 형상을 유지한다면 공업상 이용가능성이 있다.
⑤ 투명한 디자인의 경우 공업상 이용가능성이 인정될 수 있다.

37　답 ④

④ 복수디자인등록출원에 대하여 일부 디자인에만 거절이유가 있으면 그 일부 디자인에 대하여만 디자인등록거절결정을 할 수 있다(디자인보호법 제62조 제5항).

① 같은 물품류에 속하는 물품류에 대해서는 100 이내의 디자인을 1디자인등록출원으로 할 수 있다(디자인보호법 제41조).
② 복수디자인등록출원된 디자인에 대하여는 출원된 디자인의 전부 또는 일부에 대하여 청구할 수 있다(디자인보호법 제43조 제1항 후단).
③ 복수디자인등록출원에 대한 공개는 출원된 디자인의 전부 또는 일부에 대하여 신청할 수 있다(디자인보호법 제52조 제1항 후단).
⑤ 복수디자인권은 각각의 권리이므로, 각 디자인마다 분리하여 이전할 수 있다(디자인보호법 제96조 제5항).

38

답 ⑤

정답 해설

⑤ 복수디자인의 경우 출원서에 적힌 디자인수에 맞춰 도면을 추가로 제출하는 것은 요지변경이다.

오답 해설

① 단순한 착오나 오기를 정정하는 경우에는 물품의 명칭이 동일물품의 외의 물품으로 되더라도 출원디자인의 실체적 동일은 인정된 것이므로 요지변경에 해당하지 않는다.
② 심사관은 디자인등록출원인이 보정각하결정불복심판을 청구한 경우에는 그 심결이 확정될 때까지 그 디자인등록출원의 심사를 중지하여야 한다(디자인보호법 제49조 제3항).
③ 관련디자인등록출원과 단독의 디자인등록출원으로 변경하는 보정은 서로 할 수 있다(디자인보호법 제48조 제2항).
④ 국제디자인등록출원에 대하여는 제48조 제3항을 적용하지 아니한다(디자인보호법 제186조 제2항).

40

답 ①

정답 해설

① 디자인보호법 제40조에 위반된 경우는 무효심판사유가 아니다.

오답 해설

② 물품의 형태를 나타내기 위해 부가적인 물품이 일체화된 상태로 사용되는 경우 제40조 제1항 위반이 아니다.
③ 2 이상의 디자인이 포함된 경우 분할출원 할 수 있다.
④ 한 벌 물품의 디자인의 경우 도면을 한가지로 통일되게 표현해야 한다.
⑤ 디자인등록출원인 또는 디자인권자는 제1항에 따라 지정한 기간을 청구에 의하여 단축하거나 연장할 수 있다. 이 경우 그 기간을 연장하는 경우에는 디자인권의 설정등록일부터 3년을 초과할 수 없다(디자인보호법 제43조 제3항).

39

답 ②

오답 해설

① 관련디자인은 기본디자인 이외의 자신의 선행하는 공지디자인과 동일·유사하다면 거절결정이 되지 않는다.
③ 심사관이 직권으로 보정하는 것은 아니다.
④ 관련디자인권은 기본디자인권과 별개이므로 기본디자인권이 소멸된 경우에도 관련디자인권은 별도로 존속한다.
⑤ 기본디자인의 디자인권과 관련디자인의 디자인권은 같은 자에게 함께 이전하여야 한다(디자인보호법 제96조 제1항 단서).

2019년 제56회 정답 및 해설

● 문제편 103p

01	02	03	04	05	06	07	08	09	10	11	12	13	14	15	16	17	18	19	20
⑤	①	④	①	③	②	①	④	③	④	④	②	③	④	⑤	③	③	⑤	②	②
21	22	23	24	25	26	27	28	29	30	31	32	33	34	35	36	37	38	39	40
③	①	②	④	④	⑤	①	③	⑤	②	③	④	⑤	④	②	①	④	①	②	③

01
답 ⑤

정답 해설

⑤ 침해고소를 당한 재(을)가 그 등록고안의 권리를 인정하고 그 권리에 위반되는 행위를 하지 않는다는 내용의 약정을 하였다 하더라도, 문언상으로는 그 합의의 취지를 을이 갑의 등록고안에 대한 정당한 권리를 인정하고 그 권리에 위반되는 행위를 하지 아니하기로 한 것으로 볼 수 있을 뿐이어서, 그 합의로써 곧바로 을이 자신이 실시했던 특정 고안이 그 등록고안의 권리범위에 속함을 인정하였다거나 그 등록고안의 권리범위를 확인하는 심판청구권까지를 포기하기로 한 것으로 볼 수 없으므로, 그와 같은 합의가 있었다는 사정만으로 심판청구인의 권리범위확인심판에 관한 이해관계가 소멸하였다고 할 수는 없다(判例 95후1050).

02
답 ①

정답 해설

① 침해행위의 구체적 행위태양을 부인하는 당사자는 자기의 구체적 행위태양을 제시하여야 한다(특허법 제126조의2 제1항).

03
답 ④

오답 해설

① 출원인이 명세서에 기재하는 배경기술 또는 종래기술은 출원발명의 기술적 의의를 이해하는 데 도움이 되고 선행기술 조사 및 심사에 유용한 기존의 기술이기는 하나 출원 전 공지되었음을 요건으로 하는 개념은 아니다. 따라서 명세서에 배경기술 또는 종래기술로 기재되어 있다고 하여 그 자체로 공지기술로 볼 수도 없다(判例 2013후37).
② 등록고안의 신규성 또는 진보성 판단에 제공되는 대비발명이나 고안은 반드시 그 기술적 구성 전체가 명확하게 표현된 것뿐만 아니라, 미완성 발명 또는 자료의 부족으로 표현이 불충분한 것이라 하더라도 그 기술분야에서 통상의 지식을 가진 자가 경험칙에 의하여 극히 용이하게 기술내용의 파악이 가능하다면 그 대상이 될 수 있다(判例 98후270).
③ 특허발명의 진보성 판단에 제공되는 선행발명이 어떤 구성요소를 가지고 있는지는 주요사실로서 당사자의 자백의 대상이 된다(判例 2004후905).
⑤ 우선권주장의 기초가 되는 특허출원(선출원)의 출원시를 기준으로 판단하여야 한다.

04 답 ①

정답 해설

① 등록실용신안에 관한 물품의 생산에만 사용하는 물건을 업으로서 사용하는 행위는 간접침해가 아닌 직접침해에 해당한다.

05 답 ③

정답 해설

ㄱ. (○) 특허법 제37조 제3항
ㄹ. (○) 특허법 제99조 제2항
ㅁ. (○) 특허법 제99조 제2항
ㅂ. (○) 특허법 제101조 제1항 제1호

오답 해설

ㄴ. (×) 특허를 받을 수 있는 권리는 질권의 목적으로 할 수 없다(특허법 제37조 제2항).
ㄷ. (×) 승계인이 특허출원을 하여야 제3자에게 대항할 수 있다(특허법 제38조 제1항).

06 답 ②

정답 해설

② 甲은 법원에 해당 특허권의 이전을 청구할 수 있다(특허법 제99조의2 제1항).

07 답 ①

정답 해설

① 특허권이 소멸된 후에도 정정의 무효심판을 청구할 수 있다.

오답 해설

② · ③ 특허법 제136조 제2항 제2호

특허법 제136조(정정심판)

② 제1항에도 불구하고 다음 각 호의 어느 하나에 해당하는 기간에는 정정심판을 청구할 수 없다.
  1. 특허취소신청이 특허심판원에 계속 중인 때부터 그 결정이 확정될 때까지의 기간. 다만, 특허무효심판의 심결 또는 정정의 무효심판의 심결에 대한 소가 특허법원에 계속 중인 경우에는 특허법원에서 변론이 종결(변론 없이 한 판결의 경우에는 판결의 선고를 말한다)된 날까지 정정심판을 청구할 수 있다.
  2. 특허무효심판 또는 정정의 무효심판이 특허심판원에 계속 중인 기간

④ · ⑤ 특허법 제136조 제8항에 의하여 정정심결이 확정된 때에는 정정 후의 명세서 또는 도면에 의하여 특허출원되고 이후 이에 입각하여 특허권 설정등록까지의 절차가 이루어진 것으로 간주하는 것은 무효 부분을 포함하는 특허를 본래 유효로 되어야 할 범위 내에서 존속시키기 위한 것이므로, 조약에 의한 우선권 주장의 기초가 된 최초의 출원서 또는 출원공개된 출원서에 첨부한 명세서 또는 도면에 기재된 사항이 그 후 정정되었다 하더라도, 그 정정내용이 조약에 의한 우선권 주장의 기초가 된 발명의 내용 또는 신규성 · 진보성 판단에 제공되는 선행기술로서의 발명의 내용에 영향을 미칠 수 없다(判例 2011후620).

08 답 ④

정답 해설

④ 허가 등에 따른 존속기간이 연장된 경우의 특허권의 효력은 연장등록의 이유가 된 허가 등의 대상물건(그 허가 등에 있어 물건에 대하여 특정의 용도가 정하여져 있는 경우에는 그 용도에 사용되는 물건)에 관한 그 특허발명의 실시행위에만 미친다(특허법 제95조). 따라서 청구범위에 따라 특허권의 효력이 연장된다고 볼 수 없다.

오답 해설

① 특허법 제89조 제1항
② 특허법 제90조 제3항
③ 判例 2017후844
⑤ 특허법 제90조 제2항

09

정답|해설

출원공개제도(1980.12.31.), 등록공고제도(1997.4.10.), 발명의 설명(1980.12.31.), 청구범위(1980.12.31.), 요약서(1990.1.13.)의 각 도입 시기에 따라 가장 늦게 도입된 두 제도는 요약서와 등록공고제도이다.

10

답 ④

오답|해설

① 乙의 판매제품은 甲의 특허발명과 일치하므로 문언침해에 해당하나, 확인대상발명이 특허발명과 동일한 문언침해에 해당하는 경우에도 자유실시기술의 항변은 그대로 적용된다.

② 출원과정에서 청구범위의 감축이 이루어졌다는 사정만으로 감축 전의 구성과 감축 후의 구성을 비교하여 그 사이에 존재하는 모든 구성이 청구범위에서 의식적으로 제외되었다고 단정할 것은 아니고, 거절이유통지에 제시된 선행기술을 회피하기 위한 의도로 그 선행기술에 나타난 구성을 배제하는 감축을 한 경우 등과 같이 보정이유를 포함하여 출원과정에 드러난 여러 사정을 종합하여 볼 때 출원인이 어떤 구성을 권리범위에서 제외하려는 의사가 존재한다고 볼 수 있을 때에 이를 인정할 수 있다(判例 2014후638).

③ 권리범위확인 심판청구의 대상이 되는 확인대상고안이 공지의 기술만으로 이루어지거나 그 기술분야에서 통상의 지식을 가진 자가 공지기술로부터 극히 용이하게 실시할 수 있는지 여부를 판단할 때에는, 확인대상고안을 등록실용신안의 실용신안등록청구범위에 기재된 구성과 대응되는 구성으로 한정하여 파악할 것은 아니고, 심판청구인이 특정한 확인대상고안의 구성 전체를 가지고 그 해당 여부를 판단하여야 한다(判例 2008후64). 따라서 丁의 판매제품의 구성 전체로 판단하여야 한다.

⑤ 권리범위확인심판에서는 특허발명의 진보성이 부정된다는 이유로 그 권리범위를 부정하여서는 안 된다(判例 2012후4162).

11

답 ④

정답|해설

④ 乙의 2017년도 이익액으로서 양도수량(2,500개) × 단위수량당 이익액(1,000원)인 2,500,000원을 甲의 손해액으로 추정한다.

오답|해설

① 특허법 제128조 제4항에 의해 乙이 얻은 이익액을 손해액으로 추정하며, 특허법 제128조 제5항에 의해 특허발명의 실시에 대하여 합리적으로 받을 수 있는 금액을 손해액으로 하여 청구할 수 있다.

② 2020.6.9. 개정법에 따르면 甲의 2018년도 손해액은 [(특허권자 생산가능수량 2,000개 − 실제판매수량 1,500개) × 단위수량당 이익액 1,000원] + [乙의 양도수량 2,500개(전체양도수량 3,000개 − 甲이 침해행위 외 사유로 판매할 수 없었던 500개) 중 500개(甲 생산가능수량 − 실제판매수량)를 넘는 수량인 2,000개 또는 500개(침해행위 외 사유로 판매할 수 없었던 수량)에 대해 발명의 실시에 대하여 합리적으로 받을 수 있는 금액]일 것이다.

③ 2020.6.9. 개정법에 따라 甲의 2017년도의 손해액은 乙 양도수량(2,500개) 중 특허권자 생산가능 수량(2,000개)에서 실제 판매한 물건의 수량(1,000개)를 뺀 수량(1,000개)를 넘지 않는 수량에서 특허권자가 판매할 수 있었던 물건의 단위수량당 이익액(1,000원)을 곱한 1,000,000원일 것이다.

⑤ 특허발명의 실시에 대해 합리적으로 받을 수 있는 금액을 초과하는 경우에는 그 초과액에 대해서도 손해배상을 청구할 수 있다(특허법 제128조 제6항).

12

답 ②

정답 | 해설

② 해당 특허취소신청의 심리, 심판 또는 재심에 참가신청을 하였으나 신청이 거부된 자 또한 심결취소소송을 제기할 수 있다(특허법 제186조 제2항).

특허법 제186조(심결 등에 대한 소)
① 특허취소결정 또는 심결에 대한 소 및 특허취소신청서 · 심판청구서 · 재심청구서의 각하결정에 대한 소는 특허법원의 전속관할로 한다.
② 제1항에 따른 소는 다음 각 호의 자만 제기할 수 있다.
1. 당사자
2. 참가인
3. 해당 특허취소신청의 심리, 심판 또는 재심에 참가 신청을 하였으나 신청이 거부된 자

13

답 ③

정답 | 해설

③ 반려처분의 불복에 대해서는 행정심판법 또는 행정소송법에 따라 불복이 가능하다(특허법 제224조의2 제2항).

14

답 ④

정답 | 해설

④ 배경기술의 미기재 시 거절이유에 해당하나 무효사유에 해당하지 않는다.

오답 | 해설

① 특허법 제42조의2 제2항
② 특허법 제42조 제3항 제1호
③ 특허법 제42조 제3항 제2호
⑤ 특허출원절차에서 심사의 대상이 되는 특허발명의 기술내용의 확정은 특허출원서에 첨부한 명세서의 특허청구범위에 기재된 사항에 의하여 정하여지는 것이 원칙이지만, 그 기재만으로 특허를 받고자 하는 발명의 기술적 구성을 알 수 없거나 알 수 있더라도 기술적 범위를 확정할 수 없는 경우에는 발명의 상세한 설명이나 도면 등 명세서의 다른 기재 부분을 보충하여 명세서 전체로서 특허발명의 기술내용을 실질적으로 확정하여야 하고, 특허의 명세서에 기재된 용어는 명세서에 그 용어를 특정한 의미로 정의하여 사용하고 있지 않은 이상 당해 기술분야에서 통상의 지식을 가진 자에게 일반적으로 인식되는 용어의 의미에 따라 명세서 전체를 통하여 통일되게 해석되어야 한다(判例 2009후436).

15

답 ⑤

오답 | 해설

① 설정등록된 이후에는 분할출원을 할 수 없다.
② 설정등록일로부터 3개월 이내인 2017년 11월 2일까지 연장등록출원을 하여야 한다.
③ 특허결정등본을 송달하기 전까지 보정할 수 있다.
④ 결정등본송달일로부터 3개월인 2017년 9월 15일까지 특허료를 내야 한다.

16

답 ③

정답 | 해설

③ 특허청장 또는 특허심판원장은 특허에 관한 절차를 밟는 자가 고유번호를 신청하지 아니하면 그에게 직권으로 고유번호를 부여하고 그 사실을 알려야 한다(특허법 제28조의2 제3항).

17

답 ③

정답 | 해설

③ 특허출원인으로부터 특허를 받을 수 있는 권리를 양수한 특정승계인은 특허출원인변경신고를 하지 않은 상태에서는 그 양수의 효력이 발생하지 않아서 특허심판원의 거절결정 불복심판 심결에 대하여 취소의 소를 제기할 수 있는 당사자 등에 해당하지 아니하므로, 그가 제기한 취소의 소는 부적법하다. 특정승계인이 취소의 소를 제기한 후 특허출원인변경신고를 하였더라도, 그 변경신고 시기가 취소의 소 제기기간이 지난 후라면 제기기간 내에 적법한 취소의 소 제기는 없었던 것이므로, 취소의 소가 부적법하기는 마찬가지이다(判例 2015후321).

18

답 ⑤

오답 해설

① 본안심결이 확정된 경우 일사부재리의 효력이 발생한다.

②·③ 동일사실에 의한 동일한 심판청구에 대하여 전에 확정된 심결의 증거에 대한 해석을 다르게 하는 등으로 그 심결의 기본이 된 이유와 실질적으로 저촉되는 판단을 하는 것은 일사부재리 원칙의 취지에 비추어 허용되지 않으나, 전에 확정된 심결의 증거를 그 심결에서 판단하지 않았던 사항에 관한 증거로 들어 판단하거나 그 증거의 선행기술을 확정된 심결의 결론을 번복할 만한 유력한 증거의 선행기술에 추가적, 보충적으로 결합하여 판단하는 경우 등과 같이 후행 심판청구에 대한 판단 내용이 확정된 심결의 기본이 된 이유와 실질적으로 저촉된다고 할 수 없는 경우에는, 확정된 심결과 그 결론이 결과적으로 달라졌다고 하더라도 일사부재리 원칙에 반한다고 할 수 없다(判例 2012후1057).

④ 전에 확정된 심결의 증거와 동일한 증거뿐만 아니라 그 확정된 심결을 번복할 수 있을 정도로 유력하지 아니한 증거가 부가되는 것도 동일증거에 포함된다(判例 2004후42).

19

답 ②

정답 해설

② 특허에 관한 절차에서 기간의 마지막 날이 공휴일에 해당하면 그 기간은 그 다음 날로 만료한다. 따라서 2017년 4월 3일(월요일)까지 증명서류를 제출할 수 있다.

20

답 ②

정답 해설

② 특허법 제60조 제3항

오답 해설

① 심판청구료는 특허출원인이 납부하여야 한다(특허법 제82조 제2항).

③ 정당권리자 출원일로부터 30일인 2017년 3월 5일까지 심사청구를 할 수 있다.

④ 심사청구는 취하할 수 없다(특허법 제59조 제4항).

⑤ 특허출원에 대하여 심사청구가 있을 때에만 이를 심사한다(특허법 제59조 제1항).

21

답 ③

정답 해설

ㄱ. (○) 상표권자는 전용사용권자·통상사용권자 또는 질권자의 동의를 받지 아니하면 상표권을 포기할 수 없다(상표법 제102조 제1항). 다만, 국제등록기초상표권에 대해서는 제102조 제1항을 적용하지 아니한다.

ㄹ. (○) 선출원의 상표가 등록된 후 그 상표에 대한 등록무효심결이 확정된 때에는 상표등록과 그로부터 발생한 상표권은 처음부터 존재하지 아니하였던 것이 되므로 선출원이 처음부터 등록에 이르지 못하고 소멸된 경우와 마찬가지로 선출원 상표로서의 선원의 지위는 소급적으로 상실된다(判例 99후925).

오답 해설

ㄴ. (×) 상표권의 포기는 등록이 효력발생 요건이다(상표법 제96조 제1항 제1호).

ㄷ. (×) 상표권자가 사망한 날부터 3년 이내에 상속인이 그 상표권의 이전등록을 하지 아니한 경우에는 상표권자가 사망한 날부터 3년이 되는 날의 다음 날에 상표권이 소멸된다(상표법 제106조 제1항).

22

답 ①

정답 해설

① 判例 2011후3698

오답 해설

② 현저한 지리적 명칭만으로 된 상표도 사용에 의한 식별력을 취득한 이상 당연히 그 사용상품에 대하여 상표등록을 받을 수 있다(상표법 제33조 제2항).

③ 상표법에 별도의 제한 규정이 없는 이상 사용에 의한 식별력을 취득하여 등록된 상표 또한 일반적인 상표권과 마찬가지로 전국적으로 그 효력이 미친다.

④ 등록요건으로서의 식별력 유무는 출원상표 전체로서 판단하므로 식별력 없는 표장이 있는 표장과 결합하여 전체로서 새로운 식별력이 형성되었다면 상표등록이 가능하다.

⑤ 사용에 의한 식별력을 취득할 수 있다(상표법 제33조 제2항).

23

정답 ②

정답 해설

② 상표법 제2조 제1항 제11호 (다)목에서 말하는 '광고'에는 신문잡지, 팸플릿, 카탈로그, 전단지, 달력, 간판, 가두네온사인, TV 등에 의한 시각으로 인식할 수 있는 것이 포함되며, 그 '광고'의 내용 및 형식에 관하여 상표법이 특별히 규정하는 바가 없으므로, 상품에 관한 정보를 일반소비자에게 시각적으로 알리는 정도의 그림이나 글이면 위 광고로서 요건을 충족하고, 반드시 상품명이나 제조원이 표시되어야만 하는 것이라고는 할 수 없다(判例 2005후179).

오답 해설

① '제과점업'에 대하여 상표 등록을 받은 자가 해당 제과점업에 대한 상표가 표시된 나무상자 등 즉석에서 구운 빵을 담아 판매한 경우 이때의 즉석으로 구운 빵은 유통과정에 놓이는 것이 아니어서 상표법상 상품에 해당하지 않고, 따라서 위와 같은 사용은 '제과점업에 대한 상표'로 정당하게 사용한 것이지 '빵에 대한 상표'로 사용한 것이라 볼 수는 없다(判例 2010후3080).

③ 대법원 判例는 "명함 이면(裏面)에 상표를 수기(手技)로 써서 구매자에게 교부한 경우 이때의 명함 이면은 판매된 물품을 확인해주는 거래서류에 해당한다."고 판시하였는 바(判例 2000마4424), 명함의 뒷면에 상호를 표시하고 이를 거래상대방에게 교부한 경우 제2조 제1항 제11호 다목 소정의 상표의 사용에 해당한다.

④ 判例 2010후3073

⑤ 判例 2006다51577

24

답 ④

정답 해설

④ 공유인 상표권의 상표권자에 대하여 심판을 청구할 경우에는 공유자 모두를 피청구인으로 청구하여야 한다(상표법 제124조 제2항).

오답 해설

① 상표등록 취소심판은 누구든지 청구할 수 있음이 원칙이되, 제119조 제1항 제4호 및 제6호에 해당하는 것을 사유로 하는 심판은 이해관계인만이 청구할 수 있다(상표법 제119조 제5항).

② 상표법상의 통상사용권자는 반드시 등록된 사용권자일 필요가 없으므로 미등록 통상사용권자의 사용도 그 사실을 입증하면 취소를 면할 수 있다.

③ 상표권자가 상당한 주의를 한 경우 상표등록 취소를 면할 수 있다(상표법 제119조 제1항 제2호).

⑤ 상표권자·전용사용권자 또는 통상사용권자 중 어느 누구도 정당한 이유 없이 등록상표를 그 지정상품에 대하여 취소심판청구일 전 계속하여 3년 이상 국내에서 사용하고 있지 아니한 경우에는 그 상표등록의 취소심판을 청구할 수 있다(상표법 제119조 제1항 제3호).

25

답 ④

정답 해설

④ 상표법 제44조 제1항

오답 해설

① '지리적 표시'란 '상품의 특정 품질·명성 또는 그 밖의 특성이 본질적으로 특정지역에서 비롯된 경우에 그 지역에서 생산·제조 또는 가공된 상품임을 나타내는 표시'를 말한다(상표법 제2조 제1항 제4호).

② 지리적 표시 단체표장의 출원인 적격과 관련하여 현행법은 구법의 "그 지리적 표시를 사용할 수 있는 상품을 생산·제조 또는 가공하는 자[만으로] 구성된 법인"에서 '만으로' 부분을 삭제하여 유통·판매를 하는 법인도 지리적 표시 단체표장의 출원인의 법인의 단체원이 될 수 있도록 출원인 적격을 완화하였다.

③ 지리적 표시는 상품에 대해서만 인정되며 서비스업에 대해서는 인정되지 않는다.

⑤ 지리적 표시 단체표장을 개인이 등록받을 수 있는 경우는 없다.

26 답 ⑤

정답 해설

⑤ 상표법 제34조 제1항 제20호

오답 해설

① 제34조 제1항 및 상표등록출원인 규정의 타인에 해당하는지는 상표등록여부결정을 할 때를 기준으로 하여 결정한다. 다만, 제34조 제1항 제11호·제13호·제14호·제20호 및 제21호의 경우는 상표등록출원을 한 때를 기준으로 하여 결정한다(상표법 제34조 제2항).
② 상표법 제34조 제1항 제4호
③ 상표법 제34조 제1항 제6호
④ 상표법 제34조 제1항 제11호

28 답 ③

정답 해설

③ 제34조 제1항 제4호는 제척기간의 적용이 없다.

오답 해설

① 상표등록무효심판은 등록상표의 지정상품이 둘 이상인 경우에는 지정상품마다 청구할 수 있다(상표법 제117조 제1항 후단).
② 제34조 제1항 제7호는 제척기간 5년이 적용된다(상표법 제122조 제1항).
④ 제34조 제1항 제9호는 제척기간 5년이 적용된다(상표법 제122조 제1항).
⑤ 상표법 제117조 제5항

27 답 ①

정답 해설

① 상표법에 따라 선서한 증인, 감정인 또는 통역인이 특허심판원에 대하여 거짓의 진술·감정 또는 통역을 하였을 경우에는 5년 이하의 징역 또는 5천만원 이하의 벌금에 처한다(상표법 제232조 제1항). 다만, 제1항에 따른 죄를 범한 자가 그 사건의 상표등록여부결정 또는 심결의 확정 전에 자수하였을 경우에는 그 형을 감경하거나 면제할 수 있다(상표법 제232조 제2항).

오답 해설

② 제233조 소정의 '거짓 표시의 죄'이므로 3년 이하의 징역 또는 3천만원 이하의 벌금이다.
③ 제234조 소정의 '거짓 행위의 죄'이므로 3년 이하의 징역 또는 3천만원 이하의 벌금이다.
④ 상표권 또는 전용사용권의 침해행위를 한 자는 7년 이하의 징역 또는 1억원 이하의 벌금에 처한다(상표법 제230조).
⑤ 상표법 제236조

29 답 ⑤

정답 해설

⑤ (○), ③ (×) 업무표장권에 대한 사용권 또는 업무표장권을 목적으로 하는 질권은 설정할 수 없다(상표법 제95조 제2항, 제97조 제5항, 제93조 제8항).

오답 해설

① 상표·단체표장 또는 업무표장을 출원하여 등록을 받은 자는 그 상표 등과 동일·유사한 표장을 증명표장으로 등록받을 수 없다(상표법 제3조 제4항).
② 업무표장등록출원 또는 업무표장권은 이를 양도할 수 없다. 다만, 해당 업무와 함께 양도하는 경우에는 양도할 수 있다(상표법 제48조 제6항, 제93조 제4항).
④ 상표법 제44조 제1항

30　답 ②

② 상표법 제2조 제1항 제1호 나목의 상표의 사용에 해당한다.

① 상표법 제33조 제2항
③ 判例 2003후2027
④ 상표법 제3조 제5항
⑤ 증명표장은 타인의 상품이 정하여진 품질 등을 충족한다
는 것을 증명하는 데 사용하는 경우이어야 하므로, '자기
의 영업에 관한 상품에 사용하려는 경우'에는 증명표장의
등록을 받을 수 없다(상표법 제3조 제3항 단서).

31　답 ③

③ 동일성이 인정되는 범위 내에 있는 디자인이란 형태가
동일하거나 극히 미세한 차이만 있어 전체적인 심미감이
동일한 디자인을 말하고, 전체적인 심미감이 유사한 정도
에 불과한 경우에는 여기에 포함되지 않는다(判例 2014
후1341).

①·②·④·⑤ 判例 2014후1341

32　답 ④

④ 디자인보호법 제33조 제2항 제2호는 디자인일부심사등
록출원의 거절이유에 해당한다.

①·②·③·⑤ 디자인심사등록출원 및 디자인일부심사등
록출원의 거절이유에 해당한다(디자인보호법 제62조).

33　답 ⑤

⑤ 디자인보호법 제51조

① 국제디자인등록출원의 출원서에는 창작내용의 요점 기재
가 요구되지 않는다(디자인보호법 제175조 제2항).
② 국제디자인등록출원에 대하여는 심사·일부심사의 보정
을 적용하지 아니한다(디자인보호법 제186조 제2항).
③ 국제디자인등록출원에 대하여는 직권보정을 적용하지 않
는다(디자인보호법 제195조).
④ 국제디자인등록출원에 대하여는 상속이나 그 밖의 일반
승계에 관한 국내법을 적용하지 않는다.

34　답 ④

① 乙의 출원 이전에 甲의 출원디자인의 공지사실이 없다.
② 乙의 출원디자인은 甲의 출원디자인 일부와 유사한 디자
인으로 선출원이 아닌 확대된 선출원이 적용된다.
③ 甲의 디자인등록출원이 취하되더라도 乙의 디자인등록
출원에 대해 확대된 선출원의 적용에 영향이 없다.
⑤ 乙이 실시하는 자전거 핸들은 甲의 등록디자인의 일부와
유사한 디자인이므로, 乙의 실시행위가 甲의 디자인권의
직접침해를 구성하지 않는다.

35　답 ②

① 복수디자인등록의 경우 이의신청, 무효심판을 모두 각 디
자인마다 청구하여야 한다.
③ 디자인등록이의신청에 관한 결정 중 불복 가능한 결정은
'디자인등록의 취소결정'이다.
④ 이의신청 및 무효심판은 모두 직권으로 신청하지 아니한
이유에 대하여 심사 또는 심리할 수 있다.
⑤ 디자인일부심사등록 이의신청은 디자인권이 설정등록된
날부터 디자인 일부심사등록 공고일 후 3개월이 되는 날
까지 할 수 있다(디자인보호법 제68조 제1항).

36 답 ①

정답 해설

① 디자인의 동일·유사 판단은 일반수요자를 기준으로 한다.

37 답 ④

정답 해설

④ 침해자의 시장개발·노력·판매망, 침해자의 상표, 광고
선전, 침해제품의 품질의 우수성 등으로 인하여 디자인권
의 침해와 무관한 판매수량이 있는 경우를 말하는 것으로
서, 디자인권을 침해하지 않으면서 디자인권자의 제품과
시장에서 경쟁하는 경합제품이 있다는 사정이나 침해제
품에 실용신안권이 실시되고 있다는 사정 등이 포함될
수 있으나, 위 단서를 적용하여 손해배상액의 감액을 주장
하는 침해자는 그러한 사정으로 인하여 디자인권자가 판
매할 수 없었던 수량에 의한 금액에 관해서까지 주장과
입증을 하여야 한다(判例 2005다36830).

38 답 ①

정답 해설

① 判例 93후1247

오답 해설

②·③ 判例 2013후242
④ 디자인보호법 제68조 제1항 제1호
⑤ 공업상 이용가능성은 디자인등록요건 중 하나이므로, 부
분디자인도 공업상 이용가능성이 인정되어야 한다.

39 답 ②

정답 해설

② 확인대상디자인의 특정이 불명확한 경우라면 특정을 위
해 보정 등의 조치를 명해야 함에도 불구하고 확인대상디
자인을 특정하지 아니한 채 특허심판원에서 확인대상디
자인이 권리범위에 속하는지 유무를 판단하는 것은 심결
이 확정되더라도 일사부재리의 효력이 미치는 범위가 명
확하다고 할 수 없으므로 위법이다(判例 99후2372).

40 답 ③

정답 해설

③ 특허청장은 디자인등록출원이 제38조 제1항 각 호의 어
느 하나에 해당하는 경우에는 디자인등록을 받으려는 자
에게 상당한 기간을 정하여 보완할 것을 명해야 한다.

오답 해설

①·② 디자인등록출원일은 디자인등록출원서가 특허청장
에게 도달한 날로 한다. 다만 디자인등록을 받으려는 취지
가 명확하게 표시되지 않거나 출원인의 성명이나 명칭이
적혀있지 아니하거나 특정하지 않은 경우는 그러하지 아
니하다(디자인보호법 제38조 제1항).
④ 복수디자인등록출원된 디자인 중 일부 디자인에만 보완
이 필요한 경우에는 그 일부 디자인에 대한 절차보완서가
특허청장에게 도달한 날을 복수디자인 전체의 출원일로
본다(디자인보호법 제38조 제4항).
⑤ 특허청장은 보완명령을 받은 자가 지정기간 내에 보완을
하지 아니한 경우에는 그 디자인등록출원을 부적법한 출
원으로 보아 반려할 수 있다(디자인보호법 제38조 제5항).

2018년 제55회 정답 및 해설

✔ 문제편 123p

01	02	03	04	05	06	07	08	09	10	11	12	13	14	15	16	17	18	19	20
④	②	③	①	④	④	⑤	③	③	②	④	②	③	⑤	②	①	①	⑤	⑤	①

21	22	23	24	25	26	27	28	29	30	31	32	33	34	35	36	37	38	39	40
④	②	⑤	③	①	①	④	③	②	⑤	③	④	①	②	⑤	④	③	①	②	⑤

01 답 ④

오답 해설

① 물건을 생산하는 방법발명인 경우 방법을 사용하는 행위 또한 실시에 포함된다.
② 통상의 지식을 가진 자가 명세서에 기재된 바에 따라 반복 실시하여 목적하는 기술적 효과를 얻을 수 있을 정도로 구체적, 객관적으로 개시되어야 완성된 발명으로 본다(判例 93후1810).
③ 물품성이 없는 방법발명 및 제법발명은 실용신안의 보호대상이 아니다.
⑤ 무성번식뿐만 아니라 유성번식 식물 또한 특허의 보호대상이다.

02 답 ②

정답 해설

② 특허심판원장이 아닌 특허청장이 기간을 추가로 연장할 수 있다(특허법 제15조 제1항).

오답 해설

① 특허법 제219조
③ 특허법 제15조 제2항
④ 특허법 제17조 제2호
⑤ 특허법 제16조 제1항

03 답 ③

정답 해설

③ 보정각하 결정시에는 의견서제출기회를 부여하지 아니한다(특허법 제63조 제1항 단서).
참고 2021.10.19. 개정으로 심판 청구기간이 '30일'에서 '3개월'로 연장되었다.

오답 해설

① 선행기술에 의하여 용이하게 발명할 수 있는 것인지에 좇아 발명의 진보성 유무를 판단함에 있어서는, 적어도 선행기술의 범위와 내용, 진보성 판단의 대상이 된 발명과 선행기술의 차이 및 통상의 기술자의 기술수준에 대하여 증거 등 기록에 나타난 자료에 기하여 파악한 다음, 이를 기초로 하여 통상의 기술자가 특허출원 당시의 기술수준에 비추어 진보성 판단의 대상이 된 발명이 선행기술과 차이가 있음에도 그러한 차이를 극복하고 선행기술로부터 그 발명을 용이하게 발명할 수 있는지를 살펴보아야 하는 것이다(判例 2007후3660).
② 判例 2012후4162
④ 특허발명에 대한 무효심결이 확정되기 전이라고 하더라도 특허발명의 진보성이 부정되어 특허가 특허무효심판에 의하여 무효로 될 것임이 명백한 경우에는 특허권에 기초한 침해금지 또는 손해배상 등의 청구는 특별한 사정이 없는 한 권리남용에 해당하여 허용되지 아니한다고 보아야 하고, 특허권침해소송을 담당하는 법원으로서도 특허권자의 그러한 청구가 권리남용에 해당한다는 항변이 있는 경우 당부를 살피기 위한 전제로서 특허발명의

진보성 여부에 대하여 심리·판단할 수 있다(判例 2010 다95390).

⑤ 判例 2009후2371

04
답 ①

정답 해설

① 이전청구한 날이 아닌 설정등록된 날부터 이전등록을 받은 자에게 있는 것으로 본다(특허법 제99조의2 제2항).

오답 해설

③ 특허법 시행규칙 제28조
④ 특허법 제99조의2 제1항
⑤ 判例 2009후2463

05
답 ④

정답 해설

④ 특허법 제30조 제1항 제1호 단서

오답 해설

① 출원일이 소급되는 것이 아니라 공지 등이 되지 아니한 것으로 본다(특허법 제30조 제1항).
② 공지된 날로부터 12개월 이내에 출원하여야 한다(특허법 제30조 제1항).
③ 출원서에 취지를 기재할 것이 아니라 거절이유통지에 따른 의견제출기간에 그 공지가 의사에 반한다는 증명서류를 제출하면 된다(특허법 제30조 제2항).
⑤ 보완수수료를 납부한 경우에는 보정기간 또는 특허결정 등본 또는 특허거절결정 취소심결 등본송달일로부터 3개월 이내의 기간에 보완할 수 있다(특허법 제30조 제3항).

06
답 ④

오답 해설

① 처음부터 발생하지 아니한 것으로 본다(특허법 제65조 제6항 제3호).
② 의견서를 특허청장에게 제출하여야 한다(특허법 제66조 의2 제3항).

③ 재심사의 청구는 취하할 수 없다(특허법 제67조의2 제3항).
⑤ 특허출원인이 "정당한 사유"로 재심사 청구 기간을 지키지 못하여 특허거절결정이 확정된 것으로 인정되는 경우에는 그 사유가 소멸한 날로부터 "2개월" 이내에 재심사의 청구를 할 수 있다(특허법 제67조의3 제1항 제2호).

07
답 ⑤

정답 해설

⑤ 특허법 제84조 제1항 제11호

오답 해설

① 명세서가 보정되어 청구항의 수가 증가한 경우에 이에 대한 심사청구료는 특허출원인이 부담한다(특허법 제82조 제2항).
② 이해관계인은 특허료를 내야 할 자의 의사와 관계없이 특허료를 낼 수 있다(특허법 제80조 제1항).
③ 특허출원인의 "정당한 사유"로 권리구제를 받을 수 있으며, 사유가 소멸한 날로부터 2개월 이내에 그 특허료를 내거나 보전할 수 있다(특허법 제81조의3 제1항).
④ 납부한 자의 청구가 있어야 반환한다.

08
답 ③

정답 해설

③ 특허권 존속기간의 연장등록을 받는 데에 필요한 허가 또는 등록 등을 신청할 수 있는 자의 범위에는 특허권자 외에 전용실시권자 및 통상실시권자가 포함되므로, '특허권자에게 책임 있는 사유'를 판단할 경우에도 위 허가 등을 신청한 전용실시권자와 통상실시권자에 관한 사유가 포함된다(判例 2017후844).

오답 해설

① 특허법 제89조 제1항
② 특허법 제89조 제2항
④ 判例 2017후844
⑤ 判例 2017후844

09

답 ③

① 중국어로 작성할 수 없다(특허법 시행규칙 제91조).
② 한국을 지정하지 않을 경우 한국 특허청에 제출하였다 하더라도 국내에 특허출원하지 않은 것으로 본다(특허법 제199조 제1항).
④ 국제예비심사보고서는 소정의 부속서류와 함께 출원인 및 국제사무국에 송달되며(PCT 제36조 (1)), 국제사무국은 국제예비심사보고서, 소정의 번역문 및 원어로 된 부속서류를 각 선택관청에 송달한다(PCT 제36조 (3) (a)).
⑤ 출원서는 국어번역문을 제출하지 않는다.

10

답 ②

정답 해설

ㅂ. (✕) 특허청장은 정당한 사유가 있는 경우를 제외하고는 재정청구일로부터 6개월 이내에 재정에 관한 결정을 하여야 한다(특허법 제110조 제3항).

오답 해설

ㄱ. (○) 특허법 제100조 제3항
ㄴ. (○) 특허법 제100조 제4항
ㄷ. (○) 특허법 제119조 제2항
ㄹ. (○) 특허법 제118조 제1항
ㅁ. (○) 특허법 제111조 제1항
ㅅ. (○) 특허법 제114조 제1항 제1호

11

답 ④

정답 해설

④ 특허발명의 대상이거나 그와 관련된 물건을 사용함에 따라 마모되거나 소진되어 자주 교체해 주어야 하는 소모부품일지라도, 특허발명의 본질적인 구성요소에 해당하고 다른 용도로는 사용되지 아니하며 일반적으로 널리 쉽게 구할 수 없는 물품으로서 당해 발명에 관한 물건의 구입시에 이미 그러한 교체가 예정되어 있었고 특허권자측에 의하여 그러한 부품이 따로 제조·판매되고 있다면, 그러한 물건은 특허권에 대한 이른바 간접침해에서 말하는 '특허 물건의 생산에만 사용하는 물건'에 해당하고, 위 '특허 물건의 생산에만 사용하는 물건'에 해당한다는 점은 특허권자가 주장·입증하여야 한다(判例 98후2580).

오답 해설

① 특허발명이 방법발명인 경우 그 방법의 실시에만 사용하는 물건과 대비되도록 심판대상의 발명을 특정하여 확인을 구할 수 있다(判例 2003후2164).
② 특허법 제127조 제1호의 '그 물건의 생산에만 사용하는 물건'에서 말하는 '생산'이란 국내에서의 생산을 의미한다고 봄이 타당하다. 따라서 이러한 생산이 국외에서 일어나는 경우에는 그 전 단계의 행위가 국내에서 이루어지더라도 간접침해가 성립할 수 없다(判例 2014다42110).
③ 실시부분의 구성만으로 한정하여 파악할 것이 아니고 대응제품의 구성 전체를 가지고 자유실시기술 해당 여부를 판단하여야 한다(判例 2008허4523).
⑤ 간접침해는 침해죄에 따른 형사처벌의 대상이 되지 아니한다.

12

답 ②

정답 해설

② 특허법 제224조의4 제3항·제4항

> **특허법 제224조의4(비밀유지명령의 취소)**
> ③ 비밀유지명령의 취소신청에 대한 재판에 대해서는 즉시항고를 할 수 있다.
> ④ 비밀유지명령을 취소하는 재판은 확정되어야 효력이 발생한다.

오답 해설

① 법원이 명할 수 있다(특허법 제224조의3 제1항).
③ 비밀유지명령을 취소하는 재판을 한 법원은 즉시 그 결정서를 그 신청을 한 자 및 상대방에게 송달하여야 한다(특허법 제224조의4 제5항).
④ 송달된 때부터 효력이 발생한다(특허법 제224조의3 제4항).
⑤ 열람 등의 청구를 한 자는 포함하지 않는다(특허법 제224조의5 제1항).

13 답 ③

정답 해설

ㄱ. (×) 특허법 제132조의2 제1항

> **특허법 제132조의2(특허취소신청)**
> ① 누구든지 특허권의 설정등록일부터 등록공고일 후 6개월이 되는 날까지 그 특허가 다음 각 호의 어느 하나에 해당하는 경우에는 특허심판원장에게 특허취소신청을 할 수 있다. 이 경우 청구범위의 청구항이 둘 이상인 경우에는 청구항마다 특허취소신청을 할 수 있다.
> 1. 제29조(같은 조 제1항 제1호에 해당하는 경우와 같은 호에 해당하는 발명에 의하여 쉽게 발명할 수 있는 경우는 제외한다)에 위반된 경우
> 2. 제36조 제1항부터 제3항까지의 규정에 위반된 경우

ㄷ. (×) 정정청구를 할 수 있도록 지정된 기간과 그 기간의 만료일부터 1개월 이내의 기간, 직권심리에 따른 의견서 제출기간에 정정청구를 취하할 수 있다(특허법 제132조의3 제4항 제1호).

ㄹ. (×) 각하결정에 대해서는 불복할 수 없다(특허법 제132조의12 제1항).

오답 해설

ㄴ. (○) 특허법 제132조의3 제1항
ㅁ. (○) 특허법 제132조의12 제1항

14 답 ⑤

정답 해설

⑤ 당사자는 심결에서 판단되지 않은 처분의 위법사유도 심결취소소송단계에서 주장·입증할 수 있고, 심결취소소송의 법원은 특별한 사정이 없는 한 제한 없이 이를 심리·판단하여 판결의 기초로 삼을 수 있다(判例 2000후1290).

오답 해설

① 특허발명의 공동 출원인이 특허거절결정에 대한 취소심판청구에서 패소한 경우 제기하는 심결취소소송은 심판청구인인 공동 출원인 전원이 공동으로 제기하여야 하는 고유필수적 공동소송이라고 할 수 없으므로, 특허거절결정에 대한 심판에서 패소한 원고는 단독으로 심결의 취소를 구하는 소송을 제기할 수 있다(判例 2016허4160).
② 判例 2012후3121
③ 判例 2015후1997
④ 判例 96후1743

15 답 ②

정답 해설

② 특허법 제58조 제2항에 따른 전문기관 또는 제58조 제3항에 따른 전담기관의 임직원이거나 임직원이었던 사람은 제226조(비밀누설죄 등) 제1항을 적용하는 경우에는 특허청 소속 직원 또는 직원이었던 사람으로 본다(특허법 제226조의2 제1항).

오답 해설

① 특허법 제232조 제1항 제2호
③ 특허법 제229조의2 제1항
④ 특허법 제226조
⑤ 실용신안법 제46조

16 답 ①

정답 해설

① 특허를 받을 수 있는 권리를 이전하기로 하는 계약은 명시적으로는 물론 묵시적으로 이루어질 수 있고, 그러한 계약에 따라 특허등록을 공동출원한 경우에는 그 출원인이 발명자가 아니라도 등록된 특허권의 공유지분을 가진다(判例 2011다67705).

오답 해설

② 判例 2002후2471
③ 判例 2012후4162
④ 判例 2011도4645
⑤ 判例 2016후2522

17 답 ①

정답 해설

① 법원은 소송절차에서 필요하면 직권 또는 당사자의 신청에 따라 특허에 관한 심결이 확정될 때까지 그 소송절차를 중지할 수 있다(특허법 제164조 제2항). 따라서 재량사항이다.

② 특허등록의 무효심판을 청구할 수 있는 이해관계인이라 함은 당해 특허발명의 권리존속으로 인하여 그 권리자로부터 권리의 대항을 받거나 받을 염려가 있어 그 피해를 받는 직접적이고도 현실적인 이해관계가 있는 사람을 말하고, 이에는 당해 특허발명과 같은 종류의 물품을 제조·판매하거나 제조·판매할 자도 포함되며, 이해관계인에 해당하는지 여부는 심결 당시를 기준으로 판단하여야 한다(判例 2007후4625).

③ 특허처분은 하나의 특허출원에 대하여 하나의 특허권을 부여하는 단일한 행정행위이므로, 설령 그러한 특허처분에 의하여 수인을 공유자로 하는 특허등록이 이루어졌다고 하더라도, 그 특허처분 자체에 대한 무효를 청구하는 제도인 특허무효심판에서 그 공유자 지분에 따라 특허를 분할하여 일부 지분만의 무효심판을 청구하는 것은 허용할 수 없다(判例 2012후2432).

④ 判例 2007후4625

⑤ 특허무효심판절차 또는 특허이의신청절차에서 정정청구가 있는 경우 정정의 인정 여부는 무효심판절차 또는 이의신청에 대한 결정절차에서 함께 심리되는 것이므로, 독립된 정정심판청구의 경우와 달리 정정만이 따로 확정되는 것이 아니라 무효심판의 심결이 확정되거나 이의신청에 대한 결정이 확정되는 때에 함께 확정된다(判例 2006후2912).

18 답 ⑤

⑤ 의약이라는 물건의 발명에서 대상 질병 또는 약효와 함께 투여용법과 투여용량을 부가하는 경우, 투여용법과 투여용량이 발명의 구성요소가 될 수 있으며 투여용법과 투여용량이라는 새로운 의약용도가 부가되어 신규성과 진보성 등의 특허요건을 갖춘 의약에 대해서 새롭게 특허권이 부여될 수 있다(判例 2014후768).

① 의약의 용도발명에서는 특정 물질이 가지고 있는 의약의 용도가 발명의 구성요건에 해당하므로, 발명의 특허청구범위에는 특정 물질의 의약용도를 대상 질병 또는 약효로 명확히 기재하는 것이 원칙이나, 특정 물질의 의약용도가 약리기전만으로 기재되어 있다 하더라도 발명의 상세한 설명 등 명세서의 다른 기재나 기술상식에 의하여 의약으로서의 구체적인 용도를 명확하게 파악할 수 있는 경우에는 특허법 제42조 제4항 제2호에 정해진 청구항의 명확성 요건을 충족하는 것으로 볼 수 있다(判例 2006후3564).

② 判例 2014후2702

③ 判例 2006후3564

④ 의약용도발명에서는 특정 물질과 그것이 가지고 있는 의약용도가 발명을 구성하는 것이고, 약리기전은 특정 물질에 불가분적으로 내재된 속성으로서 특정 물질과 의약용도와의 결합을 도출해내는 계기에 불과하다. 따라서 의약용도발명의 특허청구범위에 기재되어 있는 약리기전은 특정 물질이 가지고 있는 의약용도를 특정하는 한도 내에서만 발명의 구성요소로서 의미를 가질 뿐 약리기전 자체가 특허청구범위를 한정하는 구성요소라고 보아서는 아니 된다(判例 2012후3664).

19 답 ⑤

⑤ 양 발명이 이용관계에 있어 특허발명의 등록의 효력을 부정하지 않고 권리범위의 확인을 구할 수 있는 경우에는 권리 대 권리 간의 적극적 권리범위확인심판의 청구가 허용된다(判例 99후2433).

① 判例 2013후37

② 判例 2013후1054

③ 특허법 제136조 제2항 제1호

④ 특허법 제159조

특허법 제159조(직권심리)

① 심판에서는 당사자 또는 참가인이 신청하지 아니한 이유에 대해서도 심리할 수 있다. 이 경우 당사자 및 참가인에게 기간을 정하여 그 이유에 대하여 의견을 진술할 수 있는 기회를 주어야 한다.

② 심판에서는 청구인이 신청하지 아니한 청구의 취지에 대해서는 심리할 수 없다.

20

답 ①

ㄱ. (×) 우선일로부터 2년 7개월 이내에 국어번역문을 제출하여야 한다(실용신안법 제35조 제1항).

ㄷ. (×) 출원심사를 청구한 후에는 국어번역문을 다시 제출할 수 없다(실용신안법 제35조 제3항 단서).

ㄹ. (×) 발명의 설명 및 청구범위의 국어번역문을 제출하지 아니하면 그 국제실용신안등록출원을 취하한 것으로 보나, 도면의 설명부분 또는 요약서의 국어번역문이 제출되지 아니하면 도면의 설명부분 또는 요약서의 기재가 없었던 것으로 본다. 요약서 미제출시 특허청장은 출원인에 기간을 정하여 보정명령을 내리고, 그 기간에 요약서의 국어번역문을 제출하지 아니하면 국제실용신안등록출원에 관한 절차를 무효로 할 수 있다(실용신안법 제35조 제4항).

오답 | 해설

ㄴ. (○) 실용신안법 제35조 제2항
ㅁ. (○) 실용신안법 제35조 제7항

21

답 ④

정답 | 해설

ㄴ. (×) 일반수요자나 거래자들이 그 지정상품인 '가정, 사무실용 물 분배기 등'과 관련하여 "WATERLINE"을 볼 때 원심판시의 여러 사전적 의미 중 물이 흐르는 통로 또는 도관(송수관)의 의미로 인식할 것이어서, 그 지정상품의 주요 부품을 나타내거나 그 주된 기능의 하나인 도관을 따라 필요한 곳으로 물을 흐르게 하는 기능을 나타내고 있으므로, 이 사건 출원상표는 기술적 표장에 해당한다고 봄이 상당하다(判例 2007후3042).

ㄷ. (×) "장미"를 지정상품으로 하는 이 사건 등록상표 "Red Sandra"는 이 사건 등록상표의 지정상품을 취급하는 거래계(생산자, 판매자 및 수요자)에서 장미의 한 품종의 일반적 명칭으로 사용되고 인식되어져 있어 결국, 이 사건 등록상표는 그 지정상품의 보통명칭을 보통으로 사용하는 방법으로 표시한 표장만으로 된 상표에 해당한다(判例 2001후2283).

ㄹ. (×) 'SUPER' 부분은 '최고급의, 특등품의' 등의 뜻을 가진 영어 단어로서 지정서비스업과의 관계에서 그 우수성을 나타내는 것으로 직감되므로 지정서비스업의 품질 등을 보통으로 사용하는 방법으로 표시한 기술적 표장에 해당하여 식별력이 없고, '8' 부분은 아라비아 숫자 한 글자에 불과하여 간단하고 흔히 있는 표장으로서 식별력이 없으며, 또한 이들 각 부분의 결합에 의하여 새로운 관념을 도출하거나 새로운 식별력을 형성하는 것도 아니다(判例 2010후3226).

즉, ㄴ, ㄷ, ㄹ의 경우 상표법 제33조 제1항 제3호의 기술적 표장에 해당하므로 상표등록을 받을 수 없다.

오답 | 해설

ㄱ. (○) '아르바이트를 하기에 좋은 곳'을 소개・알선하거나 이와 관련된 정보를 제공한다는 암시를 줄 수 있기는 하나, 이를 넘어서 일반 수요자에게 '아르바이트를 소개・알선하거나 이와 관련이 있는 정보를 제공하는 장소' 등과 같이 위 지정서비스업의 성질을 직접적으로 표시하는 것으로 인식된다고 할 수 없다(判例 2015후1911).

ㅁ. (○) 이 사건 출원상표는 "engineering your competitive edge"와 같이 4개의 영어 단어가 한데 어우러진 영어 문구로 구성된 것으로서 우리나라의 영어보급 수준에 비추어 볼 때 일반 수요자나 거래자가 그 의미를 직감할 수 있다고 하기 어려워 그 의미에 기하여 식별력을 부정하기 어렵다(判例 2005후2793).

22

답 ②

정답 | 해설

② 비밀유지명령 위반죄는 비밀유지명령을 신청한 자의 고소가 있어야 공소를 제기할 수 있다. 즉, 침해죄 등과 달리 '친고죄'이다(상표법 제231조 제2항).

오답 | 해설

① 상표법 제232조(위증죄)
③ 상표법 제233조(거짓 표시의 죄)
④ 상표법 제235조(양벌규정)
⑤ 상표법 제234조(거짓 행위의 죄)

23　답 ⑤

① 두 개의 상표를 나란히 놓고 대비하는 '대비관찰'은 허용되지 않는다.
② 제3조 제6항의 해석상 업무표장이란 '국내에서' 영리를 목적으로 하지 아니하는 업무를 하는 자가 그 업무를 나타내기 위하여 사용하는 표장을 말한다.
③ 수요자를 기만할 염려가 있는 상표도 포함된다(상표법 제34조 제1항 제12호).
④ 등록상표임을 표시한 타인의 상표권 또는 전용사용권을 침해한 자는 그 침해행위에 대하여 그 상표가 이미 등록된 사실을 알았던 것으로 추정하므로 '고의'를 추정한다(상표법 제112조). 또한, 대법원은 상표권 침해시 상표권자가 '등록상표임을 표시하였는지 여부와 무관'하게 침해자에게 그 침해행위에 대한 '과실이 있는 것으로 추정한다(判例 2013다21666).

24　답 ③

③ 대리권의 흠을 이유로 하여 재심을 청구하는 경우에 재심청구기간은 청구인 또는 법정대리인이 심결등본의 송달에 의하여 심결이 있은 것을 안 날의 '다음 날'부터 기산한다(상표법 제159조 제2항).

① 재심청구는 제157조의 일반재심청구와 제158조의 사해심결에 관한 재심청구가 있다.
② 재심의 심리는 재심청구이유의 범위 내에서 하여야 한다(상표법 제157조 제2항 준용 민사소송법 제459조 제1항).
④ 상표법 제161조
⑤ 상표법 제160조

25　답 ①

① 위치상표는 그 본질상 위치에 의하여 식별력이 인정되며, 따라서 표장의 위치가 요부로 작용함은 당연하다.

②·③·④·⑤ 判例 2010후2339(아디다스 3선 줄무늬 사건 참고)

26　답 ①

① 입체상표에 있어 해당 상표에 대한 설명서는 일반상표와 마찬가지로 필수적 제출사항이 아니라, 임의적 제출사항에 해당한다(상표법 시행규칙 제28조 제1항).

② 判例 2013다84568
③ 상표법 제107조에 의한 금지청구를 인정할 것인지의 판단은 '침해행위 당시'를 기준으로 하여야 한다(判例 2006다22722).
④ 判例 2014후2306
⑤ 상표법 시행규칙 제33조 제1호

27　답 ④

④ 상표권은 특허권 등과 달리 등록되어 있는 상표를 타인이 사용하였다는 것만으로 당연히 통상 받을 수 있는 상표권 사용료 상당액이 손해로 인정되는 것은 아니고, 상표권자가 그 상표를 영업 등에 실제 사용하고 있었음에도 불구하고 상표권 침해행위가 있었다는 등 구체적 피해 발생이 전제되어야 인정될 수 있다. 따라서 상표권자가 해당 상표를 등록만 해두고 실제 사용하지는 않았다는 등 손해발생을 부정할 수 있는 사정을 침해자가 증명한 경우에는 손해배상책임을 인정할 수 없다(判例 2014다59712).

28

탭 ③

29

탭 ②

30

탭 ⑤

31　답 ③

③ 디자인보호법상 디자인은 물품의 외관으로서 물품과 불가분적으로 결합한다.

① 디자인보호법의 목적이다(디자인보호법 제1조).
② 선출원의 지위(제46조), 디자인권의 효력(제92조)
④ 특허법은 실시에 의한 이용 이외에 연구적인 이용이 있으나, 디자인보호법은 실시에 의한 이용이 일반적이다. 특허법과 디자인보호법의 차이점이다.
⑤ 디자인보호법은 모방이 용이할 수 있으므로 강제적인 출원공개제도가 없고 출원인의 선택에 따른 출원공개제도(제52조)가 있으며, 출원인은 일정한 기간내에 그 디자인을 비밀로 할 것을 청구할 수 있다(제43조 제1항).

32　답 ④

④ 공지공용 사유를 포함한 출원에 의하여 디자인 등록이 되었다고 하더라도 공지공용의 부분까지 독점적이고 배타적인 권리를 인정할 수 없으므로 디자인권의 권리범위를 정함에 있어 공지부분의 중요도는 낮게 평가하여야 한다(判例 2003후762).

① 디자인의 유사여부를 판단함에 있어서 대비되는 디자인의 대상 물품이 그 기능 내지 속성상 사용에 의하여 당연히 형태의 변화가 일어나는 경우에는, 그와 같은 형태의 변화도 참작하여 그 유사여부를 전체적으로 판단해야 한다(判例 2009후4148).
② 형상이나 모양 중 어느 하나가 유사하지 아니하면 원칙적으로 유사하지 아니한 디자인으로 보되, 이를 종합적으로 고려하여 디자인 전체로서 판단한다.
③ 디자인의 유사판단은 일반수요자를 기준으로 판단한다.
⑤ 물품 중 당연히 있어야 할 부분은 중요도를 낮게, 다양한 변화가 가능한 부분은 중요도를 높게 평가한다.

33　답 ①

① 디자인등록여부결정의 통지서가 발송되기 전까지는 보정할 수 있다(디자인보호법 제48조 제4항 제1호).

② 디자인등록출원인은 최초의 디자인등록출원의 요지를 변경하지 아니하는 범위에서 디자인등록출원서의 기재사항, 디자인등록출원서에 첨부한 도면, 도면의 기재사항이나 사진 또는 견본을 보정할 수 있다(디자인보호법 제48조 제1항).
③ 디자인등록거절결정에 대한 심판에 관하여는 제48조 제1항부터 제3항까지의 규정을 준용한다(디자인보호법 제124조).
④ 보정이 최초의 디자인등록출원의 요지를 변경하는 것으로 디자인권의 설정등록 후에 인정된 경우에는 그 디자인등록출원은 그 보정서를 제출한 때에 디자인등록출원을 한 것으로 본다(디자인보호법 제48조 제5항).
⑤ 보정각하결정을 받은 자가 그 결정에 불복할 때에는 그 결정등본을 송달받은 날부터 3개월 이내에 심판을 청구할 수 있다(디자인보호법 제119조).

34　답 ②

② 디자인권자·전용실시권자 또는 통상실시권자는 등록디자인 또는 이와 유사한 디자인이 그 디자인등록출원일 전에 발생한 타인의 저작물을 이용하거나 그 저작권에 저촉되는 경우에는 저작권자의 허락을 받지 아니하고는 자기의 등록디자인 또는 이와 유사한 디자인을 업으로서 실시할 수 없다(디자인보호법 제95조 제3항).

① 디자인권자는 업으로서 등록디자인 또는 이와 유사한 디자인을 실시할 권리를 독점한다. 다만, 그 디자인권에 관하여 전용실시권을 설정하였을 때에는 전용실시권자가 그 등록디자인 또는 이와 유사한 디자인을 실시할 권리를 독점하는 범위에서는 그러하지 아니하다(디자인보호법 제92조).

③ 등록디자인이나 이와 유사한 디자인에 관한 물품의 생산에만 사용하는 물품을 업으로서 생산·양도·대여·수출 또는 수입하거나 업으로서 그 물품의 양도 또는 대여의 청약을 하는 행위는 그 디자인권 또는 전용실시권을 침해한 것으로 본다(디자인보호법 제114조).

④ 이용·저촉관계에 대한 설명이다(디자인보호법 제95조).

⑤ 침해자의 양도수량 × 디자인권자의 단위수량당 이익액(디자인보호법 제115조 제2항 제1호).

35　답 ⑤

정답 해설

⑤ 기본적인 형상이나 모양 등에 의해 구성된 디자인이라도 그 창작이 용이하다고 할 수 있으려면 그 형상이나 모양 등에 의해 물품 디자인 형태를 구성하는 것이 그 디자인이 속한 분야에서 통상 행해짐을 전제하는 것이므로, 그 분야에서 그러한 기본적 형상, 모양에 의하여 구성하는 것이 과거에 전혀 없었던 경우에는 창작이 용이하다고 볼 수 없다(判例 2015허8370).

오답 해설

① 창작비용이성의 판단은 유사·비유사가 아닌 창작수준이 낮아 통상의 기술자가 쉽게 창작할 수 있는지 기준으로 판단한다.

② 국내 및 국외를 기준으로 한다(디자인보호법 제33조 제2항 제2호).

③ TV와 영화를 통해 널리 알려지게 된 캐릭터도 용이 창작 판단의 기초자료가 된다.

④ 공지 등이 된 디자인, 국내외 주지 형태뿐만 아니라 이들이 결합한 경우에도 용이 창작 판단의 기초자료가 될 수 있다.

36　답 ④

정답 해설

④ 특허청장은 제2항에 따른 보완명령을 받은 자가 지정기간 내에 디자인등록출원을 보완한 경우에는 그 절차보완서가 특허청장에게 도달한 날을 출원일로 본다. 다만, 제41조에 따라 복수디자인등록출원된 디자인 중 일부 디자인에만 보완이 필요한 경우에는 그 일부 디자인에 대한 절차보완서가 특허청장에게 도달한 날을 복수디자인 전체의 출원일로 본다(디자인보호법 제38조 제4항).

오답 해설

① 복수디자인등록출원은 각각의 디자인권이 발생하기 때문에 일부에 대해 각하결정이 된 경우라도 나머지 디자인에 대해서는 등록여부결정을 할 수 있다(디자인보호법 제65조).

② 특허청장은 복수디자인등록출원에 대하여 우선심사를 하는 경우에는 일부 디자인만 우선하여 심사하게 할 수 있다(디자인보호법 제61조 제2항).

③ 관련디자인들을 하나의 복수디자인등록출원으로 할 수 있다.

37　답 ③

정답 해설

③ 물리적으로 분리된 부분들이 일체적 심미감을 가졌는지 여부는 주관적인 창작 모티브보다는 객관적인 창작 모티브를 기준으로 판단하여야 한다.

오답 해설

① 부분디자인에서는 다른 디자인과 대비할 수 있어야 한다.

② 하나의 물품 중에 물리적으로 분리된 2 이상의 부분이 관련성을 가지고 있는 경우 형태적 일체성이 있어야 1디자인으로 볼 수 있다.

④ 형태적 일체성을 판단함에 있어 출원인의 창작의도를 고려하여야 한다.

⑤ 하나의 물품 중에 물리적으로 떨어져 있는 2 이상의 부분디자인이라도 형태적 또는 기능적 일체성이 있어야 1디자인으로 볼 수 있다.

38

답 ①

정답 정답 해설

① 관련디자인으로 등록된 디자인권의 존속기간 만료일은 그 기본디자인의 디자인권 존속기간 만료일로 한다(디자인보호법 제91조 제1항 단서).

오답 해설

②·③ 관련디자인권은 기본디자인권과 별개의 독립적인 권리이다.
④ 디자인보호법 제35조 제1항은 무효사유에서 제외되어 있으나, 제46조 제1항은 무효사유에 해당한다.
⑤ 관련디자인과만 유사한 디자인을 타인이 무단으로 실시하는 경우에도 관련디자인권 침해를 구성한다.

39

답 ②

정답 해설

② 디자인보호법 제199조 제1항 단서

오답 해설

① 설정등록일로부터 발생하여 국제등록일이 5년이 되는 날까지 존속한다(디자인보호법 제199조 제1항).
③ 5년마다 갱신할 수 있다(디자인보호법 제199조 제2항).
④ 국제등록디자인권의 이전, 포기에 의한 소멸 또는 존속기간의 갱신은 국제등록부에 등재함으로써 효력이 발생한다(디자인보호법 제201조 제1항).
⑤ 디자인보호법 제200조

디자인보호법 제200조(등록디자인 보호범위의 특례)
제93조를 국제등록디자인권에 대하여 적용할 때에 해당 국제등록디자인권의 보호범위는 다음 각 호의 구분에 따른다.
1. 제48조에 따른 보정이 없는 경우 : 국제등록부에 등재된 사항, 도면 및 디자인의 설명
2. 제48조에 따른 보정이 있는 경우 : 각각 보정된 디자인등록출원서의 기재사항, 도면 및 디자인의 설명

40

답 ⑤

정답 해설

⑤ 화상디자인 자체는 디자인으로 성립되지 않는다.

오답 해설

① 디자인보호법 제2조 제1호는 거절이유에 명시되어 있지 않지만, 정의규정에 합치하지 않은 디자인은 공업상 이용 가능성(제33조 제1항 본문) 위반으로 보아 거절한다.
② 뚜껑을 여는 것과 같은 구조로 된 것은 그 내부의 시각성이 인정되므로 디자인등록을 받을 수 있다.
③ 한 벌의 글자꼴이 아닌 개별 글자꼴은 디자인으로 인정되지 않는다.
④ 독립거래 대상이 되지 않는 물품은 디자인등록을 받을 수 없으나, 부분디자인으로 등록받을 수 있다.

2017년 제54회 정답 및 해설

✓ 문제편 143p

01	02	03	04	05	06	07	08	09	10	11	12	13	14	15	16	17	18	19	20
②	②	①	③	⑤	⑤	②	④	③	④	①	②	①	④	⑤	③	③	⑤	①	④
21	22	23	24	25	26	27	28	29	30	31	32	33	34	35	36	37	38	39	40
①	⑤	②	⑤	②	④	③	④	①	⑤	①	②	③	②	④	③	②	⑤	③	④

01 답 ②

오답 해설

ㄷ. (×) 신규성 의제를 인정받기 위해서는 2015년 5월 10일부터 1년 이내에 출원하여야 한다.

02 답 ②

정답 해설

② 보정은 출원서에 최초로 첨부된 명세서 또는 도면에 기재된 사항의 범위에서 할 수 있다.

오답 해설

① 특허법 제136조 제2항 제2호
③ 특허법 제136조 제5항
④ 특허법 제133조 제3항, 제136조 제7항
⑤ 判例 2008후1081

03 답 ①

정답 해설

① 특허권자 또는 전용실시권자와 합리적인 조건으로 통상실시권 허락에 관한 협의를 하였으나 협의가 이루어지지 아니한 경우에 특허청장에게 재정을 청구할 수 있으므로, 통상실시권자는 해당하지 않는다.

오답 해설

② 특허법 제107조 제2항
③ 특허법 제107조 제4항 제1호
④ 특허법 제107조 제6항
⑤ 특허발명을 실시하려는 자는 특허발명이 다음 각 호의 어느 하나에 해당하고, 그 특허발명의 특허권자 또는 전용실시권자와 합리적인 조건으로 통상실시권 허락에 관한 협의(이하 이 조에서 "협의"라 한다)를 하였으나 합의가 이루어지지 아니하는 경우 또는 협의를 할 수 없는 경우에는 특허청장에게 통상실시권 설정에 관한 재정(裁定)(이하 "재정"이라 한다)을 청구할 수 있다. 다만, 공공의 이익을 위하여 비상업적으로 실시하려는 경우와 제4호에 해당하는 경우에는 협의 없이도 재정을 청구할 수 있다(특허법 제107조 제1항).

04

정답 해설

③ 이미 통지된 거절이유가 비교대상발명에 의하여 출원발명의 진보성이 부정된다는 취지인 경우에, 위 비교대상발명을 보충하여 특허출원 당시 그 기술분야에 널리 알려진 주지관용기술의 존재를 증명하기 위한 자료는 새로운 공지기술에 관한 것에 해당하지 아니하므로, 심결취소소송의 법원이 이를 진보성을 부정하는 판단의 근거로 채택하였다고 하더라도 이미 통지된 거절이유와 주요한 취지가 부합하지 아니하는 새로운 거절이유를 판결의 기초로 삼은 것이라고 할 수 없다(判例 2013후1054).

오답 해설

① 특허법 제188조의2 제1항

② 심판은 특허심판원에서의 행정절차이며 심결은 행정처분에 해당하고, 그에 대한 불복의 소송인 심결취소소송은 항고소송에 해당하여 그 소송물은 심결의 실체적·절차적 위법 여부이므로, 당사자는 심결에서 판단되지 않은 처분의 위법사유도 심결취소소송단계에서 주장·입증할 수 있고, 심결취소소송의 법원은 특별한 사정이 없는 한 제한 없이 이를 심리·판단하여 판결의 기초로 삼을 수 있으며, 이와 같이 본다고 하여 심급의 이익을 해한다거나 당사자에게 예측하지 못한 불의의 손해를 입히는 것이 아니다. 특허심판단계에서 소극적으로 하지 않았던 주장을 심결취소소송단계에서 하였다는 사정만으로 금반언 내지 신의칙에 위반된다고 볼 수 없으므로, 특허심판단계에서 확인대상발명을 실시하고 있지 않다는 주장을 하지 않았다고 하더라도 심결취소소송단계에서 이를 심결의 위법사유로 주장할 수 있다(判例 2007후4410).

④ 행정소송의 일종인 심결취소소송에 있어서 직권주의가 가미되어 있다고 하더라도 여전히 변론주의를 기본 구조로 하는 이상 심결의 위법을 들어 그 취소를 청구함에 있어서는 직권조사사항을 제외하고는 그 취소를 구하는 자가 위법사유에 해당하는 구체적 사실을 먼저 주장하여야 하고, 따라서 법원이 당사자가 주장하지도 아니한 법률요건에 대하여 판단하는 것은 변론주의 원칙에 위배되는 것이다(判例 2010후3509).

⑤ 判例 2015후1997

05

정답 해설

⑤ 특허권이나 실용신안권의 포기에 의하여 경합출원의 하자가 치유되어 제3자에 대한 관계에서 특허권의 효력을 주장할 수 있다고 보는 것은 명문의 근거가 없을 뿐만 아니라 권리자가 포기의 대상과 시기를 임의로 선택할 수 있어 권리관계가 불확정한 상태에 놓이게 되는 등 법적 안정성을 해칠 우려가 있는 점, 특허권이나 실용신안권의 포기는 그 출원의 포기와는 달리 소급효가 없음에도 결과적으로 그 포기에 소급효를 인정하는 셈이 되어 부당하며, 나아가 특허권 등의 포기는 등록만으로 이루어져 대외적인 공시방법으로는 충분하지 아니한 점 등을 종합하여 보면, 출원이 경합된 상태에서 등록된 특허권이나 실용신안권 중 어느 하나에 대하여 사후 권리자가 그 권리를 포기하였다고 하더라도 경합출원으로 인한 하자가 치유된다고 보기는 어렵다(判例 2005후3017).

오답 해설

③ 동일한 발명에 대하여는 최선출원에 한하여 특허를 받을 수 있다고 규정하여 동일한 발명에 대한 중복등록을 방지하기 위하여 선원주의를 채택하고 있는바, 전후로 출원된 양 발명이 동일하다고 함은 그 기술적 구성이 전면적으로 일치하는 경우는 물론 그 범위에 차이가 있을 뿐 부분적으로 일치하는 경우라도 특별한 사정이 없는 한, 양 발명은 동일하고, 비록 양 발명의 구성에 상이점이 있어도 그 기술분야에 통상의 지식을 가진 자가 보통으로 채용하는 정도의 변경에 지나지 아니하고 발명의 목적과 작용효과에 특별한 차이를 일으키지 아니하는 경우에는 양 발명은 역시 동일한 발명이다(判例 2007후2797).

④ 동일한 발명에 대하여 같은 날에 둘 이상의 특허출원이 있는 경우에는 특허출원인 간에 협의하여 정한 하나의 특허출원인만이 그 발명에 대하여 특허를 받을 수 있다. 다만, 협의가 성립하지 아니하거나 협의를 할 수 없는 경우에는 어느 특허출원인도 그 발명에 대하여 특허를 받을 수 없다(특허법 제36조 제2항).

06
답 ⑤

① 甲과 乙은 특허를 받을 수 있는 권리를 공유하므로 乙의 동의가 있어야만 제3자에게 지분을 양도할 수 있다.

② 특허권이 공유인 경우에는 각 공유자는 계약으로 특별히 약정한 경우를 제외하고는 다른 공유자의 동의를 받지 아니하고 그 특허발명을 실시할 수 있다.

③ 특허권이 공유인 경우에는 각 공유자는 다른 공유자의 동의를 받아야만 그 특허권에 대하여 전용실시권을 설정하거나 통상실시권을 허락할 수 있다.

④ 발명자의 기재가 잘못된 경우에는 등록무효사유에 해당하지 아니한다.

07
답 ②

정답 해설

② 乙의 등록특허는 선출원주의 위반에 해당하므로 등록무효사유가 있는 것이며, 이용·저촉발명에 해당하는 것으로 볼 수 없어 乙의 실시는 甲의 등록특허에 대한 침해에 해당한다.

오답 해설

① 判例 2001후393

④ 제1항에 따른 청구가 있는 경우에 그 특허발명이 그 특허출원일 전에 출원된 타인의 특허발명 또는 등록실용신안과 비교하여 상당한 경제적 가치가 있는 중요한 기술적 진보를 가져오는 것이 아니면 통상실시권을 허락하여서는 아니 된다(특허법 제138조 제2항).

08
답 ④

정답 해설

④ 특허권의 적극적 권리범위 확인심판은 특허발명의 보호범위를 기초로 하여 심판청구인이 확인대상발명에 대하여 특허권의 효력이 미치는가를 확인하는 권리확정을 목적으로 한 것이므로, 설령 확인대상발명의 실시와 관련된 특정한 물건과의 관계에서 특허권이 소진되었다 하더라도 그와 같은 사정은 특허권 침해소송에서 항변으로 주장함은 별론으로 하고 확인대상발명이 특허권의 권리범위에 속한다는 확인을 구하는 것과는 아무런 관련이 없다(判例 2010후289).

① 선행 또는 공지의 발명에 구성요건이 상위개념으로 기재되어 있고 위 상위개념에 포함되는 하위개념만을 구성요건 중의 전부 또는 일부로 하는 이른바 선택발명의 신규성을 부정하기 위해서는 선행발명이 선택발명을 구성하는 하위개념을 구체적으로 개시하고 있어야 하고, 이에는 선행발명을 기재한 선행문헌에 선택발명에 대한 문언적인 기재가 존재하는 경우 외에도 그 발명이 속하는 기술분야에서 통상의 지식을 가진 자가 선행문헌의 기재 내용과 출원시의 기술 상식에 기초하여 선행문헌으로부터 직접적으로 선택발명의 존재를 인식할 수 있는 경우도 포함된다(判例 2008후3469).

② 특허출원이 공중의 위생을 해할 우려가 있는 때에는 거절사정하여야 하는 것이므로 발명이 공중위생을 해할 우려가 있는지 여부는 특허절차에서 심리되어야 할 것이고 이것이 단순히 발명의 실시단계에 있어 제품에 대한 식품위생법 등 관련제품 허가법규에서만 다룰 문제가 아니다(判例 91후110).

③ 정부는 국방상 필요한 경우 외국에 특허출원하는 것을 금지하거나 발명자·출원인 및 대리인에게 그 특허출원의 발명을 비밀로 취급하도록 명할 수 있다. 다만, 정부의 허가를 받은 경우에는 외국에 특허출원을 할 수 있다(특허법 제41조 제1항).

⑤ 특허가 방법의 발명인 때에는 그 방법의 실시에만 사용하는 물건을 생산·양도·대여 또는 수입하거나 그 물건의 양도 또는 대여의 청약을 하는 행위를 업으로서 하는 경우에 특허권 또는 전용실시권을 침해한 것으로 본다는 취지로 규정하고 있으므로, 특허권자 또는 이해관계인은 그 방법의 실시에만 사용하는 물건과 대비되는 물건을 심판청구의 대상이 되는 발명으로 특정하여 특허권의 보호범위에 속하는지 여부의 확인을 구할 수 있다(判例 2003후1109).

09
답 ③

정답 해설

③ 제3항 및 제4항에 따른 통상실시권 외의 통상실시권은 실시사업과 함께 이전하는 경우 또는 상속이나 그 밖의 일반승계의 경우를 제외하고는 특허권자(전용실시권에 관한 통상실시권의 경우에는 특허권자 및 전용실시권자)의 동의를 받아야만 이전할 수 있다(특허법 제102조 제5항).

① 통상실시권허락심판에 의한 통상실시권은 해당 특허권이 소멸되면 함께 소멸된다.

② 통상실시권허락심판에 의한 통상실시권은 해당 특허권과 함께 이전된다.

④ 재정에 의한 통상실시권은 실시사업과 함께 이전하는 경우에만 이전할 수 있다.

⑤ 특허발명의 내용을 알지 못한 채 발명을 하거나 그 발명을 한 자로부터 알게 된 경우에 선사용에 의한 통상실시권을 가질 수 있다.

10
답 ④

④ 손해액이 실시에 대하여 합리적으로 받을 수 있는 금액을 초과하는 경우에 특허침해한 자에게 고의 또는 중과실이 없을 때에는 손해배상액을 산정할 때 그 사실을 고려할 수 있다. 따라서 실시에 대하여 합리적으로 받을 수 있는 금액에 그 사실을 고려하여 더 적은 금액으로 경감할 수는 없다.

② 특허법 제126조

특허법 제126조(권리침해에 대한 금지청구권 등)
① 특허권자 또는 전용실시권자는 자기의 권리를 침해한 자 또는 침해할 우려가 있는 자에 대하여 그 침해의 금지 또는 예방을 청구할 수 있다.
② 특허권자 또는 전용실시권자가 제1항에 따른 청구를 할 때에는 침해행위를 조성한 물건(물건을 생산하는 방법의 발명인 경우에는 침해행위로 생긴 물건을 포함한다)의 폐기, 침해행위에 제공된 설비의 제거, 그 밖에 침해의 예방에 필요한 행위를 청구할 수 있다.

③ 특허권 등의 침해로 인한 손해액의 추정에 관한 특허법 제128조 제2항에서 말하는 이익은 침해자가 침해행위에 따라 얻게 된 것으로서 그 내용에 특별한 제한은 없으나, 이 규정은 특허권자에게 손해가 발생한 경우에 그 손해액을 평가하는 방법을 정한 것에 불과하여 침해행위에도 불구하고 특허권자에게 손해가 없는 경우에는 적용될 여지가 없으며, 다만 손해의 발생에 관한 주장·입증의 정도에 있어서는 경업관계 등으로 인하여 손해 발생의 염려 내지 개연성이 있음을 주장·입증하는 것으로 충분하다(判例 2006다1831).

⑤ 특허법 제129조 제1호

특허법 제129조(생산방법의 추정)
물건을 생산하는 방법의 발명에 관하여 특허가 된 경우에 그 물건과 동일한 물건은 그 특허된 방법에 의하여 생산된 것으로 추정한다. 다만, 그 물건이 다음 각 호의 어느 하나에 해당하는 경우에는 그러하지 아니하다.
　1. 특허출원 전에 국내에서 공지되었거나 공연히 실시된 물건
　2. 특허출원 전에 국내 또는 국외에서 반포된 간행물에 게재되었거나 전기통신회선을 통하여 공중이 이용할 수 있는 물건

11
답 ①

① 일사부재리가 아닌 기속력에 대한 설명이다.

특허법 제189조(심결 또는 결정의 취소)
① 법원은 제186조 제1항에 따라 소가 제기된 경우에 그 청구가 이유 있다고 인정할 때에는 판결로써 해당 심결 또는 결정을 취소하여야 한다.
② 심판관은 제1항에 따라 심결 또는 결정의 취소판결이 확정되었을 때에는 다시 심리를 하여 심결 또는 결정을 하여야 한다.
③ 제1항에 따른 판결에서 취소의 기본이 된 이유는 그 사건에 대하여 특허심판원을 기속한다.

특허법 제163조(일사부재리)
이 법에 따른 심판의 심결이 확정되었을 때에는 그 사건에 대해서는 누구든지 동일 사실 및 동일 증거에 의하여 다시 심판을 청구할 수 없다. 다만, 확정된 심결이 각하심결인 경우에는 그러하지 아니하다.

② 동일한 특허발명에 대하여 특허무효심판과 정정심판이 특허심판원에 동시에 계속중에 있는 경우에는 정정심판제도의 취지상 정정심판을 특허무효심판에 우선하여 심리·판단하는 것이 바람직하나, 그렇다고 하여 반드시 정정심판을 먼저 심리·판단하여야 하는 것은 아니고, 또 특허무효심판을 먼저 심리하는 경우에도 그 판단대상은 정정심판청구 전 특허발명이며, 이러한 법리는 특허무효심판과 정정심판의 심결에 대한 취소소송이 특허법원에 동시에 계속되어 있는 경우에도 적용된다고 볼 것이다(判例 2001후713).

③ 특허법 제139조

④ 행정소송인 심결취소소송에서도 원칙적으로 변론주의가 적용되므로 자백 또는 의제자백도 인정되나, 자백의 대상은 사실이고, 이러한 사실에 대한 법적 판단 내지 평가는 자백의 대상이 되지 아니한다(判例 2000후1542).

⑤ 특허권의 공유관계에 민법상 공유물분할청구에 관한 규정이 적용될 수 있다. 다만 특허권은 발명실시에 대한 독점권으로서 그 대상은 형체가 없을 뿐만 아니라 각 공유자에게 특허권을 부여하는 방식의 현물분할을 인정하면 하나의 특허권이 사실상 내용이 동일한 복수의 특허권으로 증가하는 부당한 결과를 초래하게 되므로, 특허권의 성질상 그러한 현물분할은 허용되지 아니한다. 그리고 위와 같은 법리는 디자인권의 경우에도 마찬가지로 적용된다(判例 2013다41578).

12

답 ②

정답 해설

ㄱ. (×) 2인 이상이 공동으로 국제출원을 하는 경우에 출원인이 대표자를 정하지 아니한 경우에는 산업통상자원부령으로 정하는 방법에 따라 대표자를 정할 수 있다.

ㄴ. (×) 국어, 영어 또는 일어로 작성하여야 한다.

ㄹ. (×) 우선일로부터 2년 7개월 이내에 국어번역문을 특허청장에게 제출하여야 한다.

오답 해설

ㄷ. (○) 국제특허출원의 국제출원일까지 제출된 출원서는 제42조 제1항에 따라 제출된 특허출원서로 본다(특허법 제200조의2 제2항).

ㅁ. (○) 특허법 제194조

13

답 ①

정답 해설

① 출원발명의 명세서에는 그 기술분야의 평균적 기술자가 출원발명의 결과물을 재현할 수 있도록 그 과정이 기재되어 있어야 하는 것이고, 식물발명이라 하여 그 결과물인 식물 또는 식물소재를 기탁함으로써 명세서의 기재를 보충하거나 그것에 대체할 수 없다(判例 96후2531).

오답 해설

② 출원발명이 자연법칙을 이용한 것인지 여부는 청구항 전체로서 판단하여야 한다(判例 2009후436). 따라서 청구항 일부에 자연법칙을 이용하지 않은 수학적 알고리즘이 포함되어 있더라도 전체로서 자연법칙을 이용한다면 발명으로 성립한다.

③ 미생물이 용이 입수가능하다면 반드시 국내에 현존하고 있어야 하는 것은 아니며, 국외에 현존하더라도 국내 당업자가 용이하게 입수할 수 있다고 인정될 때에는 이를 기탁하지 않을 수 있다(判例 90후1260).

④ 통상의 지식을 가진 자가 그 미생물을 쉽게 입수할 수 없는 경우에는 특허출원서에 기탁사실을 증명하는 서류를 첨부하여야 한다(특허법 시행령 제2조 제1항 참조).

⑤ 특정 물질의 의약용도가 약리기전만으로 기재되어 있다 하더라도 발명의 상세한 설명 등 명세서의 다른 기재나 기술상식에 의하여 의약으로서의 구체적인 용도를 명확하게 파악할 수 있는 경우에는 특허법 제42조 제4항 제2호가 정한 청구항의 명확성 요건을 충족하는 것으로 볼 수 있다(判例 2007후5215).

14 답 ④

정답 해설

④ 최초거절이유통지에 대한 의견서제출기간에 한 보정의 경우라면 보정을 각하할 것이 아니라 최후거절이유를 통지하여야 한다.

오답 해설

① 특허법 제47조 제1항 제2호

> **특허법 제47조(특허출원의 보정)**
> ① 특허출원인은 제66조에 따른 특허결정의 등본을 송달하기 전까지 특허출원서에 첨부한 명세서 또는 도면을 보정할 수 있다. 다만, 제63조 제1항에 따른 거절이유통지(이하 "거절이유통지"라 한다)를 받은 후에는 다음 각 호의 구분에 따른 기간(제3호의 경우에는 그때)에만 보정할 수 있다.
> 2. 거절이유통지(제66조의3 제2항에 따른 통지를 한 경우에는 그 통지 전의 거절이유통지는 제외한다)에 대한 보정에 따라 발생한 거절이유에 대하여 거절이유통지를 받은 경우 : 해당 거절이유통지에 따른 의견서 제출기간

② 判例 2012후3121

③ 심사관은 제47조 제1항 제2호 및 제3호에 따른 보정이 같은 조 제2항 또는 제3항을 위반하거나 그 보정(같은 조 제3항 제1호 및 제4호에 따른 보정 중 청구항을 삭제하는 보정은 제외한다)에 따라 새로운 거절이유가 발생한 것으로 인정하면 결정으로 그 보정을 각하하여야 한다(특허법 제51조 제1항 본문).

⑤ 제3항에 따른 보정명령을 받은 자가 지정된 기간에 보정을 하지 아니하면 특허청장은 해당 국제특허출원을 무효로 할 수 있다(특허법 제203조 제4항).

15 답 ⑤

정답 해설

⑤ 기계(B)에 대하여 기계(B)를 사용하는 것 또한 특허 X의 권리범위에 속하므로 기계(B)를 사용하여 물건(A)를 생산하는 행위는 특허 X의 특허권을 침해하는 행위이다.

오답 해설

② 특허법 제119조, 제136조

> **특허법 제119조(특허권 등의 포기의 제한)**
> ① 특허권자는 다음 각 호의 모두의 동의를 받아야만 특허권을 포기할 수 있다.
> 1. 전용실시권자
> 2. 질권자
> 3. 제100조 제4항에 따른 통상실시권자
> 4. 제102조 제1항에 따른 통상실시권자
> 5. 「발명진흥법」 제10조 제1항에 따른 통상실시권자
> ② 전용실시권자는 질권자 또는 제100조 제4항에 따른 통상실시권자의 동의를 받아야만 전용실시권을 포기할 수 있다.
> ③ 통상실시권자는 질권자의 동의를 받아야만 통상실시권을 포기할 수 있다.

③ 특허발명에 대한 무효심결이 확정되기 전이라고 하더라도 특허발명의 진보성이 부정되어 특허가 특허무효심판에 의하여 무효로 될 것임이 명백한 경우에는 특허권에 기초한 침해금지 또는 손해배상 등의 청구는 특별한 사정이 없는 한 권리남용에 해당하여 허용되지 아니한다고 보아야 하고, 특허권침해소송을 담당하는 법원으로서도 특허권자의 그러한 청구가 권리남용에 해당한다는 항변이 있는 경우 당부를 살피기 위한 전제로서 특허발명의 진보성 여부에 대하여 심리·판단할 수 있다(判例 2010다95390).

16

답 ③

정답 해설

③ 특허법 제47조 제3항

> **특허법 제47조(특허출원의 보정)**
> ③ 제1항 제2호 및 제3호에 따른 보정 중 청구범위에 대한 보정은 다음 각 호의 어느 하나에 해당하는 경우에만 할 수 있다.
> 1. 청구항을 한정 또는 삭제하거나 청구항에 부가하여 청구범위를 감축하는 경우
> 2. 잘못 기재된 사항을 정정하는 경우
> 3. 분명하지 아니하게 기재된 사항을 명확하게 하는 경우

오답 해설

① 보정각하를 할 경우 의견서제출기회를 부여하지 아니한다.
② 국어번역문을 제출한 경우에만 명세서 또는 도면을 보정할 수 있다.
④ 2회 이상 보정을 하는 경우 마지막 보정 전의 보정은 없었던 것으로 본다.
⑤ 발명자에게는 직권보정사항을 알릴 필요가 없다.

17

답 ③

정답 해설

③ 출원의 발명자와 후출원의 발명자가 동일한 경우 확대된 선출원 규정을 적용할 수 없으나, 선출원에서는 선출원 발명자가 후출원 발명자와 동일한 경우라도 후출원을 배제할 수 있다.

오답 해설

① 특허법 제29조 제3항
② 특허법 제29조 제3항 제2호

> **특허법 제29조(특허요건)**
> ① 산업상 이용할 수 있는 발명으로서 다음 각 호의 어느 하나에 해당하는 것을 제외하고는 그 발명에 대하여 특허를 받을 수 있다.
> 1. 특허출원 전에 국내 또는 국외에서 공지(公知)되었거나 공연(公然)히 실시된 발명
> 2. 특허출원 전에 국내 또는 국외에서 반포된 간행물에 게재되었거나 전기통신회선을 통하여 공중(公衆)이 이용할 수 있는 발명
> ② 특허출원 전에 그 발명이 속하는 기술분야에서 통상의 지식을 가진 사람이 제1항 각 호의 어느 하나에 해당하는 발명에 의하여 쉽게 발명할 수 있으면 그 발명에 대해서는 제1항에도 불구하고 특허를 받을 수 없다.
> ③ 특허출원한 발명이 다음 각 호의 요건을 모두 갖춘 다른 특허출원의 출원서에 최초로 첨부된 명세서 또는 도면에 기재된 발명과 동일한 경우에 그 발명은 제1항에도 불구하고 특허를 받을 수 없다. 다만, 그 특허출원의 발명자와 다른 특허출원의 발명자가 같거나 그 특허출원을 출원한 때의 출원인과 다른 특허출원의 출원인이 같은 경우에는 그러하지 아니하다.
> 1. 그 특허출원일 전에 출원된 특허출원일 것
> 2. 그 특허출원 후 제64조에 따라 출원공개되거나 제87조 제3항에 따라 등록공고된 특허출원일 것

④ 특허법 제36조를 적용하기 위한 전제로서 두 발명이 서로 동일한 발명인지 여부는 대비되는 두 발명의 실체를 파악하여 따져보아야 할 것이지 표현양식에 따른 차이에 따라 판단할 것은 아니므로, 대비되는 두 발명이 각각 물건의 발명과 방법의 발명으로 서로 발명의 범주가 다르다고 하여 곧바로 동일한 발명이 아니라고 단정할 수 없다(判例 2005후3017).
⑤ 특허법 제52조 제2항 제1호

> **특허법 제52조(분할출원)**
> ② 제1항에 따라 분할된 특허출원(이하 "분할출원"이라 한다)이 있는 경우 그 분할출원은 특허출원한 때에 출원한 것으로 본다. 다만, 그 분할출원에 대하여 다음 각 호의 규정을 적용할 경우에는 해당 분할출원을 한 때에 출원한 것으로 본다.
> 1. 분할출원이 제29조 제3항에 따른 다른 특허출원 또는 「실용신안법」 제4조 제4항에 따른 특허출원에 해당하여 이 법 제29조 제3항 또는 「실용신안법」 제4조 제4항을 적용하는 경우

18 답 ⑤

정답 해설

⑤ 분할출원을 한 날로부터 30일 이내에 명세서에 청구범위를 적는 보정을 할 수 있다(특허법 제52조 제8항).

오답 해설

① 특허법 제42조의3 제3항 제2호
② 특허거절결정등본을 송달받은 날부터 3개월 이내의 기간에 분할출원을 할 수 있다(특허법 제52조 제1항 제2호).
③ 특허법 제42조의3 제3항 제1호

> **특허법 제42조의3(외국어특허출원 등)**
> ③ 제2항에 따라 국어번역문을 제출한 특허출원인은 제2항에 따른 기한 이전에 그 국어번역문을 갈음하여 새로운 국어번역문을 제출할 수 있다. 다만, 다음 각 호의 어느 하나에 해당하는 경우에는 그러하지 아니하다.
> 1. 명세서 또는 도면을 보정(제5항에 따라 보정한 것으로 보는 경우는 제외한다)한 경우
> 2. 특허출원인이 출원심사의 청구를 한 경우

④ 특허법 제52조 제6항

19 답 ①

정답 해설

① 조약우선권주장 출원은 산업통상자원부령으로 정하는 국가의 경우 최초로 출원한 국가의 특허출원번호 및 그 밖에 출원을 확인할 수 있는 정보 등 산업통상자원부령으로 정하는 사항을 적은 서면을 제출하여야 한다.

오답 해설

② 제1항에 따른 요건을 갖추어 우선권 주장을 한 자는 선출원일(선출원이 둘 이상인 경우에는 최선출원일을 말한다)부터 1년 4개월 이내에 그 우선권 주장을 보정하거나 추가할 수 있다(특허법 제55조 제7항).
③ '우선권 주장의 기초가 된 선출원의 최초 명세서 등에 기재된 사항'이란, 우선권 주장의 기초가 된 선출원의 최초 명세서 등에 명시적으로 기재되어 있는 사항이거나 또는 명시적인 기재가 없더라도 그 발명이 속하는 기술분야에서 통상의 지식을 가진 사람이라면 우선권 주장일 당시의 기술상식에 비추어 보아 우선권 주장을 수반하는 특허출원된 발명이 선출원의 최초 명세서 등에 기재되어 있는 것과 마찬가지라고 이해할 수 있는 사항이어야 한다(判例 2012후2999).

④ 특허법 제56조 제3항
⑤ 특허법 제55조 제3항

20 답 ④

정답 해설

④ 실시고안과 동일한 기술이 자신의 실용신안권으로 등록받았더라도 그 실용신안권의 등록무효심결이 확정된 경우, 타인의 특허발명 침해 당시 실시고안이 등록된 자신의 실용신안권에 기해 제작한 것이라고 믿었던 점만으로는 과실추정이 번복되지 않는다(判例 2007다65245).

오답 해설

① 실용신안법 제12조 제1항·제2항
② 실용신안법 제12조 제4항

> **실용신안법 제12조(실용신안등록출원심사의 청구)**
> ① 실용신안등록출원에 대하여 심사청구가 있을 때에만 이를 심사한다.
> ② 누구든지 실용신안등록출원에 대하여 실용신안등록출원일부터 3년 이내에 특허청장에게 출원심사의 청구를 할 수 있다. 다만, 실용신안등록출원인은 다음 각 호의 어느 하나에 해당하는 경우에는 출원심사의 청구를 할 수 없다.
> 1. 명세서에 청구범위를 적지 아니한 경우
> 2. 제8조의3 제2항에 따른 국어번역문을 제출하지 아니한 경우(외국어실용신안등록출원의 경우로 한정한다)
> ④ 출원심사의 청구는 취하할 수 없다.

③ 특허를 받을 수 있는 발명은 완성된 것이어야 하고, 완성된 발명이란 그 발명이 속하는 분야에서 통상의 지식을 가진 자가 반복 실시하여 목적하는 기술적 효과를 얻을 수 있을 정도까지 구체적, 객관적으로 구성되어 있는 발명으로 그 판단은 특허출원의 명세서에 기재된 발명의 목적, 구성 및 작용효과 등을 전체적으로 고려하여 출원 당시의 기술수준에 입각하여 판단하여야 할 것이다(判例 93후1810).
⑤ 실용신안등록출원에 대하여 실용신안등록출원일부터 4년 또는 출원심사의 청구일부터 3년 중 늦은 날보다 지연되어 실용신안권의 설정등록이 이루어지는 경우에는 제22조 제1항에도 불구하고 그 지연된 기간만큼 해당 실용신안권의 존속기간을 연장할 수 있다(실용신안법 제22조의2 제1항).

21 답 ①

① 어느 상표가 보통명칭화 되었는가의 여부는 그 나라에 있어서 당해 상품의 거래실정에 따라서 이를 결정하여야 하고, 한편 등록상표는 등록결정 당시에 이미 보통명칭화 된 경우도 있을 수 있지만, 상표등록 이후에 상표권리를 태만히 하였거나 보통명칭화 되는 경우도 있으므로 상표권자가 상표권침해로 인한 손해배상을 구하는 경우에 있어서는 '사실심 변론 종결 당시'를 기준으로 등록상표가 보통명칭화 되었는지 여부로 판단하여야 한다(判例 2002다6876).

오답 해설

③ 지정상품과의 관계에서 간접적, 암시적이라고 인식될 수 있는 표장이라도 실제 거래업계에서 직접적으로 상품의 성질을 표시하는 표장으로 사용되고 있는 경우에는 본호에 해당하는 것으로 본다.

⑤ 결국 이 사건 출원상표는 영어 알파벳 두 글자가 가지는 것 이상의 식별력이 있지 않아 간단하고 흔히 있는 표장만으로 된 상표에 해당하고, 영문자 'CP'로 직감되는 이 사건 출원상표가 등록되는 경우에는 제한된 숫자의 영문 알파벳 두 글자의 단순조합 중의 하나에 대한 독점권을 부여하는 결과가 되고, 이는 일반 거래계에서 자유로운 사용을 원하는 글자의 조합의 사용을 금지하는 결과가 되어 공익에도 반한다는 이유로 이 사건 출원상표는 상표법 제6조 제1항 제6호에 해당하는 상표로서 그 등록이 거절되어야 한다는 취지로 판단하였다(判例 2002후291).

22 답 ⑤

정답 해설

⑤ 제34조 제1항 제6호는 저명한 타인의 성명 등을 '포함'하면 충분하므로, 상표의 부기적인 부분으로 포함되어 있는 경우라도 적용될 수 있다.

23 답 ②

정답 해설

② 보정이 요지변경으로 설정등록 후 인정된 경우에는 그 국제상표등록출원은 '보정서를 제출한 때' 상표등록출원한 것으로 본다.

오답 해설

① 국제상표등록출원은 상표에 대한 보정이 허용되지 않는다.
③ 요지변경임이 인정되는 경우라 하여 상표권이 무효되는 경우는 없다.
④ 국제상표등록출원은 어느 경우라도 상표에 대한 보정이 허용되지 않는다.
⑤ 국제상표등록출원에 대해서는 제44조 제1항부터 제7항(출원의 변경)까지의 규정을 적용하지 아니한다.

24 답 ⑤

정답 해설

⑤ 거절결정불복심판에 대한 심결취소소송에서 해당 출원이 취하된 경우 심결을 취소할 법률상 이익자체가 소멸된 경우이므로 해당 심결취소소송은 부적법하게 된다.

오답 해설

① 判例 2011후2275
② 상당한 주의라 함은 정기적으로 상표 사용상태에 대한 보고를 받거나 상품의 품질을 검사하는 등 실질적으로 사용권자를 그 지배하에 두고 있는 것과 같은 관계의 유지를 말한다.
③ 判例 2016후663
④ 判例 2010후1213

25

정답 해설

ㄱ. (O) 乙의 사용 상표(Y)가 국내 일반 수요자에게 알려졌다 하더라도, 사용 상표(Y)와 관련하여 얻은 신용과 고객 흡인력은 등록상표의 상표권(X)를 침해하는 행위에 의한 것으로서 보호받을 만한 가치가 없고, 그러한 상표의 사용을 용인한다면 우리 상표법이 취하고 있는 등록주의 원칙의 근간을 훼손하게 되므로 위와 같은 상표 사용으로 시장에서 형성된 일반 수요자들의 인식만을 근거로 하여 상표 사용자(乙)를 상대로 한 등록상표(X)의 상표권에 기초한 침해금지 또는 손해배상 등의 청구가 권리남용에 해당한다고 볼 수는 없다(判例 2012다6059).

ㄹ. (O) 선행 등록상표와 표장 및 지정상품이 동일·유사한 후행 등록상표가, 선행 등록상표의 등록 이후부터 사용되어 후행 등록상표의 등록결정 당시 특정인의 상표로 인식된 타인의 상표와의 관계에서 '수요자를 기만할 염려가 있는 상표'에 해당하여 등록이 무효가 될 수 있다(判例 2012다6035).

오답 해설

ㄴ. (×) 상표권자 등에 의해 등록상표가 표시된 상품을 양수 또는 수입한 자가 임의로 상품을 소량으로 나누어 새로운 용기에 담는 방식으로 포장한 후 등록상표를 표시하거나 양도하였다면, 비록 그 내용물이 상표권자 등의 제품이라 하더라도 상품의 출처표시 기능이나 품질보증 기능을 해칠 염려가 있으므로 이러한 행위는 특별한 사정이 없는 한 상표권을 침해하는 행위에 해당한다(判例 2011도17524).

ㄷ. (×) 상표권의 침해로 인한 손해배상청구권의 소멸시효는 각 손해를 안 때부터 진행한다(判例 2012다6059).

26

정답 해설

④ 증명표장은 특성상 증명표장권자 스스로 증명표장을 자기의 상품이나 서비스에 사용하는 것은 허용되지 아니하며, 상표법 제3조 제3항 단서 및 제119조 제1항 제9호 나목을 통하여 증명표장권자의 사용을 인정하지 않는다.

27

정답 해설

③ 전용사용권에 관한 사항은 등록이 효력발생요건이 아닌 제3자 대항요건에 불과하다(상표법 제100조 제1항).

오답 해설

① 전용사용권 침해로 인한 상표권 침해와 위반죄가 함께 성립된다(判例 2006도1580).

② 상표법 제95조 제1항

④ 상표법 제95조 제4항, 제99조 제1항, 제99조 제3항

⑤ 상표법 제72조 제2항

28

정답 해설

④ 대인적 상표권 행사의 사유도 상표권의 효력이 미치는 범위에 관한 권리확정과는 무관하므로 상표권 침해소송이 아닌 권리범위확인심판에서 이를 심리·판단하는 것은 허용되지 않는다.

오답 해설

① 상표법 제34조 제1항 제6호는 '상표등록여부결정 시'를 기준으로 한다.

② 상호의 경우에는 현실적으로 상표와의 구분이 용이하지 않으므로 상표로서 널리 알려진 경우, 동시에 상품 또는 서비스의 출처표시로서도 널리 알려지는 경우가 대부분이므로 상호로서 주지성을 획득한 이상 제34조 제1항 제9호의 보호를 받는 인용표장으로 보고 있다(判例 83후34).

③ 상표법 제90조 제1항은 권리범위확인심판의 판단대상이다.

⑤ 상표법 제34조 제1항 제7호는 상표등록여부 결정 시를 기준으로 하므로 甲의 등록여부결정 시까지 乙이 자신의 상표권을 포기하여 포기등록이 이루어진다면 선등록이 존재하지 않아 다른 거절이유가 없는 한 甲의 출원은 등록받을 수 있다.

29

정답 해설

① 2016년 시행 개정법이 아닌 구법이 적용되어야 한다. 즉, 특허청장 또는 특허심판원장은 교통이 불편한 지역에 있는 자를 위하여 청구에 따라 또는 직권으로 상표등록이의 신청이유 등의 보정기간, 심판의 청구기간을 연장할 수 있다(구법 제5조의14).

오답 해설

② 甲의 X상표 출원에 대한 등록여부결정 시 전에 乙의 상표등록이 무효 확정된다면 乙의 상표등록은 처음부터 없는 것이 되어 甲의 X상표 출원은 등록이 될 수도 있다.
③ 권리범위확인심판에서는 선사용권을 판단하지 않는다.
④ 상표법 제99조 제1항의 선사용권은 그 지위를 승계한 자를 포함한다.
⑤ 甲의 상표 사용은 乙의 상표권 행사에 의해 저지될 수 있다. 甲에 대한 乙의 권리행사가 권리남용에 해당되지 않을 수 있기 때문이다.

30

답 ⑤

정답 해설

⑤ 2016년 시행 개정법은 '등록공고' 제도를 신설하였다. 시행 이후 '상표권의 설정등록을 하는 경우'부터 적용한다.

오답 해설

① 상표법 제34조 제1항 제21호는 2016년 개정법 시행 후 출원된 경우에 한하여 적용된다.
② 명시적 동의뿐만 아니라 묵시적 동의도 포함된다.
③ 2016년 시행 개정법은 이를 삭제하였다.
④ 2016년 시행 개정법 전이므로 구법 제7조 제1항 제7호가 적용되므로, '상표등록출원 시'를 기준으로 한다.

31

답 ①

정답 해설

① 분상물 또는 입상물의 집합은 집합단위인 경우 물품성이 인정되어 디자인등록의 대상이 될 수 있다.

오답 해설

② 부동산이라도 반복생산이 가능하고 운반이 가능한 경우에는 디자인등록의 대상이 되는 물품으로 인정될 수 있다.
③ 동물박제 등의 자연물을 디자인의 구성주체로 사용한 것으로서 다량 생산할 수 없는 것은 디자인등록의 대상이 아니다.
④ 화상디자인 자체는 법상 디자인으로 성립되지 않는다.
⑤ 프린터 토너 카트리지는 부품으로서 프린터에 장착되면 분해를 통해서만 확인이 가능한 것이지만, 부품의 시각성 인정에 있어 독립거래 당시를 기준으로 하면 족하다.

32

답 ②

정답 해설

ㄹ. (○) 디자인보호법 제116조 제1항, 제2항

오답 해설

ㄱ. (×) 통상실시권자는 침해금지 또는 예방의 청구와 같은 물권적 권리를 전제로 하는 내용의 청구권을 행사할 수 없다.
ㄴ. (×) 기본디자인의 디자인권과 관련디자인의 디자인권에 대한 전용실시권은 같은 자에게 동시에 설정하여야 한다(디자인보호법 제97조 제1항 단서).
ㄷ. (×) 디자인보호법에는 상표법과 같은 불사용취소심판제도가 없다.

33

답 ③

정답 해설

③ 국제디자인등록출원에 대하여는 직권보정에 관한 규정을 적용하지 않는다(디자인보호법 제195조).

오답 해설

① 국제출원의 경우 영어로 작성해야 한다(시행규칙).
② 우선심사의 특례(디자인보호법 제192조).
④ 출원공개의 특례(디자인보호법 제189조).
⑤ 비밀디자인의 특례(디자인보호법 제184조).

34 답 ②

② 후등록디자인과 선등록디자인을 이용하는 관계란, 후 디자인이 전체로서는 타인의 선등록디자인과 유사하지는 않지만, 선등록디자인의 요지를 전부 포함하고 선등록디자인의 본질적 특징을 손상시키지 않은 채 그대로 자신의 디자인 내에 도입하고 있어, 후 디자인을 실시하면 필연적으로 선등록디자인을 실시하는 관계에 있는 경우를 말한다(判例 2009후2968).

오답 해설

① 이용관계에서, 후출원 디자인권자는 선출원 디자인권자의 허락을 받지 아니하거나 통상실시권 허락의 심판에 따르지 아니하고는 자기의 등록디자인을 업으로서 실시할 수 없다(디자인보호법 제95조 제1항).
③ 디자인권 등의 존속기간 만료 후의 통상실시권(디자인보호법 제103조 제1항).
④ 소멸된 원디자인권에 대한 전용실시권자 또는 등록된 통상실시권자는 원권리의 범위 안에서 후출원 디자인권에 대한 통상실시권을 갖는다(디자인보호법 제103조 제2항).
⑤ 통상실시권 허락의 심판(디자인보호법 제123조 제1항).

35 답 ④

정답 해설

④ 등록된 디자인이 출원 전 그 디자인이 속하는 분야에서 통상의 지식을 가진 자가 기존의 공지디자인들의 결합에 의하여 용이하게 창작할 수 있는 경우까지 등록된 디자인의 권리범위를 부정하여서는 안 된다.

오답 해설

①·② 공지공용 사유를 출원에 의하여 디자인 등록이 되었다고 하더라도 공지공용의 부분까지 독점적이고 배타적인 권리를 인정할 수 없으므로 디자인권의 권리범위를 정함에 있어 공지부분의 중요도는 낮게 평가하고, 등록디자인과 대비대상디자인이 서로 공지부분에서 동일·유사하다고 하더라도 등록디자인에서 공지부분을 제외한 나머지 특징적인 부분과 대비대상디자인의 해당부분이 서로 유사하지 않다면 대비되는 디자인은 등록권리의 권리범위에 속한다고 할 수 없다(判例 2003후762).
③ 자유실시디자인의 항변이 적용될 수 없다.
⑤ 判例 2002후2037

36 답 ③

정답 해설

③ 무권리자의 출원은 정당권리자뿐만 아니라 제3자의 후출원과의 관계에 있어서도 선출원의 지위가 없다(디자인보호법 제46조 제4항).

오답 해설

① 협의불성립으로 디자인등록거절결정이나 거절한다는 취지의 심결이 확정되더라도 그 디자인등록출원은 선출원의 지위를 상실하지 않는다(디자인보호법 제46조 제3항 단서).
② 물품이 비유사한 경우에는 선출원(디자인보호법 제46조)의 적용이 없다.
④ 둘 이상의 유사한 디자인을 같은 날에 동일인이 출원한 경우 지정기간 내에 선택결과의 신고가 없는 경우에는 선택이 성립되지 않은 것으로 보아 모든 출원에 대하여 거절결정을 한다.
⑤ 확대된 선출원은 출원인이 동일한 경우에는 적용되지 않는다(디자인보호법 제33조 제3항 단서).

37 답 ②

정답 해설

② 디자인등록출원에 대한 우선권주장을 추가하는 보정은 인정되지 않는다.

오답 해설

① 디자인은 출원서류 등의 작성이 용이하므로 제1국 출원일로부터 6개월 이내에 출원하여야 한다(디자인보호법 제51조 제2항).
④ 우선권주장이 적법한 경우 제33조, 제46조 판단시 판단시점의 소급효를 인정한다(디자인보호법 제51조 제1항).
⑤ 우선권주장의 취지를 증명할 수 있는 서류가 출원일로부터 3개월 이내에 제출되지 않으면, 우선권주장은 효력을 상실한다(디자인보호법 제51조 제5항).

38

정답 | 해설

⑤ 손해배상청구의 경우에는 특허청장의 증명을 받은 서면의 제시를 요하지 않는다.

오답 | 해설

① 복수디자인등록출원된 디자인에 대한 비밀디자인청구는 출원된 디자인의 일부에 대하여도 청구할 수 있다(디자인보호법 제43조 제1항 후단).
② 디자인권자는 비밀디자인 청구시에 지정한 비밀기간을 청구에 의하여 단축하거나 연장할 수 있으나, 연장하는 경우에는 그 디자인권의 설정등록일부터 3년을 초과할 수 없다(디자인보호법 제43조 제3항).
③ 비밀디자인으로 청구된 디자인등록출원에 대하여 출원공개신청이 있는 경우에는 비밀디자인 청구는 철회된 것으로 본다(디자인보호법 제43조 제6항).
④ 비밀디자인 일부심사등록에 대한 이의신청은 디자인권이 설정등록된 날부터 당해 디자인에 대한 비밀이 해제되어 비밀디자인의 도면 또는 사진 등이 게재된 등록디자인공보발행일 후 3개월 이내에 할 수 있다(디자인보호법 제68조 제1항).

39

정답 | 해설

③ 한 벌의 물품의 디자인의 등록요건은 한 벌 전체로서 판단한다.

오답 | 해설

① 동일한 형태, 상호 집합되어 하나의 형태 또는 관념적으로 서로 관련이 되어 한 벌 전체로서 통일성이 있어야 한다.
② 반드시 동시에 사용되어야 한다는 것이 아니라 관념적으로 하나의 사용이 다른 것의 사용을 예상할 수 있으면 족하다.
④ 각 구성물품이 상호 집합 또는 관념적으로 서로 관련되어 하나의 형태를 표현하는 경우에는 구성물품이 조합된 상태의 1조의 도면과 각 구성물품에 대한 1조씩의 도면을 제출하여야 한다.
⑤ 각 구성물품의 동일한 표현방법으로 표현되어 한 벌 전체로서 통일성이 있다면 한 벌의 물품으로 인정될 수 있다.

40

정답 | 해설

④ 해당 디자인권의 설정등록일로 본다(디자인보호법 제53조 제5항).

오답 | 해설

① 공동출원의 경우 대표자선정·신고절차를 밟지 않은 이상 공유자 전원이 신청하여야 한다(디자인보호법 제13조 제1항 제4호).
② 출원공개의 신청은 그 디자인등록출원에 대한 최초의 디자인등록여부결정의 등본이 송달된 후에는 할 수 없다(디자인보호법 제52조 제3항).
③ 출원공개된 디자인임을 알면서도 이를 업으로서 실시한 자에 대하여는 당해 디자인등록출원 디자인에 대한 디자인권의 설정등록이 있은 후에 보상금청구권을 행사할 수 있다(디자인보호법 제53조 제3항).
⑤ 출원공개로 인한 보상금청구권의 행사는 디자인권의 행사에 영향을 미치지 아니한다(디자인보호법 제53조 제4항).

2016년 제53회 정답 및 해설

● 문제편 163p

01	02	03	04	05	06	07	08	09	10	11	12	13	14	15	16	17	18	19	20
④	②	⑤	①	④	③	④	③	②	②	⑤	④	⑤	③	⑤	①	①	③	④	⑤
21	22	23	24	25	26	27	28	29	30	31	32	33	34	35	36	37	38	39	40
①	⑤	③	③	④	④	④	②	⑤	②	⑤	⑤	④	③	③	②	①	④	④	①

01

답 ④

정답 해설

④ 보완수수료를 납부한 경우에는 보정할 수 있는 기간 또는 결정등본 또는 특허거절결정 취소심결 등본송달일로부터 3개월 이내의 기간에 취지 및 증명서류를 제출할 수 있다.

오답 해설

⑤ 특허법 제29조 제1항

특허법 제29조(특허요건)
① 산업상 이용할 수 있는 발명으로서 다음 각 호의 어느 하나에 해당하는 것을 제외하고는 그 발명에 대하여 특허를 받을 수 있다.
  1. 특허출원 전에 국내 또는 국외에서 공지(公知)되었거나 공연(公然)히 실시된 발명
  2. 특허출원 전에 국내 또는 국외에서 반포된 간행물에 게재되었거나 전기통신회선을 통하여 공중(公衆)이 이용할 수 있는 발명

02

답 ②

정답 해설

② 발명의 내용의 확정은 특별한 사정이 없는 한 특허청구범위에 기재된 사항에 의하여야 하고 발명의 상세한 설명이나 도면 등 명세서의 다른 기재에 의하여 특허청구범위를 제한하거나 확장하여 해석하는 것은 허용되지 않으며, 이러한 법리는 특허출원된 발명의 특허청구범위가 통상적인 구조, 방법, 물질 등이 아니라 기능, 효과, 성질 등의 이른바 기능적 표현으로 기재된 경우에도 마찬가지이다(判例 2007후4977).

오답 해설

④ 어느 특허발명의 특허청구범위에 기재된 청구항이 복수의 구성요소로 되어 있는 경우에는 각 구성요소가 유기적으로 결합한 전체로서의 기술사상이 진보성 판단의 대상이 되는 것이지 각 구성요소가 독립하여 진보성 판단의 대상이 되는 것은 아니므로, 그 특허발명의 진보성 여부를 판단함에 있어서는 청구항에 기재된 복수의 구성을 분해한 후 각각 분해된 개별 구성요소들이 공지된 것인지 여부만을 따져서는 안 되고, 특유의 과제 해결원리에 기초하여 유기적으로 결합된 전체로서의 구성의 곤란성을 따져 보아야 할 것이며, 이때 결합된 전체 구성으로서의 발명이 갖는 특유한 효과도 함께 고려하여야 한다(判例 2005후3284).

⑤ 특허권의 권리범위 내지 실질적인 보호범위는 특허명세서의 "특허청구의 범위"에 기재된 사항에 의하여 정하여진다 할 것이나, 특허명세서의 기재 중 "특허청구의 범위"의 항의 기재만으로는 특허의 기술구성을 알 수 없거나 설시 알 수는 있더라도 그 기술적 범위를 확정할 수 없는 경우, "특허청구의 범위"에 발명의 상세한 설명이나 도면 등 명세서의 다른 기재부분을 보충하여 명세서 전체로서 특허의 기술적 범위 내지 그 권리범위를 실질적으로 확정하여야 한다(判例 90후1499).

03

정답 해설

⑤ 특허발명의 물건의 생산에만 사용하는 물건을 확인대상 발명으로 하여 특허발명의 권리범위에 속한다고 판시하여 간접침해의 경우에도 특허발명의 권리범위에 속한다고 보았다(判例 98후2580).

오답 해설

① 동일한 발명에 대하여는 최선출원에 한하여 특허를 받을 수 있다고 규정하여 동일한 발명에 대한 중복등록을 방지하기 위하여 선원주의를 채택하고 있다. 전후로 출원된 양 발명이 동일하다고 함은 그 기술적 구성이 전면적으로 일치하는 경우는 물론 그 범위에 차이가 있을 뿐 부분적으로 일치하는 경우라도 특별한 사정이 없는 한, 양 발명은 동일하고, 비록 양 발명의 구성에 상이점이 있어도 그 기술분야에 통상의 지식을 가진 자가 보통으로 채용하는 정도의 변경에 지나지 아니하고 발명의 목적과 작용효과에 특별한 차이를 일으키지 아니하는 경우에는 양 발명은 역시 동일한 발명이다(判例 2007후2827).

② 구 실용신안법 제4조 제3항에서 규정하고 있는 고안의 동일성을 판단함에 있어서는 양 고안의 기술적 구성이 동일한가 여부에 의하여 판단하되 고안의 효과도 참작하여야 할 것인바, 기술적 구성에 차이가 있더라도 그 차이가 과제 해결을 위한 구체적 수단에 있어서 주지관용기술의 부가, 삭제, 변경 등으로 새로운 효과의 발생이 없는 정도의 미세한 차이에 불과하다면 양 고안은 서로 동일하다고 보아야 한다(判例 2001후1624).

③ 특허법 제47조 제2항은 "명세서 또는 도면의 보정은 특허출원서에 최초로 첨부된 명세서 또는 도면에 기재된 사항의 범위 안에서 이를 할 수 있다."는 취지로 규정하고 있는 바, 여기에서 최초로 첨부된 명세서 또는 도면(이하 '최초 명세서 등'이라 한다)에 기재된 사항이란 최초 명세서 등에 명시적으로 기재되어 있는 사항이거나 또는 명시적인 기재가 없더라도 그 발명이 속하는 기술분야에서 통상의 지식을 가진 자(이하 '통상의 기술자'라 한다)라면 출원시의 기술상식에 비추어 보아 보정된 사항이 최초 명세서 등에 기재되어 있는 것과 마찬가지라고 이해할 수 있는 사항이어야 한다(判例 2005후3130).

④ 그리고 여기서 '우선권 주장의 기초가 된 선출원의 최초 명세서 등에 기재된 사항'이란, 우선권 주장의 기초가 된 선출원의 최초 명세서 등에 명시적으로 기재되어 있는 사항이거나 또는 명시적인 기재가 없더라도 그 발명이 속하는 기술분야에서 통상의 지식을 가진 사람이라면 우선권 주장일 당시의 기술상식에 비추어 보아 우선권 주장을 수반하는 특허출원된 발명이 선출원의 최초 명세서 등에 기재되어 있는 것과 마찬가지라고 이해할 수 있는 사항이어야 한다(判例 2012후2999).

04

정답 해설

① 제조방법이 기재된 물건발명의 특허요건을 판단함에 있어서 그 기술적 구성을 제조방법 자체로 한정하여 파악할 것이 아니라 제조방법의 기재를 포함하여 특허청구범위의 모든 기재에 의하여 특정되는 구조나 성질 등을 가지는 물건으로 파악하여 출원 전에 공지된 선행기술과 비교하여 신규성, 진보성 등이 있는지 여부를 살펴야 한다(判例 2011후927).

오답 해설

④ 判例 2013후1726

05

정답 해설

④ 심판절차는 직권탐지주의가 적용되므로 변론주의 적용을 전제로 하는 민사소송법 제288조 중 재판상 자백 규정은 준용될 여지가 없다(判例 2012허412).

오답 해설

① 상고이유 중 이 사건 제3항 발명이 명세서의 기재요건을 구비하지 못하였다는 주장은 원고가 원심에서 주장하지 아니하다가 상고심에 이르러 비로소 내놓은 새로운 주장이므로 적법한 상고이유가 될 수 없다(判例 2003후2515).

② 특허법 제186조 제2항

> **특허법 제186조(심결 등에 대한 소)**
> ① 특허취소결정 또는 심결에 대한 소 및 특허취소신청서·심판청구서·재심청구서의 각하결정에 대한 소는 특허법원의 전속관할로 한다.
> ② 제1항에 따른 소는 다음 각 호의 자만 제기할 수 있다.
>   1. 당사자
>   2. 참가인
>   3. 해당 특허취소신청의 심리, 심판 또는 재심에 참가신청을 하였으나 신청이 거부된 자

③ 심판은 특허심판원에서의 행정절차이며 심결은 행정처분에 해당하고, 그에 대한 불복의 소송인 심결취소소송은 항고소송에 해당하여 그 소송물은 심결의 실체적, 절차적 위법성 여부라 할 것이다(判例 2000후1290).

⑤ 특허심판원 심결의 취소소송에서 심결의 위법 여부는 심결 당시의 법령과 사실상태를 기준으로 판단하여야 하고, 원칙적으로 심결이 있은 이후 비로소 발생한 사실을 고려하여 판단의 근거로 삼을 수는 없다(判例 99후2211).

06

정답 해설

ㄴ. (×) 당해 특허발명이 이용되는 산업분야가 비교대상발명의 그것과 다른 경우에는 비교대상발명을 당해 특허발명의 진보성을 부정하는 선행기술로 사용하기 어렵다 하더라도, i) 비교대상발명의 기술적 구성이 특정 산업분야에만 적용될 수 있는 구성이 아니고, ii) 당해 특허발명의 산업분야에서 통상의 기술을 가진 자가 특허발명의 당면한 기술적 문제를 해결하기 위하여 별다른 어려움 없이 이용할 수 있는 구성이라면, 이를 당해 특허발명의 진보성을 부정하는 선행기술로 삼을 수 있다(判例 2006후2059).

ㄷ. (×) 특허발명의 유리한 효과가 상세한 설명에 기재되어 있지 아니하더라도 그 발명이 속하는 기술분야에서 통상의 지식을 가진 자가 상세한 설명의 기재로부터 유리한 효과를 추론할 수 있을 때에는 진보성 판단을 함에 있어서 그 효과도 참작하여야 한다(判例 2000후3234).

오답 해설

ㄱ. (○) 등록된 발명이 공지공용의 기존기술을 종합한 것인 경우에도 <u>선행기술을 종합하는데 각별한 곤란성이 있다거나 이로 인한 작용효과가 공지된 선행기술로부터 예측되는 효과 이상의 새로운 상승효과가 있다고 인정되고, 그 분야에서 통상의 지식을 가진 자가 선행기술에 의하여 용이하게 발명할 수 없다고 보여지는 경우 또는 새로운 기술적 방법을 추가하는 경우에는 발명의 진보성이 인정되어야 할 것이나</u> 그렇지 아니하고 공지공용의 기존기술을 종합하는데 각별한 곤란성이 없다거나 이로 인한 작용효과도 이미 공지된 선행기술로부터 예측되는 효과이상의 새로운 상승효과가 있다고 볼 수 없는 경우에는 발명의 진보성은 인정될 수 없다 할 것이다(判例 88후769).

ㄹ. (○) 여러 선행기술문헌을 인용하여 특허발명의 진보성을 판단함에 있어서는 그 인용되는 기술을 조합 또는 결합하면 당해 특허발명에 이를 수 있다는 암시 · 동기 등이 선행기술문헌에 제시되어 있거나, 그렇지 않더라도 당해 특허발명의 출원 당시의 기술수준, 기술상식, 해당 기술분야의 기본적 과제, 발전경향, 해당 업계의 요구 등에 비추어 보아 그 기술분야에 통상의 지식을 가진 자가 용이하게 그와 같은 결합에 이를 수 있다고 인정할 수 있는 경우에는 당해 특허발명의 진보성은 부정된다(判例 2005후3284).

ㅁ. (○) 어느 특허발명의 특허청구범위에 기재된 청구항이 복수의 구성요소로 되어 있는 경우에는 각 구성요소가 유기적으로 결합한 전체로서의 기술사상이 진보성 판단의 대상이 되는 것이지 각 구성요소가 독립하여 진보성 판단의 대상이 되는 것은 아니므로, 그 특허발명의 진보성 여부를 판단함에 있어서는 청구항에 기재된 복수의 구성을 분해한 후 각각 분해된 개별 구성요소들이 공지된 것인지 여부만을 따져서는 안 되고, 특유의 과제 해결원리에 기초하여 유기적으로 결합된 전체로서의 구성의 곤란성을 따져 보아야 할 것이며, 이때 결합된 전체 구성으로서의 발명이 갖는 특유한 효과도 함께 고려하여야 한다(判例 2005후3284).

07

오답 해설

① 투여용법 또는 투여용량은 의약이라는 물건에 새로운 의미를 부여하는 구성요소가 될 수 있다(判例 2014후768).

② 청구범위에 기재되어 있는 약리기전은 특정 물질이 가지고 있는 의약용도를 특정하는 한도 내에서만 발명의 구성요소로서의 의미를 가질 뿐, 약리기전 그 자체가 청구범위를 한정하는 구성요소라고 볼 수 없다(判例 2012후3664).

③ 출원 전 약리기전이 명확히 밝혀진 것과 같은 특별한 사정으로 통상의 기술자가 그 내용을 명확하게 이해하고 인식하여 재현할 수 있다면 그에 대한 실험데이터나 시험 성적표의 기재는 명세서의 필수적 기재요건은 아니다(判例 95후1326).

⑤ 투여용법과 투여용량이라는 새로운 의약용도가 부가되어 신규성과 진보성 등의 특허요건을 갖춘 의약에 대해서는 새롭게 특허권이 부여될 수 있다(判例 2014후768).

08

정답 해설

③ 외국어로 기재된 국제특허출원의 번역문 제출에 대해서는 특허법 제42조의3의 규정이 적용되지 아니하고, 특허법 제201조(국제특허출원의 국어번역문)의 규정이 적용된다.

오답 해설

② 특허법 제47조 제2항에서 최초로 첨부된 명세서 또는 도면(이하 '최초 명세서 등'이라 한다)에 기재된 사항이란 최초 명세서 등에 명시적으로 기재되어 있는 사항이거나 또는 명시적인 기재가 없더라도 그 발명이 속하는 기술분야에서 통상의 지식을 가진 사람이라면 출원시의 기술상식에 비추어 보아 보정된 사항이 최초 명세서 등에 기재되어 있는 것과 마찬가지라고 이해할 수 있는 사항이어야 한다(判例 2005후3130).

④ 특허청장은 제2항에 따른 절차의 보완명령을 받은 자가 지정된 기간에 보완을 한 경우에는 그 보완에 관계되는 서면의 도달일을, 제3항에 따른 통지를 받은 자가 산업통상자원부령으로 정하는 기간에 도면을 제출한 경우에는 그 도면의 도달일을 국제출원일로 인정하여야 한다. 다만, 제3항에 따른 통지를 받은 자가 산업통상자원부령으로 정하는 기간에 도면을 제출하지 아니한 경우에는 그 도면에 관한 기재는 없는 것으로 본다.

⑤ PCT 제31조 (1)

09

답 ②

정답 해설

② 분할출원, 변경출원의 경우 출원일로부터 30일 이내에 국어번역문을 제출할 수 있다.

오답 해설

① 특허법 제42조의3 제1항에서 "산업통상자원부령으로 정하는 언어"란 영어를 말한다(특허법 시행규칙 제21조의2).

③ 특허출원인이 제2항에 따른 국어번역문 또는 제3항 본문에 따른 새로운 국어번역문을 제출한 경우에는 외국어특허출원의 특허출원서에 최초로 첨부한 명세서 및 도면을 그 국어번역문에 따라 보정한 것으로 본다. 다만, 제3항 본문에 따라 새로운 국어번역문을 제출한 경우에는 마지막 국어번역문 전에 제출한 국어번역문에 따라 보정한 것으로 보는 모든 보정은 처음부터 없었던 것으로 본다(특허법 제42조의3 제5항).

④ 특허법 제47조 제2항

⑤ 심사기준

10

답 ②

정답 해설

② 발명의 상세한 설명의 기재에 오류가 있다고 하더라도 그러한 오류가 청구항에 기재되어 있지 아니한 발명에 관한 것이거나 청구항에 기재된 발명의 실시를 위하여 필요한 사항 이외의 부분에 관한 것이어서 그 오류에도 불구하고 통상의 기술자가 청구항에 기재된 발명을 정확하게 이해하고 재현하는 것이 용이한 경우라면 이를 들어 특허법 제42조 제3항에 위배된다고 할 수 없다(判例 2012후2586).

오답 해설

① 특허법 제42조 제3항의 규정은 특허출원된 발명의 내용을 제3자가 명세서만으로 쉽게 알 수 있도록 공개하여 특허권으로 보호받고자 하는 기술적 내용과 범위를 명확하게 하기 위한 것이므로, 통상의 기술자가 당해 발명을 명세서 기재에 의하여 출원시의 기술수준으로 보아 특수한 지식을 부가하지 않고서도 정확하게 이해할 수 있고 동시에 재현할 수 있는 정도를 말하는 것이며, 박사학위 논문은 공공도서관이나 대학도서관 등에 입고된 경우 일반 공중이 그 기재 내용을 인식할 수 있는 상태에 놓이게 되는 것으로서 통상의 기술자가 과도한 실험이나 특별한 지식을 부가하지 않고도 그 내용을 이해할 수 있는 것이다(判例 2003후2072).

③ 특허법 제42조 제4항 제1호가 정한 위와 같은 명세서 기재요건을 충족하는지 여부는, 위 규정 취지에 맞게 특허출원 당시의 기술수준을 기준으로 하여 그 발명이 속하는 기술 분야에서 통상의 지식을 가진 자(이하 '통상의 기술자'라 한다)의 입장에서 특허청구범위에 기재된 사항과 대응되는 사항이 발명의 상세한 설명에 기재되어 있는지 여부에 의하여 판단하여야 하고, 규정 취지를 달리하는 특허법 제42조 제3항 제1호가 정한 것처럼 발명의 상세한 설명에 통상의 기술자가 그 발명을 쉽게 실시할 수 있도록 명확하고 상세하게 기재되어 있는지 여부에 의하여 판단하여서는 아니 된다(判例 2012후832).

⑤ 특허발명의 범위는 특허청구범위에 기재된 것뿐 아니라 발명의 상세한 설명과 도면의 간단한 설명의 기재 전체를 일체로 하여 그 발명의 성질과 목적을 밝히고 이를 참작하여 그 발명의 범위를 실질적으로 판단하여야 하므로, 특허출원된 발명의 내용이 통상의 기술자에 의하여 용이하게 이해되고 재현될 수 있다면 부분적으로 불명확한 부분이 있다고 하더라도 적법한 청구범위의 기재라고 보아야 한다(判例 2014허3897).

11 답 ⑤

정답 해설

⑤ 무효심결이 확정된 날로부터 30일 이내에 정당권리자 출원을 하여야 출원일이 소급한다.

특허법 제35조(무권리자의 특허와 정당한 권리자의 보호)
제33조 제1항 본문에 따른 특허를 받을 수 있는 권리를 가지지 아니한 사유로 제133조 제1항 제2호에 해당하여 특허를 무효로 한다는 심결이 확정된 경우에는 그 무권리자의 특허출원 후에 한 정당한 권리자의 특허출원은 무효로 된 그 특허의 출원 시에 특허출원한 것으로 본다. 다만, 심결이 확정된 날부터 30일이 지난 후에 정당한 권리자가 특허출원을 한 경우에는 그러하지 아니하다.

12 답 ④

정답 해설

④ 특허청구범위에 기재불비의 하자가 있어 권리범위를 인정할 수 없었던 특허발명에 대하여 그 특허청구범위를 정정하는 심결이 확정된 경우, 정정 전에 행하여진 피고인의 제품 제조, 판매행위가 특허권침해죄에 해당하는지 여부를 판단함에 있어 정정 전의 특허청구범위를 침해대상 특허발명으로 삼아야 한다(判例 2005도1262).

오답 해설

① 구 특허법(1990.1.13. 법률 제4207호로 개정되기 전의 것) 제64조 소정의 "침해로 보는 행위"(강학상의 간접침해행위)에 대하여 특허권 침해의 민사책임을 부과하는 외에 같은 법 제158조 제1항 제1호에 의한 형사처벌까지 가능한가가 문제될 수 있는데, 확장해석을 금하는 죄형법정주의의 원칙이나, 특허권 침해의 미수범에 대한 처벌규정이 없어 특허권 직접침해의 미수범은 처벌되지 아니함에도 특허권 직접침해의 예비단계행위에 불과한 간접침해행위를 특허권 직접침해의 기수범과 같은 벌칙에 의하여 처벌할 때 초래되는 형벌의 불균형성 등에 비추어 볼 때, 제64조의 규정은 특허권자 등을 보호하기 위하여 특허권의 간접침해자에게도 민사책임을 부과시키는 정책적 규정일 뿐 이를 특허권 침해행위를 처벌하는 형벌법규의 구성요건으로서까지 규정한 취지는 아니다(判例 92도3350).

② 특허법 제225조 제2항

③ 특허청 또는 특허심판원 소속 직원이거나 직원이었던 사람이 특허출원 중인 발명(국제출원 중인 발명을 포함한다)에 관하여 직무상 알게 된 비밀을 누설하거나 도용한 경우에는 5년 이하의 징역 또는 5천만원 이하의 벌금에 처한다(특허법 제226조).

⑤ '특허출원 전에 국내에서 공지되었거나 공연히 실시된 발명'이거나 '특허출원 전에 국내 또는 국외에서 반포된 간행물에 게재된 발명' 등으로서 특허를 받을 수 없는 발명임에도 불구하고 특허출원을 하였다는 사실만으로는 그 '사위 기타 부정한 행위'가 있었다고 볼 수 없을 뿐만 아니라, 특허출원인에게 특허출원시 관계 법령상 그러한 사정을 특허관청에 미리 알리도록 강제하는 규정 등도 없는 이상, 특허출원시 이를 특허관청에 알리거나 나아가 그에 관한 자료를 제출하지 않은 채 특허출원을 하였다고 하여 이를 가리켜 위계 기타 사회통념상 부정이라고 인정되는 행위라고 볼 수도 없다(判例 2003도6283).

13 답 ⑤

정답 해설

⑤ 조약에 의한 우선권주장의 기초가 된 최초의 출원서 또는 출원공개된 출원서에 첨부한 명세서 또는 도면에 기재된 사항이 그 후 정정되었다 하더라도, 그 정정내용이 조약에 의한 우선권주장의 기초가 된 발명의 내용 또는 신규성·진보성 판단에 제공되는 선행기술로서의 발명의 내용에 영향을 미칠 수 없다(判例 2011후620).

오답 해설

① 특허청구범위의 정정이 특허청구범위의 실질적 변경에 해당하는지 여부는 특허청구범위의 형식적인 기재만을 대비할 것이 아니라 발명의 상세한 설명을 포함한 명세서 전체의 내용과 관련하여 실질적으로 대비하여 판단함이 합리적이고, 명세서의 상세한 설명 또는 도면에 있는 사항을 특허청구범위에 새로이 추가함으로써 표면상 특허발명이 한정되어 형식적으로는 특허청구범위가 감축되는 경우라 하더라도, 다른 한편 그 구성의 추가로 당초의 특허발명이 새로운 목적 및 효과를 갖게 되는 때에는 특허청구범위의 실질적 변경에 해당하므로 허용되지 않는다(判例 2007허9774).

② 정정청구의 적법 여부를 판단하는 특허무효심판이나 그 심결취소소송에서 정정의견제출통지서에 기재된 사유와 다른 별개의 사유가 아니고 주된 취지에 있어서 정정의견 제출통지서에 기재된 사유와 실질적으로 동일한 사유로 정정청구를 받아들이지 않는 심결을 하거나 그 심결에 대한 취소청구를 기각하는 것은 허용되지만, 정정의견제 출통지서를 통하여 특허권자에게 의견서 제출 기회를 부여한 바 없는 별개의 사유를 들어 정정청구를 받아들이지 않는 심결을 하거나 그 심결에 대한 취소청구를 기각하는 것은 위법하다(判例 2011후934).

③ 判例 2012후2999

④ 判例 2011후3643

14
답 ③

정답 해설

③ 심사관이 특허출원의 보정에 대한 각하결정을 한 후 '보정 전의 특허출원'에 대하여 거절결정을 하였고, 그에 대한 불복심판 절차에서 위 보정각하결정 및 거절결정이 적법 하다는 이유로 심판청구를 기각하는 특허심판원의 심결 이 있었던 경우, 심결취소소송에서 법원은 위 보정각하결 정이 위법하다면 그것만을 이유로 곧바로 심결을 취소하 여야 하는 것이지, 심사관 또는 특허심판원이 하지도 아니 한 '보정 이후의 특허출원'에 대한 거절결정의 위법성 여 부까지 스스로 심리하여 이 역시 위법한 경우에만 심결을 취소할 것은 아니다(判例 2012후3121).

오답 해설

① 判例 2013후2101

② 심사관이 '발명이 명확하고 간결하게 기재되지 아니하여 특허법 제42조 제4항 제2호의 명세서 기재요건을 구비하 지 못한 기재불비가 있다'는 거절이유를 통지함에 따라 이를 해소하기 위한 보정이 이루어졌는데, 보정 이후 발명 에 대한 심사 결과 신규성이나 진보성 부정의 거절이유가 발견된다고 하더라도, 그러한 거절이유는 보정으로 청구 항이 신설되거나 실질적으로 신설에 준하는 정도로 변경 됨에 따라 비로소 발생한 경우와 같은 특별한 사정이 없는 한 보정으로 새롭게 발생한 것이라고 할 수 없으므로, 심 사관으로서는 보정에 대한 각하결정을 하여서는 아니 되 고, 위와 같은 신규성이나 진보성 부정의 거절이유를 출원 인에게 통지하여 의견제출 및 보정의 기회를 부여하여야 한다(判例 2012후3121).

④ 判例 2013후2101

⑤ 구 실용신안법(2006.3.3. 법률 제7872호로 전부 개정되 기 전의 것, 이하 같다) 제55조 2항 본문에 의하면, '심판 청구서의 보정은 그 요지를 변경할 수 없다'고 규정되어 있으나, 그 규정의 취지는 요지의 변경을 쉽게 인정할 경 우 심판절차의 지연을 초래하거나 피청구인의 방어권행 사를 곤란케 할 우려가 있다는 데에 있으므로, 그 보정의 정도가 청구인의 고안에 관하여 심판청구서에 첨부된 도 면 및 설명서에 표현된 구조의 불명확한 부분을 구체화한 것이거나 처음부터 당연히 있어야 할 구성부분을 부가한 것에 지나지 아니하여 심판청구의 전체적 취지에 비추어 볼 때 그 고안의 동일성이 유지된다고 인정되는 경우에는 위 규정에서 말하는 요지의 변경에 해당하지 않는다(判例 2102후344).

15
답 ⑤

정답 해설

⑤ 이미 소멸된 특허발명에 의하여 특허침해금지 및 특허 침해제품의 폐기를 주장할 수 없다(判例 2007다45876).

16
답 ①

오답 해설

ㄹ. (×) 진보성 여부를 권리범위확인심판에서까지 판단할 수 있게 하는 것은 본래 특허무효심판의 기능에 속하는 것을 권리범위확인심판에 부여함으로써 특허무효심판의 기능 을 상당 부분 약화시킬 우려가 있다는 점에서도 바람직하 지 않다. 따라서 권리범위확인심판에서는 특허발명의 진 보성이 부정된다는 이유로 그 권리범위를 부정하여서는 안 된다(判例 2012후4162).

17
답 ①

정답 해설

① B사의 Y물건이 물건발명 X와 동일하다면 선출원 위반이 며, 물건발명 X의 이용발명에 해당한다면 특허권자 A의 허락을 받아야 Y물건을 실시할 수 있으며 그렇지 않으면 침해에 해당한다.

18 답 ③

오답 해설

ㄱ, ㄴ. (×) 특허권의 속지주의 원칙상 물건의 발명에 관한 특허권자가 그 물건에 대하여 가지는 독점적인 생산·사용·양도·대여 또는 수입 등의 특허실시에 관한 권리는 특허권이 등록된 국가의 영역 내에서만 효력이 미치는 점을 고려하면, 특허법 제27조 제호의 '그 물건의 생산에만 사용하는 물건'에서 말하는 '생산'이란 국내에서의 생산을 의미한다고 봄이 타당하다. 따라서 이러한 생산이 국외에서 일어나는 경우에는 그 전 단계의 행위가 국내에서 이루어지더라도 간접침해가 성립할 수 없다(判例 2014다42110). 따라서 乙이 국내에서 간접침해에 해당하는 물건 a를 생산하더라도 이를 전량 미국으로 수출하여 미국에서 물건 X를 생산하는데 사용되었다면 乙의 생산·수출 행위는 간접침해에 해당하지 아니한다.

ㅁ. (×) 그 물건의 생산에만 사용하는 물건의 수출행위는 간접침해로 보는 행위에 속하지 아니한다.

19 답 ④

오답 해설

① 심결이 확정되면 등록과 관계없이 일사부재리의 효력이 발생한다.
② 판단 기준 시점은 심판청구시이다.
③ 동일심판으로 보아 일사부재리 원칙이 적용된다.
⑤ 일사부재리의 효력은 제3자에게도 미친다.

20 답 ⑤

정답 해설

⑤ 진보성 여부를 권리범위확인심판에서까지 판단할 수 있게 하는 것은 본래 특허무효심판의 기능에 속하는 것을 권리범위확인심판에 부여함으로써 특허무효심판의 기능을 상당 부분 약화시킬 우려가 있다는 점에서도 바람직하지 않다. 따라서 권리범위확인심판에서는 특허발명이 진보성이 부정된다는 이유로 그 권리범위를 부정하여서는 안 된다(判例 2012후4162).

21 답 ①

정답 해설

ㄱ. (×) 설명적 문구에 불과하여 상표적 사용이 아니므로 침해가 아니다(判例 2001도1355 : '자동차, 자동차용 에어클리너' 등을 지정상품으로 한 타인의 등록상표인 '소나타'라는 표장을 자신이 제조한 '에어클리너'의 포장에 자신의 상표인 '신일 E.N.G.'라는 표장과 함께 [적용차종 : 소나타]와 같이 표시한 경우에 있어서, "에어클리너의 출처표시가 명백하고 부품 등의 용도 설명 등을 위하여 사용한 것"이라는 이유로 상표권 침해를 부정함).

ㄴ. (×) 저명상표의 경우도 상표권 침해는 상표와 상품의 동일·유사범위에 한하므로 비유사한 상품에 사용한 이상 침해가 아니다.

ㄷ. (×) 判例 2009도3929 : 타인의 등록상표가 인쇄된 트럼프 카드를 구입한 후 그 카드의 뒷면에 특수염료로 무늬와 숫자를 인쇄하여 색약보정용 콘택트렌즈 또는 적외선 필터를 사용하면 식별할 수 있지만 육안으로는 식별이 불가능한 카드를 제조·판매한 경우 카드의 뒷면에 특수염료로 무늬와 숫자를 인쇄하였다 하더라도 육안으로는 그 무늬와 숫자를 식별하기가 불가능하여 이를 특수한 목적을 가진 사람이 특수한 방법으로 사용하지 않는 이상 여전히 그 본래의 용도대로 사용될 수 있다. 또 이 사건 카드를 다시 사용·양도 또는 판매하는 경우에도 이를 알고서 취득하는 수요자로서는 그 원래 상품의 출처를 혼동할 염려가 없으며 이를 모르고 취득하는 수요자들로서도 상표권자가 제조한 그대로의 상품을 취득한 것으로 인식하여 그 본래의 기능에 따라 사용하게 될 것이므로, 피고인들의 위와 같은 이 사건 카드 제조·판매행위를 가리켜 원래의 상품과의 동일성을 해할 정도의 가공·수선이라고 하거나 사용의출처표시 기능이나 품질보증 기능을 침해하였다고 하기 어렵다(상표권 침해 부정).

따라서 침해에 해당하지 않는 경우는 'ㄱ, ㄴ, ㄷ'이다.

오답 해설

ㄹ. (○) '진정상품병행수입의 요건을 만족하였다면' 판매지 제한 약정에 위반하여 수입·유통된 경우에도 상표권 침해에 해당되지 않는다(判例 2002다61965). 다만, 이는 진정상품병행수입의 요건을 만족한 경우라야 하는데, 본 문제의 경우 문제의 단서에 '국내 상표권자인 타인은 외국 상표권자와 동일인으로 볼 수 없다.'는 조건이 주어졌다는 점에서 특별한 사정이 없는 한 병행수입이 허용되는 경우가 아니고 따라서 침해에 해당한다.

ㅁ. (○) '후지필름 사건'으로 원래의 상품과 동일성을 해할 정도의 가공이나 수선을 하는 경우에는 실질적으로 생산행위를 하는 것과 마찬가지이므로 본 지문과 같이 일회용 카메라에 새로운 필름을 장착하여 유통시킨 경우에는 권리소진이론이 적용되지 않는 경우로 상표권 침해에 해당한다.

22

답 ⑤

정답 해설

⑤ 판례는 일관하여 등록상표의 사용이 타인의 저작권을 침해하는 경우일지라도 불사용으로 인한 상표등록취소의 요건과 관련하여서는 상표의 정당한 사용으로 해석하고 있다(判例 98후2962).

오답 해설

① 乙의 상표등록출원이 거절결정이 확정되면 선출원의 지위를 상실하고, 따라서 다른 거절이유가 없는 한 甲은 등록이 가능하다.
② 상표법에는 타인의 저명한 캐릭터를 무단으로 상표로 출원한 경우에 대한 명시적 거절이유 등이 존재하지 않는다.
③ 설문의 경우 甲의 캐릭터는 주지·저명한 상표라 볼 수 없고, 따라서 甲이 캐릭터에 대한 주지·저명상표의 권리자로서 乙의 출원의 등록을 저지할 수 있는 것은 아니다.
④ 甲의 저작권과 저촉되는 경우에 한하여 甲의 동의를 요한다(상표법 제92조 제1항).

23

답 ③

정답 해설

③ 기능성 원리는 상품의 기능을 확보하는데 불가결한 입체적 형상, 색채 등의 출원상표에 적용이 되는 것으로 '상품자체'가 기능적인지는 당연히 아무런 상관이 없고, 상표로 출원된 '입체적 형상, 색채, 소리 또는 냄새' 그 자체가 기능적인지 여부를 따져야 한다.

오답 해설

④ 입체상표는 해당 기술을 발휘할 수 있는 대체적 요소가 없거나 그 수가 극히 제한되어 있는 경우에 통상 기능성이 있는 것으로 보나, 대체적 형상이 다수 존재한다 하여도 입체적 형상이 해당 상품의 이용과 목적에 불가결하다면 기능성이 있는 것으로 볼 수 있다.
⑤ 입체상표가 상표법 제34조 제1항 제15호에 해당하는 경우라면 설령 상표법 제33조 제2항 소정의 사용에 의한 식별력을 취득한 경우에도 등록될 수 없다. 즉, 자유경쟁의 필요성에 의하여 기능성 이론이 식별력에 대하여 우월적으로 작용한다.

24

답 ③

정답 해설

③ 상표법 제110조 제4항은 상표권자 등이 상표권 등의 침해로 인하여 입은 손해의 배상을 청구하는 경우에 손해에 관한 상표권자 등의 주장·증명책임을 경감하는 취지의 규정이고, 손해의 발생이 없는 것이 분명한 경우까지 침해자에게 손해배상의무를 인정하는 취지는 아니라고 할 것이나, 그 규정 취지에 비추어 보면, 손해의 발생에 관한 주장·증명의 정도는 손해 발생의 염려 내지 개연성의 존재를 주장·증명하는 것으로 족하다고 보아야 하고, 따라서 상표권자가 침해자와 동종의 영업을 하고 있는 것을 증명한 경우라면 특별한 사정이 없는 한 상표권 침해에 의하여 영업상의 손해를 입었음이 사실상 추정된다고 볼 것이다(判例 2013다21666).

오답 해설

①·② 상표법 제110조 제4항은 상표권자 등이 상표권 등의 침해로 인하여 입은 손해의 배상을 청구하는 경우에 손해에 관한 상표권자 등의 주장·증명책임을 경감하는 취지의 규정이고, 손해의 발생이 없는 것이 분명한 경우까지 침해자에게 손해배상의무를 인정하는 취지는 아니라고 할 것이나, 그 규정 취지에 비추어 보면, 손해의 발생에 관한 주장·증명의 정도는 손해 발생의 염려 내지 개연성의 존재를 주장·증명하는 것으로 족하다고 보아야 한다(判例 2013다21666).

④ 상표권의 존재 및 그 내용은 상표공보 또는 상표등록원부 등에 의하여 공시되어 일반 공중도 통상의 주의를 기울이면 이를 알 수 있고, 업으로서 상표를 사용하는 사업자에게 해당 사업 분야에서 상표권의 침해에 대한 주의의무를 부과하는 것이 부당하다고 할 수 없으며, 또한 타인의 특허권, 실용신안권, 디자인권을 침해한 자는 그 침해행위에 대하여 과실이 있는 것으로 추정되는데도(특허법 제130조, 실용신안법 제30조, 디자인보호법 제65조 제1항 본문) 상표권을 침해한 자에 대하여 과실이 있는 것으로 추정된다고 할 것이고, 그럼에도 타인의 상표권을 침해한 자에게 과실이 없다고 하기 위하여는 상표권의 존재를 알지 못하였다는 점을 정당화할 수 있는 사정이 있다거나 자신이 사용하는 상표가 등록상표의 권리범위에 속하지 아니한다고 믿은 점을 정당화할 수 있는 사정이 있다는 것을 주장·증명하여야 한다(判例 2013다21666).

⑤ 불법행위로 인한 손해의 발생 또는 확대에 관하여 피해자에게도 과실이 있는 때에는 가해자의 손해배상 범위를 정함에 있어 당연히 이를 참작하여야 하고, 양자의 과실비율을 교량함에 있어서는 손해의 공평부담이라는 제도의 취지에 비추어 불법행위에 관련된 제반 상황을 충분히 고려하여야 하며, 과실상계사유에 관한 사실인정이나 그 비율을 정하는 것이 사실심의 전권사항이라고 하더라도 그것이 형평의 원칙에 비추어 현저히 불합리화 하여서는 아니 되고(判例 2007다76733 등 참조), 이러한 법리는 상표법 제110조 제4항에 따라 상표권 침해로 인한 손해액을 산정하는 경우에도 마찬가지로 적용된다. 따라서 원심이 상표법 제110조 제4항에 따라 상표권 침해로 인한 손해액을 산정함에 있어서는 과실상계를 할 수 없다고 본 것은 잘못이라 할 것이다(判例 2013다21666).

③ 관용상표라 함은 특정종류에 속하는 상품에 대하여 동업자들 사이에 자유롭고 관용적으로 사용되고 있는 표장을 말한다(判例 99후24).

⑤ 현저한 지리적 명칭 등이 다른 식별력 없는 표장과 결합되어 있는 경우라 하더라도 결합에 의하여 본래의 현저한 지리적 명칭 등을 떠나 새로운 관념을 낳거나 새로운 식별력을 형성하는 경우에는 등록받을 수 있다(判例 2014후2283).

26

오답 해설

① 법정손해배상제도는 2012년 3월 15일 후 최초로 상표권 또는 전용사용권의 침해에 관한 소가 제기된 것부터 적용한다.

② 법정손해배상의 청구를 위하여는 상표권자 또는 전용사용권자가 반드시 자신의 등록상표를 사용하고 있어야 한다.

③ 법정손해배상은 제111조에 규정된 법정손해배상 청구의 요건을 입증하면 되는 것이지 손해액 입증이 곤란하다는 점을 입증할 필요는 없다.

⑤ 제111조 제1항 전단에 해당하는 침해행위(동일영역에서의 침해행위)에 대하여 제109조에 따라 손해배상을 청구한 상표권자 또는 전용사용권자는 법원이 '변론을 종결할 때'까지 그 청구를 법정손해배상청구로 변경할 수 있다(상표법 제111조 제2항).

27

정답 해설

④ 어떠한 표장이 상표로서 식별력이 있는지 여부는 결국 지정상품에 관한 일반수요자의 인식을 기준으로 할 것으로 본래 식별력이 있었던 X상표가 성질표시상표가 된 후 다시 사용에 의한 식별력을 취득할 수도 있음은 당연하다.

오답 해설

① 후발적 무효심판의 대상이 된다(상표법 제117조 제1항 제6호).

③ 비록 甲의 상표가 무효심결이 확정되기 전이라 하여도 乙이 X상표와 동일·유사한 표장을 지정상품의 효능을 보통으로 사용하는 방법으로 표시한 경우라면 제90조 제1항 제2호에 따라 침해가 아니다.

⑤ 상표권의 존속기간 갱신등록신청은 실체심사를 하지 않고, 따라서 식별력이 없다는 이유로 거절할 수 없다.

25

정답 해설

④ 현저한 지리적 명칭(상표법 제33조 제1항 제4호)에 해당하는 표장이라도 그 표장이 특정 상품에 대한 지리적 표시인 경우에는 그 지리적 표시를 사용한 상품을 지정상품으로 하여 지리적 표시 단체표장 등록을 받을 수 있다(상표법 제33조 제3항).

오답 해설

① 상표법 제33조 제1항 제3호부터 제6호까지에 해당하는 상표라도 상표등록출원 전부터 그 상표를 사용한 결과 수요자 간에 특정인의 상품에 관한 출처를 표시하는 것으로 식별할 수 있게 된 경우에는 그 상표를 사용한 상품에 한정하여 상표등록을 받을 수 있다(상표법 제33조 제2항).

28

오답 해설

① 통상사용권자는 제외된다(상표법 제121조).

> **상표법 제121조(권리범위 확인심판)**
> 상표권자, 전용사용권자 또는 이해관계인은 등록상표의 권리범위를 확인하기 위하여 상표권의 권리범위 확인심판을 청구할 수 있다. 이 경우 등록상표의 지정상품이 둘 이상 있는 경우에는 지정상품마다 청구할 수 있다.

③ 권리범위확인심판의 심결이 확정되면 일사부재리의 효력이 미친다.

④ 심결의 등본을 송달받은 날부터 30일 이내에 제기하여야 한다(상표법 제162조 제3항).

⑤ 선사용권 등과 같은 대인적 상표권 행사의 제한사유는 권리범위확인심판의 심리대상이 아니다(判例 2012후1101).

29

정답 해설

⑤ 제119조 제1항 제1호 소정의 대상상표는 반드시 주지·저명할 것을 요하지는 않는다.

오답 해설

① '지정상품에 등록상표를 사용'한 경우뿐 아니라 동일·유사범위의 사용(즉 '지정상품 또는 이와 유사한 상품에 등록상표 또는 이와 유사한 상표를 사용'한 경우)에 대하여 제119조 제1항 제2호 소정의 사용권자의 부정사용에 의한 취소심판을 청구할 수 있다.

② 등록상표의 지정상품 중 어느 하나에만 취소사유가 있다 하여도 등록상표 전체가 취소된다.

③ 제119조 제1항 제1호 및 제2호는 취소심판을 청구한 후 그 심판청구사유에 해당하는 사실이 없어진 경우에는 취소사유에 영향이 미치지 아니한다(상표법 제119조 제4항).

④ 제119조 제1항 제1호 및 제2호는 누구든지 청구할 수 있다(상표법 제119조 제5항).

30

오답 해설

① 사후지정은 국제등록된 상품 중 '일부'만에 대한 사후지정도 가능하다.

③ 국제등록명의인 또는 그 승계인은 지정상품 또는 지정국의 전부 또는 일부에 대하여 국제등록 명의를 변경할 수 있다(상표법 제174조 제1항).

④ 지정상품 및 상표가 '동일'한 경우에 한하여 제205조 소정의 재출원의 효과가 인정된다.

⑤ 국제등록기초상표권의 존속기간은 국제사무국에 국제등록의 존속기간갱신신청을 하여 국제등록부를 갱신함으로써 지정국 전체에 대한 일괄 갱신이 가능하다.

31

정답 해설

⑤ 보정할 수 있는 기간은 디자인등록여부결정의 통지서가 발송되기 전까지, 재심사 청구기간에, 디자인등록거절결정에 대한 심판을 청구하는 경우 그 청구일로부터 30일 이내에 할 수 있다(디자인보호법 제48조 제4항).

오답 해설

① 우선권증명서류의 내용 중 디자인등록출원서에 첨부된 도면의 내용과 동일한 부분은 국어번역문을 생략할 수 있다.

② 이의신청기간이 경과하여 이의 신청을 한 경우 등 보정이 불가능한 이의신청에 대하여는 결정으로 이를 각하한다(디자인보호법 제78조, 제129조).

③ 재심사가 청구된 경우 해당 디자인등록출원에 대하여 종전에 이루어진 디자인 등록거절결정은 취소된 것으로 간주되어 보정된 내용을 대상으로 심사가 이루어지게 되며, 재심사의 청구는 취하할 수 없다(디자인보호법 제64조 제3항·제4항).

④ 재심사에 따른 디자인등록거절결정이 있거나 디자인등록거절결정에 대한 심판 청구가 있는 경우에는 재심사를 청구할 수 없다(디자인보호법 제64조 제1항 단서).

32
답 ⑤

⑤ 완성형태가 다양한 조립완구의 구성각편은 법상 물품으로 독립거래의 대상이 된다.

① 부품은 독립된 거래의 대상 및 호환의 가능성만 있으면 디자인의 등록대상이 된다(判例 98후2900).
② 다른 글자체 간은 서로 비유사한 물품으로 본다.
③ 화상디자인의 물품의 표시부에 일시적으로 구현되는 경우에도 그 물품은 공업상 이용가능성이 있는 디자인으로 본다.
④ 물품의 명칭을 잘못 기재한 경우에는 디자인보호법 제40조 제2항 위반으로 본다.

33
답 ②

ㄱ. (×) 적법하게 성립된 1디자인의 부분이나 부품은 분할출원 할 수 없다.
ㄴ. (×) 한 벌의 물품은 전체로서 1디자인으로 성립되므로 그 부분이나 부품을 분할할 수 없다.
ㄹ. (×) 물리적으로 분리된 2 이상의 형태는 2 이상의 디자인을 성립시킨다. 다만, 분리된 부분이 전체로서 기능적 또는 형태적 일체성이 존재하는 경우에는 전체로서 1디자인으로 성립될 수 있다.

ㄷ. (○) 2개의 형태가 도시되었으므로 2개의 디자인이 1출원된 경우로서, 어느 하나의 디자인을 분할출원할 수 있다.
ㅁ. (○) 복수디자인등록출원된 경우에는 2 이상의 디자인이 1출원된 경우로서 일부 디자인을 분할출원할 수 있다.

34
답 ③

③ 부품의 공지가 있다고 하여 완성품 전체에 신규성이 상실되는 것이 아니다. 다만, 부품의 구성이 완성품에 가까운 경우에는 부품의 공지에 의해 완성품에 관한 디자인등록출원의 신규성이 상실될 수 있을 것이다.

① 공지의 형상에 독특한 모양이 화체되어 새로운 미감을 일으키는 경우에는 모양에 비중을 두어 판단한다(判例 2003후762).
② 한 벌의 물품의 디자인은 전체로서 1디자인으로 성립되므로 등록요건의 판단 및 보호범위의 해석 전 과정에서 전체로서 1디자인으로 취급되어야 할 것이다.
④ 동적디자인 상호 간의 유사판단은 정지상태, 동작의 내용 및 동작 중의 기본적인 주체를 이루는 자태 등을 전체로서 비교한다.
⑤ 동적디자인과 정적디자인의 유사판단은 정지상태 또는 동작 중의 기본적 주체를 이루는 자태와 유사하면 유사한 디자인으로 본다. 다만, 동작의 내용이 특이하면 유사하지 아니한 디자인으로 본다.

35
답 ③

③ 디자인보호법 제34조 제4호는 전체로서 판단한다. 즉, 물품의 기능과 관계없이 디자인적으로 고려될 수 있는 형상이 포함되어 있다면 '만으로' 요건을 충족하지 못하므로 본 규정이 적용될 수 없다.

① 비영리법인의 표장도 제34조 제3호 적용대상이 된다.
② 제34조 제4호는 물품의 형상 규격이 주목적 기능발휘에 있지 않은 경우에는 적용되지 않는다.
④ 제34조 제3호의 판단시점은 출원시이다.
⑤ 물품의 품질에 대한 인증을 나타내는 표지를 전체 디자인의 일부 구성요소로 포함하고 있는 디자인의 경우에 그 자체만으로 공공질서 등을 해칠 우려가 있다고 볼 수 없다.

36

답 ②

정답 | 해설

② 관련디자인등록출원의 물품의 명칭이 기본디자인의 물품의 명칭보다 더 정당한 경우에는 기본디자인의 물품의 명칭에 일치시킬 필요가 없다.

오답 | 해설

① 기본디자인과 관련디자인을 동일자에 디자인등록출원 할 수 있다. 기본디자인과 관련디자인을 복수디자인등록출원으로 할 수 있다.

④ 관련디자인은 자신의 선행디자인을 이유로 디자인보호법 제33조 제1항, 제46조 제1항 위반으로 거절되지 않는다.

⑤ 관련디자인은 전용실시권과 존속기간을 제외하고는 기본디자인과 별개의 독자적 권리를 갖는다.

37

답 ①

정답 | 해설

① 출원디자인과 신규성 상실의 예외 주장의 대상이 되는 공지디자인은 서로 동일하거나 유사할 것이 요구되지 않는다.

오답 | 해설

② 디자인등록을 받을 수 있는 권리를 승계한 자도 신규성 상실의 예외의 적용을 받을 수 있다.

③ 최초로 공지된 날부터 6개월 이내에 디자인등록출원되어야 한다.

④ 디자인보호법 제36조 제2항이 삭제되어, 취지를 적은 서류를 제출하지 않더라도 신규성 상실의 예외를 인정받을 수 있다.

> **디자인보호법 제36조(신규성 상실의 예외)**
> ① 디자인등록을 받을 수 있는 권리를 가진 자의 디자인이 제33조 제1항 제1호 또는 제2호에 해당하게 된 경우 그 디자인은 그날부터 12개월 이내에 그 자가 디자인등록출원한 디자인에 대하여 같은 조 제1항 및 제2항을 적용할 때에는 같은 조 제1항 제1호 또는 제2호에 해당하지 아니한 것으로 본다. 다만, 그 디자인이 조약이나 법률에 따라 국내 또는 국외에서 출원공개 또는 등록공고된 경우에는 그러하지 아니하다.
> ② 삭제 〈2023.6.20.〉

⑤ 신규성 상실의 예외 주장에 흠이 있는 경우에는 심사관은 불인정예고통지를 하고 의견서를 제출할 기회를 부여해야 한다. 다만, 증명서류 제출 기간의 도과로 인해 발생되는 흠의 경우에는 별도의 통지 절차를 수행할 필요가 없다.

38

답 ④

정답 | 해설

④ 디자인의 설명을 충분히 기재하지 않은 경우에는 디자인보호법 제33조 제1항 본문 위반으로 취급된다. 디자인의 창작내용의 요점의 기재를 누락한 경우에는 방식위반으로 출원절차가 무효로 될 수 있다.

오답 | 해설

① 등록디자인의 보호범위는 디자인등록출원서의 기재사항 및 그 출원서에 첨부된 도면·사진 또는 견본과 도면에 적힌 디자인의 설명에 따라 표현된 디자인에 의하여 정하여진다(디자인보호법 제93조).

② 복수디자인등록출원은 각 디자인마다 도면이나 사진 또는 견본을 제출하여야 한다.

③ 참고도면은 디자인의 권리범위를 판단하는 기초가 되지 않는다.

⑤ 2020년 이후 부가도면은 폐지가 되고 기본도면으로 흡수가 되었다. 기본도면은 디자인의 권리범위를 판단하는 기초자료가 된다.

39

답 ④

정답 | 해설

④ 비밀디자인에 대해서는 과실의 추정 규정이 배제된다(디자인보호법 제116조 제1항).

오답 | 해설

① 간접침해(디자인보호법 제114조).

② 디자인권에 기한 침해금지의 가처분 신청이 가능하다.

③ 침해자의 비용으로 민사손해배상판결, 형사명예훼손죄의 유죄판결 등을 신문이나 잡지 등에 게재하거나 명예훼손 기사의 취소광고 등의 조치를 취할 수 있다.

⑤ 손해액의 초과액에 대하여도 손해배상을 청구하는 경우, 법원은 침해자에게 경과실만 있을 때에는 재량으로 배상액을 경감할 수 있다(디자인보호법 제115조 제5항).

40

정답 해설

① 심판관합의체가 심결로써 각하한다.

오답 해설

② 심판에서는 당사자 또는 참가인이 신청하지 아니한 이유
에 대하여 심리할 수 있으나, 청구인이 신청하지 아니한
청구의 취지에 대하여는 심리할 수 없다(디자인보호법 제
147조).

③ 심판청구는 심결이 확정될 때까지 취하할 수 있으나, 무효
심판의 경우 답변서가 제출된 후에는 상대방의 동의를
받아야 한다(디자인보호법 제149조 제1항).

④ 심판장은 심리종결을 통지한 후에도 당사자 또는 참가인
의 신청에 의하여 또는 직권으로 심리를 재개할 수 있다
(디자인보호법 제150조 제4항).

⑤ 적극적 권리범위확인심판에서 확인대상디자인의 도면에
대하여 피청구인이 자신이 실제로 실시하고 있는 디자인
과 다르다고 주장하는 경우에 청구인이 피청구인의 실시
디자인과 같게 하기 위하여 심판청구서의 확인대상디자
인의 도면을 보정하는 것은 요지변경에 해당하지 않는다
(디자인보호법 제126조 제2항 제3호).

2015년 제52회 정답 및 해설

● 문제편 181p

01	02	03	04	05	06	07	08	09	10	11	12	13	14	15	16	17	18	19	20
③	①	②	④	②	④	⑤	④	⑤	⑤	③	⑤	④	②	③	⑤	①	①	②	③

21	22	23	24	25	26	27	28	29	30	31	32	33	34	35	36	37	38	39	40
③	①	④	④	⑤	①	⑤	②	②	③	③	④	⑤	⑤	②	④	①	③	①	④

01 답 ③

정답 해설

③ 특허발명이 방법 발명인 경우 그 방법을 사용하는 행위 또는 그 방법의 사용하는 청약하는 행위가 실시로 인정된다(특허법 제2조 제3호 가목).

특허법 제2조(정의)
이 법에서 사용하는 용어의 뜻은 다음과 같다.
1. "발명"이란 자연법칙을 이용한 기술적 사상의 창작으로서 고도(高度)한 것을 말한다.
2. "특허발명"이란 특허를 받은 발명을 말한다.
3. "실시"란 다음 각 목의 구분에 따른 행위를 말한다.
   가. 물건의 발명인 경우 : 그 물건을 생산·사용·양도·대여 또는 수입하거나 그 물건의 양도 또는 대여의 청약(양도 또는 대여를 위한 전시를 포함한다. 이하 같다)을 하는 행위
   나. 방법의 발명인 경우 : 그 방법을 사용하는 행위 또는 그 방법의 사용을 청약하는 행위
   다. 물건을 생산하는 방법의 발명인 경우 : 나목의 행위 외에 그 방법에 의하여 생산한 물건을 사용·양도·대여 또는 수입하거나 그 물건의 양도 또는 대여의 청약을 하는 행위

02 답 ①

정답 해설

① 국내우선권주장출원의 경우 선출원이 공지 등이 된 날로부터 12개월 이내에 이루어졌다면 국내우선권주장출원을 선출원일로부터 1년 이내에 하여 공지예외적용을 받을 수 있다.

오답 해설

② 특허법 제30조 제2항
③ 특허법 제30조 제1항
⑤ 특허법 제200조

03 답 ②

정답 해설

② 후발적 무효사유에 의해 무효심결이 확정된 경우 정정심판을 청구할 수 있다.

오답 해설

① 특허법 제136조 제1항 제1호
③ 특허법 제136조 제5항
④ 특허법 제136조 제11항, 제140조 제2항
⑤ 특허법 제136조 제2항 제2호

04

답 ④

① 甲은 두통약 A의 제조방법을 비밀로 관리하므로 공지되지 않은 것으로 보아 乙의 제조방법은 신규성이 있다.
② 두통약 A는 판매로 인해 공지되었으므로 乙의 두통약 A는 신규성이 상실되었다.
③ 두통약과 제조방법은 각각 물건발명과 방법발명으로 상이한 카테고리의 발명이며, 乙의 제조방법은 신규성이 부정되지 아니한다.
⑤ 乙의 특허출원 전에 판매된 甲의 두통약 A는 특허출원을 한 때부터 국내에 있던 물건이므로 乙의 특허권의 효력이 미치지 않는다.

05

답 ②

② 복수의 당사자 중 일부만 대리인을 선임한 경우 그 대리인은 특허법 제11조(복수당사자의 대표) 제1항 각 호에 규정된 절차에 관하여 대리인을 선임하지 아니한 자들과 공동으로 절차를 밟아야 한다.

① 특허법 제6조
③ 특허법 제5조 제1항
④ 특허법 제3조 제2항
⑤ 특허법 제206조 제2항, 특허법 시행규칙 제116조

06

답 ④

④ 특허법 제92조 제2항

① 5년의 기간까지 그 특허권의 존속기간을 한 차례만 연장할 수 있다.
② 공유자 전원이 특허권의 존속기간연장등록출원을 하여야 한다.
③ 허가를 받은 날로부터 3개월 이내 및 존속기간 만료 전 6개월 이전에 출원하여야 한다.
⑤ 반려사유가 아닌 거절이유에 해당한다.

07

답 ⑤

⑤ 선출원 위반이 아닌 확대된 선출원 위반으로 후출원은 특허를 받을 수 없다.

① 특허법 제36조 제1항
② 특허법 제29조 제3항
③ 특허법 제36조 제1항
④ 判例 90후1154

08

답 ④

④ 국제특허출원한 날 한국에 출원한 것으로 본다(특허법 제199조 제1항).

> **특허법 제199조(국제출원에 의한 특허출원)**
> ① 「특허협력조약」에 따라 국제출원일이 인정된 국제출원으로서 특허를 받기 위하여 대한민국을 지정국으로 지정한 국제출원은 그 국제출원일에 출원된 특허출원으로 본다.

① 특허법 제203조 제3항 제1호
② 특허법 제201조 제3항
③ 특허법 제201조 제4항
⑤ 특허법 제201조 제2항

09

답 ⑤

⑤ 적극적 권리범위확인심판에서 심판청구인이 특정한 물품과 피심판청구인이 실시하고 있는 물품 사이에 동일성이 인정되지 아니하면, 피심판청구인이 실시하고 있는 물품이 등록고안의 권리범위에 속한다는 심결이 확정된다고 하더라도 그 심결은 심판청구인이 특정한 물품에 대하여만 효력을 미칠 뿐 실제 피심판청구인이 실시하고 있는 물품에 대하여는 아무런 효력이 없으므로, 피심판청구인이 실시하지 않고 있는 물품을 대상으로 한 적극적 권리범

위확인심판청구는 확인의 이익이 없어 부적법하고 각하되어야 한다(判例 2002후2419). 따라서 기각심결이 아닌 각하심결을 하여야 한다.

10

답 ⑤

정답 해설

⑤ 전에 확정된 심결의 증거를 그 심결에서 판단하지 않았던 사항에 관한 증거로 들어 판단하거나 그 증거의 선행기술을 확정된 심결의 결론을 번복할 만한 유력한 증거의 선행기술에 추가적, 보충적으로 결합하여 판단하는 경우 등과 같이 후행 심판청구에 대한 판단 내용이 확정된 심결의 기본이 된 이유와 실질적으로 저촉된다고 할 수 없는 경우에는, 확정된 심결과 그 결론이 결과적으로 달라졌다고 하더라도 일사부재리 원칙에 반한다고 할 수 없다(判例 2012후1057).

오답 해설

① 判例 99후710
② 확인대상발명이 적법하게 특정되었는지 여부는 특허심판의 적법요건으로서 당사자의 명확한 주장이 없더라도 의심이 있을 때에는 특허심판원이나 법원이 이를 직권으로 조사하여 밝혀보아야 할 사항이라고 할 것이다(判例 2003후656).
③ 判例 2012후344
④ 判例 2004후3478

11

답 ③

정답 해설

③ 손해액이 특허발명의 실시에 대해 합리적으로 받을 수 있는 금액을 초과하는 경우 그 초과액에 대해서도 손해배상을 청구할 수 있다.

12

답 ⑤

정답 해설

ㄷ. (○) 어느 특허발명의 특허청구범위에 기재된 청구항이 복수의 구성요소로 되어 있는 경우에는 각 구성요소가 유기적으로 결합한 전체로서의 기술사상이 진보성 판단의 대상이 되는 것이지 각 구성요소가 독립하여 진보성 판단의 대상이 되는 것은 아니므로, 그 특허발명의 진보성 여부를 판단함에 있어서는 청구항에 기재된 복수의 구성을 분해한 후 각각 분해된 개별 구성요소들이 공지된 것인지 여부만을 따져서는 안 되고, 특유의 과제 해결원리에 기초하여 유기적으로 결합된 전체로서의 구성의 곤란성을 따져 보아야 할 것이며, 이때 결합된 전체 구성으로서의 발명이 갖는 특유한 효과도 함께 고려하여야 한다(判例 2005후3284).
ㄹ. (○) 判例 2006후138

오답 해설

ㄱ. (×) 상업적 성공이 기술적 특징에 의한 것이라는 것을 출원인이 주장, 입증하는 경우 진보성 인정의 긍정적인 근거로 참작할 수 있지만, 상업적 성공 그 자체만으로 진보성을 인정할 수는 없다(判例 2003후1512).
ㄴ. (×) 미완성 발명(고안) 또는 자료의 부족으로 표현이 불충분한 것이라 하더라도 그 기술분야에서 통상의 지식을 가진 자가 경험칙에 의하여 극히 용이하게 기술내용의 파악이 가능하다면 그 대상이 될 수 있는 것이다(判例 98후270).

13

답 ④

정답 해설

④ 무효심결이 확정된 2014년 9월 20일로부터 30일인 2014년 10월 19일까지 출원한 경우 출원일 소급효를 인정받을 수 있으므로, 丁이 2014년 10월 20일을 경과하여 출원하면 출원일 소급효를 인정받을 수 없을 뿐 취하간주되는 것은 아니다.

14 답 ②

② 특허법 제101조 제1항은 "다음 각 호에 해당하는 사항은 이를 등록하지 아니하면 그 효력이 발생하지 아니한다." 고 하면서, 제2호에 "전용실시권의 설정·이전(상속 기타 일반승계에 의한 경우를 제외한다)·변경·소멸(혼동에 의한 경우를 제외한다) 또는 처분의 제한"을 규정하고 있다. 따라서 설정계약으로 전용실시권의 범위에 관하여 특별한 제한을 두고도 이를 등록하지 않으면 그 효력이 발생하지 않는 것이므로, 전용실시권자가 등록되어 있지 않은 제한을 넘어 특허발명을 실시하더라도, 특허권자에 대하여 채무불이행 책임을 지게 됨은 별론으로 하고 특허권 침해가 성립하는 것은 아니다(判例 2011도4645).

오답 | 해설

① 실시사업과 함께 이전하는 경우에만 이전할 수 있다(특허법 제102조 제3항).
③ 공공의 이익을 위하여 비상업적으로 특허발명을 실시하려는 경우 협의 없이 재정을 청구할 수 있다(특허법 제107조 제1항).
④ 상속 및 혼동은 등록하지 않더라도 그 효력이 발생한다(특허법 제101조 제1항 제2호).

> **특허법 제101조(특허권 및 전용실시권의 등록의 효력)**
> ① 다음 각 호의 어느 하나에 해당하는 사항은 등록하여야만 효력이 발생한다.
>   1. 특허권의 이전(상속이나 그 밖의 일반승계에 의한 경우는 제외한다), 포기에 의한 소멸 또는 처분의 제한
>   2. 전용실시권의 설정·이전(상속이나 그 밖의 일반승계에 의한 경우는 제외한다)·변경·소멸(혼동에 의한 경우는 제외한다) 또는 처분의 제한
>   3. 특허권 또는 전용실시권을 목적으로 하는 질권의 설정·이전(상속이나 그 밖의 일반승계에 의한 경우는 제외한다)·변경·소멸(혼동에 의한 경우는 제외한다) 또는 처분의 제한

⑤ 다른 공유자의 동의를 받아야 통상실시권을 허락할 수 있다(특허법 제102조 제7항).

15 답 ③

정답 | 해설

ㄷ. (○) 국어로 국제특허출원되어 국어로 국제공개된 경우 보상금청구권이 발생할 수 있다(특허법 제207조 제2항).

오답 | 해설

ㄱ. (×) 출원공개 전에 심사청구가 있는 경우에는 출원공개시에 그 취지를 특허공보에 게재하여야 한다.
ㄴ. (×) 경고를 받거나 출원공개된 발명임을 알았을 때부터 특허권의 설정등록을 할 때까지의 기간에 대하여 보상금 지급청구권을 행사할 수 있다.

16 답 ⑤

정답 | 해설

ㄱ. (○) 判例 2011후2015
ㄴ. (○) 判例 2007후1299, 2008후4998
ㄷ. (○) 判例 2001후2658
ㄹ. (○) 判例 2007후1299, 2008후4998

17 답 ①

정답 | 해설

① 고안의 완성 여부 심사 당시의 기술수준이 아닌 출원 당시의 기술수준에 입각하여야 한다(判例 2012후436).

오답 | 해설

② 判例 2005후3017
③ 특허발명에 대한 무효심결이 확정되기 전이라고 하더라도 특허발명의 진보성이 부정되어 특허가 특허무효심판에 의하여 무효로 될 것임이 명백한 경우에는 특허권에 기초한 침해금지 또는 손해배상 등의 청구는 특별한 사정이 없는 한 권리남용에 해당하여 허용되지 아니한다고 보아야 하고, 특허권침해소송을 담당하는 법원으로서도 특허권자의 그러한 청구가 권리남용에 해당한다는 항변이 있는 경우 당부를 살피기 위한 전제로서 특허발명의 진보성 여부에 대하여 심리·판단할 수 있다(判例 2010다95390).

④・⑤ 실용신안법 제4조 제2항의 '그 고안이 속하는 기술분야'란 원칙적으로 당해 등록고안이 이용되는 산업분야를 말하므로, 당해 등록고안이 이용되는 산업분야가 비교대상고안의 그것과 다른 경우에는 비교대상고안을 당해 등록고안의 진보성을 부정하는 선행기술로 사용하기 어렵다 하더라도, 문제로 된 비교대상고안의 기술적 구성이 특정 산업분야에만 적용될 수 있는 구성이 아니고 당해 등록고안의 산업분야에서 통상의 기술을 가진 자(이하 '통상의 기술자'라고 한다)가 등록고안의 당면한 기술적 문제를 해결하기 위하여 별다른 어려움 없이 이용할 수 있는 구성이라면, 이를 당해 등록고안의 진보성을 부정하는 선행기술로 삼을 수 있다(判例 2012후2067).

18

답 ①

오답 해설

② 심사관은 특허거절결정을 하고자 할 때에는 특허출원인에게 거절이유를 통지하고 기간을 정하여 의견서를 제출할 수 있는 기회를 주어야 한다고 규정하고 있는데, 출원발명에 대하여 우선권주장의 불인정으로 거절이유가 생긴 경우에는 우선권주장의 불인정은 거절이유 일부를 구성하는 것이므로, 우선권주장이 인정되지 않는다는 취지 및 그 이유가 포함된 거절이유를 통지하지 않은 채 우선권주장의 불인정으로 인하여 생긴 거절이유를 들어 특허거절결정을 하는 것은 특허법 제63조 본문에 위반되어 위법하다(判例 2009후2371).

③ 심사관이 '발명이 명확하고 간결하게 기재되지 아니하여 특허법 제42조 제4항 제2호의 명세서 기재요건을 구비하지 못한 기재불비가 있다'는 거절이유를 통지함에 따라 이를 해소하기 위한 보정이 이루어졌는데, 보정 이후 발명에 대한 심사 결과 신규성이나 진보성 부정의 거절이유가 발견된다고 하더라도, 그러한 거절이유는 보정으로 청구항이 신설되거나 실질적으로 신설에 준하는 정도로 변경됨에 따라 비로소 발생한 경우와 같은 특별한 사정이 없는 한 보정으로 새롭게 발생한 것이라고 할 수 없으므로, 심사관으로서는 보정에 대한 각하결정을 하여서는 아니 되고, 위와 같은 신규성이나 진보성 부정의 거절이유를 출원인에게 통지하여 의견제출 및 보정의 기회를 부여하여야 한다(判例 2012후3121).

④ 거절결정불복심판청구 기각 심결의 취소소송절차에서 특허청장이 비로소 주장하는 사유라고 하더라도 심사 또는 심판 단계에서 의견제출의 기회를 부여한 거절이유와 주요한 취지가 부합하여 이미 통지된 거절이유를 보충하는 데 지나지 아니하는 것이면 이를 심결의 당부를 판단하는 근거로 할 수 있다(判例 2013후1054).

⑤ 특허무효심판 단계에서 주장하지 않았던 새로운 청구항에 대한 무효를 주장하는 것은 청구취지의 변경에 해당하므로 허용되지 아니한다.

19

답 ②

오답 해설

ㄷ. (×) 양도인이 특허 또는 실용신안(이하 '특허 등'이라 한다)을 등록출원한 후 출원 중인 특허 등을 받을 수 있는 권리를 양수인에게 양도하고, 그에 따라 양수인 명의로 출원인명의변경이 이루어져 양수인이 특허권 또는 실용신안권(이하 '특허권 등'이라 한다)의 설정등록을 받은 경우에 있어서 그 양도계약이 무효나 취소 등의 사유로 효력을 상실하게 되는 때에 그 특허 등을 받을 수 있는 권리와 설정등록이 이루어진 특허권 등이 동일한 발명 또는 고안에 관한 것이라면 그 양도계약에 의하여 양도인은 재산적 이익인 특허 등을 받을 수 있는 권리를 잃게 됨에 대하여 양수인은 법률상 원인 없이 특허권 등을 얻게 되는 이익을 얻었다고 할 수 있으므로, 양도인은 양수인에 대하여 특허권 등에 관하여 이전등록을 청구할 수 있다(判例 2003다47218).

ㄹ. (×) 법 개정에 의해 틀린 보기에 해당, 2016.2.29. 개정 (17.3.1. 시행)에서 정당권리자의 특허권이전청구제도가 도입되었다(특허법 제99조의2).

> **특허법 제99조의2(특허권의 이전청구)**
> ① 특허가 제133조 제1항 제2호 본문에 해당하는 경우에 특허를 받을 수 있는 권리를 가진 자는 법원에 해당 특허권의 이전(특허를 받을 수 있는 권리가 공유인 경우에는 그 지분의 이전을 말한다)을 청구할 수 있다.
> ② 제1항의 청구에 기초하여 특허권이 이전등록된 경우에는 다음 각 호의 권리는 그 특허권이 설정등록된 날부터 이전등록을 받은 자에게 있는 것으로 본다.
>   1. 해당 특허권
>   2. 제65조 제2항에 따른 보상금 지급 청구권
>   3. 제207조 제4항에 따른 보상금 지급 청구권
> ③ 제1항의 청구에 따라 공유인 특허권의 지분을 이전하는 경우에는 제99조 제2항에도 불구하고 다른 공유자의 동의를 받지 아니하더라도 그 지분을 이전할 수 있다.
> [본조신설 2016.2.29.]

20

오답 해설

ㄴ. (×) 정정심결이 확정된 때에는 정정 후의 명세서 또는 도면에 의하여 특허출원되고 이후 이에 입각하여 특허권 설정등록까지의 절차가 이루어진 것으로 간주하는 것은 무효 부분을 포함하는 특허를 본래 유효로 되어야 할 범위 내에서 존속시키기 위한 것이므로, 조약에 의한 우선권주장의 기초가 된 최초의 출원서 또는 출원공개된 출원서에 첨부한 명세서 또는 도면에 기재된 사항이 그 후 정정되었다 하더라도, 그 정정내용이 조약에 의한 우선권주장의 기초가 된 발명의 내용 또는 신규성·진보성 판단에 제공되는 선행기술로서의 발명의 내용에 영향을 미칠 수 없다(判例 2011후620).

ㄷ. (×) 피고인의 행위가 특허권침해죄에 해당하는지 여부를 판단함에 있어 정정 후의 특허청구범위를 침해대상 특허발명으로 삼는 것이 피고인에게 불리한 결과를 가져오는 경우까지도 정정의 소급적 효력이 당연히 미친다고 할 수는 없는 법리이고, 그 결과 원심이 정정 전의 특허청구범위를 침해대상 특허발명으로 삼아 피고인이 그 특허발명의 침해죄를 범하였는지 여부를 판단한 것은 정당하다(判例 2005도1262).

21

답 ③

정답 해설

③ 제34조 제1항 제12호의 취지는 이미 특정인의 상표라고 인식된 상표를 사용하는 상품의 출처 등에 관한 일반수요자의 오인·혼동을 방지하여 이에 대한 신뢰를 보호하고자 하는 데 있고, 기존의 상표나 그 사용상품이 국내의 일반거래에서 수요자 등에게 어느 정도로 알려져 있는지에 관한 사항은 일반수요자를 표준으로 하여 거래의 실정에 따라 인정하여야 하는 '객관적인 상태'를 말하는 것이며, 위 규정을 적용한 결과 기존의 상표가 사실상 보호받는 것처럼 보인다고 할지라도 그것은 일반수요자의 이익을 보호함에 따른 간접적, 반사적 효과에 지나지 아니하므로, 기존의 상표의 사용자가 그 상표와 동일 또는 유사한 제3의 상표가 이미 등록되어 있는 사실을 알면서 기존의 상표를 사용하였다 하더라도 그 사정을 들어 위 규정의 적용을 배제할 수는 없다(判例 2001후3187).

오답 해설

① 判例 86후42

② 자기의 성명 등이 저명한 타인의 성명과 동일한 경우일지라도 등록을 받기 위하여는 저명한 타인의 승낙을 요한다.

22

답 ①

정답 해설

① 제33조 제2항에 있어서 사용에 의한 식별력 취득여부의 판단은 '등록여부결정 시'를 기준으로 하나(원칙적 모습), 상표의 요부에 해당하는지 여부를 판단하기 위하여 사용에 의한 식별력 취득여부를 판단하는 경우에는 상표 유사 판단의 시점과 동일한 시점을 기준으로 하여야 하므로 권리범위확인심판에서는 '심결 시'를 기준으로 한다.

오답 해설

② 객관적으로는 제33조 제1항 제7호에 해당하는 상표라 할지라도 출원인이 그 표장을 사용한 결과 수요자나 거래자 사이에 그 표장이 누구의 업무에 관련된 상품을 표시하는 것인지 현저하게 인식되기에 이른 경우에는 특별한 사정이 없는 한 그 표장은 제33조 제1항 제7호의 식별력 없는 상표에 해당하지 않게 되고 그 결과 상표등록을 받는 데 아무런 지장이 없으며, 제33조 제2항에 동조 제1항 제7호가 포함되어 있지 않다는 사정만으로 이를 달리 볼 것은 아니다(判例 2001후2863).

③ 사용에 의한 식별력 취득은 실제로 사용된 상품과 동일성 있는 상품에 한한다.

④ 식별력 없는 상표가 착오등록 후 사용에 의한 식별력을 사후적으로 취득하였다 하여도 무효사유의 하자는 치유되지 않는다.

⑤ 등록상표의 전부 또는 일부 구성이 등록결정 당시에는 식별력이 없거나 미약하였다 하더라도 그 등록상표를 전체로서 또는 일부 구성 부분을 분리하여 사용함으로써 권리범위확인심판의 심결 시점에 이르러서는 수요자 사이에 누구의 상품을 표시하는 것인지 현저하게 인식될 정도가 되어 중심적 식별력을 가지게 된 경우에는 이를 기초로 상표의 유사 여부를 판단하여야 한다(判例 2011후3698).

23

정답 해설

④ 상표법 제58조 제5항

오답 해설

① 손실보상청구권은 출원공고 전에도 경고할 수 있으나, 다만 당해상표등록출원의 사본을 함께 제시하여 서면으로 경고하여야 한다.
② 손실보상청구권은 '경고 후 상표권 설정등록시까지의 기간'에 발생한 업무상 손실에 상당하는 보상금을 청구할 수 있다(상표법 제58조 제2항).
③ 후발적 무효사유를 이유로 후발적으로 무효확정된 경우에는 손실보상청구권에 영향이 없다(상표법 제58조 제6항 제3호).
⑤ 손실보상청구권은 준물리적 권리가 아니라 상표법이 출원인에게 인정하여 주는 특수한 권리로서의 채권적 권리인 금전적 청구권이다.

24

정답 해설

④ 상표의 유사 판단에 있어서 외국어 상표의 호칭은 우리나라의 거래자나 수요자의 대부분이 그 외국어를 보고 특별한 어려움 없이 자연스럽게 하는 발음에 의하여 정하여짐이 원칙이다. 다만, 우리나라의 거래자나 수요자가 그 외국어 상표를 특정한 한국어로 표기하고 있거나 특정한 발음으로 널리 호칭하고 있다는 구체적·개별적 사정이 있는 경우에는 이를 고려하여 외국어 상표의 호칭을 정하여야 하나, 이러한 구체적·개별적 사정은 증거에 의하여 명확하게 인정되어야 한다(判例 2006후954).

오답 해설

① 상표법 제225조 제2항
② 判例 95후1555
③ 判例 2004후912
⑤ 判例 2005후2250

25

정답 해설

ㄷ. (○) 상표법 제110조 제3항
ㄹ. (○) 제110조 제3항에 따라 영업상 손해의 배상을 구하는 상표권자로서는 스스로 업으로 등록상표를 사용하고 있음을 주장·입증할 필요가 있으며, 여기에서 등록상표를 사용하고 있는 경우라 함은 등록상표를 지정상품 그 자체 또는 거래사회의 통념상 이와 동일하게 볼 수 있는 상품에 현실로 사용한 때를 말하고, 지정상품과 유사한 상품에 사용한 것만으로는 등록상표를 사용하였다고 볼 수 없다(判例 2007다22514, 22521). 한편, 제110조 제6항 또한 손해에 관한 피해자(상표권자)의 주장·입증책임을 경감하는 취지의 규정으로 위와 마찬가지이다.

오답 해설

ㄱ. (×) 법정손해배상청구는 자기가 사용하고 있는 등록상표와 '같거나 동일성이 있는 상표'를 그 지정상품과 '같거나 동일성이 있는 상품'에 사용하여 자기의 상표권 또는 전용사용권을 고의나 과실로 침해한 자에게 청구할 수 있다(상표법 제111조 제1항).
ㄴ. (×) 제107조 제1항에 따른 침해의 금지 또는 예방을 청구하는 소가 제기된 경우 법원은 원고 또는 고소인(이 법에 따른 공소의 제기가 있는 경우만 해당한다)의 신청에 따라 임시로 침해행위의 금지, 침해행위에 사용된 물건 등의 압류나 그 밖에 필요한 조치를 명할 수 있다. 이 경우 법원은 원고 또는 고소인에게 담보를 제공할 수 있다(상표법 제107조 제3항).

26

답 ①

정답 해설

① 상표법 제100조 제3항

오답 해설

② 상표권·전용사용권 또는 통상사용권을 목적으로 하는 질권을 설정한 경우 질권자는 당해 등록상표를 사용할 수 없다(상표법 제104조).

③ 전용사용권자 또는 통상사용권자는 그 상품에 자기의 성명 또는 명칭을 표시하여야 한다(상표법 제95조 제4항 및 제97조 제5항).

④ 전용사용권(또는 통상사용권)의 설정은 등록이 제3자 대항요건에 불과하나, 전용사용권 설정 후 등록을 하지 않은 경우라면 그 후 상표권의 이전이 있는 경우 등록상표의 양수인에게 대항할 수 없어 등록상표의 양수인으로부터 허락을 얻지 않는 한 원칙적으로 당해 상표의 사용을 중지하여야 한다.

⑤ 전용사용권에 관한 통상사용권에 있어서는 상표권자 및 전용사용권자 모두의 동의를 얻지 아니하면 그 통상사용권을 목적으로 하는 질권을 설정할 수 없다(상표법 제97조 제4항).

27

답 ⑤

정답 해설

⑤ 디자인권 등 선행권리와 저촉은 상표법상 무효사유에 해당하지는 않는다. 한편, 지문에서 말하는 '부정경쟁방지 및 영업비밀보호에 관한 법률 제3조의 일반조항'이란 부정경쟁방지법 제2조 제1호 카목 소정의 보충적 일반조항을 의미한다고 할 것인데, 등록상표의 사용이 부정경쟁방지법 제2조 제호 카목에 해당하여 제92조 제2항의 적용이 있는 경우, 이는 제119조 제1항 제6호 소정의 취소사유에 해당한다.

오답 해설

① 제92조 제1항에 따라 선행권리자의 동의를 얻지 않은 한 선행권리의 침해가 성립되나, 판례는 일관하여 등록상표의 사용이 타인의 저작권을 침해하는 경우일지라도 불사용으로 인한 상표등록취소의 요건과 관련하여서는 상표의 정당한 사용으로 해석하고 있다.

② 통상사용권자 또한 선행권리자의 동의를 받아야 등록상표를 사용할 수 있으나, 통상사용권허여심판은 존재하지 않는다.

④ 제98조 소정의 법정사용권은 상속이나 기타 일반승계에 의한 경우를 제외하고 상표권자 또는 전용사용권자의 동의를 얻어야 한다(제98조 제5항).

28

답 ②

정답 해설

② 권리범위확인심판은 현존하는 등록상표와 확인대상표장을 대비하여 등록상표권의 효력이 미치는 객관적 범위를 명확히 하는 것이지 특정인의 확인대상표장의 사용이 상표권자의 등록상표권을 침해하였는지 여부를 직접적인 판단의 대상으로 하는 것은 아니다. 따라서 진정상품병행수입에 해당하는지 여부, 허락에 의한 통상사용권의 존부, 제99조 소정의 선사용권 또는 상표권자의 상표등록출원행위가 심판청구인에 대한 관계에서 사회질서에 위반된다는 등의 대인적(對人的) 상표권 행사의 제한사유는 상표권의 효력이 미치는 범위에 관한 권리확정과는 무관하므로 상표권 침해소송이 아닌 권리범위확인심판에서 이를 심리·판단하는 것은 허용되지 않고, 나아가 최근 판례는 권리범위확인심판의 제도적 취지에 비추어 등록무효사유의 존부도 판단의 대상이 아님을 분명히 하였다. 따라서 소극적 권리범위확인심판에 있어서 ② (제90조 소정의 효력제한 사유)를 제외한 나머지 사유는 확인의 이익이 없어 부적법 각하의 대상이 된다.

29

답 ②

정답 해설

② 불사용으로 인한 상표등록취소심판제도는 등록상표의 사용을 촉진하는 한편 그 불사용에 대한 제재를 가하려는 데에 그 목적이 있으므로, 상표법 제119조 제1항 제3호, 제3항에서 규정하는 '등록상표의 사용' 여부 판단에 있어서는 상표권자 또는 그 사용권자가 자타상품의 식별표지로서 사용하려는 의사에 기하여 등록상표를 사용한 것으로 볼 수 있는지 여부가 문제될 뿐 '일반수요자나 거래자가 이를 상품의 출처표시로서 인식할 수 있는지 여부'는 등록상표의 사용 여부 판단을 좌우할 사유가 되지 못한다(判例 2012후3206).

① 불사용취소심판에서 상표에 대한 선전·광고행위의 경우 그 지정상품이 국내에서 일반적, 정상적으로 유통되는 것을 전제로 하여 현실적으로 유통되고 있거나 적어도 유통을 예정, 준비하고 있어야 상표의 사용이 있었던 것으로 볼 수 있다.

③ 지정상품이 의약품인 경우 그 등록상표를 지정상품에 법률상 정당히 사용하기 위하여는 그 제조나 수입에 관하여 보건복지부장관의 품목별 허가를 받아야 하므로 그러한 허가를 받지 아니하였다면 신문지상을 통하여 1년에 못 미쳐 한 차례씩 그 상표를 광고하였다거나 국내의 일부 특수지역에서 판매되었다 하더라도 상표의 정당한 사용이라고 볼 수 없다(判例 89후1240, 1257).

④ 등록상표를 인터넷 주소로 하여 웹사이트를 개설한 것만으로는 등록상표의 사용이라 할 수 없다.

⑤ 등록상표가 반드시 독자적으로만 사용되어야 할 이유는 없으므로 다른 상표나 표지와 함께 등록상표가 사용되었다고 하더라도 등록상표가 상표로서의 '동일성과 독립성'을 지니고 있어 다른 표장과 구별되는 식별력이 있는 한 등록상표의 사용이라 할 수 있다(判例 96후92).

30 답 ③

① 국제출원은 본국관청을 통해서만 출원하여야 하고, 국제사무국에 직접 제출할 수는 없다.

② 국제출원은 2 이상의 기초출원(등록)에 기초하여 출원할 수도 있고, 기초출원과 기초등록에 동시에 기초하여 출원을 할 수도 있다.

④ 사후지정은 국제등록된 상품 중 '일부'만에 대한 사후지정도 가능하다.

⑤ 사후지정신청서는 국제출원과 달리 명의인이 국제사무국에 직접 제출하거나 본국관청을 경유하여 제출할 수 있다.

31 답 ③

③ 심결취소소송은 변론주의가 원칙이므로 당사자가 주장하지도 않은 사유에 기초하여 등록디자인이 비교대상디자인과 유사한 디자인에 해당하여 등록무효사유가 있다고 판단할 수 없다.

① 물품 중 물리적으로 떨어져 있는 둘 이상의 부분에 관한 디자인이더라도 그들 사이에 형태적 또는 기능적 일체성이 있는 경우 1디자인으로 인정될 수 있다.

② 공유인 디자인권의 디자인권자에 대하여 심판을 청구할 때에는 공유자 모두를 피청구인으로 하여야 한다(디자인보호법 제125조 제3항).

④ 복수디자인권은 각 개별 권리이기 때문에 각 디자인마다 권리범위 확인심판을 청구해야 한다.

⑤ 디자인권 또는 디자인등록을 받을 수 있는 권리의 공유자가 그 공유인 권리에 관하여 심판을 청구할 때에는 공유자 모두가 공동으로 청구하여야 한다(디자인보호법 제125조 제1항).

32 답 ④

④ 디자인의 유사여부는 디자인이 표현된 물품의 사용시의 외관뿐만 아니라 거래시의 외관의 심미감을 고려하여야 한다.

① 등록디자인이 신규성이 있는 부분과 함께 공지의 형상과 모양을 포함하고 있는 경우 그 공지 부분에까지 독점적이고 배타적인 권리를 인정할 수는 없으므로 디자인권의 권리범위를 정함에 있어서는 공지 부분의 중요도를 낮게 평가하여야 한다(判例 2013다202939).

② 양 디자인의 공통되는 부분이 그 물품으로서 당연히 있어야 할 부분 내지 디자인의 기본적 또는 기능적 형태인 경우에는 그 중요도를 낮게 평가하여야 하므로 이러한 부분들이 유사하다는 사정만으로는 곧바로 양 디자인이 서로 유사하다고 할 수는 없다(判例 2003후1666).

③ 옛날부터 흔히 사용됐고 단순하며 여러 디자인이 다양하게 창작되었던 디자인이나 구조적으로 그 디자인을 크게 변화시킬 수 없는 것 등은 디자인의 유사 범위를 비교적 좁게 보아야 한다(判例 95후1449).

⑤ 디자인의 구성 중 물품의 기능에 관련된 부분에 대하여 그 기능을 확보할 수 있는 선택가능한 대체적인 형상이 그 외에 존재하는 경우에는, 그 부분의 형상은 물품의 기능을 확보하는 데에 불가결한 형상이라고 할 수 없으므로, 그 부분이 공지의 형상에 해당된다는 등의 특별한 사정이 없는 한 디자인의 유사 여부 판단에 있어서 그 중요도를 낮게 평가하여야 한다고 단정할 수 없다(判例 2010후3240).

33
답 ⑤

정답 해설

⑤ 디자인의 창작성이란 과거 또는 현존의 것을 기초하여 종전 디자인과는 다른 미적 가치가 인정되는 정도면 된다.

오답 해설

① 창작수준이 낮은 디자인은 그 디자인이 속하는 분야에서 통상의 지식을 가진 자가 용이하게 창작할 수 있는 것이어서 디자인등록을 받을 수 없다.
② 과거 및 현재의 디자인들과 다른 미감적 가치가 인정되지 아니한다면 창작성을 인정할 수 없다.
③ 창작용이성의 판단시점은 출원시를 기준으로 한다.
④ 창작용이성에 대한 정의이다(디자인보호법 제33조 제2항).

34
답 ⑤

정답 해설

⑤ 신규성상실의 예외규정은 출원시에 주장하지 않았더라도 (디자인보호법 제36조 제2항) 시기에 그 취지를 기재한 서면 및 증명서류를 제출할 수 있다. 디자인보호법 제36조 제2항은 2023.6.20. 삭제되었다.

오답 해설

① 디자인권은 설정등록한 날부터 발생하여 디자인등록출원일 후 20년이 되는 날까지 존속한다(디자인보호법 제91조 제1항).
② 특허청을 통한 국제출원을 할 수 있다(디자인보호법 제173조~제178조).
③ 기본디자인의 디자인권이 취소, 포기 또는 무효심결 등으로 소멸한 경우 그 기본디자인에 관한 2 이상의 관련디자인의 디자인권을 이전하려면 같은 자에게 함께 이전하여야 한다(디자인보호법 제96조 제6항).
④ 복수디자인은 각각의 디자인마다 개별의 권리이므로 무효심판 청구시 각 디자인마다 청구하여야 한다.

35
답 ②

정답 해설

② 복수디자인등록출원은 심사등록출원과 일부심사등록출원 대상이 되는 디자인에 대해서 모두 인정된다.

오답 해설

① 디자인등록출원을 하려는 자는 산업통상자원부령으로 정하는 물품류 구분에서 같은 물품류에 속하는 물품에 대하여는 100 이내의 디자인을 1디자인등록출원으로 할 수 있다(디자인보호법 제41조).
③ 복수디자인등록출원의 경우 각 다지인마다 비밀디자인청구를 할 수 있다.
④ 복수디자인은 각 디자인마다 권리가 성립하므로 일부에 대해 거절결정을 할 수 있다.
⑤ 복수디자인등록출원을 한 자는 디자인등록출원의 일부를 1 이상의 새로운 디자인등록출원으로 분할하여 디자인등록출원을 할 수 있다(디자인보호법 제50조 제1항).

36
답 ④

정답 해설

④ 디자인권의 존속기간(디자인보호법 제91조 제1항 단서)

오답 해설

① 기본디자인의 디자인등록출원일로부터 1년 이내에 관련디자인등록출원을 할 수 있다(디자인보호법 제35조 제1항).
② 기본디자인과만 유사한 디자인에 관하여 관련디자인등록출원을 할 수 있다(디자인보호법 제35조 제1항).
③ 기본디자인의 디자인권에 전용실시권이 설정되어있는 경우에는 그 기본디자인에 관한 관련디자인에 대하여는 제1항에도 불구하고 디자인등록을 받을 수 없다(디자인보호법 제35조 제3항).
⑤ 기본디자인의 디자인권과 관련디자인의 디자인권은 같은 자에게 함께 이전하여야 한다(디자인보호법 제96조 제1항 단서).

37
답 ①

정답 해설

ㄱ. (○) 심미성은 유무만 문제될 뿐 고저는 문제되지 않는다.
ㄷ. (○) 타인이 업무와 관련된 물품과 혼동을 가져올 우려가 있는 디자인은 등록받을 수 없다(디자인보호법 제34조 제3호).

ㄴ. (×) 디자인이 주는 의미나 내용 등이 일반인의 통상적인 도덕관념이나 선량한 풍속에 어긋나거나 공공질서를 해칠 우려가 있는 디자인은 등록받을 수 없다(디자인보호법 제34조 제2호).

ㄹ. (×) 타인의 디자인권 또는 전용실시권을 침해한 자는 그 침해행위에 대하여 과실이 있는 것으로 추정한다(디자인보호법 제116조).

38 답 ③

③ 양 회사 간에 카세트테이프 수납케이스 제품의 개발에 관하여 경쟁관계에 있었다고 하더라도 완제품 샘플의 디자인을 비밀로 하여야 할 관계에 있다(判例 99후1768).

① 동종업자는 비밀유지의무가 없으므로 신규성 내지 비밀성을 잃어 공지로 된다(判例 2000후3012).

②·④ 카탈로그는 배부되었으면 반포된 것으로 추정한다(判例 98후508).

⑤ 디자인공보가 발행되어야만 비로소 그 디자인이 공지되었다고 볼 수는 없다(判例 99후2020).

39 답 ①

① 현물분할은 허용되지 않는다(判例 2013다41578).

② 디자인권이 공유인 경우에 각 공유자는 다른 공유자의 동의를 받지 아니하면 그 지분을 이전하거나 그 지분을 목적으로 하는 질권을 설정할 수 없다(디자인보호법 제96조 제2항).

③ 디자인권이 공유인 경우에는 각 공유자는 계약으로 특별히 약정한 경우를 제외하고는 다른 공유자의 동의를 받지 아니하고 그 등록디자인 또는 이와 유사한 디자인을 단독으로 실시할 수 있다(디자인보호법 제96조 제3항).

④ 디자인권이 공유인 경우에는 각 공유자는 다른 공유자의 동의를 받지 아니하면 그 디자인권에 대하여 전용실시권을 설정하거나 통상실시권을 허락할 수 없다(디자인보호법 제96조 제4항).

⑤ 법원은 디자인권의 공유자의 분할청구를 받아들여, 경매에 의한 대금분할을 명할 수 있다.

40 답 ④

④ 저작권자의 허락을 받아야 자기의 등록디자인 또는 이와 유사한 디자인을 업으로서 실시할 수 있다(디자인보호법 제95조 제3항).

① 디자인이 선 등록디자인을 이용하는 관계란 후 디자인이 전체로서는 타인의 선 등록디자인과 유사하지 않지만, 선 등록디자인의 요지를 전부 포함하고 선 등록디자인의 본질적 특징을 손상시키지 않은 채 그대로 자신의 디자인 내에 도입하고 있어, 후 디자인을 실시하면 필연적으로 선 등록디자인을 실시하는 관계에 있는 경우를 말한다(判例 2009후2968).

② 공지된 디자인이나 그 출원 전에 반포된 간행물에 기재된 디자인과 동일·유사한 경우에는 그 등록 무효심판의 유무와 관계없이 그 권리범위를 인정할 수 없다(判例 2008도3797).

③ 등록디자인과 대비되는 디자인이 등록디자인의 디자인등록출원 전에 그 디자인이 속하는 분야에서 통상의 지식을 가진 자가 국내에서 널리 알려진 형상·모양·색채 또는 이들의 결합에 의하여 용이하게 창작할 수 있는 것인 때에는 등록디자인과 대비할 것도 없이 그 권리범위에 속하지 않게 된다(判例 2002후2037).

⑤ 등록디자인의 공지부분을 제외한 나머지 특징적인 부분과 이에 대비되는 디자인의 해당 부분이 서로 유사하지 않다면 대비되는 디자인은 등록디자인의 권리범위에 속하지 않는다.

인생에서 실패한 사람 중 다수는

성공을 목전에 두고도 모른 채 포기한 이들이다.

– 토마스 A. 에디슨 –

너의 길을 가라. 남들이 무엇이라 하든지 내버려 두라.

- A.단테 -

2025 SD에듀 변리사 1차 산업재산권법 10개년 기출문제집

초 판 발 행	2024년 05월 10일(인쇄 2024년 04월 29일)
발 행 인	박영일
책 임 편 집	이해욱
편 저	시대법학연구소
편 집 진 행	박종현
표 지 디 자 인	박수영
편 집 디 자 인	김민설 · 하한우
발 행 처	(주)시대고시기획
출 판 등 록	제10-1521호
주 소	서울시 마포구 큰우물로 75 [도화동 538 성지 B/D] 9F
전 화	1600-3600
팩 스	02-701-8823
홈 페 이 지	www.sdedu.co.kr
I S B N	979-11-383-6979-4 (13360)
정 가	25,000원

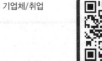

2025 PATENT ATTORNEY

10개년 기출문제집

변리사 1차

가장 확실한 변리사 합격 지름길!
반복되는 기출지문! 변리사 1차 기출 완벽분석!

SD에듀 변리사 1차 10개년 기출문제집 시리즈 3종

- **산업재산권법** 10개년 기출문제집
- **민법개론** 10개년 기출문제집
- **자연과학개론** 10개년 기출문제집

※ 도서의 이미지 및 세부사항은 변경될 수 있습니다.

나는 이렇게 합격했다

당신의 합격 스토리를 들려주세요
추첨을 통해 선물을 드립니다

| 베스트 리뷰 |
| 갤럭시탭/ 버즈 2 |

| 상/하반기 추천 리뷰 |
| 상품권/ 스벅커피 |

| 인터뷰 참여 |
| 백화점 상품권 |

이벤트 참여방법

합격수기

SD에듀와 함께한
도서 or 강의 **선택** › 나만의 합격 노하우
정성껏 **작성** › 상반기/하반기
추첨을 통해 선물 증정

인터뷰

SD에듀와 함께한
강의 **선택** › 합격증명서 or
자격증 사본 **첨부**,
간단한 **소개 작성** › 인터뷰 완료 후
백화점 상품권 증정

이벤트 참여방법
다음 합격의 주인공은 바로 여러분입니다!

QR코드 스캔하고 ▷ ▷ ▶
이벤트 참여하여 푸짐한 경품받자!

합격의 공식
SD에듀